Svend Reuse

Korrelationen in Extremsituationen

GABLER RESEARCH

Svend Reuse

Korrelationen in Extremsituationen

Eine empirische Analyse des deutschen Finanzmarktes mit Fokus auf irrationales Marktverhalten

Mit einem Geleitwort von
doc. Ing. Martin Svoboda, Ph. D. und Prof. Dr. Eric Frère

RESEARCH

Bibliografische Information der Deutschen Nationalbibliothek
Die Deutsche Nationalbibliothek verzeichnet diese Publikation in der
Deutschen Nationalbibliografie; detaillierte bibliografische Daten sind im Internet über
<http://dnb.d-nb.de> abrufbar.

Dissertation Masaryk Universität Brünn, 2010

1. Auflage 2011

Alle Rechte vorbehalten
© Gabler Verlag | Springer Fachmedien Wiesbaden GmbH 2011

Lektorat: Stefanie Brich | Anita Wilke

Gabler Verlag ist eine Marke von Springer Fachmedien.
Springer Fachmedien ist Teil der Fachverlagsgruppe Springer Science+Business Media.
www.gabler.de

Das Werk einschließlich aller seiner Teile ist urheberrechtlich geschützt. Jede Verwertung außerhalb der engen Grenzen des Urheberrechtsgesetzes ist ohne Zustimmung des Verlags unzulässig und strafbar. Das gilt insbesondere für Vervielfältigungen, Übersetzungen, Mikroverfilmungen und die Einspeicherung und Verarbeitung in elektronischen Systemen.

Die Wiedergabe von Gebrauchsnamen, Handelsnamen, Warenbezeichnungen usw. in diesem Werk berechtigt auch ohne besondere Kennzeichnung nicht zu der Annahme, dass solche Namen im Sinne der Warenzeichen- und Markenschutz-Gesetzgebung als frei zu betrachten wären und daher von jedermann benutzt werden dürften.

Umschlaggestaltung: KünkelLopka Medienentwicklung, Heidelberg
Gedruckt auf säurefreiem und chlorfrei gebleichtem Papier
Printed in Germany

ISBN 978-3-8349-2724-8

Geleitwort

Gerade vor dem Hintergrund der Finanzmarktkrise in 2008 sind die klassische Portfoliotheorie und die Wirkungsweise von Korrelationen erneut in die Kritik geraten. Das Thema dieser Dissertation ist somit aktueller denn je und beantwortet zentrale Fragen zu den Grenzen der klassischen Portfoliotheorie. Die Beantwortung dieser Fragen und die Erkenntnisse aus der Kombination von Portfoliotheorie und Behavioral Finance bieten direkte Implikationen für Theorie und Praxis.

Die Dissertation von Svend Reuse wurde über einen Zeitraum von knapp drei Jahren berufsbegleitend an der Masaryk Universität, Fachrichtung Finanzwesen angefertigt. Die Hochschule für Oekonomie und Management (FOM) und die Masaryk Universität in Brünn, Tschechien kooperieren miteinander und die beiden Unterzeichner haben mit Svend Reuse den ersten Doktoranden, der durch diese Kooperation promoviert hat, begleitet.

Inhaltlich gliedert sich die Arbeit in sechs Kapitel. Nach der Formulierung der Thesen wird eine Bestandsaufnahme der Portfoliotheorie und der Asset-Allocation durchgeführt. Diese ist sehr gut strukturiert, zeugt von inhaltlichem Tiefgang und umfasst alle wichtigen Aspekte der Thematik.

Im Folgenden führte Herr Reuse eine Umfrage zur Asset-Allocation in deutschen Banken durch. Die an 1.000 Banken adressierte Umfrage führte zu einer guten und vor allem repräsentativen Rücklaufquote von 11,3%. Die Ergebnisse der Umfrage bringen neue Erkenntnisse im Bereich der Verknüpfung von klassischer Portfoliotheorie und Behavioral Finance; auch die an späterer Stelle verwendeten Irrationalitätseinschätzungen sind gut hergeleitet. Die Umfrage erfüllt voll die Anforderungen an wissenschaftliches Arbeiten und ist als sehr gut anzusehen.

Der Kern der Arbeit, das Verhalten und die Modellierung von Korrelationen, wird im vierten Kapitel der Arbeit dargestellt. Die hierzu verwendeten, komplett selbst erstellten Programme sind für sich genommen schon eine herausragende Leistung.

Die durchgeführte Datenreihenanalyse zeigt auf, dass Korrelationen stabil sind und in extremen Situationen durchaus Risiken diversifizieren. Diese sauber hergeleitete Erkenntnis ist als überdurchschnittlich anzusehen und dürfte in Theorie und Praxis ein Beweis dafür sein, dass die über 50 Jahre alten Grundgedanken der Portfoliotheorie nach wie vor Gültigkeit haben.

Das danach vorgestellte eigene Modell zeigt zusätzlich auf, dass durch die Einführung der KaC (Korrelation-at-Chance) und KaR (Korrelation-at-Risk) das Korrelationsrisiko separierbar ist. Eine Verknüpfung der über die Umfrage hergeleiteten Irrationalitätsindizes mit der klassischen Portfoliotheorie nach Markowitz führt zu einem neuen Modell, welches einen guten Beitrag zur Integration von klassischer Portfoliotheorie und Behavioral Finance leistet. Das aufwändig durchgeführte Backtesting des Modells zeigt die immer noch vorhandene Funktionsfähigkeit des klassischen Markowitzansatzes und die Outperformance des eigenen Modells auf. Dieses Modell könnte durchaus für ein professionelles Fondsportfoliomanagement verwendet werden. Die in diesem Zusammenhang aufgestellten Thesen werden bestätigt.

Das fünfte Kapitel beschäftigt sich mit der Modellierung eines Korrelationszertifikates. Herr Reuse zeigt die grundsätzliche Möglichkeit der linearen Korrelationsabsicherung auf Basis eines Binomialmodells auf. Diese Modellierung gelingt sehr gut und wäre für sich genommen schon ein eigenständiges Dissertationsthema. Neu sind hier die Einführung des Korrelationsstrikes und die Implementierung des Basisportfolios des Investors. Dies macht die Option zu einem attraktiven Instrument, deren Einführung auf dem Markt durchaus möglich wäre.

Das darauf folgende Fazit fasst die Ergebnisse der Arbeit sehr gut zusammen und verifiziert die Thesen.

Diese Ergebnisse sind auch vor dem Hintergrund der berufsbegleitenden Erstellung der Arbeit besonders zu würdigen. Herr Reuse kombiniert Aspekte der Behavioral Finance mit der klassischen Portfoliotheorie und eröffnet so viele Möglichkeiten zur weiteren Forschung in diese Richtung. Nicht zuletzt aus diesem Grund wünschen wir der Dissertation eine weite Verbreitung in Theorie und Praxis.

doc. Ing. **Martin Svoboda**, Ph.D.
Masaryk Universität

Prof. Dr. **Eric Frère**
Dekan für internationale Studiengänge
Hochschule für Oekonomie und Management (FOM)

Vorwort

Diese Dissertation entstand berufsbegleitend an der Masaryk Universität Brünn, Tschechien, neben meiner Tätigkeit als Abteilungsleiter Controlling der Sparkasse Mülheim an der Ruhr. Hierbei konnte ich auf die Unterstützung vieler Kollegen, Freunde und meiner Familie zurückblicken.

Mein besonderer Dank geht an erster Stelle an meinen Doktorvater, doc. Ing. Martin Svoboda, Ph.D., der mir als externem Doktoranden auch über 1.000 km hinweg immer zur Verfügung stand und mich während dieser anstrengenden Zeit immer unterstützt hat. Auch meinen beiden Gutachtern, Frau prof. Ing. Eva Horvátová und Herrn Prof. Dr. Peter Steinbrenner, danke ich für die Erstellung der umfangreichen Gutachten.

Des Weiteren gilt mein Dank Herrn Prof. Dr. Eric Frère, der mir auch schon vor diesem Vorhaben zur Seite stand und der mich auch während der letzten drei Jahre unterstützt hat. Auch Herrn Prof. Dr. Joachim Rojahn möchte ich an dieser Stelle für seine kritischen und konstruktiven Hinweise und die Unterstützung bei der Umfrage während der letzten drei Jahre danken. Nicht zuletzt danke ich Herrn Christian W. Röhl, durch den die Kooperation zwischen der Hochschule für Oekonomie und Management (FOM) und der Masaryk Universität Brünn, Tschechien, erst möglich geworden ist.

Weiterhin möchte ich mich herzlichst bei Herrn Prof. Dr. Stefan Zeranski für die vielen konstruktiven Anregungen und Diskussionen, die wesentlich zum Gelingen der Arbeit beigetragen haben, bedanken.

Auch meine lieben Kollegen und Vorgesetzten haben maßgeblich zum Gelingen dieser Arbeit beigetragen. Neben der mentalen Unterstützung in Stresszeiten durch meine Abteilung darf ich auch auf fachliche Hilfe zurückblicken. Herrn Andreas Frinken danke ich für die Übernahme des Druckes der in Summe 10.000 Seiten der Umfrage. Herrn Marc Quattelbaum, Herrn André Hauser, Herrn Armin Trottnow und Herrn Tino Bensch danke ich für die finale Durchsicht des Manuskriptes.

Ein spezieller Dank geht an Herrn Jens-Peter Kempf, Herrn Michael Ruschel und Herrn Michael Antoni von der DEKA Bank. Ohne die Bereitstellung der Datenhistorien und die rege Teilnahme an meiner Umfrage wären die umfangreichen Ex-post-Analysen dieser Arbeit nicht möglich gewesen.

Meinen Freunden, insbesondere Herrn Andreas Horn, danke ich für die Geduld, die sie während der letzten drei Jahre in Bezug auf mein Fernbleiben von vielen privaten Veranstaltungen aufgebracht haben.

Mein besonderer Dank gilt meinen Eltern, die in nächtelanger Arbeit das Eintüten der Umfrageanschreiben übernommen haben und mir immer mit Rat und Tat zur Seite standen. Ihnen habe ich auf dem Weg zur Dissertation viel zu verdanken.

Schließlich gilt mein innigster Dank meiner Partnerin Anita Müller, die mich in den letzten drei Jahren bei dieser Arbeit unermüdlich unterstützt hat und mir viele Probleme des alltäglichen Lebens vom Leib gehalten hat, so dass ich mich voll und ganz auf diese Arbeit konzentrieren konnte. Auch das finale Aufspüren der letzten Tücken der deutschen Rechtschreibung während der finalen Durchsicht des Manuskriptes habe ich ihr zu verdanken.

Svend Reuse

Inhaltsverzeichnis

Inhaltsverzeichnis ... IX
Abbildungsverzeichnis ... XIII
Tabellenverzeichnis ... XV
Abkürzungsverzeichnis ... XVII
Symbolverzeichnis ... XXI

1 Einleitende Worte und Problemstellung ... 1
   1.1 Problemdefinition ... 1
   1.2 Zu verifizierende Thesen ... 2
   1.3 Struktureller Aufbau der Arbeit ... 6
   1.4 Methodik der Arbeit ... 7

2 Bestandsaufnahme der Portfoliotheorie und der Asset-Allocation ... 9
   2.1 Abgrenzung allgemeingültiger Begriffe im Portfoliomanagement ... 9
      2.1.1 Begriff der Rendite und der Performance ... 9
      2.1.2 Begriff des Risikos und der Risikostrukturierung ... 12
      2.1.3 Abgrenzung von Assets, Assetklassen und Asset-Allocation ... 14
      2.1.4 Begriff der Benchmark ... 15
   2.2 Extremsituationen und Irrationalität im Portfoliomanagement ... 15
      2.2.1 Ableitung einer Definition für Extremsituationen ... 15
      2.2.2 Verwendete Definition einer Extremsituation ... 16
      2.2.3 Abgrenzung Rationalität und Irrationalität von Märkten ... 16
   2.3 Systematisierung von Ansätzen der Portfolio- und Kapitalmarkttheorie ... 17
      2.3.1 Klassische Portfoliotheorie ... 17
         2.3.1.1 Markowitz: Portfolio Selection ... 17
         2.3.1.2 Das Single-Index-Modell von Sharpe ... 24
         2.3.1.3 Das Marktmodell als Erweiterung des Indexmodells ... 26
         2.3.1.4 Aussagekraft und Grenzen der klassischen Portfoliotheorie ... 28
      2.3.2 Kapitalmarkttheorie ... 30
         2.3.2.1 Capital Asset Pricing Model ... 31
         2.3.2.2 Arbitrage Pricing Theory ... 36
         2.3.2.3 Kritik an der Kapitalmarkteffizienz ... 39
         2.3.2.4 Aussagekraft und Grenzen der Kapitalmarkttheorie ... 41
      2.3.3 Partialanalytische Ansätze der Portfoliotheorie ... 44
         2.3.3.1 Portfolioselektion mit Hilfe höherer Momente ... 44
         2.3.3.2 Shortfalloptimierungen – Safety-First-Ansätze ... 46

2.3.3.3 Extremwerttheorie – Peaks Over Threshold 49
2.3.3.4 Aussagekraft und Grenzen der partialanalytischen Ansätze 51
2.3.4 Behavioral Finance in der Portfoliotheorie 51
    2.3.4.1 Definition und Abgrenzung der Behavioral Finance 51
    2.3.4.2 Kapitalmarkt- und Verhaltensanomalien 53
    2.3.4.3 Ausgewählte Ansätze der Behavioral Finance 57
    2.3.4.4 Aussagekraft und Grenzen der Behavioral Finance 61
2.3.5 Kritische Würdigung der vorgestellten Ansätze 62
2.4 Konzept der Asset-Allocation 63
    2.4.1 Das dreistufige Konzept der Asset-Allocation 63
        2.4.1.1 Schaffung der Datenvoraussetzungen 63
        2.4.1.2 Generierung effizienter Portfolien 64
        2.4.1.3 Anlegerindividuelle Portfolioauswahl 65
    2.4.2 Optimierungsansätze zur Risikomessung in der Asset-Allocation 65
        2.4.2.1 Markowitz: Klassischer Varianz-/Kovarianz-Ansatz 66
        2.4.2.2 Markowitz: Erweiterung um den VaR-Gedanken 67
        2.4.2.3 Historische Simulation 68
        2.4.2.4 Monte-Carlo-Simulation 69
        2.4.2.5 Copula-Funktionen 71
        2.4.2.6 Markowitz: Wegfall der Normalverteilungsannahme 72
    2.4.3 Praktische Umsetzungsbeschränkungen der Asset-Allocation 74
    2.4.4 Kritische Würdigung des Asset-Allocation-Konzeptes 76
2.5 Auswahl theoretischer Elemente für die Modellierung von Korrelationen in Extremsituationen 77

3 Umfrage: Das Verhalten von Korrelationen in irrationalen Marktphasen 81
3.1 Konzeption der Umfrage im Kontext des aktuellen Forschungsstandes 81
    3.1.1 Zielsetzung der Umfrage 81
    3.1.2 Aktueller Stand der empirischen Forschung 81
    3.1.3 Theoretische Aspekte beim Aufbau einer Umfrage 85
    3.1.4 Struktur des Fragebogens der Umfrage 87
    3.1.5 Definition der Zielgruppe der Umfrage 89
3.2 Analyse der empirischen Validität der Umfrage 91
    3.2.1 Rücklaufquote der Umfrage 91
    3.2.2 Repräsentativität der Umfrage 93
    3.2.3 Zeitraum der Rückläufer der Umfrage 94
3.3 Analytische Auswertung der Ergebnisse der Umfrage 96

3.3.1 Analyse Teil 1: Allgemeine Daten zum Kreditinstitut 97
3.3.2 Analyse Teil 2: Status quo zur Portfoliotheorie / Asset-Allocation 100
3.3.3 Analyse Teil 3: Irrationales Marktverhalten in Extremsituationen 112
3.3.4 Analyse Teil 4: Eckdaten zu einem Korrelationszertifikat 129
3.3.5 Analyse Teil 5: Abschließende Anmerkungen der Befragten 133
3.4 Bewertung des Umsetzungsstandes der Asset-Allocation in den Banken 136
3.4.1 Aufbau eines Scoring-Modells 136
3.4.2 Anwendung des Scoring-Modells auf die Institute der Umfrage 136
3.4.3 Interpretation der Ergebnisse des Scorings 138
3.5 Praktische Elemente für die Modellierung von Korrelationen in
Extremsituationen 139

4 Modellierung von Korrelationen in irrationalen Extremsituationen 143
4.1 Analyse von Korrelationen in historischen Extremsituationen 143
4.1.1 Verwendete Assetklassen zur Korrelationsanalyse 143
4.1.2 Risiko und Rendite der Assetklassen 146
4.1.3 Historische und rollierende Korrelationen im Zeitablauf 149
4.1.4 Definition des Korrelation-at-Risk- und -at-Chance-Ansatzes 156
4.1.5 Kritische Würdigung der historischen Korrelationsentwicklung 160
4.2 Modellierung von Indizes zur Messung von Marktirrationalitäten 161
4.2.1 Grundlegende Vorgehensweise und analysierte Märkte 161
4.2.2 Ermittlung der Indizes zur Messung von Marktirrationalitäten 162
4.2.3 Vergleich der entwickelten Indizes mit bestehenden Indizes 168
4.2.4 Kritische Würdigung der entwickelten Irrationalitätsindizes 169
4.3 Taktisches Optimierungsmodell auf Basis irrationaler Marktphasen 170
4.3.1 Aufbau des Modells – Kombination der Indizes mit KaR/KaC 170
4.3.2 Backtesting des taktischen Optimierungsmodells 174
4.3.3 Kritische Würdigung des taktischen Optimierungsmodells 186
4.4 Zusammenfassung der Ergebnisse der Modellierung von Korrelationen in
Extremsituationen 189

5 Entwicklung eines Korrelationszertifikates zur Portfolioabsicherung 191
5.1 Bestandsaufnahme von Korrelationsderivaten am Kapitalmarkt 191
5.2 Modellierung des Zertifikates als Korrelationsoption 193
5.3 Backtesting eines korrelationsgehedgten Portfolios 201
5.4 Aussagekraft und Grenzen des entwickelten Zertifikates 210

6 Fazit und Ausblick ... 213
   6.1 Zusammenfassung der Ergebnisse ... 213
   6.2 Abgleich mit den zu verifizierenden Thesen ... 218
   6.3 Ausblick auf die Zukunft ... 221

Anhang ... 223
   Anhang 1: Zusammenspiel der Anhänge ... 223
   Anhang 2: Anschreiben zur Umfrage ... 224
   Anhang 3: Begleitschreiben der Universitäten für die Umfrage ... 225
   Anhang 4: Fragebogen der Umfrage ... 226
   Anhang 5: Umfragedatenbank ... 234
   Anhang 6: Programm „Indexgenerator 1.0" ... 236
   Anhang 7: Programm „Magic Portfolio View 3.0" ... 238
   Anhang 8: Korrelationsentwicklungen vor und nach einer Krise ... 240

Literaturverzeichnis ... 243

Abbildungsverzeichnis

Abbildung 1: Zusammenhang der Thesen 5
Abbildung 2: Research Methoden und Methodologie 8
Abbildung 3: Risikodefinitionen im Rahmen des Portfoliomanagements 13
Abbildung 4: Effizienzkurve nach Markowitz 20
Abbildung 5: Risiko/Renditeprofil nach Markowitz 22
Abbildung 6: Zusammenhang zwischen Aktien- und Indexrendite 25
Abbildung 7: Entwicklung RexP vs. DAX 1989 – 2009 29
Abbildung 8: Kapitalmarktlinie, Wertpapierlinie und CAPM 32
Abbildung 9: Strukturierung der Kapitalmarkteffizienz 40
Abbildung 10: Spread zwischen besichertem und unbesichertem Geldmarkt 43
Abbildung 11: Klassische Portfoliodarstellung mit Downside-Risk-Restriktion 47
Abbildung 12: DAX-Analyse 04.1996 – 04.2009 mit NV- und GPD-Verteilung 50
Abbildung 13: Neoklassische Finanzierungstheorie vs. Behavioral Finance 52
Abbildung 14: Wertfunktion in der Prospect Theory vs. Nutzenfunktion 58
Abbildung 15: Portfolio Pyramide der Behavioral Portfolio Theory 60
Abbildung 16: Dreistufiges Konzept der Asset-Allocation 63
Abbildung 17: Auswahl theoretischer Bausteine für diese Ausarbeitung 78
Abbildung 18: Strukturierung bestehender Empirien 82
Abbildung 19: Grundgesamtheit und Stichprobe der Umfrage 91
Abbildung 20: Grundgesamtheit und Stichprobe der Umfrage, n = 113 95
Abbildung 21: Kumulierte Rückläufer im Vergleich zu anderen Umfragen 96
Abbildung 22: Anzahl Mitarbeiter und Bilanzsumme, n = 113 98
Abbildung 23: Bekanntheitsgrad der Asset-Allocation-Methoden, n = 113 101
Abbildung 24: Wertung der Asset-Allocation-Methoden, n = 113 102
Abbildung 25: Betreiben von Asset-Allocation, n = 113 103
Abbildung 26: Betreiben von Asset-Allocation vs. Bilanzsumme, n = 113 104
Abbildung 27: Nutzung der Asset-Allocation-Methoden, n = 81 105
Abbildung 28: Anzahl der verwendeten Modelle, n = 81 106
Abbildung 29: Primat der Optimierung, n = 81 107
Abbildung 30: Form der Asset-Allocation (aktiv/passiv), n = 81 108
Abbildung 31: Form der Asset-Allocation vs. verwendete Modelle, n = 81 109
Abbildung 32: Schätzbarkeit von Parametern auf Basis der Historie, n = 81 110
Abbildung 33: Verlässlichkeit von Korrelationen, n = 113 112
Abbildung 34: Berücksichtigung von Korrelationsrisiken in Modellen, n = 113 113
Abbildung 35: Berücksichtigung kurzfristiger Korrelationsrisiken, n = 113 114
Abbildung 36: Irrationales Verhalten in Extremsituationen, n = 113 116
Abbildung 37: Entwicklung des irrationalen Verhaltens, n = 109 117

Abbildung 38: Beeinflussende Faktoren des irrationalen Verhaltens, n = 109 118
Abbildung 39: Einfluss von Marktteilnehmern und deren Irrationalität, n = 109 121
Abbildung 40: Irrationalitätseinschätzung Assetklasse Aktien, n = 109 123
Abbildung 41: Irrationalitätseinschätzung Assetklasse Zinsen, n = 109 124
Abbildung 42: Irrationalitätseinschätzung Assetklasse Corporates, n = 109 126
Abbildung 43: Irrationalitätseinschätzung Alternative Assetklassen, n = 109 127
Abbildung 44: Zusammenspiel der Irrationalitätseinschätzungen, n = 109 128
Abbildung 45: Sinnhaftigkeit eines Korrelationszertifikates, n = 113 130
Abbildung 46: Ausgestaltung eines Korrelationszertifikates, n = 41 131
Abbildung 47: Häufigkeit der Nennung einer Assetklasse, n = 41 132
Abbildung 48: Erlaubnis der namentlichen Nennung, n = 113 134
Abbildung 49: Zusendung Ergebnisse und Teilnahme Verlosung, n = 113 135
Abbildung 50: Ergebnisse des Scorings, n = 81 138
Abbildung 51: Indexierte Darstellung der Performance der 10 Assetklassen 147
Abbildung 52: Dax und RexP – klassische und gleitende 250-Tages-Korrelation 151
Abbildung 53: Aggregiertes Korrelationsverhalten vor und nach einer Krise 155
Abbildung 54: Korrelationshistogramm DAX – RexP & ML Corporate – RexP 157
Abbildung 55: KaR und KaC für DAX – RexP & ML Corporate – RexP 158
Abbildung 56: Regressionsanalyse für die p.a. Rendite des Euro Stoxx 50 164
Abbildung 57: Verwendete Regressionszeitreihen 165
Abbildung 58: Regressionsplots der vier Irrationalitätsindizes 166
Abbildung 59: Historische Entwicklung der Irrationalitätsindizes 167
Abbildung 60: Historische Entwicklung der kumulierten Irrationalitätsindizes 168
Abbildung 61: Anlegerverhalten und Börsenpsychologie 170
Abbildung 62: Integration der Irrationalitätsindizes und KaC/KaR in ein Modell 172
Abbildung 63: Backtestingergebnisse – Maximierung Ertrag bei Zielrisiko 177
Abbildung 64: Backtestingergebnisse – Optimierung RORAC 178
Abbildung 65: Historische RORACs im Vergleich 181
Abbildung 66: Simulierte Portfoliostruktur im modifizierten Markowitz-Ansatz 182
Abbildung 67: Simulierte Portfoliostruktur im eigenen Modell 182
Abbildung 68: Vergleich der Modelle per Stichtag 28.02.2009 185
Abbildung 69: Erweitertes Binomialmodell für Korrelationsentwicklungen 195
Abbildung 70: Optionsereignisse bei einem Korrelations-Call 196
Abbildung 71: Preisentwicklung von Korrelations-Call und -Put 200
Abbildung 72: Backtesting des Hedges RexP – DAX, Strike = -0,128 203
Abbildung 73: Backtesting des Hedges DAX – ML Corporate, Strike = -0,173 204
Abbildung 74: Backtesting des Hedges RexP – ML Corporate, Strike = 0,369 205
Abbildung 75: Backtesting des Hedges RexP – ML Corporate, Strike = -0,131 207
Abbildung 76: Backtesting des Zertifikates DAX – Euro Stoxx 50, Strike = -0,950 209

Tabellenverzeichnis

Tabelle 1:	Anforderungen an eine Benchmark	15
Tabelle 2:	Kovarianz-Matrix im Zwei-Anlage-Fall	21
Tabelle 3:	Theoretische vs. reale Verteilung Dow Jones 1928 – 2006	28
Tabelle 4:	Übersicht über Kapitalmarktanomalien	54
Tabelle 5:	Übersicht über Anomalien des menschlichen Verhaltens	56
Tabelle 6:	Abgrenzung aktives vs. passives Management	64
Tabelle 7:	Vor- und Nachteile der klassischen Markowitz-Optimierung	66
Tabelle 8:	Vor- und Nachteile der historischen Simulation	69
Tabelle 9:	Vor- und Nachteile der Monte-Carlo-Simulation	70
Tabelle 10:	Vorgehensweise der simulationsbasierten Copula-Modelle	71
Tabelle 11:	Implementierungsbeschränkungen der Asset-Allocation	75
Tabelle 12:	Synoptische Darstellung der wichtigsten Empirien	83
Tabelle 13:	Bestehende Indizes zur Messung von Irrationalitäten	84
Tabelle 14:	Rahmenbedingungen und Eckdaten des Fragebogens	86
Tabelle 15:	Struktur des Fragebogens	88
Tabelle 16:	Rücklaufquote in Bezug auf Anspracheweg	92
Tabelle 17:	Rücklaufquote in Bezug auf Bankengruppen	94
Tabelle 18:	Mitarbeiter vs. Bilanzsumme, n = 113	99
Tabelle 19:	Handelsbuchstatus, Börsennotierung & Bilanzierung, n = 113	100
Tabelle 20:	Verlässlichkeit und Berücksichtigung von Korrelationen, n = 113	115
Tabelle 21:	Weitere beeinflussende Faktoren, n = 7	119
Tabelle 22:	Assetklassenkombinationen für das Korrelationszertifikat, n = 41	132
Tabelle 23:	Ergänzende Anmerkungen der Institute	133
Tabelle 24:	Aufbau des Scoringsystems und Punktvergabe für den Status quo	137
Tabelle 25:	Aggregierte Ergebnisse und Schlussfolgerungen der Umfrage	142
Tabelle 26:	Ausgewählte Assetklassen und deren Kurzbeschreibung	145
Tabelle 27:	Risiko und Rendite der ausgewählten Assetklassen	148
Tabelle 28:	Korrelationsmatrix der ausgewählten Assetklassen	149
Tabelle 29:	DAX und RexP – Korrelationsverhalten vor und nach einer Krise	153
Tabelle 30:	KaR, KaC und Spreadmatrix für die ausgewählten Assetklassen	159
Tabelle 31:	Parameterset für das Backtesting des eigenen Modells	175
Tabelle 32:	Detaillierte Ergebnisse des Backtestings über die Analyseperiode	180
Tabelle 33:	Strukturierung von Korrelationsoptionen und -swaps	192
Tabelle 34:	Verteilung der 250-T-Korrelationen RexP – ML Corp bis 12.2009	199
Tabelle 35:	Backtesting-Parametersets für die Korrelationsoption	202
Tabelle 36:	Backtesting der drei Korrelationspaare bei differierenden Strikes	206
Tabelle 37:	Abgleich der erarbeiteten Ergebnisse mit den zentralen Thesen	221

Abkürzungsverzeichnis

ABS	=	Asset Backed Securities
AIG	=	American International Group
APT	=	Arbitrage Pricing Theory
ARCH	=	Autoregressive Conditional Heteroskedasticity
BA	=	Bankenaufsicht
BaFin	=	Bundesanstalt für Finanzdienstleistungsaufsicht
BOFA	=	Bank of America
bzw.	=	beziehungsweise
ca.	=	circa
CAPM	=	Capital Asset Pricing Model
d.h.	=	das heißt
DAX	=	Deutscher Aktienindex
DIPS	=	Deutsches Institut für Portfolio-Strategien
DJ	=	Dow Jones
DSGV	=	Deutscher Sparkassen- und Giroverband e.V.
e.V.	=	eingetragener Verein
et al.	=	et alii (und andere)
etc.	=	et cetera
ETF	=	Exchange Traded Fund/s
f.	=	folgend/e/es/er/en
FEA	=	Faculty of Economics and Administration
ff.	=	fortfolgend/e/es/er/en
FOM	=	Hochschule für Oekonomie & Management
FTD	=	Financial Times Deutschland
GARCH	=	Generalized Autoregressive Conditional Heteroskedasticity
ggf.	=	gegebenenfalls
ggü.	=	gegenüber
GM	=	Geldmarkt
GPD	=	Generalized Pareto Distribution
GuV	=	Gewinn- und Verlustrechnung
HfB	=	Hochschule für Bankwirtschaft
HGB	=	Handelsgesetzbuch
Hrsg.	=	Herausgeber
i.d.R.	=	in der Regel
IDW	=	Institut der Wirtschaftsprüfer in Deutschland e.V.
IFRS	=	International Financial Reporting Standards
II	=	Irrationalitätsindex

InvG	=	Investmentgesetz
ISMA	=	International Securities Market Association
Jg.	=	Jahrgang
KaC	=	Korrelation-at-Chance
KaR	=	Korrelation-at-Risk
Kat.	=	Kategorie
Kurt	=	Kurtosis
KWG	=	Kreditwesengesetz
LPE	=	Listed Private Equity
LPM	=	Lower Partial Moment
LPX	=	Listed Private Equity Index
LZ	=	Leitzinsen
max.	=	maximiere
Mio.	=	Million/en
ML	=	Merrill Lynch
MPV	=	Magic Portfolio View
MS	=	Microsoft
MSCI	=	Morgan Stanley Capital Index
MVP	=	Minimum Variance Portfolio
NEMAX	=	Neuer-Markt-Index
Nr.	=	Nummer
NV	=	Normalverteilung
o.g.	=	oben genannt/e/es/er/en
o.J.	=	ohne Jahr
o.Jg.	=	Ohne Jahrgang
o.O.	=	ohne Ort
ÖH	=	Öffentliche Hand
OTC	=	Over the Counter
p.a.	=	per annum
POT	=	Peaks Over Threshold
RAROC	=	Risk Adjusted Return on Capital
RexP	=	Rentenindex Performance Index
RORAC	=	Return on Risk Adjusted Capital
RSGV	=	Rheinischer Sparkassen- und Giroverband
S.	=	Seite
s.o.	=	siehe oben
Skew	=	Schiefe
SPSS	=	Statistical Package for the Social Sciences
Stabw	=	Standardabweichung

u.a.	=	Unter anderem/n
u.a.O.	=	und andere Orte
UBS	=	Union Bank of Switzerland
US GAAP	=	United States Generally Accepted Accounting Principles
USD	=	United States Dollar
VaR	=	Value at Risk
VDAX	=	DAX-Volatilitätsindex
vgl.	=	vergleiche
vs.	=	versus
z. Zt.	=	zur Zeit
z.B.	=	Zum Beispiel
ZEW	=	Zentrum für Europäische Wirtschaftsforschung GmbH

Symbolverzeichnis

σ	=	Standardabweichung/Volatilität der Rendite
σ_I	=	Standardabweichung des Index I
σF_k	=	Standardabweichung des k-ten Risikofaktors
σr_m	=	Standardabweichung der Rendite des Marktportfolios
β_i	=	Beta des Papiers i
σ_i	=	Volatilität des Assets i
β_{ik}	=	Sensitivität der Rendite des Wertpapiers i in Bezug auf die Ausprägung des Faktors k
σ_m	=	Standardabweichung des Marktportfolios
β_{mk}	=	Sensitivität der Rendite des Marktportfolios in Bezug auf die Ausprägung des Renditefaktors k
σ_p	=	Standardabweichung des Portfolios p
σ_p	=	Varianz der Rendite des Portfolios p
σ_R	=	Standardabweichung der Rendite
€	=	Euro
$A(t_1)$	=	Ausgleichszahlung in t_1
a_i	=	konstante unternehmensindividuelle Rendite
b_i	=	Sensitivität der Aktie i gegenüber Veränderungen der Rendite des Index I
C_0	=	Preis des Calls in t_0
COV_{ij}	=	Kovarianz der Renditen der Wertpapiere i und j
$E(R_i)$	=	Erwartete Rendite des Wertpapiers i zu Beginn der Periode
$E(R_m)$	=	Erwartungswert des Marktportfolios
$E(R_p)$	=	Erwartungswert des Portfolios p
F_k	=	unerwartete Komponente der Ausprägung des Faktors k (Zufallsvariable)
g_i	=	Ordinatenachsenabschnitt der Regressionsfunktion i
h_i	=	Häufigkeit des Eintritts der Korrelation ρ_i
II_{Break}	=	Irrationalitätsindex, ab dem ein Trend durchbrochen wird
K	=	Anzahl der Faktoren
M	=	Anzahl Regressionen für den Irrationalitätsindex
M_{Break}	=	Anzahl Monate, ab denen ein Trend durchbrochen wird
N	=	Anzahl der Wertpapiere im Portfolio
N	=	Basiswert des Swaps
Ø	=	Durchschnitt
p	=	Wahrscheinlichkeit
P_0	=	Preis des Put in t_0
PF	=	Portfoliowert in t_0 in €

$q_{i,t}$	=	Ausprägung der Marktzeitreihe i zum Zeitpunkt t
R	=	Renditezufallsvariable
R^d_{Pt}	=	Diskrete Rendite des Portfolios P für den Zeitraum t
R_f	=	risikolose Rendite
R_{FK}	=	Faktorrendite des Wertpapiers
R_I	=	Rendite des Index
R_i	=	Rendite des Wertpapiers i in der Betrachtungsperiode
r_i^2	=	Bestimmtheitsmaß der Regression i
R_{it}	=	Rendite des Wertpapiers i in der Periode t
R_{pt}	=	Rendite des Portfolios p in der Periode t
R^s_{Pt}	=	Stetige Rendite des Portfolios P für den Zeitraum t
R_t	=	Zielrendite
st_i	=	Steigung der Regressionsfunktion i
T	=	Anzahl der beobachteten Renditen des Portfolios (Zeitperioden)
T	=	Zeit
V	=	Wertefunktion
V	=	Value
$VaR(\rho_i)$	=	Risiko auf Basis der Korrelation ρ_i
$VaR(\rho_{realisiert})$	=	Risiko auf Basis der realisierten Korrelation
$VaR(\rho_{Strike})$	=	Risiko auf Basis des Korrelationsstrikes
VaR_i	=	Risiko (Value at Risk) als Abweichung vom Erwartungswert der Assetklasse i
V_{Pt}	=	Wert des Portfolios am Ende des Zeitraums t
V_{Pt-1}	=	Wert des Portfolios am Ende des Zeitraums t – 1
W	=	Wahrscheinlichkeit
X	=	Ergebnishöhe x
x_i	=	Anteil des Assets i
$x_{i,j}$	=	Anteil des Wertpapiers am Portfolio
Y	=	Ergebnishöhe y
Z	=	z-Wert für das Konfidenzniveau
z_α	=	Fraktilswahrscheinlichkeit der N(0,1)-Verteilung
A	=	Wahrscheinlichkeit
$\varepsilon_{i,t}$	=	wertpapierspezifische Störgröße i zum Zeitpunkt t
$\mu_{i,j}$	=	Erwartungswert der Rendite des Wertpapiers i,j
μ_p	=	erwartete Portfoliorendite
μ_r	=	erwartete Rendite des Papiers i
Π	=	Wahrscheinlichkeitsgewichtungsfunktion

Symbolverzeichnis

ρ_i	=	250-Tages-Korrelation auf Basis täglicher Renditen, historische Verteilung, in 0,10-er Schritten
ρ_{ij}	=	Korrelationskoeffizient zwischen Wertpapier i und j
ρ_{payoff}	=	Payoff Korrelation
$\rho_{realisiert}$	=	Mittelwert aller Paarkorrelationen im Korb
ρ_{Strike}	=	ex ante festgelegte Strikekorrelation

1 Einleitende Worte und Problemstellung

1.1 Problemdefinition

Seit der Entwicklung der klassischen Portfoliotheorie nach Markowitz sind mittlerweile mehr als 50 Jahre vergangen, das Modell hat jedoch nach wie vor Gültigkeit[1]. Nicht zuletzt durch die Finanzmarktkrise 2007/2008 geriet es jedoch zunehmend in die Kritik[2]. Diversifikation würde genau dann nicht funktionieren, wenn diese am meisten benötigt würde, wird oftmals behauptet[3]. Konrad weist zudem auf Basis einer 12-monatigen rollierenden Korrelation nach, dass Korrelationen schwanken und negativ werden können[4]. Dem gegenüber stehen mehrere Autoren, die die Funktionsweise der klassischen Portfoliotheorie auch in Zeiten der Finanzmarktkrise bestätigen[5].

Die Frage, wie sich ein Investor in Bezug auf seine Diversifikation positionieren sollte, wird somit in der vorherrschenden Literatur nicht abschließend beantwortet[6]. Hinzu kommt, dass Märkte oftmals irrational handeln[7] – sogar über längere Zeiträume. Dies hat signifikante Auswirkungen für einen Investor. Hier lässt sich Keynes schon 1936 zitieren: „The markets can stay irrational for longer than you can remain solvent.[8]" Gerade in Extremsituationen und in Zeiten der Irrationalität der Märkte ist die Diversifikationswirkung durch Korrelationen besonders wichtig, wobei die beiden genannten Faktoren simultan auftreten können und sich unter Umständen gegenseitig bedingen.

Ob Diversifikation wirklich versagt hat, soll in dieser Ausarbeitung näher analysiert werden. Es gibt zwar zahlreiche empirische Analysen auf europäischer oder globaler Ebene zur Risikodiversifikation[9], allerdings existieren keine aktuellen empirischen Analysen des deutschen Marktes, die das Thema Extremsituationen, Korrelationen und irrationales Verhalten aufgreifen. Eine nähere Analyse dieser Problematik fordert auch Kat: „We therefore need other methods to investigate whether for example more extreme movements in financial markets are indeed more highly correlated than overall movements.[10]"

---

[1] Kritisch argumentiert in *Markowitz/Hebner/Brunson* (2009), S. 1 ff. Eine breite Umsetzung war allerdings auch bis Mitte der 70er nicht zu verzeichnen. Vgl. *Elton/Gruber/Padberg* (1976), S. 1341.
[2] Diskutiert u. a. in *Mörsch* (2009.08.31a); *Mörsch* (2009.08.31b).
[3] Vgl. u.a. *Schierenbeck/Lister/Kirmße* (2008), S. 98; *Haas/Mittnik/Yener* (2009), S. 51; *Flossbach* (2010.02.19), S. 23.
[4] Vgl. *Konrad* (2004), S. 102. Zur Prognose von Korrelationen vgl. auch *Elton/Gruber/Spitzer* (2005); *Huang/Keienburg/Stock* (2007). Zur Stabilität von Korrelationen vgl. u.a. *Laloux/Cizeau/Bouchaud/ Potters* (2008).
[5] Vgl. exemplarisch *Markowitz/Hebner/Brunson* (2009), S. 1; *Feix/Stückler* (2010), S. 4 ff.
[6] Vgl. auch *FTD* (2010.02.19), S. 23.
[7] Aktuell diskutiert in *Fricke/Ohanian* (2010.02.08), S. 14.
[8] *Keynes* (1936).
[9] Vgl. u.a. *Thiele/Cremers/Robé* (2000); *Krügel* (2004a); *Krügel* (2004b).
[10] *Kat* (2002), S. 6.

Diese Ausarbeitung setzt sich deshalb als Ziel, Diversifikation in Extremsituationen unter Berücksichtigung des irrationalen Verhaltens der Marktteilnehmer zu untersuchen und einen gangbaren Weg aufzuzeigen, die strategische Asset-Allocation nach Markowitz in Bezug auf taktische Aspekte bei Endogenisierung von irrationalem Verhalten zu verfeinern[11].

Hierzu wird Primärforschung in Form einer Umfrage betrieben, die einen aktuellen Überblick über die Themengebiete Korrelationen in Exremsituationen, irrationales Marktverhalten und Optimierungsmöglichkeiten der Asset-Allocation aufzeigen sollen. Zudem wird mit der Analyse von Marktdaten und der Ermittlung von gestressten Korrelationen ein Ansatz entwickelt, strategische Portfoliooptimierung mit taktischen Momenten zu betreiben. Ziel ist letztlich ein Modell, welches bei einer gegebenen strategischen Asset-Allocation[12] eine taktische Optimierung vornimmt. Primär wird bei den Analysen auf das klassische Marktpreisrisiko abgestellt[13].

Wann immer in dieser Arbeit von Korrelationen gesprochen wird, handelt es sich um die einfache lineare Korrelation nach Pearson[14] und nicht um andere, nichtlineare Korrelationen[15] z.B. nach Spearman[16] oder Kendall[17]. Dies liegt darin begründet, dass der klassische Markowitz-Ansatz auf der linearen Korrelation basiert[18]. Da dies den Schwerpunkt dieser Ausarbeitung darstellt, muss der Fokus trotz der bekannten Schwächen[19] auch auf der linearen Korrelation liegen. Andere Korrelationsarten werden nur bei der Diskussion der Copula-Funktion[20] angerissen, jedoch nicht weiter vertieft, da sie für den klassischen Markowitz-Ansatz keine Rolle spielen.

1.2 Zu verifizierende Thesen

Zentrale Aufgabe dieser Ausarbeitung ist es, einige Thesen zu formulieren und diese im Laufe der Arbeit zu beantworten. Die zu verifizierenden Thesen werden wie folgt formuliert:

---

[11] Taktische Optimierungen sind in der Praxis häufig anzutreffen. Vgl. u.a. *Laxton/Leser* (2007), S. 55 – 57.
[12] Zur Definition vgl. Kapitel 2.1.3.
[13] Zur Klassifizierung von Risiken und zur Definition von Marktpreisrisiken vgl. exemplarisch *Reuse* (2008a), S. 6 ff.
[14] Vgl. *Pearson* (1900), S. 1 ff., u.a. diskutiert in *Bleymüller/Gehlert/Gülicher* (1996), S. 145 f.; *Elsevier* (o.J.), S. 385 – 406.
[15] Einen guten Überblick über die Korrelationsarten bietet *Elsevier* (o.J.), S. 385 – 406. Zur Problematik der Anwendung linearer Korrelationen in nicht-elliptischen Verteilungen vgl. *Embrechts/ McNeil/Straumann* (2002), S. 35.
[16] Vgl. *Spearman* (1904); *Spearman* (1907), S. 161 – 169.
[17] Vgl. u.a. *Kendall/Kendall/Smith* (1939), S. 251 ff.; *Kendall* (1948).
[18] Vgl. *Markowitz* (1952), S. 77 ff.
[19] Zur Problematisierung der linearen Korrelation als Abhängigkeitsmaß vgl. *Kat* (2002).
[20] Definiert und erläutert in Kapitel 2.4.2.5.

1.2 Zu verifizierende Thesen

(1) Das klassische Markowitz-Modell ist mit leichten Modifikationen immer noch ein adäquates Optimierungsmodell.

Neben der klassischen Varianz-/Kovarianz Analyse existieren mehrere Optimierungsmodelle der Portfoliooptimierung[21], die die Schwachstellen des Markowitz-Ansatzes eliminieren sollen. So sind z.B. historische Simulation[22], Monte-Carlo-Simulation[23] und Copula-Funktionen[24] zu nennen, die eine bessere Risikomodellierung ermöglichen sollen. Andererseits wurde durch den DSGV[25] gezeigt, dass ein modifizierter Varianz-/Kovarianz-Ansatz ebenfalls zu brauchbaren Ergebnissen führt, zudem einfach umzusetzen ist und keine so aufwändige Datenanforderung aufweist. Es stellt sich die Frage, ob diese Erkenntnis sich auch in Krisenzeiten und Extremsituationen bestätigen lässt. Das erste Ziel dieser Arbeit besteht darin nachzuweisen, dass die Grundideen der klassischen Portfoliotheorie immer noch zu effizienten Portfolien führen.

(2) Phasen der Irrationalität lassen sich frühzeitig erkennen.

Ein typisches Beispiel für die Erklärung des irrationalen Verhaltens von Marktteilnehmern ist der Ansatz der Behavioral Finance, deren aktueller Stand der Forschung in dieser Ausarbeitung erörtert werden soll[26]. Aus Sicht des Autors existieren mehrere Indizien, welche die Irrationalitäten auf den Märkten frühzeitig aufzeigen. Indikatoren für ein frühzeitiges Erkennen von Extremsituationen können sein[27]:

- zu positive Stimmung
- zu niedrige Risikoprämien, die das Risiko nicht mehr abdecken,
- zu starker Nachfrageüberhang/Angebotsüberhang,
- „Blasen" an den Märkten[28].

Die historisch betrachteten Krisen können so im Hinblick auf diverse solcher Indikatoren untersucht werden. Gelingt es, ein „Set" mehrerer Indikatoren aufzustellen, die zudem mit Marktdatenentwicklungen korreliert sind, so liegt eine Art Frühwarnsystem vor. Ziel dieser Ausarbeitung ist es, diese Indikatoren zu modellieren und in einen Irrationalitätsindex einfließen zu lassen, welcher wiederum Basis für eine optimierte Portfoliooptimierung sein kann[29].

---

[21] Vgl. Kapitel 2.4.2.
[22] Vgl. u.a. *Fröhlich/Steinwachs* (2008), S. 106 ff.
[23] Vgl. u.a. *Reuse* (2006.07), S. 367 ff.; *Reuse* (2008.06), S. 35 ff.; *Reuse/Linnertová* (2009.05), S. 84 ff.
[24] Vgl. u.a. *Mashal/Zeevi* (2002); *Lesko* (2006), S. 3 – 6.
[25] Deutscher Sparkassen- und Giroverband. Vgl. exemplarisch Sievi/Wegner/Schumacher (2006.12), S. 690 ff.
[26] Vgl. exemplarisch *Fama* (1998); *Brabazon* (2000); *Stracca* (2002); *Chan/Frankel/Kothari* (2003); *De Grauwe/Grimaldi* (2004). Diese werden in Kapitel 2.3.4 näher erläutert.
[27] Diskutiert in Kapitel 2.3.4.
[28] Vgl. u.a. *De Grauwe/Grimaldi* (2004).
[29] Der Index ist vierteilig, da er die Assetklassen Aktien, Zinsen, Corporates und alternative Assetklassen betrachtet, vgl. Kapitel 3. Wird in dieser Arbeit vom singulären Index gesprochen, so ist dies der Überbegriff für alle vier Teilmarktindizes.

(3) Ein taktisch ausgerichteter Ansatz der Portfoliooptimierung auf Basis irrational geprägter Korrelationen führt zu einer langfristig besseren Sharpe Ratio / RORAC[30] und auch zu einer absolut besseren Performance verglichen mit der klassischen Form der Portfoliooptimierung.

Aus Sicht des Autors sind langfristige Korrelationen stabil, während kurzfristige Korrelationen schwanken können[31]. Durch diese Korrelationsschwankungen greift die Messung mit dem klassischen VaR[32] zu kurz[33], da das Korrelationsrisiko nicht separiert dargestellt wird.

Zur Separierung des Korrelationsrisikos werden rollierende 250-Tages-Korrelationen über einen langen Zeitraum im Hinblick auf ihre Verteilung analysiert. Ziel ist die Entwicklung einer KaR[34], um das Korrelationsrisiko als spezielle Ausprägung des Modellrisikos darzustellen. Die KaR, definiert als die Korrelation, die mit einem bestimmten Konfidenzniveau nicht überschritten wird, stellt eine Art VaR-Verfahren in Bezug auf Korrelationen dar und soll als Extremwertoptimierungskorrelation verwendet werden. Vice versa existiert auch eine KaC[35], welche die Korrelationschance darstellt und als Pendant zur KaR ebenfalls in eine Optimierung einbezogen werden kann. Durch Koppelung mit Aspekten der Behavioral Finance soll gezeigt werden, dass eine Optimierung auf Basis irrational geprägter Korrelationen eine absolute und relative Outperformance verglichen mit der klassischen Portfoliooptimierung erreicht werden kann. Dies wird über ein eigenes Modell mit Backtesting geprüft[36].

(4) Korrelationsrisiken lassen sich über Zertifikate absichern.

Die letzte These dieser Arbeit analysiert die grundsätzliche Möglichkeit der Absicherung von Korrelationsrisiken. Es gilt zu beweisen, dass ein Investor über ein genauer zu modellierendes Korrelationszertifikat das Korrelationsschwankungsrisiko seines Portfolios hedgen kann. Hierbei stellen sich folgende Fragen:

- Was für eine Form von Derivat wäre dieses Zertifikat?
- Wie lässt es sich modellieren?
- Welche Assetklassen gilt es einzubeziehen?
- Analyse des Marktes in Deutschland – ist Potenzial vorhanden?

Auf Basis der empirischen Daten soll dann gezeigt werden, ob ein Investor unter Einbindung dieses Zertifikates trotz Kosten ein besseres Risk/Return-Verhältnis gehabt hätte oder nicht. Zusammenfassend lassen sich die Thesen in Abbildung 1 darstellen:

---

[30] Return on Risk Adjusted Capital. Die Definitionen Sharpe Ratio und RORAC werden synonym verwendet. Vgl. exemplarisch *Allianz* (2010), S. 24; *Sievi* (2010).
[31] Zur Verifizierung vgl. Kapitel 4.1.
[32] Value at Risk. Vgl. Kapitel 2.1.2.
[33] Der VaR wird methodisch kritisch diskutiert in *Mandelbrot/Johanning* (2006).
[34] Korrelation-at-Risk.
[35] Korrelation-at-Chance.
[36] Ende des Betrachtungszeitraumes: 01.04.2010.

1.2 Zu verifizierende Thesen

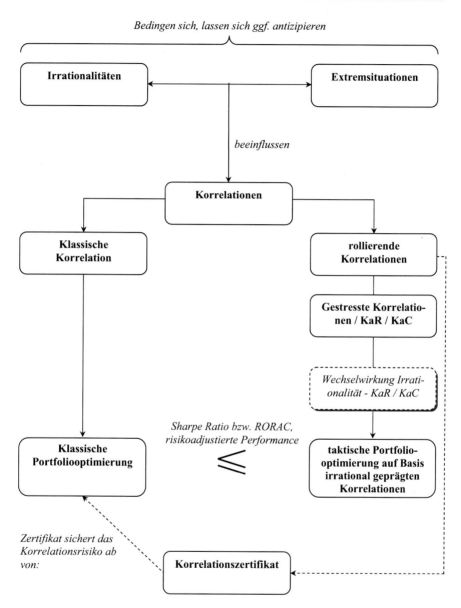

Abbildung 1: Zusammenhang der Thesen[37]

---

[37] Eigene Darstellung.

1.3 Struktureller Aufbau der Arbeit

Es wird wie folgt vorgegangen: Nach der erfolgten methodischen Strukturierung und Darstellung der wesentlichen Thesen der Ausarbeitung in diesem Kapitel stellt Kapitel 2 den Status quo der Portfolio Theorie und der Asset-Allocation dar. Neben den klassischen Ansätzen von Markowitz, Sharpe, Mossin und Lintner sollen vor allem neuere Ansätze wie Behavioral Finance und Extremwertmodellierung vorgestellt werden, um die Schwachstellen bestehender Theorien aufzudecken und diese als Basis für die neu zu modellierenden Ansätze dieser Unterschung zu verwenden. Ziel dieses Abschnittes ist es, die notwendigen theoretischen Erfordernisse für die Evaluierung eines auf Irrationalitäten basierenden Ansatzes herauszuarbeiten[38].

Kapitel 3 setzt im nächsten Schritt eine Umfrage bei 1.000 deutschen Banken um. Ziel ist es, folgende Aspekte empirisch zu erheben:
- Aktueller Stand der Asset-Allocation in der Praxis.
- Einschätzung der Verlässlichkeit von Korrelationen.
- Erhebung der Basisdaten für einen Irrationalitätsindex.
- Klärung der praktischen Relevanz eines Korrelationszertifikates.

Auf Basis dieser Erkenntnisse sollen letztlich die praktischen Implikationen für die Herleitung eines Irrationalitätsmodells für die Korrelationsmodellierung abgeleitet werden[39].

Auf Basis der theoretischen Erkenntnisse aus Kapitel 2 und der praktischen Anforderungen aus Kapitel 3 wird in Kapitel 4 ein Modell zur Quantifizierung von Marktirrationalitäten mit dem Fokus auf Korrelationsentwicklungen entwickelt. Im ersten Schritt wird das Verhalten von Korrelationen in historischen Extremsituationen analysiert. Letztlich bildet dies die Basis für die Definition der KaR und der KaC. Im zweiten Schritt wird ein Irrationalitätsindex auf Basis dieser Marktdatenanalyse hergeleitet. Sowohl der Irrationalitätsindex als auch die Extremkorrelationen finden dann Eingang in ein eigenes Modell. Dieses soll die Frage beantworten, ob eine Optimierung bei Implementierung irrationaler Komponenten besser funktioniert als die klassische Optimierung nach Markowitz. Letztlich soll Kapitel 4 sowohl KaR bzw. KaC als auch Irrationalitätsindex empirisch verifizieren und deren Anwendbarkeit als taktische Ergänzung zur strategischen Asset-Allocation beweisen[40].

Kapitel 5 entwickelt einen praxistauglichen Ansatz zur Modellierung eines Zertifikates, welches für beide Seiten (Käufer und Verkäufer) zur strategischen Asset-Allocation eingesetzt werden kann. Auf Basis der Marktanalyse in der Umfrage wird neben der reinen Ausgestaltung auch ein Backtesting des Zertifikates in der Zeit der Finanzmarktkrise durchgeführt, um

---
[38] Vgl. Kapitel 2.
[39] Vgl. Kapitel 3.
[40] Vgl. Kapitel 4.

die Absicherungskosten mit den Ergebnissen dieser Absicherung unter Berücksichtigung verschiedener Ausgestaltungsmöglichkeiten des Zertifikates darzustellen[41].

Kapitel 6 fasst letztlich die theoretischen und praktischen Erkenntnisse dieser Ausarbeitung zusammen und würdigt diese kritisch. Die vorgestellten Thesen werden kritisch geprüft und auf ihre Verifizierbarkeit hin untersucht. Ein Ausblick auf die Zukunft bildet den Abschluss dieser Arbeit[42].

1.4 Methodik der Arbeit

Im Folgenden gilt es, die Research Methoden den Kapiteln zuzuordnen. Während der gesamten Ausarbeitung wird Sekundär-Research[43] in Form von Primär- und Sekundärquellen verwendet. Kapitel 2 besteht primär aus der Auswertung von existenten Quellen zur Theorie des Themas dieser Untersuchung. Kapitel 3, 4 und 5 hingegen beinhalten hauptsächlich Primär-Research[44] des Autors. Die Modellierung eines Irrationalitätsindex, die Empirie und die Ausgestaltung des Korrelationszertifikates sollen letztlich zu neuen Erkenntnissen in der Anwendung der Portfoliotheorie führen. Abbildung 2 fasst die Strukturierung der Research Methoden zusammen.

---

[41] Vgl. Kapitel 5.
[42] Vgl. Kapitel 6.
[43] Definiert als Datensammlung für einen anderen als den behandelten Sachverhalt. Vgl. *Kotler/Armstrong* (2004), S. 149.
[44] Definiert als Datensammlung für den spezifischen Sachverhalt. Vgl. *Kotler/Armstrong* (2004), S. 149, ähnlich definiert in *Pepels* (1995), S. 204; *Sudman* (1998), S. 87.

Buchkapitel	Sekundäres Research		Primäres Research		
	Literatur	Bestehende Indizes[45]	Eigene Umfrage	Eigenes Modell	Eigene Argumentation
Kapitel 1: Einleitende Worte und Problemstellung					X
Kapitel 2: Status Quo Portfolio Theorie und Asset Allocation	X				
Kapitel 3: Empirische Erhebung von Marktirrationalitäten	X		X		
Kapitel 4: Modellierung von Korrelationen in Extremsituationen	X	X	X	X	X
Kapitel 5: Entwicklung eines Korrelationszertifikates	X		X	X	X
Kapitel 6: Kritische Diskussion und Ausblick					X

Abbildung 2: Research Methoden und Methodologie[46]

---

[45] Vgl. Kapitel 4.2.
[46] Eigene Darstellung. Die Verwendung von Sekundärquellen in Form von zitierter Literatur ist in jedem Kapitel gegeben.

2 Bestandsaufnahme der Portfoliotheorie und der Asset-Allocation

Kapitel 2 dient der Erarbeitung des Status quo der Portfolio Theorie und der angrenzenden Disziplinen. Kapitel 2.1 definiert allgemein gültige Definitionen im Portfoliomanagement. Letzteres kann als „Gesamtheit aller Aufgaben, welche im Zusammenhang mit Kapitalanlageentscheidungen zu lösen und durchzuführen sind[47]" verstanden werden. Im Anschluss definiert und kategorisiert Kapitel 2.2 Extremsituationen. Daraufhin stellt Kapitel 2.3 die Portfolio- und Kapitalmarkttheorie unter Berücksichtigung der Extremwertmodellierung und der Behavioral Finance Aspekte vor. Asset-Allocation und die Methoden der Portfoliorisikomessung werden anschließend in Kapitel 2.4 erarbeitet. Kapitel 2.5 fasst als Fazit der Erhebung des Status quo die theoretischen Elemente für die Modellierung von Korrelationen in Extremsituationen zusammen. Ziel dieses Kapitels ist es, die im weiteren Verlauf deser Ausarbeitung benötigten theoretischen Aspekte aufzuarbeiten und den Grundstein für das eigene Modell zu legen. Wert wird hierbei auf Aussagen zur Diversifikation gelegt. Modelle zur Schätzung von Rendite und Risiko einzelner isolierter Assets sind nicht Gegenstand dieses Kapitels, da die zentralen Fragestellungen sich nicht auf die Assets als solches, sondern auf die Wechselwirkungen zwischen ihnen beziehen[48].

2.1 Abgrenzung allgemeingültiger Begriffe im Portfoliomanagement

2.1.1 Begriff der Rendite und der Performance

Im ersten Schritt gilt es, Rendite bzw. Performance als zentrale Größe der Portfoliotheorie zu definieren, da diese nach Markowitz neben dem Risiko die wesentliche Determinante der Portfoliotheorie darstellt[49].

Unter einer Rendite wird im Allgemeinen der „Gewinn, bezogen auf das eingesetzte Kapital[50]" bezeichnet. Dies lässt sich wie folgt ausdrücken[51]:

$$R_{Pt}^d = \frac{V_{Pt}}{V_{Pt-1}} + 1 \tag{1}$$

mit:

$R^d{}_{Pt}$ = *Diskrete Rendite des Portfolios P für den Zeitraum t*
V_{Pt-1} = *Wert des Portfolios am Ende des Zeitraums t – 1*
V_{Pt} = *Wert des Portfolios am Ende des Zeitraums t*

---

[47] Unter Portfoliomanagement wird „die Gesamtheit aller Aufgaben, welche im Zusammenhang mit Kapitalanlageentscheidungen zu lösen und durchzuführen sind" verstanden. *Poddig/Brinkmann/Seiler* (2009), S. 15.
[48] Vgl. Kapitel 1.
[49] Vgl. *Markowitz* (1952), S. 77 ff.; diskutiert in *Spremann* (2008), S. 101.
[50] *Steiner/Bruns* (2007), S. 49.
[51] Vgl. *Wittrock* (1995), S. 18.

Dies setzt allerdings voraus, dass keine Ein- und Auszahlungen stattfinden[52]. Diese müssten noch additiv zu (1) hinzugesetzt werden[53]. Bei der Art der Renditeermittlung über mehrere Perioden gibt es verschiedene Alternativen[54]. Wird (1) zur Ermittlung einer mehrperiodigen Rendite herangezogen, so wird das geometrische Mittel[55] verwendet[56]. Der arithmetische Mittelwert würde hier zu falschen Ergebnissen führen, da die Anfangskapitäler zu Beginn einer jeden Periode unterschiedlich sind[57].

Im nächsten Schritt gilt es, Rendite und Performance voneinander abzugrenzen. Einerseits wird Performance in der Fachliteratur als Überrendite über die Benchmarkrendite bezogen auf das Risiko[58] definiert[59]. Diese Definition wird jedoch im Folgenden als RORAC verstanden und synonym zum Begriff der Sharpe Ratio verwendet[60]. In dieser Arbeit wird Performance mit der Definition der Rendite gleichgesetzt[61]; dies folgt der Vorgehensweise der wertorientierten Steuerung.

Des Weiteren[62] wird zwischen diskreter und stetiger Rendite unterschieden[63]. Während die diskrete Rendite zwei Zeitpunkte vergleicht[64], berücksichtigt die stetige Rendite die infinitisemal kleinen Abstände zwischen zwei Perioden und den dazugehörigen Zinseszinseffekt[65]. Die stetige Rendite ist kleiner als die zugehörige diskrete Rendite[66] und lässt sich wie folgt ermitteln[67]:

$$R_{Pt}^{s} = \ln\left(\frac{V_{Pt}}{V_{Pt-1}}\right) \qquad (2)$$

mit:

---

[52] Vgl. *Wittrock* (1995), S. 18.
[53] Vgl. u.a. *Spremann* (2008), S. 72.
[54] Diskutiert in *Spremann* (2008), S. 72 ff.
[55] Vgl. *Bleymüller/Gehlert/Gülicher* (1996), S. 16 f.
[56] Vgl. *Nowak/Wittrock* (1993), S. 7.
[57] Diskutiert in *Steiner/Uhlir* (2001), S. 128 f. Zum statistischen Hintergrund der Mittelwertbildung vgl. *Bleymüller/Gehlert/Gülicher* (1996), S. 13 – 17.
[58] Vgl. Kapitel 2.1.2.
[59] Vgl. *Steiner/Bruns* (2007), S. 48.
[60] Sharpe Ratio und RORAC sind dann gleich, wenn im Nenner nicht die Standardabweichung, sondern der VaR steht. Zur Definition von RORAC und Sharpe Ratio vgl. *Goebel/Sievi/Schumacher* (1999), S. 241 ff.; *Pohl/Schierenbeck* (2008), S. 11; *Rolfes* (2008), S. 68. Die Benchmarkrendite wird jedoch durch die sichere Rendite ersetzt. Werden Istposition mit der Benchmark verglichen, so wird dies als RAROC (Risk Adjusted Return on Capital) bezeichnet. Vgl. u.a. *Rolfes* (2008), S. 68 – 71. Zur Definition der Sharpe Ratio vgl. Kapitel 2.3.2.1. Zur Definition als synonym zum RORAC vgl. exemplarisch *Allianz* (2010), S. 24; *Sievi* (2010).
[61] Steiner/Bruns bezeichnen dies als Performance im engeren Sinne. Vgl. *Steiner/Bruns* (2007), S. 48.
[62] Zu weiteren Unterscheidungsformen vgl. *Bruns/Meyer-Bullerdiek* (2008), S. 3.
[63] Vgl. u.a. *Schierenbeck* (2001b), S. 68 f.; *Poddig/Brinkmann/Seiler* (2009), S. 30 ff.; *Bruns/Meyer-Bullerdiek* (2008), S. 3 ff.
[64] Vgl. *Spremann* (2008), S. 72.
[65] Vgl. u.a. *Steiner/Bruns* (2007), S. 52.
[66] Vgl. beispielhaft *Poddig/Brinkmann/Seiler* (2009), S. 40.
[67] Vgl. *Poddig/Brinkmann/Seiler* (2009), S. 35. Zur Transformation von stetigen in diskrete Renditen vgl. anschaulich *Rolfes* (2008), S. 94.

2.1 Abgrenzung allgemeingültiger Begriffe im Portfoliomanagement

R^s_{Pt} = Stetige Rendite des Portfolios P für den Zeitraum t
V_{Pt-1} = Wert des Portfolios am Ende des Zeitraums $t-1$
V_{Pt} = Wert des Portfolios am Ende des Zeitraums t

Diskrete Renditen sind häufig nicht symmetrisch, sondern rechtsschief[68]. Stetige Renditen hingegen sind eher normalverteilt als diskrete Renditen[69], was sich umso stärker bewahrheitet, je länger die Periode ist[70]. Zudem sind sie, im Gegensatz zu diskreten Renditen, addierbar[71].

In der Praxis haben sich jedoch aufgrund der intuitiv besseren Nachvollziehbarkeit gerade in der Portfoliotheorie oftmals diskrete Renditen durchgesetzt[72], auch wenn die stetige Rendite aufgrund der genannten Vorteile in der Mehrperiodenbetrachtung überlegen ist[73].

In der Fachliteratur existieren zudem diverse Ausführungen zu:

- Brutto- und Nettorenditen[74],
- Wert- oder zeitgewichtete Renditen[75]
- Normalverteilung stetiger Renditen, Brownsche Bewegung und Random Walk[76].
- Geometrischer Mittelwert und lognormale Verteilung[77].

Auf diese wird aufgrund des anders gelagerten Schwerpunktes dieser Ausarbeitung jedoch nicht näher eingegangen. Die in Kapitel 4 durchgeführten empirischen Analysen werden aufgrund des Einperiodenansatzes und der intuitiveren Nachvollziehbarkeit mit diskreten Renditen durchgeführt[78].

Die Normalverteilungsannahme der Renditen ist jedoch ein zentraler Punkt dieser Arbeit[79], der sich auch in der weiteren Diskussion der Portfoliotheorie[80] wieder finden lässt. Mit dieser Annahme steht und fällt letztlich auch das Risikomaß, welches bei bestimmten Grenzwahrscheinlichkeiten ermittelt wird[81].

---

[68] Vgl. *Schierenbeck* (2001b), S. 69; *Bruns/Meyer-Bullerdiek* (2008), S. 649. In *Poddig/Brinkmann/Seiler* (2009), S. 39 wird dies fälschlicherweise als linksschief bezeichnet.
[69] Vgl. *Schierenbeck* (2001b), S. 69; *Steiner/Uhlir* (2001), S. 132; *Steiner/Bruns* (2007), S. 51; *Bruns/Meyer-Bullerdiek* (2008), S. 5; *Spremann* (2008), S. 408 ff.
[70] Vgl. *Brealey/Myers* (2006), S. 152 ff.
[71] Diskutiert in *Schierenbeck* (2001b), S. 69; *Bruns/Meyer-Bullerdiek* (2008), S. 5.
[72] Vgl. *Dorfleitner* (2002), S. 317 – 330. Dies gilt gerade für CAPM und APT. Vgl. Kapitel 2.3.2.1 und 2.3.2.2.
[73] Vgl. *Brealey/Myers* (2006), S. 152 ff.
[74] Vgl. *Steiner/Bruns* (2007), S. 47.
[75] Vgl. *Wittrock* (1995), S. 18 und die dort angegebene Literatur.
[76] Vgl. *Spremann* (2008), S. 410 – 436.
[77] Vgl. *Elton/Gruber* (1974), S. 483 ff.
[78] Vgl. Kapitel 4.
[79] Auf Basis der Monatsrenditen des DAX und RexP kritisch analysiert in *Reuse* (2010.01), S. 85 ff.
[80] Vgl. Kapitel 2.3.
[81] Anschaulich erläutert in *Reuse* (2006.07), S. 366 f.

2.1.2 Begriff des Risikos und der Risikostrukturierung

Mit der Rendite eng verbunden ist das Risiko[82]. Risiko ist generell durch Unsicherheit[83] geprägt[84]. Doch nur der quantifizierbare Teil der Unsicherheit wird gemeinhin als Risiko verstanden[85], die Residualgröße wird als Ungewissheit nicht in die Risikobetrachtung integriert[86]. Als Folge dessen wird Risiko im Allgemeinen als „unerwartete negative Wertänderung eines Portfolios oder Assets definiert[87]".

Im nächsten Schritt gilt es, Risikodefinitionen zu strukturieren[88]. In Theorie und Praxis existieren verschiedene Risikodefinitionen, deren Relevanz in Praxis und Theorie im Rahmen des Portfoliomanagements zu Recht kritisch diskutiert wird[89]. In dieser Arbeit wird den Definitionen und Strukturierungen von Nowak/Wittrock, Wittrock und Bruns/Meyer-Bullerdieck gefolgt[90]. Dies zeigt Abbildung 2, welche Risiken in vier Hauptkategorien unterteilt.

Im Rahmen des Gesamtrisikos sind das systematische und das unsystematische Risiko zu unterscheiden[91]. Während das unsystematische Risiko auf den einzelwirtschaftlichen bzw. wertpapierspezifischen[92] Aspekten beruht[93], beinhaltet das systematische Risiko „marktinhärente Veränderungen[94]". Auf die einzelnen Messverfahren wird in Kapitel 2.3.1 – 2.3.3 zum Teil detaillierter eingegangen[95], da sie jeweils Bestandteil der entsprechenden theoretischen Herleitungen sind. Kapitel 2.3.1 behandelt letztlich das Gesamtrisiko in Form des systematischen Risikos und erläutert sowohl Volatilität als auch Varianz[96]. Das folgende Kapitel 2.3.2 erläutert die klassische Kapitalmarkttheorie mit den Bewertungsmodellen APT[97] und CAPM[98]. Die weiterführenden Ansätze der Portfoliotheorie diskutieren sowohl die Downside Risiken[99] als auch Erweiterungen mit Hilfe der Schiefe und Kurtosis[100]. Einzig auf die gesamte Wahr-

---

[82] Diskutiert u.a. in *Markowitz* (1952), S. 77 ff.; *Bruns/Meyer-Bullerdiek* (2008), S. 8.
[83] Vgl. hierzu u.a. *Perridon/Steiner* (2007), S. 93 ff.
[84] Vgl. *Steiner/Bruns* (2007), S. 52.
[85] Vgl. hierzu u.a. *Perridon/Steiner* (2007), S. 94.
[86] Vgl. *Steiner/Bruns* (2007), S. 53.
[87] *Reuse* (2006.07), S. 366, in Anlehnung an *Woll* (1996), S. 605; *Rolfes* (2008), S. 8.
[88] Vgl. für die Strukturierung im Bankbetrieb *Reuse* (2008a), S. 6 ff. in Anlehnung an *Schierenbeck* (2001b), S. 5 ff.; *Wiedemann* (2005), S. 9.
[89] Vgl. z.B. *Keppler* (1990); *Keppler* (1991); *Bauer* (1991); *Grinold* (1993); *Zimmermann* (1994); *Fuller/Wong* (1998); *Siebenthal* (2002); diskutiert in *Wittrock* (1995), S. 26.
[90] Vgl. *Nowak/Wittrock* (1993), S. 13; *Wittrock* (1995), S. 27; *Bruns/Meyer-Bullerdiek* (2008), S. 9.
[91] Vgl. *Steiner/Bruns* (2007), S. 53.
[92] Vgl. *Steiner/Uhlir* (2001), S. 172.
[93] Dies wird auch als spezielles/besonderes Kursrisiko bezeichnet. Vgl. *Reuse* (2006), S. 379; *Reuse* (2008a), S. 8; *DSGV* (2009), S. 233.
[94] *Steiner/Bruns* (2007), S. 54.
[95] Vgl. Kapitel 2.3.1 – 2.3.3.
[96] Vgl. Kapitel 2.3.1.
[97] Arbitrage Pricing Theory.
[98] Capital Asset Pricing Model.
[99] Vgl. Kapitel 2.3.3.2.
[100] Vgl. Kapitel 2.3.3.1.

2.1 Abgrenzung allgemeingültiger Begriffe im Portfoliomanagement 13

scheinlichkeitsverteilung/stochastische Dominanz wird in dieser Ausarbeitung nicht weiter eingegangen, da der Schwerpunkt ein anderer ist[101].

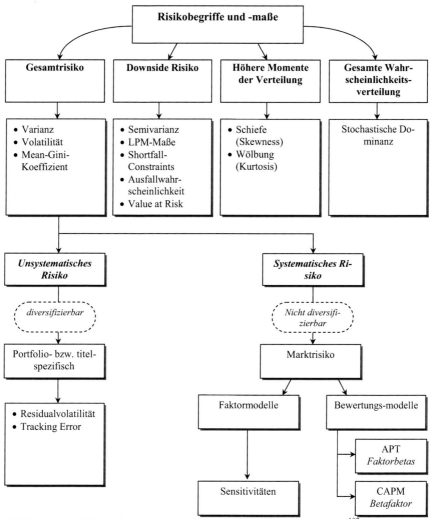

Abbildung 3: Risikodefinitionen im Rahmen des Portfoliomanagements[102]

---

[101] Vgl. hierzu ausführlich *Wittrock* (1995), S. 49 f.; *Bruns/Meyer-Bullerdiek* (2008), S. 35 ff.
[102] Eigene Darstellung in Anlehnung an *Nowak/Wittrock* (1993), S. 13; *Wittrock* (1995), S. 27; *Steiner/Bruns* (2007), S. 590; *Bruns/Meyer-Bullerdiek* (2008), S. 9.

Übergreifend wird in dieser Untersuchung der VaR verwendet. Obwohl strukturell den Downside Risiken zuzuordnen[103], wird er bereits an dieser Stelle erläutert. Unter dem VaR wird die negative Abweichung von einem erwarteten Ergebniswert gesehen, welcher unter üblichen Marktbedingungen, innerhalb eines festgelegten Zeitraums und mit einer bestimmten Wahrscheinlichkeit nicht überschritten wird[104]. Gegenüber dem Risikomaß der Standardabweichung[105] kann der VaR auch bei nicht-normalverteilten Risiken ermittelt werden, da er nicht zwingend auf der Annahme der Normalverteilung beruht[106].

2.1.3 Abgrenzung von Assets, Assetklassen und Asset-Allocation

Für die Portfoliotheorie übergreifend gelten die Begriffe Assets und Assetklassen. Unter einem Asset wird ein konkreter Einzeltitel wie z.B. eine Aktie oder ein Wertpapier verstanden[107]. Eine Assetklasse hingegen fasst mehrere Assets in Bezug auf die Vermögensgattung[108], d.h. nach der Ähnlichkeit der Ausprägung ihres Risikos bzw. der Rendite zusammen[109]. Dies können z.B. Aktien, Anleihen, Immobilien oder Rohstoffe sein[110]. Die Betrachtungsweise in dieser Analyse ist immer eine Assetklasse, da nur diese im Vergleich zum einzelnen Asset das unsystematische Risiko diversifiziert hat[111]. Hiermit wird der allgemein gültigen Definition der Asset-Allocation nach Sharpe gefolgt: „Asset Allocation is generally defined as the allocation of an investor's portfolio among a number of "major" asset classes[112]". Zum einen ist hiermit der Entscheidungsprozess[113], zum anderen die betragsmäßige Zusammensetzung des Portfolios gemeint[114]. Währungen als Assetklasse werden in dieser Ausarbeitung nicht behandelt, da empirisch herleitbar ist, dass diese die Effizienzkriterien einer Benchmark[115] nicht erfüllen[116].

---

[103] Vgl. Abbildung 2.
[104] Vgl. *Goebel/Sievi/Schumacher* (1999), S. 134; *Schierenbeck* (2001b), S. 17; *Reuse* (2006.07), S. 366; *Hager* (o.J.), S. 1.
[105] Vgl. Kapitel 2.3.1.1.
[106] Vgl. u.a. *Reuse* (2006.07), S. 366 ff.
[107] Vgl. *Spremann* (2008), S. 4 f.
[108] Vgl. *Bruns/Meyer-Bullerdiek* (2008), S. 777.
[109] Vgl. *Svoboda* (2008), S. 366; *Spremann* (2008), S. 4 f.
[110] Anschaulich erläutert in *Reuse/Frère/Schmitt* (2009), S. 65 sowie *Spremann* (2008), S. 5 – 8. Eine Strukturierung von Assetklassen findet sich zudem in *Steiner/Bruns* (2007), S. 93, 111; *Svoboda* (2008.05), S. 7. Eine praktische und empirische Anwendung bietet *Sharpe* (1992).
[111] Vgl. u.a. *Steiner/Bruns* (2007), S. 53 ff.
[112] *Sharpe* (1992), S. 7. Vgl. sinngemäß auch *Kommer* (2007), S. 31. Asset Allocation wird in Kapitel 2.4 detaillierter behandelt.
[113] Anschaulich visualisiert in *Ender/Schmid* (2008), S. 6.
[114] Vgl. *Spremann* (2008), S. 15.
[115] Vgl. Kapitel 2.1.4.
[116] Vgl. *Reuse* (2009.05), S. 273 – 281; *Reuse/Svoboda* (2009.07).

2.1.4 Begriff der Benchmark

Auch der Begriff der Benchmark hat für die gesamte Arbeit Relevanz. Eine Benchmark, üblicherweise ein Index[117], ist sinngemäß eine Vergleichsgröße[118], an der die Performance[119] eines individuellen Assets gemessen wird[120]. Eine Benchmark muss am Kapitalmarkt gängig und bekannt sein[121] und zudem folgende fünf Anforderungen erfüllen[122], wie Tabelle 1 zeigt.

Anforderung	Erläuterung
1. Kaufbares Alternativinvestment	Die Benchmark muss real erwerbbar oder zumindest synthetisch nachbildbar sein.
2. Nicht leicht zu schlagen	Die Benchmark sollte ein optimales Risk/Return-Verhältnis aufweisen.
3. Geringe Kosten	Der Erwerb sollte kostengünstig möglich sein.
4. Ex ante identifizierbar	Schon vor Anlageentscheidung sollte die Benchmark bekannt sein.
5. Gleiche Restriktionen	Die Benchmark sollte den gleichen Restriktionen wie das Portfolio unterliegen.

Tabelle 1: Anforderungen an eine Benchmark[123]

Im empirischen Teil dieser Analyse werden die o.g. Aspekte vorausgesetzt. Dies bedeutet, dass Assetklassen mit den dazugehörigen Benchmarks in Form von gängigen, standardisierten[124] Performanceindizes[125] approximiert werden können[126]. Hierdurch kann auch das unsystematische Risiko vernachlässigt werden und eine Fokussierung auf die Korrelationswirkung ist möglich.

2.2 Extremsituationen und Irrationalität im Portfoliomanagement

2.2.1 Ableitung einer Definition für Extremsituationen

Eine allgemeingültige Definition von Extremsituationen ist in der Fachliteratur nicht anzutreffen. Extremsituationen können übergreifend als „Marktsituationen, die durch starke Kurs-

---

[117] Vgl. *Svoboda* (2008), S. 366.
[118] Vgl. *Kommer* (2007), S. 16.
[119] Hier definiert als das Risk/Return Profil, vgl. u.a. *Steiner/Bruns* (2007), S. 48, 586; *Bruns/Meyer-Bullerdiek* (2008), S. 2.
[120] Vgl. *Bruns/Meyer-Bullerdiek* (2008), S. 780; *Svoboda* (2008), S. 366.
[121] Vgl. *Clasen/Oetken* (2007), S. 33.
[122] Vgl. *Sharpe* (1992), S. 16.
[123] Eigene Darstellung in Anlehnung an *Sharpe* (1992), S. 16; *Bruns/Meyer-Bullerdiek* (2008), S. 48.
[124] Vgl. hierzu u.a. *Bruns/Meyer-Bullerdiek* (2008), S. 50.
[125] Zur Unterscheidung Performanceindex und Kursindex vgl. u.a. *Svoboda* (2008), S. 370.
[126] Zur Approximation von Assetklassen durch Benchmarks vgl. exemplarisch *Andrulis/Ender/Schmid* (2008), S. 8 – 12. Einen guten Überblick über Index Investments bietet *Svoboda* (2008).

schwankungen gekennzeichnet sind[127]", bezeichnet werden. Diese können ebenso als Krisen bezeichnet werden. So definiert Sharpe Krisen im Zusammenhang mit Extremsituationen wie folgt: „[A] crisis by definition is a period of time during which there is a large downward movement of the underlying factor--perceived as a large movement in the market. This period of time may be a day when the market drops dramatically, as during October 19, 1987, or an extended period like October 1929 through 1932.[128]" Dies beinhaltet somit auch Phasen eines Booms oder Crashes[129], so dass auch Phasen anhaltender Über- oder Untertreibungen an den Märkten als Extremsituation anzusehen sind.

2.2.2 Verwendete Definition einer Extremsituation

Dem Ansatz von Sharpe folgend wird unter einer Extremsituation in dieser Arbeit eine stark positive oder negative Marktbewegung einzelner Assetklassen oder des gesamten Marktes, gepaart mit irrationaler Über- oder Untertreibung auch über einen längeren Zeitraum hinweg verstanden.

Hierbei wird der Schwerpunkt nicht auf die Risikomessung einer Assetklasse in Extremsituationen gelegt. Hierzu existieren bereits Extremwerttheorieansätze[130]; die isolierte Extremrisikomessung einzelner Assets ist somit hinreichend modelliert und wird in dieser Arbeit nur zur Abrundung des Status quo ebenfalls vorgestellt[131].

Idee in dieser Arbeit ist es vielmehr, das Korrelationsrisiko zu separieren und auf Basis bereits anerkannter Risikomessverfahren unter Vermeidung extremwerttheoretischer Modellierungen zu argumentieren. Somit wird weder die klassische Portfoliooptimierung im Normalfall noch die Extremwerttheorie in ihren Annahmen kritisch hinterfragt. Extremsituationen dienen somit in dieser Arbeit dazu, Korrelationsverhalten – gerade im kurzfristigen Bereich – zu antizipieren und entsprechend zu modellieren.

2.2.3 Abgrenzung Rationalität und Irrationalität von Märkten[132]

Irrationales Verhalten aufzuzeigen ist schwer. So formulieren Elton/Gruber treffend: „It is extremely difficult to form guidelines as to when a set of investment advice is irrational.[133]" Im Mittelpunkt der klassischen Finanzierungstheorie steht das rational handelnde Individuum,

---

[127] Vgl. *Thiele/Cremers/Robé* (2000), S. 21.
[128] *Markowitz/Hebner/Brunson* (2009), S. 3.
[129] Vgl. *Haque/Varela* (2006), S. 4.
[130] Kritisch und umfassend diskutiert u.a. in *Mashal/Zeevi* (2002), S. 2; *Zeranski* (2006), S. 6 ff.
[131] Vgl. Kapitel 2.3.3.
[132] Vgl. hierzu auch ausführlich Kapitel 2.3.4.
[133] *Elton/Gruber* (1999), S. 19.

2.3 Systematisierung von Ansätzen der Portfolio- und Kapitalmarkttheorie 17

der Homo oeconomicus[134]. Wann immer von den Annahmen des rational handelnden Marktteilnehmers abgewichen wird, wird in dieser Ausarbeitung von Irrationalitäten gesprochen. Dann greifen Aspekte der Behavioral Finance[135], die davon ausgeht, dass Individuen bedingt durch psychische, mentale und neuronale Beschränkungen nur eingeschränkt rational agieren[136].

Phasen der Irrationalität müssen nicht zwingend mit Extremsituationen einhergehen, allerdings wird an späterer Stelle gezeigt, dass ein Gleichlauf wahrscheinlich ist[137] und dass der Grad der Irrationalität einen Einfluss auf die taktisch ausgerichtete Asset-Allocation hat.

2.3 Systematisierung von Ansätzen der Portfolio- und Kapitalmarkttheorie

In diesem Abschnitt werden die bestehenden Ansätze der Portfolio- und Kapitalmarkttheorie vorgestellt. Hierbei wird wie folgt vorgegangen: Zuerst wird die klassische Portfoliotheorie als inhaltliche Basis für die weiteren Ansätze in Kapitel 2.3.1 dargestellt. Sie ist nicht Teilbestandteil der klassischen Kapitalmarkttheorie, sondern vielmehr Grundlage derselben. Auf Basis dessen stellt Kapitel 2.3.2 die Kapitalmarkttheorie dar. In diesem Zusammenhang wird gleichzeitig eine der zentralen Annahmen beider Theorien, nämlich die Effizienz der Kapitalmärkte diskutiert. Sowohl Portfolio- als auch Kapitalmarkttheorie bauen auf der Annahme der Normalverteilung auf. Die Aufhebung dieser Annahme wird in Kapitel 2.3.3 bei der Darstellung der partialanalytischen Ansätze behandelt. Das teilweise Versagen der Effizienz der Kapitalmärkte wiederum führte zur Entwicklung der Behavioral Finance, welche in Kapitel 2.3.4 diskutiert wird. Kapitel 2.3.5 würdigt die hier vorgestellten Ansätze der Portfolio- und Kapitalmarkttheorie.

2.3.1 Klassische Portfoliotheorie

2.3.1.1 Markowitz: Portfolio Selection

Der Grundgedanke der Portfoliotheorie geht auf Harry Markowitz zurück[138]. Ausgehend von der empirischen Beobachtung, dass Anleger ihr Vermögen auf mehrere Anlagetitel aufteilen[139], analysiert Markowitz die Sinnhaftigkeit einer solchen Diversifikation. Unter der An-

---

[134] Vgl. *Menkhoff/Röckmann* (1994), S. 278; *Weber & Behavioral Finance Group* (1999), S. 8.
[135] Definiert in Kapitel 2.3.4.1.
[136] Vgl. *Rapp* (1997), S. 82; diskutiert in *Unser* (1999), S. 2; *Oehler* (2000a), S. 718 ff.; *Neher/Otterbach* (2001), S. 767 ff.; *Roßbach* (2001), S. 11; *Oehler* (2002), S. 848 ff.; *Schäfer/Vater* (2002), S. 740 ff.
[137] Vgl. Kapitel 3.3.3 und 4.2.
[138] Vgl. *Markowitz* (1952), S. 77 ff., *Markowitz* (1987); diskutiert u.a. in *Reuse* (2004), S. 24 ff.; *Reuse/Linnertová* (2008.07), S. 17 ff.; *Reuse* (2009.05), S. 273 – 274; *Reuse/Frère/Schmitt* (2009), S. 69 ff.
[139] Vgl. *Steiner/Bruns* (2007), S. 6.

nahme, dass ein Investor nur die Renditemaximierung als Entscheidungskriterium heranzieht, müsste das gesamte Portfolio aus dem Investment mit der höchsten Rendite bestehen[140]. Da dies in der Praxis aber nicht geschieht, kann die Annahme einer monovariablen Zielfunktion, nämlich der Renditemaximierung, verworfen werden[141]. So formuliert Markowitz schon 1952 „The hypothesis (or maxim) that the investor does (or should) maximize discounted return must be rejected.[142]"

Markowitz erweitert sein Modell um die Aspekte Risiko und Diversifikation. Hierzu wird schrittweise vorgegangen. Die Rendite[143] eines Portfolios ergibt sich aus der Addition der gewichteten Renditen und lässt sich wie folgt darstellen[144]:

$$\mu_p = \sum_{i=1}^{n} x_i \cdot \mu_i \tag{3}$$

mit:
μ_p = erwartete Portfoliorendite
μ_i = erwartete Rendite des Wertpapiers i
x_i = Anteil des Wertpapiers am Portfolio
n = Anzahl der Wertpapiere im Portfolio

Da die Annahme von short sales im ersten Schritt nicht getroffen wird[145], muss x immer positiv sein und die Summe aller x_i muss sich zu 1 ergänzen, wie Gleichung (4) zeigt.

$$\sum_{i=1}^{n} x_i = 1$$
$$x_i \geq 0 \tag{4}$$

Zur Definition des Risikos greift Markowitz auf die Varianz oder Standardabweichung zurück[146]. Die Varianz des Portfolios bemisst sich wie folgt[147]:

$$\sigma_P^2 = \frac{1}{T} \cdot \sum_{t=1}^{T} R_{pt} \quad \mu_p^{\;2} \tag{5}$$

mit:
σ_P^2 = Varianz der Rendite des Portfolios p
T = Anzahl der beobachteten Renditen des Portfolios (Zeitperioden)
R_{pt} = Rendite des Portfolios p in der Periode t
μ_p = erwartete Portfoliorendite

---

[140] Vgl. *Steiner/Bruns* (2007), S. 7.
[141] Diskutiert in *Markowitz* (1952), S. 77; *Markowitz* (1991), S. 206; *Markowitz* (2008), S. 2 ff.
[142] *Markowitz* (1952), S. 77.
[143] Vgl. hierzu auch ausführlich Kapitel 2.1.1.
[144] Vgl. *Markowitz* (1952), S. 78.
[145] Vgl. *Markowitz* (1952), S. 78. Zur Endogenisierung von Verbindlichkeiten in die Asset Allocation vgl. exemplarisch *Elton/Gruber* (1992), S. 869 ff.
[146] Vgl. *Markowitz* (1952), S. 80.
[147] Vgl. u.a. *Steiner/Bruns* (2007), S. 7.

Alternativ zur Varianz kann auch die Standardabweichung als Wurzel der Varianz als Risikomaß herangezogen werden[148]. Sie ist das gebräuchlichere Maß, stellt sie doch die Volatilität eines Papiers oder Portfolios dar[149].

Zur Berechnung der Portfoliorenditen aus den Varianzen der Einzelrenditen ist es notwendig, deren Abhängigkeiten zu berücksichtigen. Hierzu bedient sich Markowitz der Kovarianz[150], welche in Gleichung (6) dargestellt wird[151]:

$$COV_{ij} = \frac{1}{T} \cdot \sum_{t=1}^{T} R_{it} \; \mu_i \cdot R_{jt} \; \mu_j \quad (6)$$

mit:

COV_{ij} = Kovarianz der Renditen der Wertpapiere i und j
R_{it} = Rendite des Wertpapiers i in der Periode t
$\mu_{i,j}$ = Erwartungswert der Rendite des Wertpapiers i,j
T = Anzahl der Perioden

Im nächsten Schritt werden diese Basisgleichungen optimiert. Hierzu wird auf das µ-σ Prinzip zurückgegriffen. Der Investor optimiert hiernach sein Portfolio nach dem Maximum des Verhältnisses dieser beiden Kennzahlen. Dem Modell liegen folgende Annahmen zugrunde:

- Die Nutzenfunktion des Anlegers ist quadratisch oder Renditen sind normalverteilt[152]. Dementsprechend ist auch die Rendite des Gesamtportfolios normalverteilt und diese ist durch die ersten beiden Parameter der Wahrscheinlichkeitsverteilung – Erwartungswert und Standardabweichung – vollständig beschrieben[153].
- Der Anleger reagiert risikoscheu. Bei vorgegebenem Ertrag wird er versuchen, das Portfolio mit dem geringsten Risiko zu wählen[154]. Vice versa akzeptieren Anleger nur dann ein höheres Risiko, wenn Renditeerwartungen überproportional zunehmen[155].
- Transaktionskosten und Steuern existieren nicht[156].
- Wertpapiere sind beliebig teilbar[157].
- Leerverkäufe sind nicht zugelassen[158].
- Der Betrachtungszeitraum beträgt eine Periode[159].

---

[148] Vgl. hierzu *Bleymüller/Gehlert/Gülicher* (1996), S. 19.
[149] Vgl. u.a. *Perridon/Steiner* (2007), S. 269; *Spremann* (2008), S. 101.
[150] Vgl. *Markowitz* (1952), S. 80; *Markowitz* (1987), S. 4.
[151] Vgl. u.a. *Steiner/Bruns* (2007), S. 7; *Spremann* (2008), S. 80 ff.
[152] Vgl. *Sharpe* (2000), S. 187 ff.; *Perridon/Steiner* (2007), S. 241.
[153] Vgl. *Spremann* (2008), S. 176.
[154] Vgl. *Perridon/Steiner* (2007), S. 241.
[155] *Steiner/Bruns* (2007), S. 8.
[156] Vgl. *Steiner/Bruns* (2007), S. 8.
[157] Vgl. *Bruns/Meyer-Bullerdiek* (2008), S. 62.
[158] Vgl. *Steiner/Bruns* (2007), S. 8.
[159] Vgl. *Spremann* (2008), S. 173 f.

Gemäß Markowitz können nur die Portfoliokombinationen als effizient bezeichnet werden, wenn es:

(1) bei gleichem Risiko keine Assetklassenkombination gibt, die mehr Rendite erwirtschaftet.
(2) bei gleicher Rendite keine Assetklassenkombination gibt, die weniger Risiko aufweist.
(3) kein anderes Portfolio gibt, welches sowohl eine höhere Rendite als auch ein geringeres Risiko aufweist[160].

Die so genannte Effizienzlinie verbindet all diese Portfolien und wird in Abbildung 4 als Kurve grafisch dargestellt. Die gestrichelte Linie hingegen stellt bereits ineffiziente Portfolien dar[161]:

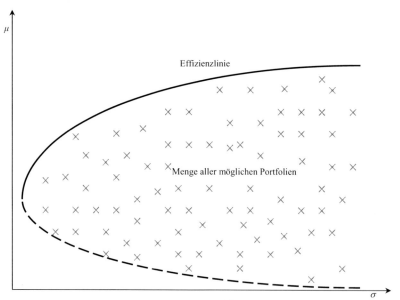

Abbildung 4: **Effizienzkurve nach Markowitz**[162]

Die Gleichung der Effizienzkurve ermittelt Markowitz über die bereits bekannte Portfoliorendite und die Gesamtportfoliovarianz, welche sich wie folgt darstellen lässt[163]:

---

[160] Vgl. *Markowitz* (1952), S. 82; *Perridon/Steiner* (2007), S. 241; *Steiner/Bruns* (2007), S. 8.
[161] Auf Leerverkäufe in der Portfoliotheorie wird in dieser Arbeit nicht eingegangen. Vgl. hierzu exemplarisch *Elton/Gruber* (1992), S. 869 ff.; *Schuhmacher/Auer* (2009), S. 683.
[162] Vgl. *Markowitz* (1952), S. 82. Er hat jedoch die Bezeichnungen auf den Achsen anders gesetzt. In dieser Ausarbeitung wird der gängigen Darstellungsweise gefolgt, vgl. u.a. *Brealey/Myers* (1996), S. 177; *Steiner/Bruns* (2007), S. 9; *Bruns/Meyer-Bullerdiek* (2008), S. 62; *Spremann* (2008), S. 186.
[163] Vgl. *Markowitz* (1952), S. 81.

2.3 Systematisierung von Ansätzen der Portfolio- und Kapitalmarkttheorie

$$\sigma_p^2 = \sum_{i=1}^{n}\sum_{j=1}^{n} x_i \cdot x_j \cdot COV_{ij} \qquad (7)$$

Für den Zwei-Anlagen-Fall stellt sich die Varianz wie folgt dar:

	Wertpapier 1	Wertpapier 2
Wertpapier 1	$x_1^2\,\sigma_1^2$	$x_1\,x_2\,COV_{12}$
Wertpapier 2	$x_1\,x_2\,COV_{12}$	$x_2^2\,\sigma_2^2$

Tabelle 2: Kovarianz-Matrix im Zwei-Anlage-Fall[164]

Das Portfoliorisiko ergibt sich somit aus[165]:

$$\sigma_p^2 = x_1^2 \cdot \sigma_1^2 + x_2^2 \cdot \sigma_2^2 + 2 \cdot x_1 \cdot x_2 \cdot COV_{12} \qquad (8)$$

Im letzten Schritt wird die absolute Zahl der Kovarianz durch die relative Größe der Korrelation ersetzt, indem erstere mit dem Produkt der quadrierten Standardabweichungen auf einen Wertbereich zwischen -1 und +1 normiert wird[166].

$$\rho_{ij} = \frac{COV_{ij}}{\sigma_i \cdot \sigma_j} \qquad (9)$$

mit:

ρ_{ij} = *Korrelationskoeffizient zwischen Wertpapier i und j*

Auf Basis des Korrelationskoeffizienten stellt sich das Portfoliorisiko des angegebenen Zwei-Asset-Falles in Form der Volatilität wie folgt dar[167]:

$$\sigma_p = \sqrt{x_1^2 \cdot \sigma_1^2 + x_2^2 \cdot \sigma_2^2 + 2 \cdot x_1 \cdot x_2 \cdot \sigma_1 \cdot \sigma_2 \cdot \rho_{12}} \qquad (10)$$

Das Portfoliorisiko ist bei einer Korrelation kleiner 1 immer geringer als die Summe der Einzelwertpapierrisiken. Markowitz formuliert treffend: „If the two original portfolios have *equal* variance then typically the variance of the resulting (compound) portfolio will be less than the variance of either original portfolio[168]."

---

[164] Vgl. *Brealey/Myers* (1995), S. 157; *Steiner/Bruns* (2007), S. 9.
[165] Vgl. *Steiner/Bruns* (2007), S. 10.
[166] Vgl. *Steiner/Uhlir* (2001), S. 138. Zur Problematisierung der linearen Korrelation als Abhängigkeitsmaß vgl. *Kat* (2002).
[167] Vgl. *Steiner/Bruns* (2007), S. 10.
[168] *Markowitz* (1952), S. 89 – 90.

Die Korrelation als Messgröße für den Gleichlauf zweier Assets bestimmt maßgeblich den Diversifikationseffekt des Portfolios. Dies soll an folgendem Beispiel[169] verdeutlicht werden, in welchem drei Kombinationen dargestellt werden: Korrelation -1 / 0 / 1. Die Rendite der Sunshine AG möge 3,5% betragen, die der Rainbow AG 6,0%. Die Standardabweichungen als Maßstab für die Volatilität der beiden Papiere beträgt 15,0% bzw. 25,0%. Die drei daraus resultierenden Effizienzkurven stellen alle möglichen Kombinationen aus Rainbow und Sunshine dar. Abbildung 5 verdeutlicht dies.

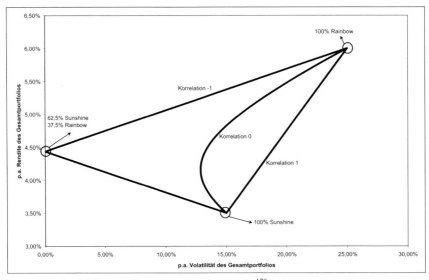

Abbildung 5: Risiko/Renditeprofil nach Markowitz[170]

Bei einer vollständig positiven Korrelation liegt eine Gerade vor, während bei einer vollständig negativen Korrelation sogar eine Portfoliokombination mit einem theoretischen Nullrisiko besteht. Auch wenn dies nicht praxisnah ist, zeigt die Abbildung deutlich, dass bei allen Korrelationskoeffizienten kleiner 1 ein Diversifikationseffekt vorliegt[171].

Letztlich sind alle Portfolien auf der so ermittelten Effizienzlinie für einen Investor interessant. Es entscheidet schließlich jedoch die persönliche Nutzenfunktion des Investors über das tatsächlich gewählte Portfolio[172].

---

[169] Vgl. u.a. *Reuse* (2004), S. 25; *Reuse/Linnertová* (2008.07). S.18; *Reuse* (2009.05), S. 273 in Anlehnung an *Schierenbeck* (1998), S. 377 ff; *Steiner/Uhlir* (2001), S. 141; *Perridon/Steiner* (2007), S. 244; *Steiner/Bruns* (2007), S. 11.
[170] Vgl. *Reuse* (2004), S. 25; *Reuse/Linnertová* (2008.07), S. 18.
[171] Diskutiert in *Reuse* (2004), S. 25.
[172] Über Isonutzenkurvenanalyse dargestellt in *Steiner/Bruns* (2007), S. 13; *Spremann* (2008), S. 176.

Wird das Modell von Markowitz kritisch gewürdigt, so lassen sich folgende positive Aspekte festhalten: Das Ursprungsmodell der Portfolioselektion hat die Portfoliotheorie der letzten 50 Jahre maßgeblich beeinflusst[173] und ist Basis für die meisten Publikationen, die sich mit der Integration von Risiko und Rendite befassen[174]. So bezeichnet Rubinstein nicht umsonst die 1952er Veröffentlichung als „the birth of modern financial economics.[175]" Portfoliobildung folgt dem Prinzip der Risikoreduktion, was auch empirisch nachgewiesen werden konnte[176]. Die eindimensionale Betrachtung der Rendite wird durch die bis heute aktuelle zweidimensionale Betrachtung ersetzt[177], die sich zudem von der Einzelwertbetrachtung löst und sich auf das ganze Portfolio bezieht.[178]

Gleichwohl sind auch negative Aspekte zu erwähnen[179]. Die von Markowitz vorgeschlagene „expected yield[180]" ist mit einem hohen Prognoserisiko behaftet[181]. Oftmals dienen dann historische Daten als Schätzer für die Zukunft[182], wohl wissend, dass dies ein zusätzliches Modellrisiko bedingt.

Des Weiteren erfordert das Modell bei einer großen Anzahl von Assets leistungsfähige Computer[183] mit sehr hohen Datenanforderungen[184]. Bei n Assets sind $(n \cdot (n + 3))/2$ Inputvariablen erforderlich[185]. Zudem ist die Annahme der Normalverteilung der Renditen kritisch zu hinterfragen[186]. So weisen empirische Untersuchungen eher auf eine Nicht-Normalverteilung hin[187]. Auch die konvexen Nutzenfunktionen werden in Frage gestellt[188]. Perridon/Steiner formulieren entsprechend: „Individuelle Renditeerwartungen können durchaus asymmetrisch sein[189]", so dass dann das µ-σ Prinzip nicht ausreicht und die Schiefe der Verteilung vernachlässigt wird[190].

---

[173] Vgl. *Rubinstein* (2002), S. 1041 ff.; *Bruns/Meyer-Bullerdiek* (2008), S. 63.
[174] Vgl. *Brealey/Myers* (1995), S. 173. Eine umfassende Würdigung findet sich in *Rubinstein* (2002), S. 1041 ff.
[175] *Rubinstein* (2002), S. 1041.
[176] Vgl. *Hielscher* (1999), S. 53 ff.
[177] Vgl. *Bruns/Meyer-Bullerdiek* (2008), S. 62.
[178] Vgl. *Steiner/Bruns* (2007), S. 14.
[179] Einige erkennt Markowitz selbst. Vgl. *Markowitz* (1952), S. 89.
[180] *Markowitz* (1952), S. 89.
[181] Zur Prognose von Varianzen vgl. u.a. *Shukla/Trczinka/Winstin* (1995).
[182] Vgl. *Steiner/Bruns* (2007), S. 14.
[183] Vgl. *Steiner/Bruns* (2007), S. 14.
[184] Vgl. *Perridon/Steiner* (2007), S. 246. Schierenbeck kann in diesem Kontext wie folgt zitiert werden: „Bei n Wertpapieren ergeben sich aber [...] fast unerfüllbare Informationsanforderungen[...]."; *Schierenbeck* (1998), S. 380.
[185] Vgl. *Perridon/Steiner* (2007), S. 246; *Steiner/Bruns* (2007), S. 14.
[186] Vgl. *Perridon/Steiner* (2007), S. 245; aktuell diskutiert in *Janssen* (2008), S. 11.
[187] Vgl. *Fama* (1965); *Rachev/Mittnik* (2000); *Reuse* (2010.01), S. 85 ff.
[188] Vgl. *Friedman/Savage* (1948).
[189] *Perridon/Steiner* (2007), S. 245.
[190] Vgl. *Wittrock* (1995), S. 29.

2.3.1.2 Das Single-Index-Modell[191] von Sharpe

Nicht zuletzt aufgrund der hohen Datenanforderungen entwickelte Sharpe das so genannte Single-Index Modell[192], welches erst durch eine deutliche Reduktion der Inputdaten das Markowitz Modell praktisch anwendbar machte[193]. Die in der Praxis beobachteten Korrelationen zwischen Aktien führt Sharpe auf fundamentale Ursachen wie z.B. Änderungen der Leitzinsen, Krisen oder politische Ereignisse zurück[194]. Statt sämtliche Korrelationen zwischen den Papieren zu ermitteln, reicht es aus, die Abhängigkeit der Renditen eines Papiers zum Gesamtmarkt in Form eines Index zu ermitteln[195], da dieser Index das Gesamtmarktrisiko vollständig erfasst und nur um das unternehmensspezifische Risiko ergänzt werden muss[196]. Alle Papiere eines Index sind somit untereinander korreliert[197]. Hieraus folgt[198]:

$$R_i = a_i + b_i \cdot R_I + \varepsilon_{i,t} \qquad (11)$$

mit:

R_i = Rendite der Aktie i
a_i = konstante unternehmensindividuelle Rendite
b_i = Sensitivität der Aktie i gegenüber Veränderungen der Rendite des Index
R_I = Rendite des Index
ε = Zufallsschwankung der Rendite der i-ten Aktie zum Zeitpunkt t, die nicht durch die Regressionsgerade bestimmt werden kann

Unter der Annahme der Normalverteilung müsste ε einen Erwartungswert von 0 bei beliebiger Varianz aufweisen und zudem weder mit der Indexrendite noch untereinander[199] korrelieren[200]. Diese Größe dient vielmehr der Abbildung von „titelspezifischen Störkomponenten[201]". Dies zeigt Abbildung 6.

---

[191] Die heute übliche Bezeichnung „Marktmodell" ist auf Fama zurückzuführen, vgl. *Fama* (1968), S. 29 ff.; *Fama* (1970), S. 383 ff. Diese Abwandlung des Modells wird in Kapitel 2.3.1.3 diskutiert.
[192] Vgl. *Sharpe* (1963), S. 277 ff. Er selbst bezeichnet es als Dialogmodell.
[193] Vgl. *Steiner/Bruns* (2007), S. 15.
[194] Vgl. *Steiner/Bruns* (2007), S. 16.
[195] Vgl. *Perridon/Steiner* (2007), S. 247.
[196] Vgl. *Steiner/Bruns* (2007), S. 16.
[197] Vgl. *Markowitz/Hebner/Brunson* (2009), S. 1.
[198] Diskutiert u.a. in *Fama* (1976), S. 66 ff.; *Brown/Warner* (1980), S. 207 ff.; *Perridon/Steiner* (2007), S. 247; *Bruns/Meyer-Bullerdiek* (2008), S. 68.
[199] Gilt bei mehr als einem Wertpapier.
[200] Vgl. *Perridon/Steiner* (2007), S. 247; *Steiner/Bruns* (2007), S. 17.
[201] *Steiner/Bruns* (2007), S. 16.

2.3 Systematisierung von Ansätzen der Portfolio- und Kapitalmarkttheorie

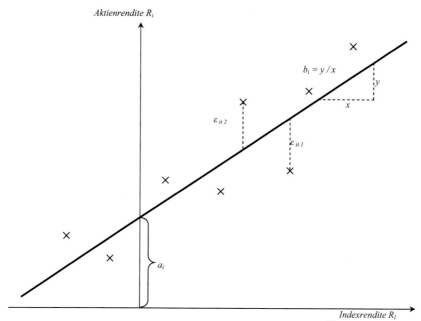

Abbildung 6: Zusammenhang zwischen Aktien- und Indexrendite[202]

Es ist zu erkennen, dass die angegebene Regressionsgerade einen linearen Zusammenhang zwischen der Aktien- sowie der Indexrendite darstellt, bei der b die Höhe des Einflusses der Marktrendite auf die Wertpapierrendite darstellt[203]. Als Index wird bei der praktischen Anwendung meist ein Aktienindex verwendet[204], da dieser per Annahme die größten Auswirkungen auf die Wertpapierrendite darstellt[205]. Werden diese Annahmen auf die Herleitung der Kovarianzen angewendet, so ergibt sich[206]:

$$COV(R_i; R_j) = b_i \cdot b_j \cdot \sigma_I^2 \tag{12}$$

mit:

R_i = Rendite der Aktie i
R_j = Rendite der Aktie j
b_i = Sensitivität der Aktie i gegenüber Veränderungen der Rendite des Index I
b_j = Sensitivität der Aktie j gegenüber Veränderungen der Rendite des Index J
σ_I = Standardabweichung des Index I

---

[202] Vgl. *Sharpe* (1964), S. 439; *Perridon/Steiner* (2007), S. 248; *Steiner/Bruns* (2007), S. 16.
[203] Vgl. *Bruns/Meyer-Bullerdiek* (2008), S. 69.
[204] Vgl. anschaulich *Steiner/Uhlir* (2001), S. 176.
[205] Vgl. *Steiner/Bruns* (2007), S. 16.
[206] Zur ausführlichen Herleitung vgl. *Perridon/Steiner* (2007), S. 247; *Steiner/Bruns* (2007), S. 17 – 19.

Hiermit sinkt die zu schätzende Anzahl der Inputparameter von(n(n + 3))/2 auf 3n + 2^{207}. Bei 250 Aktien sinkt die Anzahl der Parameter von 31.625 auf 752 Parameter[208].

Wird das Modell von Sharpe kritisch gewürdigt, so ist der reduzierte Dateninput positiv zu erwähnen. Damit wird eine der wesentlichen Schwächen des Markowitz-Ansatzes überwunden[209], auch wenn der Ursprungsansatz von Markowitz im Zeitalter der Hochleistungsrechner mittlerweile sogar über MS[210] Office Anwendungen darstellbar ist[211].

Negativ zu erwähnen ist der Informationsverlust gegenüber dem Markowitz-Ansatz[212], da nur auf einen Rendite bestimmenden Faktor abgestellt wird[213]. Dieser Störeffekt wird umso größer, je geringer die Korrelation des Einzelpapiers zum Index ist. Des Weiteren müssen die Annahmen des Wertes ε kritisch hinterfragt werden. So liegen oft aufgrund von Branchenkonzentrationen keine unkorrelierten Renditen vor. Somit kann ε nicht ganz aus dem Gleichungssystem eliminiert werden[214]. Um diesen Nachteilen zu begegnen, finden verstärkt Multi-Index-Modelle Anwendung[215].

2.3.1.3 Das Marktmodell als Erweiterung des Indexmodells

In der Praxis hat sich durch die Umdeutung des Indexmodells das so genannte Marktmodell entwickelt[216]. Die zentralen Annahmen sind[217]:

- Wertpapierrenditen hängen ausschließlich vom Risikofaktor Marktindex ab.
- Der ex post durch Regressionsanalysen ermittelte Zusammenhang ist empirisch und wird ex ante in die Zukunft extrapoliert.
- Historische Abweichungen von der Regressionsgeraden (= Wertpapierlinie) werden als Zufallsfehler bezeichnet.

Die zentrale Neuerung gegenüber dem klassischen Ansatz ist, dass ex post durchgeführte Renditemessungen als verlässlicher Schätzer für die Zukunft angesehen werden[218]. Die in

---

[207] Vgl. *Steiner/Bruns* (2007), S. 19.
[208] Vgl. *Bruns/Meyer-Bullerdiek* (2008), S. 69.
[209] Vgl. *Perridon/Steiner* (2007), S. 247.
[210] Microsoft.
[211] Vgl. hierzu u.a. *Poddig/Brinkmann/Seiler* (2009). Zudem entwickelt Kapitel 4 einen selbst erstellten Prototyp auf Basis von MS Excel.
[212] Vgl. *Steiner/Bruns* (2007), S. 19.
[213] Vgl. *Bruns/Meyer-Bullerdiek* (2008), S. 69.
[214] Vgl. *Perridon/Steiner* (2007), S. 247.
[215] Vgl. hierzu u.a. *Cohen/Pogue* (1963), S. 166 ff.; *Sharpe* (1963), S. 277 – 293; *Rosenberg* (1974), S. 263 ff.; *Fama/French* (1995), S. 131 – 155.
[216] Vgl. *Perridon/Steiner* (2007), S. 248.
[217] Vgl. *Steiner/Bruns* (2007), S. 35.
[218] Vgl. *Steiner/Bruns* (2007), S. 35.

2.3 Systematisierung von Ansätzen der Portfolio- und Kapitalmarkttheorie

Abbildung 6 dargestellte Systematik wird somit empirisch aufgebaut[219] und um eine Zufallskomponente – die Abweichung der beobachteten Renditen zur Regressionsgeraden der Wertpapierlinie – erweitert. Das Bestimmtheitsmaß gibt dann die Güte der Stichprobe an[220].

Auch diese Abwandlung des Modells ist kritisch zu würdigen. Positiv ist hervorzuheben, dass mit Hilfe des Marktmodells das noch zu erläuternde CAPM[221] empirisch validiert werden kann[222]. Zudem werden die so ermittelten Betas[223] für die Anlagepraxis verwendet[224]. Die Nachteile des Indexmodells gelten jedoch entsprechend. Zudem unterscheidet das Marktmodell nicht in eine risikolose Rendite und eine Risikoprämie[225]. Der Schnittpunkt der Regression mit der y-Achse ist eher zufällig. Weiterhin ist negativ zu vermerken, dass das so ermittelte Beta auf unterschiedlichste Konstellationen empirischer Renditekombinationen zurückzuführen sein kann. Eine konstante Varianz[226] ist somit nicht gegeben, Renditestreuungen können sich im Zeitablauf ändern[227]. Ein einfacher linearer Zusammenhang beschreibt die Stichprobe dann nicht mehr adäquat. Dies wird dann als Heteroskedastizität[228] bezeichnet. Je länger die Periodenlänge der Renditen ist[229], desto geringer ist dieser Effekt. Bei kürzeren Periodenlängen bieten sich jedoch Modelle an, die die Heteroskedastizität endogenisieren[230]. Hierzu existieren diverse statistische Verfahren[231]. Engle hat 1982 das Grundmodell ARCH[232] vorgestellt[233], welches durch Bollerslev 1986 zum GARCH[234] erweitert wurde[235]. Hierbei wird die Renditevarianz „mit Hilfe der in den Vorperioden gültigen Varianzen und den in einem bestimmten Vergangenheitszeitraum realisierten Abweichungen der Renditen von ihrem Erwartungswert[236]" beschrieben[237]. Dies hat letztlich Auswirkungen auf die Normalverteilungsannahme von Renditen. GARCH Prozesse können nachweisen, dass empirische Häufigkeitsverteilungen breitere Enden aufweisen und stärker um den Mittelwert streuen[238].

---

[219] Vgl. u.a. *Spremann* (2008), S. 301.
[220] Vgl. hierzu u.a. *Bleymüller/Gehlert/Gülicher* (1996), S. 142 ff.
[221] Capital Asset Pricing Model. Vgl. hierzu Kapitel 2.3.2.1.
[222] Vgl. *Fama* (1970), S. 403; *Möller* (1988), S. 785; *Spremann* (2008), S. 301.
[223] Beta als Steigung der Geraden aus Abbildung 6.
[224] Vgl. *Steiner/Bruns* (2007), S. 38; *Spremann* (2008), S. 302.
[225] Vgl. *Hielscher* (1999), S. 81.
[226] Bei einer Regression mit der Annahme einer konstanten Varianz der Stichprobe wird von Homoskedastizität gesprochen. Vgl. *Bleymüller/Gehlert/Gülicher* (1996), S. 149.
[227] Vgl. *Steiner/Bruns* (2007), S. 38.
[228] Vgl. *Bleymüller/Gehlert/Gülicher* (1996), S. 159.
[229] Z.B. nicht überlappende Jahresrenditen, vgl. *Spremann* (2008), S. 552.
[230] Vgl. *Spremann* (2008), S. 552 f.
[231] Vgl. ausführlich zu den Einsatzmöglichkeiten in der Finanzwirtschaft *Bollerslev/Chou/Kroner* (1992).
[232] Autoregressive Conditional Heteroskedasticity.
[233] Vgl. *Engle* (1982), S. 987 – 1007.
[234] Generalized Autoregressive Conditional Heteroskedasticity.
[235] Vgl. *Bollerslev* (1986), S. 307 – 327.
[236] *Steiner/Bruns* (2007), S. 59.
[237] Vgl. auch *Bruns/Meyer-Bullerdiek* (2008), S. 13.
[238] Vgl. *Steiner/Bruns* (2007), S. 60. Dies wird auch als Leptokurtosis bezeichnet. Ein praktisches Beispiel findet sich in *Eisenhofer/Neuhierl/Scheid/Wilhelm* (2007), S. 44 – 51.

2.3.1.4 Aussagekraft und Grenzen der klassischen Portfoliotheorie

Die Kapitalanlagepraxis wurde wesentlich durch die Portfoliotheorie beeinflusst. Sie ist theoretische aber auch praktische Grundlage für die Portfoliostrukturierung, die gefundenen Modellaussagen dürfen als empirisch validiert gelten[239].

Allerdings gibt es auch kritische Argumente. Diese beziehen sich primär auf die erwarteten Rendite und die erwarteten Risiken. Auch wenn diese in der Praxis oft über historische Daten hergeleitet werden[240], kann hierdurch nur unzureichend der Erwartungswert abgeleitet werden. So formulieren Steiner/Bruns treffend, dass „...die Qualität geschätzter Rendite- und Risikodaten in der Praxis als mangelhaft anzusehen[241]" ist. Auch die Varianz als Risikomaß ist nicht unbestritten[242]. Gerade in Extremsituationen ist die Annahme der Normalverteilung hinfällig und Risiken werden ex ante unterschätzt[243]. So untersucht Aigner den Dow Jones von 1928 – 2006 auf Basis der theoretischen und tatsächlichen Verteilung und kommt zu dem Schluss, dass große Kurseinbrüche wesentlich häufiger auftreten als die Statistik es erwarten ließ[244].

Tagesverlust	Theoretische Häufigkeit bei Normalverteilung	Tatsächliche Häufigkeit
> 1 %	einmal pro Woche	alle 2 Wochen
> 2 %	alle 6 Wochen	alle 7 Wochen
> 3 %	alle 13 Monate	alle 4 Monate
> 4 %	alle 22 Jahre	alle 8 Monate
> 5 %	alle 909 Jahre	alle 17 Monate
> 6 %	alle 174.532 Jahre	alle 3 Jahre
> 10 %	alle 2.564.551.541.267.439.583 Jahre	alle 21 Jahre

Tabelle 3: Theoretische vs. reale Verteilung Dow Jones 1928 – 2006[245]

Des Weiteren wird kritisiert, dass das Modell von Markowitz „die Erkenntnisse der fundamentalen und technischen Analyse [...] vernachlässigt.[246],[247] Ansätze hierzu liefern z. B. dynamische Portfoliotheorien[248]. Dass die Frage des optimalen Ein- und Ausstiegszeitpunktes maßgeblich die Effizienz eines Portfolios beeinflusst, war der Presse des Jahres 2009 zu entnehmen, wie Abbildung 7 zeigt.

---

[239] Vgl. *Steiner/Bruns* (2007), S. 20.
[240] Vgl. exemplarisch *Reuse* (2009.05), S. 273 ff.
[241] *Steiner/Bruns* (2007), S. 20.
[242] Vgl. *Steiner/Bruns* (2007), S. 20.
[243] Zu den methodischen Schwächen einer Asset Allocation mit dem VaR Konzept vgl. u.a. *Zeranski* (2008), S. 9.
[244] Vgl. *Aigner* (2007), S. 100.
[245] Vgl. *Aigner* (2007), S. 100; diskutiert in *Oyen* (2008), S. 163. Es findet bewusst eine Darstellung vor Ausbruch der Finanzmarktkrise statt. Hierdurch wird offensichtlich, dass die Normalverteilung seit jeher das Risiko unterschätzt.
[246] *Steiner/Bruns* (2007), S. 14.
[247] Vgl. *Perridon/Steiner* (2007), S. 246; *Steiner/Bruns* (2007), S. 14; *Bruns/Meyer-Bullerdiek* (2008), S. 62.
[248] Vgl. u.a. *Hansmann* (1980).

2.3 Systematisierung von Ansätzen der Portfolio- und Kapitalmarkttheorie

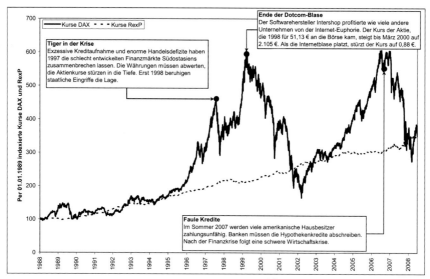

Abbildung 7:   Entwicklung RexP vs. DAX 1989 – 2009[249]

Die Performance des DAX und des RexP sind über 20 Jahre nahezu identisch gewesen – bei angenommenem Einstieg in 1989. Hätte der Investor im Jahr 2000 investiert, wäre die Performance des DAX sogar negativ, hätte er Anfang 2003 investiert, wäre die Performance höher gewesen.

Eines der Hauptargumente für diese Arbeit findet sich somit im Timing Gedanken wieder. Da die optimale Asset-Allocation primär durch den Korrelationskoeffizienten bestimmt ist[250], sollen weder Performances noch Einzelrisiken einer taktischen Optimierung unterliegen[251].

Ein weiterer kritischer Punkt ist, dass dem Markowitz Modell vorgeworfen wird, in Zeiten der Krise nicht adäquat zu funktionieren, da alle Assetklassen an Wert verlieren und die Korrelationen im Zeitverlauf nicht stabil sind[252] und sich nach oben verändern[253]. Markowitz selbst äußert sich in 2009 zu der Funktionsfähigkeit in Zeiten der Krise[254] um diesen Argumenten entgegenzuwirken. So legen Markowitz/Hebner/Brunson dar, dass Sharpe gerade in diesen Krisenphasen den Gleichlauf der Assets annimmt: „[A]lmost all securities and asset classes

---
[249] Eigene Darstellung in Anlehnung an *Driesch* (2009.04.24), S. 23; *Atzler* (2009.06.25), S. 21; *Datastream* (2010a); *Datastream* (2010c).
[250] Vgl. *Bruns/Meyer-Bullerdiek* (2008), S. 62.
[251] Vgl. Kapitel 4.2.
[252] Vgl. *Konrad* (2004), S. 102; *Mikosch* (2009.04.17), S. 22.
[253] Vgl. *Markowitz/Hebner/Brunson* (2009), S. 1.
[254] Vgl. *Markowitz/Hebner/Brunson* (2009), S. 1 ff.

will move in the same direction.²⁵⁵" Allerdings finden die Wertminderungen nicht im selben Ausmaß statt²⁵⁶. In Summe kommen Markowitz/Hebner/Brunson zum Schluss, dass die Portfolio Theorie nach wie vor Gültigkeit hat und der Grundgedanke der Diversifikation nicht abgestritten werden kann: „Don't put all your eggs in on[e] basket.²⁵⁷"

Nichtsdestotrotz verbleiben Zweifel ob der Stabilität der Korrelationen. So formuliert Seifert-Granzin: „Eine unerwartete Trendumkehr, plötzliche Veränderungen am Marktgefüge, die zu gänzlich anderen Korrelationen führen [...] sind immer möglich.²⁵⁸" Dieses Argument gilt es im Laufe dieser Arbeit zu verifizieren oder zu widerlegen. Fest steht, dass nur langfristige Korrelationen dem Grundgedanken der Portfoliotheorie gerecht werden können²⁵⁹. Je kurzfristiger der Dispositionshorizont ist, umso weniger kann von einer stabilen Asset-Allocation ausgegangen werden²⁶⁰. Im taktischen Investmentprozess verbleibt somit sehr wohl ein Optimierungspotenzial, welches sich primär im Timingaspekt wieder findet²⁶¹. Der Faktor „irrationales Marktverhalten", welches in dieser Ausarbeitung untersucht wird, kann nur zur Optimierung dieses Timing Aspektes beitragen. Die Portfoliotheorie als solche in ihrer langfristig ausgerichteten Form wird nicht angezweifelt.

2.3.2 Kapitalmarkttheorie

Letztlich führte erst die Portfoliotheorie in Form der Arbeit von Markowitz zur Entwicklung des CAPM, welches sowohl inhaltlich als auch zeitlich „das Fundament der Kapitalmarkttheorie²⁶²" darstellt. Die Kapitalmarkttheorie erweitert die klassische Portfoliotheorie, indem sie deren Erkenntnisse auf den Kapitalmarkt anwendet²⁶³. Einerseits hat sie explikativen Charakter, da sie versucht, das Verhalten der Anleger auf dem Markt zu erklären²⁶⁴. Andererseits hat sie normativen Charakter, da sie Aussagen über Kapitalkosten und deren Risikoabhängigkeit treffen will²⁶⁵. Im Folgenden werden die beiden zentralen Ansätze der Kapitalmarkttheorie, das CAPM und die APT erörtert. Daraufhin werden die Annahmen der Kapitalmarkteffizienz dargestellt und im Kontext der Kapitalmarkttheorie kritisch gewürdigt.

---

[255] *Markowitz/Hebner/Brunson* (2009), S. 3.
[256] Vgl. *Markowitz/Hebner/Brunson* (2009), S. 3.
[257] *Markowitz/Hebner/Brunson* (2009), S. 12. Vielmehr bestätige das Jahr 2008 die Theorie der Vorteilhaftigkeit von Diversifikation, vgl. *Kirchner* (2009.06.30), S. 19.
[258] *Seifert-Granzin* (1996), S. 36.
[259] Praktisch validiert in *Feix/Stückler* (2010), S. 5.
[260] Eine Analyse der Rolle des Anlagezeithorizontes findet sich auch in *Zimmermann* (1991), S. 164 ff.
[261] Vgl. *Steiner/Bruns* (2007), S. 14.
[262] *Steiner/Bruns* (2007), S. 15.
[263] Vgl. *Murschall* (2007), S. 20.
[264] Vgl. *Perridon/Steiner* (2007), S. 248.
[265] Vgl. *Steiner/Bruns* (2007), S. 20. Zur Unterscheidung nach Primär- und Sekundärmarkt wird auf *Perridon/Steiner* (2007), S. 249 verwiesen.

2.3.2.1 Capital Asset Pricing Model

Direkt auf den Annahmen der Portfoliotheorie aufbauend[266], entwickelten Sharpe[267], Lintner[268] und Mossin[269] das CAPM. Sharpe greift hierbei auf den Kerngedanken der Diversifikation zurück: „Through diversification, some of the risk inherent in an asset can be avoided[270]". Er fokussiert sich in seiner Arbeit auf den Teil des Risikos, der nicht durch Diversifikation eliminiert werden kann[271]. Die zentralen Aussagen des Modells sind[272]:

- Im Kapitalmarktgleichgewicht ist der risikobehaftete Teil eines Investorenportfolios identisch strukturiert (Tobin-Separation) und entspricht dem Marktportfolio.
- Die erwarteten Renditen effizienter Portfolien und die Standardabweichung der Portfoliorendite hängen linear zusammen → Kapitalmarktlinie.
- Zwischen einer Wertpapierrendite und dem dazugehörigen Beta besteht ebenfalls ein linearer Zusammenhang → Wertpapierlinie.
- Die Wertpapierrendite setzt sich aus der risikolosen Verzinsung und einer risikoadjustierten Prämie zusammen.

Neben den Prämissen der Portfoliotheorie sind weitere Annahmen des Modells zu nennen[273]:

(1) Investoren sind risikoavers und versuchen, den erwarteten Risikonutzen zu maximieren.
(2) Es liegen homogene Erwartungen der Investoren in Bezug auf Risiko und Rendite vor.
(3) Dies setzt allerdings zudem einen informationseffizienten Kapitalmarkt voraus[274], Informationen stehen kostenfrei zur Verfügung.
(4) Es existiert ein risikoloser Zins, zu dem Investoren unbeschränkt Geld anlegen und aufnehmen können.
(5) Die Zahl der Wertpapiere ist endlich und vorgegeben.
(6) Alle Wertpapiere können gehandelt werden.
(7) Alle Wertpapiere sind unendlich teilbar.
(8) Transaktionskosten und andere Marktunvollkommenheiten wie Steuern oder beschränkende Gesetze gibt es nicht.
(9) Das Modell geht ähnlich wie in der Portfoliotheorie von einem Einperiodenfall aus.
(10) Renditen sind normalverteilt.

---

[266] Vgl. *Steiner/Bruns* (2007), S. 21.
[267] Vgl. *Sharpe* (1964), S. 425 ff.
[268] Vgl. *Lintner* (1965), S. 13 ff.
[269] Vgl. *Mossin* (1966), S. 768 ff.
[270] *Sharpe* (1964), S. 426.
[271] Vgl. *Sharpe* (1964), S. 426 ff.
[272] Zusammengefasst in *Steiner/Bruns* (2007), S. 21.
[273] Vgl. *Sharpe* (1964), S. 425 ff.; *Lintner* (1965), S. 15 ff.; *Mossin* (1966), S. 768 ff. Diskutiert u.a. in *Copeland/Weston* (1988), S. 194; *Murschall* (2007), S. 20 f.; *Perridon/Steiner* (2007), S. 250 f.
[274] Vgl. u.a. *Ross/Westerfield/Jaffe* (2005), S. 338 ff.

Die Endogenisierung der risikolosen Rendite führt zur Definition der Kapitalmarktlinie, wie Abbildung 8 zeigt:

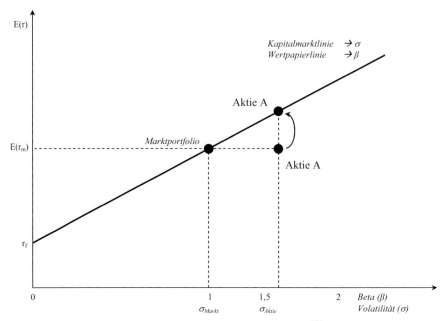

Abbildung 8: Kapitalmarktlinie, Wertpapierlinie und CAPM[275]

Nur die Kapitalmarktlinie verbindet alle effizienten Portfolien als Kombination aus dem risikolosen Zins und dem Marktportfolio, welches eine Kombination sämtlicher am Markt gehandelten Anlagen gewichtet mit ihrem Börsenwert darstellt[276]. Der große Vorteil verglichen mit der Portfoliotheorie ist, dass die Anleger keine individuellen Portfolien, sondern nur eine Mischung aus Marktportfolio und sicherer Rendite präferieren werden[277]. Dies wird auch Tobin-Separation genannt[278].

Die Kapitalmarktlinie lässt sich nun je nach Wahl der Einheit auf der Ordinate in Bezug auf Standardabweichung aber auch Beta eines einzelnen Papiers definieren. Die Definition über

---

[275] Vgl. *Sharpe* (1964), S. 426; *Lintner* (1965), S. 16; diskutiert in *Brealey/Myers* (1996), S. 180; *Copeland/Koller/Murrin* (2002), S. 265; *IDW* (2005), S. 1321; *Reuse* (2007), S. 17. Die Annahme in dieser Abbildung ist, dass die Korrelation zwischen einzelnen
[276] Vgl. *Loistl* (1994), S. 251.
[277] Vgl. *Sharpe* (1964), S. 427; *Steiner/Bruns* (2007), S. 21.
[278] Vgl. *Tobin* (1958), S. 65 ff.; diskutiert in *Spremann* (2008), S. 222 ff.

2.3 Systematisierung von Ansätzen der Portfolio- und Kapitalmarkttheorie 33

die Standardabweichung beantwortet die Frage der Renditeerwartungen und lässt sich wie folgt definieren[279]:

$$E(R_p) = R_f + \underbrace{\frac{E(R_m) - R_f}{\sigma_m}}_{Sharpe\ Ratio} \cdot \sigma_p \qquad (13)$$

mit:

$E(R_p)$ = Erwartungswert des Portfolios p
$E(R_m)$ = Erwartungswert des Marktportfolios
R_f = Risikolose Rendite
σ_m = Standardabweichung des Marktportfolios
σ_p = Standardabweichung des Portfolios p

Die Steigung der Geraden in (13) wird auch als Sharpe Ratio bezeichnet[280]. In dieser Arbeit werden die Begriffe RORAC und Sharpe Ratio synonym verwendet, wobei für den RORAC in der Regel das Risiko in Form des VaR verwendet wird[281].

Alle effizienten Portfolien weisen dieselbe Sharpe Ratio, nämlich die des Marktportfolios, auf. Im nächsten Schritt gilt es, den Preis für das Risiko zu definieren. Nach einigen Umformungen[282] ergibt sich dann die mathematische Standardgleichung für das CAPM auf Basis des Betas eines Wertpapiers verglichen mit dem Marktportfolio[283]:

$$E(R_i) = R_f + (E(R_m) - R_f) \cdot \beta_i \qquad (14)$$

mit:

$E(R_i)$ = Erwartungswert des Wertpapiers i
$E(R_m)$ = Erwartungswert des Marktportfolios
R_f = Risikolose Rendite
β_i = Beta des Papiers i = Steigung der Wertpapierlinie

---

[279] Vgl. u.a. *Steiner/Uhlir* (2001), S. 192; *Perridon/Steiner* (2007), S. 253; *Bruns/Meyer-Bullerdiek* (2008), S. 64.
[280] Vgl. *Steiner/Bruns* (2007), S. 593. In diesem Fall die Sharpe-Ratio des Gesamtmarktes.
[281] Zur Definition des RORAC vgl. u.a. *Goebel/Sievi/Schumacher* (1999), S. 241 ff.; *Rolfes* (2008), S. 68; *Pohl/Schierenbeck* (2008), S. 11; *Reuse* (2009.05), S. 273. Er ist die Überrendite über die sichere Performance in Relation zum Risiko:

$$RORAC = \frac{E(r_m) - R_f}{VaR}$$

[282] Vgl. hierzu u.a. *Steiner/Bruns* (2007), S. 24 – 26.
[283] Vgl. u.a. *Steiner/Uhlir* (2001), S. 193; *Perridon/Steiner* (2007), S. 255; *Steiner/Bruns* (2007), S. 26. Zudem gilt:

$$\beta_i = \frac{COV_{i,m}}{\sigma_m^2} = \rho_{p,m} \cdot \frac{\sigma_i}{\sigma_m}$$, vgl. *Steiner/Bruns* (2007), S. 25. Für den Fall $\rho = 1$ gilt: (13) = (14).

Wird Gleichung 14 mit Abbildung 8 kombiniert, so lässt sich die erwartete Risikoprämie als Überrendite über die sichere Rendite multipliziert mit dem Betafaktor definieren[284]. Der Betafaktor misst die Sensitivität, mit der eine einzelne Aktie auf Marktbewegungen reagiert[285]. Der Betafaktor des Marktes ist immer eins[286]. Ist der Betafaktor eines einzelnen Investments größer als eins, so steigt auch die erwartete Risikoprämie auf einen höheren Wert verglichen mit der Rendite des Marktportfolios[287]. Dies korrespondiert mit einer höheren Volatilität. Der Betafaktor kann über historische Analysen der Volatilitäten[288] zwischen einem Einzelinvestment und dem Marktportfolio gewonnen werden[289]. Allerdings sind auch seriöse Schätzungen üblich[290].

Der Betafaktor spiegelt lediglich das systematische, nicht aber das unsystematische Risiko wider[291]. Für die Übernahme unsystematischer Risiken wird aufgrund der Diversifikation keine Risikoprämie gewährt[292]. In Bezug auf die in Abbildung 8 dargestellte Aktie bedeutet dies, dass einzelne Papiere, die ineffizient sind, mittelfristig auf die Kapitalmarktlinie in das Gleichgewicht zurückkommen müssen. Die Renditeerwartungen bezüglich der Aktie A sind gering, so dass ein Angebotsüberhang entsteht, der solange anhält, bis die Aktie wieder eine risiko- bzw. betaadäquate Rendite aufweist[293]. Die wesentliche Aussage des CAPM ist es somit, die Renditeerwartung einer einzelnen Aktie über das Risiko-/Renditeprofil des Marktportfolios in Abhängigkeit vom sicheren Ertrag und dem Beta der Einzelaktie herleiten zu können. Die Grundform des Modells hat in der Theorie viele Modifikationen erfahren. So sind folgende Punkte diskutiert worden, die hier nur stichpunktartig vorgestellt werden[294]:

- Nichtexistenz des risikolosen Zinssatzes[295],
- Implementierung heterogener Erwartungen[296],
- Erweiterung der Annahmen in Bezug auf den Anlagehorizont[297],
- Aufbau eines Mehrfaktorenmodells[298],

---

[284] Vgl. *Schierenbeck* (1998), S. 382; *Copeland/Koller/Murrin* (2002), S. 265; *Spremann* (2008), S. 294 ff.
[285] Vgl. *Brealey/Myers* (1996), S. 180.
[286] Vgl. *Copeland/Koller/Murrin* (2002), S. 265.
[287] Vgl. *Drukarczyk* (1996), S. 182.
[288] Werden in einem Diagramm die historischen Veränderungen des Marktportfolios auf der x-Achse und die des Einzelinvestments auf der y-Achse abgetragen, so ist Beta die Steigung der Regressionsgeraden durch diese Punktwolke. Vgl. *Sharpe* (1970), S. 91; *Schmidt/Terberger* (1997), S. 357.
[289] Vgl. *Brealey/Myers* (1996), S. 181 ff.; *Kuhner/Maltry* (2006), S. 167. Eine empirische Analyse des Zusammenhangs von Beta und Korrelationskoeffizient findet sich auch in *Elton/Gruber/Urich* (1978), S. 1375 ff.
[290] Vgl. *Kuhner/Maltry* (2006), S. 166. Zur Prognose von Betas vgl. auch *Schultz/Zimmermann* (1989), S. 196 ff.
[291] Vgl. *Steiner/Bruns* (2007), S. 26.
[292] Vgl. *Perridon/Steiner* (2007), S. 256.
[293] Vgl. *Reuse* (2007), S. 17. Ähnlich diskutiert in *Steiner/Uhlir* (2001), S. 194.
[294] Einen guten Überblick über verschiedene Modellerweiterungen des CAPM bietet *Nowak* (1994), S. 40 ff.
[295] Vgl. *Black* (1972), S. 444 – 455.
[296] Vgl. *Lintner* (1969), S. 347 – 400.
[297] Vgl. *Lee* (1976), S. 356 – 363; *Gilster* (1983), S. 257 – 268.
[298] Vgl. *Merton* (1973a), S. 867 – 887; *Brennan/Wang/Yihong* (2001).

2.3 Systematisierung von Ansätzen der Portfolio- und Kapitalmarkttheorie 35

- Implementierung des Steuereffektes[299],
- Berücksichtigung nicht-marktgängiger Vermögensansprüche, z.b. Humankapital[300]
- Aufbau segmentspezifischer Wertpapierlinien[301],
- Endogenisierung der Transaktionskosten[302].

Das Modell lässt sich trotz aller Modifikationen jedoch auch kritisch würdigen[303]. Die reale Welt scheint komplexer, als es das Modell annimmt[304]. Insbesondere wurde der Einfaktorenansatz kritisch hinterfragt. Bereits frühzeitig konnten empirisch alternative oder gar additive Einflussfaktoren nachgewiesen werden[305]. Sharpe selbst entwickelte daraufhin ein Multi-Beta-CAPM[306], bei welchem in Gleichung 15 der herkömmliche Betafaktor wie folgt erweitert wird[307]:

$$\beta_{im} = \sum_{k=1}^{K} \frac{\sigma(F_k)}{\sigma(R_m)} \cdot \beta_{mk} \cdot \beta_{ik} \tag{15}$$

mit:

β_{mk} = Sensitivität der Rendite des Marktportfolios in Bezug auf die Ausprägung des Renditefaktors k

β_{ik} = Sensitivität der Rendite des Wertpapiers i in Bezug auf die Ausprägung des Renditefaktors k

$\sigma(F_k)$ = Standardabweichung des k-ten Risikofaktors

$\sigma(R_m)$ = Standardabweichung der Rendite des Marktportfolios

Somit erfolgte die Aufgliederung des Betafaktors in mehrere separate Faktoren zur Bestimmung der Renditeerwartung eines einzelnen Wertpapiers. Dies endogenisiert zwar mehrere Faktoren, erhöht aber auch die Komplexität und vor allem die empirische Nachweisbarkeit erheblich.

---

[299] Vgl. *Brennan* (1970), S. 417 – 427. Ein um Steuern erweitertes CAPM hat zudem Eingang in die IDW Standards gefunden. Vgl. *Jonas/Löffler/Wiese* (2004), S. 898 ff.; *IDW* (2005), S. 1320 ff.
[300] Vgl. *Mayers* (1972), S. 223 – 248.
[301] Vgl. *Levy* (1978), S. 643 – 658; *Levy* (1990), S. 235 – 276.
[302] Vgl. *Garman/Ohlson* (1981), S. 271 – 280.
[303] Vgl. u.a. *Ossadnik* (1984), S. 217 ff.; *Kruschwitz/Löffler* (1997), S. 644 – 651; *Copeland/Koller/Murrin* (2002), S. 264 ff.
[304] Vgl. *Elton/Gruber* (1991), S. 302.
[305] Vgl. u.a. *Farrar* (1962); *King* (1966), S. 139 – 190; *Beaver/Kettler/Scholes* (1970), S. 654 – 682; *Fama/French* (1992), S. 427 – 465; *Fama/French* (1993), S. 3 – 56; *Fama/French* (1995), S. 131 – 155; kritisch diskutiert in *Fama/French* (2003), S. 1 – 21.
[306] Vgl. *Sharpe* (1977), S. 127 – 135.
[307] Vgl. *Sharpe* (1977), S. 134; diskutiert in *Elton/Gruber* (1998), S. 11; *Steiner/Bruns* (2007), S. 27; *Bruns/Meyer-Bullerdiek* (2008), S. 67.

Bezüglich des Basis-CAPM kann trotz umfangreicher empirischer Tests[308] auch in Deutschland[309] bislang keine generell abschließende Bestätigung oder Widerlegung der Modellaussagen getroffen werden[310]. So formulieren Fama/French in 2003: „The version of the CAPM due to Sharpe (1964) and Lintner (1965) has never been an empirical success[311]". Dies liegt in methodischen Schwierigkeiten des empirischen Nachweises selbst begründet, da ex ante vorhandene Erwartungswerte oft nur mit ex post erhobenen Werten approximiert werden[312]. Hinzu kommt jedoch, dass auch Betawerte im Zeitablauf nur bedingt stabil sind[313] und dass das Modell zu widersprüchlichen Resultaten führen kann[314]. Auch wird kritisiert, dass das Marktmodell eigentlich nicht zum Einsatz kommt, sondern ein Index zu dessen Approximation herangezogen wird[315]. Andererseits zeigen empirische Untersuchungen eine relative Unabhängigkeit des CAPM vom gewählten Index[316].

Nichtsdestotrotz ist es ein sehr einfaches Modell[317], welches die Grundzüge der Kapitalmarkttheorie adäquat[318], aber mit eingeschränkter Praxistauglichkeit[319], darlegt. Für die vorliegende Arbeit ist das CAPM dahingehend interessant, dass die Sharpe Ratio bzw. der RORAC als zentrales Optimierungskriterium herangezogen werden.

2.3.2.2 Arbitrage Pricing Theory

Durch die vollständige Erklärung der Wertpapierrenditen durch Risiko und Rendite des Marktportfolios konnte letztlich die APT durch Ross entwickelt werden[320]. Hierbei wird nicht auf die Portfoliotheorie und das CAPM, sondern auf ein in sich geschlossenes Arbitragemodell aufgebaut[321]. Die zentralen Aussagen lassen sich wie folgt zusammenfassen[322]:

- Wertpapierrenditen werden durch mehrere makro- und/oder mikroökonomische Risikofaktoren determiniert.
- Durch Arbitrage werden Wertpapiermärkte in ein Gleichgewicht gebracht und in diesem stets korrekt bewertet.

---

[308] Einen guten Überblick über empirische Analysen des CAPM bietet *Spremann* (2008), S. 317 – 324. Vgl. auch *Elton/Gruber* (1987), S. 311 ff.; *Hagemeister/Kempf* (2007).
[309] Zu den oben genannten Quellen vgl. auch *Möller* (1988), S. 783; *Warfsmann* (1993).
[310] Vgl. *Perridon/Steiner* (2007), S. 260.
[311] *Fama/French* (2003), S. 21.
[312] Vgl. *Perridon/Steiner* (2007), S. 260; *Spremann* (2008), S. 294.
[313] Vgl. *Kuhner/Maltry* (2006), S. 167; *Steiner/Bruns* (2007), S. 28.
[314] Vgl. *Black/Jensen/Scholes* (1972); *Fama/MacBeth* (1973); *Banz* (1981); *Lakonishok/Shapiro* (1986); *Bhandari* (1988); *Fama/French* (1992); *Black* (1993).
[315] Vgl. *Möller* (1988), S. 796.
[316] Vgl. *Stambaugh* (1982), S. 238.
[317] Vgl. *Drukarczyk* (1996), S. 179; *Fama/French* (2003), S. 21.
[318] Vgl. *Steiner/Bruns* (2007), S. 28; *Bruns/Meyer-Bullerdiek* (2008), S. 66.
[319] Vgl. *Fama/French* (2003), S. 21.
[320] Vgl. *Ross* (1976), S. 341 ff.
[321] Vgl. *Steiner/Bruns* (2007), S. 29.
[322] Diskutiert in *Steiner/Bruns* (2007), S. 29.

2.3 Systematisierung von Ansätzen der Portfolio- und Kapitalmarkttheorie 37

- Wertpapierrenditen und Risikoausprägungen weisen eine lineare Abhängigkeit auf.
- Die Kenntnis um das Marktportfolio ist nicht erforderlich.

Während im CAPM alle beeinflussenden Faktoren zu einer Zahl zusammengefasst werden, kann die APT mehrere Risikokennzahlen endogenisieren[323] und wird deshalb auch als Mehrfaktorenmodell bezeichnet[324]. Die Annahmen des Modells lassen sich wie folgt darstellen[325]:

(1) Leerverkäufe sind unbegrenzt möglich.
(2) Der Kapitalmarkt ist vollkommen. Ein arbitragefreies Gleichgewicht liegt somit vor.
(3) Wertpapierrenditen werden von mehreren Faktoren determiniert.
(4) Diese lassen sich in ein lineares Modell integrieren.
(5) Anleger sind risikoscheu. Der Risikonutzen des Portfolios soll maximiert werden.
(6) Informationseffizienzhypothese: Anleger haben homogene Renditeerwartungen.
(7) Es existiert ein risikoloser Zins, zu dem unbegrenzt Geld aufgenommen und angelegt werden kann.

Die Ausgangsgleichung der APT lässt sich formal wie folgt definieren[326]:

$$R_i = E(R_i) \quad \beta_{i1} \cdot F_1 \quad \beta_{i2} \cdot F_2 \quad ... \quad \beta_{ik} \cdot F_k \quad \varepsilon_i \tag{16}$$

mit:
R_i = Rendite des Wertpapiers i in der Betrachtungsperiode
$E(R_i)$ = Erwartete Rendite des Wertpapiers i zu Beginn der Periode
F_k = unerwartete Komponente der Ausprägung des Faktors k (Zufallsvariable)
β_{ik} = Sensitivität der Rendite des Wertpapiers i in Bezug auf die Ausprägung des Faktors k
K = Anzahl der Faktoren
ε_i = wertpapierspezifische Störgröße

wobei:
$E(F_k) = 0$ (16.1)
$E(\varepsilon_i) = 0$ (16.2)
$Cov(\varepsilon_i, F_k) = 0$ (16.3)
$Cov(\varepsilon_i, \varepsilon_j) = 0 \quad i \neq j$ (16.4)

Neben den Erwartungen der Marktteilnehmer haben somit noch andere Faktoren Einfluss auf die Rendite eines Wertpapiers. Die Anzahl und Gewichtung der Faktoren sind pro Wertpapier

---
[323] Vgl. *Perridon/Steiner* (2007), S. 263.
[324] Vgl. *Perridon/Steiner* (2007), S. 263.
[325] Zusammengefasst in *Steiner/Bruns* (2007), S. 30.
[326] Vgl. *Perridon/Steiner* (2007), S. 264.

unterschiedlich[327]. Die ergänzenden Bedingungen vereinfachen das Modell dahingehend, dass für die Faktoren und die Störkomponenten Erwartungswerte von null angenommen werden. Nur unerwartete Änderungen der Faktoren können zu Renditeschwankungen in einem informationseffizienten Markt führen[328]. Zudem wird angenommen, dass Faktoren und die Störkomponenten weder mit- noch untereinander korrelieren. Nur in diesem Fall sind gemeinsame Renditebewegungen vollständig über die K-Faktoren zu erklären[329].

Auf Basis von Gleichung 16 muss nun ein Gleichgewichtsmodell entwickelt werden[330]. Die Herleitung geschieht über den Grundgedanken, dass ein Portfolio, welches einen Anfangswert von null aufweist und dessen Zukunftswert zu jeder Zeit ebenfalls null beträgt, risikolos sein muss[331]. Tritt der Fall ein, dass dieser Wert zu einem bestimmten Zeitpunkt von null abweicht, so ist ein risikoloser Gewinn realisierbar, der auch als „free lunch" bezeichnet wird[332].

Nach der Modellierung dieser Annahmen und Umformungen ergibt sich[333]:

$$E(R_i) = r_f \sum_{k=1}^{K} [E(R_{Fk}) \quad R_f] \cdot \beta_{ik} \quad (17)$$

mit:

R_{FK} = *Faktorrendite des Wertpapiers*
R_f = *Risikolose Rendite*

Der Ausdruck in der eckigen Klammer ist als Risikoprämie in Bezug auf die Rendite bestimmenden Faktoren zu verstehen, deren gewichtete Summe die erwartete Wertpapierrendite ergibt[334]. Ähnlich wie beim CAPM wird somit eine Trennung in Risikoprämien und Risikoaufschläge vorgenommen, allerdings geschieht mit mehreren Faktoren, die sich in einer so genannten APT-Hyperebene visualisieren lassen[335].

Das Modell lässt sich wie folgt kritisch würdigen: Von Vorteil ist, dass die Annahmen der APT wenig restriktiver sind als beim CAPM und zudem die Normalverteilungsannahme der Wertpapierrendite verworfen werden kann[336]. Auch die Kenntnis um das Marktportfolio ist

---

[327] Vgl. *Steiner/Uhlir* (2001), S. 198.
[328] Vgl. *Perridon/Steiner* (2007), S. 264.
[329] Vgl. *Perridon/Steiner* (2007), S. 264.
[330] Zur Herleitung des Modells vgl. *Ross* (1976), S. 341 ff.; diskutiert in *Steiner/Uhlir* (2001), S. 198 ff.; *Perridon/Steiner* (2007), S. 264.
[331] Vgl. *Steiner/Bruns* (2007), S. 29.
[332] Vgl. *Steiner/Uhlir* (2001), S. 199.
[333] Vgl. *Brealey/Myers* (1996), S. 190; *Perridon/Steiner* (2007), S. 266. In der Originalversion von *Ross* wird dies nur approximativ hergeleitet, d.h. obige Gleichung gilt nur näherungsweise. Vgl. *Ross* (1976), S. 341 ff.
[334] Vgl. *Steiner/Bruns* (2007), S. 31.
[335] Bis zwei Risikofaktoren grafisch darstellbar, vgl. *Steiner/Bruns* (2007), S. 32.
[336] Vgl. *Perridon/Steiner* (2007), S. 264.

nicht erforderlich[337]. Im Gegensatz zum CAPM lassen sich mehrere Faktoren integrieren. Eine Extraktion der Bestimmungsgründe für die empirisch beobachtbaren Renditen in Abhängigkeit von ihrem Risiko gelingt augenscheinlich besser als beim CAPM[338].

Nachteilig ist hingegen, dass die APT genaue Vorgaben zum Renditegenerierungsprozess aufstellt[339]. Zudem ist die Identifikation der relevanten Faktoren aufwändig, da sie im Gegensatz zum CAPM empirisch ermittelt werden müssen[340]. Hierzu existieren zwei Verfahren:
- Faktoranalyse aus der Datenmatrix der Kursveränderungen[341].
- Vorabspezifikation: Vorgabe verschiedener, ökonomisch sinnvoller Variablen[342].

Eine allumfassende Theorie zur Ableitung der relevanten Faktoren existiert nicht[343]. Die bestehende Literatur geht zwar von maximal fünf Faktoren aus[344], allerdings ist weder die Auswahl dieser Faktoren noch deren Stabilität über die Zeit nachweisbar[345]. Die Praktikabilität des Modells wird dadurch stark eingeschränkt. Dies bestätigen auch empirische Analysen, die zu keinem einheitlichen Ergebnis kommen: Analysen am deutschen Markt der APT führen nicht dazu, dass die Überlegenheit gegenüber dem CAPM nachgewiesen werden kann[346]. Am amerikanischen Markt hingegen gibt es Hinweise, die für die APT sprechen[347]. Jedoch zweifeln einige Autoren die empirische Testbarkeit des Modells an[348]. Trotz der theoretischen Überlegenheit gegenüber dem CAPM führt die nur eingeschränkte Praxistauglichkeit des Modells dazu, dass es für diese Analyse verworfen wird.

2.3.2.3 Kritik an der Kapitalmarkteffizienz

Für die Funktionsfähigkeit der hier vorgestellten Modelle ist das Thema der Effizienz der Kapitalmärkte von besonderer Bedeutung[349]. Im ersten Schritt erfolgt die Definition der Kapitalmarkteffizienz. So formuliert Fama schon 1970, dass Märkte als effizient anzusehen sind, falls „security prices at any time ‚fully reflect' all available information[350]." Dies impliziert

---

[337] Vgl. *Ross* (1976), S. 343; diskutiert in *Bruns/Meyer-Bullerdiek* (2008), S. 72.
[338] Vgl. *Sharpe/Alexander/Bailey* (1999), S. 285 ff.
[339] Vgl. *Perridon/Steiner* (2007), S. 265; *Bruns/Meyer-Bullerdiek* (2008), S. 71.
[340] Vgl. *Perridon/Steiner* (2007), S. 265.
[341] Vgl. *Roll/Ross* (1980).
[342] Vgl. *Chen/Roll/Ross* (1986).
[343] Vgl. *Steiner/Bruns* (2007), S. 32.
[344] Vgl. *Chen* (1983), S. 1397; *Chen/Roll/Ross* (1986), S. 383 ff.; *Berry/Burmeister/McElroy* (1988), S. 30.
[345] Vgl. *Steiner/Bruns* (2007), S. 32.
[346] Vgl. *Nowak* (1994); *Sauer* (1994); *Lockert* (1996); *Steiner/Nowak* (2001), S. 347 – 362.
[347] Vgl. *Berry/Burmeister/McElroy* (1988), S. 30.
[348] Vgl. *Sharpe* (1984), S. 23 – 24; *Haugen* (2001), S. 262 ff.
[349] Vgl. auch *Bruns* (1994), S. 5 ff.
[350] *Fama* (1970), S. 383. Übersetzt in *Steiner/Bruns* (2007), S. 39: „Von einem effizienten Kapitalmarkt wird dann gesprochen, falls die Wertpapierkurse zu jeder Zeit alle verfügbaren Informationen vollständig reflektieren."

bereits die im zweiten Schritt folgende Abgrenzung vom vollkommenen Kapitalmarkt. Während Kapitalmarkteffizienz sich nur auf die Informationsverarbeitung bezieht, setzt der vollkommene Markt weitere Annahmen wie das Nichtvorhandensein von Transaktionskosten und Steuern voraus[351].

Loistl unterscheidet drei Formen der Kapitalmarkteffizienz[352], während Fama wiederum die Informationsverarbeitungseffizienz in drei Kategorien einteilt[353]. Dies wird in Abbildung 9 zusammengefasst.

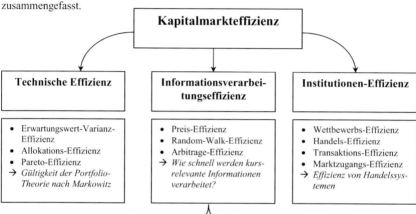

Abbildung 9: Strukturierung der Kapitalmarkteffizienz[354]

---

[351] Vgl. *Steiner/Bruns* (2007), S. 39.
[352] Vgl. *Loistl* (1990), S. 63 ff.
[353] Vgl. *Fama* (1970), S. 383 ff.
[354] Eigene Darstellung in Anlehnung an *Perridon/Steiner* (2007), S. 199; *Bruns/Meyer-Bullerdiek* (2008), S. 73; *Spremann* (2008), S. 156 auf Basis von *Fama* (1970), S. 383 ff.; *Loistl* (1990), S. 63 ff.

2.3 Systematisierung von Ansätzen der Portfolio- und Kapitalmarkttheorie

Während die technische Effizienz die Gültigkeit der Portfoliotheorie nach Markowitz umfasst, stellt die Institutionen-Effizienz die institutionellen Durchführungs- und Abwicklungsmöglichkeiten dar[355]. Des Weiteren sind für Theorie und Praxis die Ausprägungen der Informationseffizienz wichtig. Dies wurde oft analysiert[356]. Letztlich ist die vorherrschende Meinung seit Mitte der 80er[357], dass Kapitalmärkte semi-stark effizient sind[358].

Dies hat Auswirkungen auf diese Arbeit, da mit der Annahme der semi-starken Effizienz folgende Hypothesen gelten dürfen[359]:

- Eine rein auf historischen Kursen basierende Optimierung führt nicht zu einer Outperformance gegenüber einer Buy-and-Hold-Strategie.
- Der Markt und auch die Portfoliotheorie können langfristig nicht geschlagen werden[360]. Aus Sicht des Autors kann es jedoch sehr wohl taktische Strategien geben, die hier eine Überperformance erzielen.
- Auch wenn Kapitalmärkte in Summe als semi-stark effizient bezeichnet werden können, weisen sie keine einheitlichen Effizienzgerade auf[361]. Als Folge können auch Korrelationen verschiedener Märkte oder Assets zueinander unterschiedlich effizient sein. Aus Sicht des Autors wird der Aspekt der Diversifikation in der vorherrschenden Literatur nicht ausreichend beachtet und rechtfertigt die Vorgehensweise in dieser Ausarbeitung.
- Obwohl alle Informationen korrekt zur Verfügung stehen und im Kurs verarbeitet werden könnten, handeln Marktteilnehmer irrational[362].

Aus diesen Gründen wird in dieser Analyse der Aspekt der Korrelation einer taktischen Optimierungsstrategie unterzogen. Die Effizienz der einzelnen Assetklassen wird nur bedingt angezweifelt. Ziel ist die taktische Optimierung einer strategisch ausgerichteten Asset-Allocation, nicht die Analyse der Effizienz einzelner Assetklassen.

2.3.2.4 Aussagekraft und Grenzen der Kapitalmarkttheorie

An dieser Stelle werden die Grenzen der Kapitalmarkttheorie deutlich. Die oft linear dargestellten Zusammenhänge, die auf streng rationalen Entscheidungen der Marktteilnehmer be-

---

[355] Vgl. *Bruns/Meyer-Bullerdiek* (2008), S. 73.
[356] Vgl. *Fama* (1970), S. 383 – 417. Neuere Analysen finden sich auch in *LeRoy* (1989), S. 1583 – 1621; *Fama* (1991), S. 1575 – 1617; *Fama* (1998), S. 283 – 306. In letzterem Aufsatz findet auch eine Verbindung zur Behavioral Finance statt.
[357] Vgl. u.a. *Beaver* (1983), S. 344 – 358; *Möller* (1985), S. 500 – 518.
[358] Vgl. *Steiner/Bruns* (2007), S. 42 f.; *Spremann* (2008), S. 160.
[359] Vgl. *Spremann* (2008), S. 157.
[360] Fondsmanager verfehlen regelmäßig die Performance eines passiv ausgerichteten Portfolios. Vgl. exemplarisch *Elton/Gruber/Blake* (1995), S. 1.
[361] Vgl. *Steiner/Bruns* (2007), S. 46.
[362] Vgl. *Bruns* (1994), S. 40 ff.; *Steiner/Bruns* (2007), S. 46.

ruhen, erklären die realen Entwicklungen der Praxis oftmals unzureichend. Zudem ist die Argumentation mit Erwartungswerten wie beim CAPM oder der APT empirisch nahezu nicht nachweisbar[363]. Des Weiteren gilt es, Annahmen der klassischen Kapitalmarkttheorie kritisch zu hinterfragen. Diese sind im Wesentlichen[364]:

- Vernachlässigung von Transaktionskosten,
- Ausklammerung von Steuereffekten,
- Nichtbeachtung von Markintineffizienzen,
- Negierung psychologischer Faktoren,
- Reduzierung der Erklärungsvariablen „nur" auf Risiko und Rendite.

Gerade die Finanzmarktkrise hat jedoch gezeigt, dass Märkte nicht immer effizient sind. Bestes Beispiel ist der Pfandbriefmarkt seit 2008. Über einen langen Zeitraum fanden hier trotz höchster Sicherheit der Papiere gar keine oder nur geringe Umsätze[365] zu dann nicht marktgerechten Preisen[366] statt. Der Markt kam nur schwer wieder in Gang[367].

Auch die Vernachlässigung des Liquiditätsaspektes[368] führt zu Verwerfungen in der Rendite. Bei Ausbruch der Krise verteuerte sich die Liquiditätsaufnahme stark[369]. Dies lässt sich in Abbildung 10 erkennen, welche die Differenzen zwischen besicherten und unbesicherten Geldmarktgeschäften in der Finanzmarktkrise darstellt.

Zu erkennen ist, dass mit Ausbruch der Finanzmarktkrise die Liquiditätskosten sprunghaft gestiegen sind. Dies wirkte sich auch auf andere Märkte aus, so dass die Liquiditätsprämien, welche historisch immer nahe 0 waren, zu einem bedeutenden Bestandteil der Kalkulation wurden. Mittlerweile wird dem in der Bankkalkulation Rechnung getragen[370], allerdings ist eine Endogenisierung in die klassische Kapitalmarkttheorie noch nicht umfassend erfolgt.

---

[363] Vgl. *Steiner/Bruns* (2007), S. 34.
[364] In Anlehnung an *Steiner/Bruns* (2007), S. 34.
[365] Vgl. *Osman* (2008.10.20), S. 21.
[366] Dies führte wiederum zu Bewertungsproblemen im Jahresabschluss der Kreditinstitute. Vgl. *Reuse* (2009.01).
[367] Vgl. *Osman* (2008.08.18), S. 19. Bis zur wirklichen Erholung des Marktes musste jedoch bis Mai 2009 gewartet werden. Vgl. *FTD* (2009.05.26), S. 16.
[368] U.a. diskutiert in *Amihud/Mendelson* (1991), S. 235 ff.; *Chordia/Roll/Subrahmanyam* (2007); *Chordia/Goyal/Sadka/Sadka/Shivakumar* (2007). Die Endogenisierung des Themas Liquidität würde den Rahmen dieser Arbeit sprengen.
[369] Diskutiert in *Reuse/Frère/Svoboda* (2008), S. 20 f.
[370] Vgl. u.a. *Zeranski* (2009.05). Ein guter Überblick über den Status Quo des Liquiditätsrisikomanagements findet sich in *Zeranski* (2007), S. 80.

2.3 Systematisierung von Ansätzen der Portfolio- und Kapitalmarkttheorie

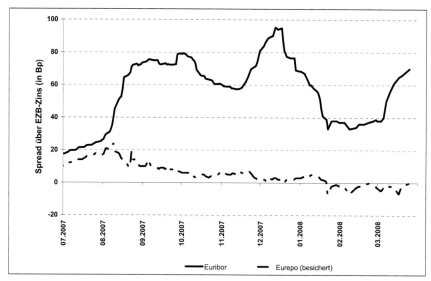

Abbildung 10: Spread zwischen besichertem und unbesichertem Geldmarkt[371]

Die Kapitalmarkttheorie kann vice versa somit nur auf den Märkten gelten, die eine hohe Kapitalmarkteffizienz aufweisen[372]. Nach teilweisem Zusammenbruch des Anleihe-, Derivat- und auch Geldmarktes trifft dies aus Sicht des Autors fast nur noch auf den Aktienmarkt zu.

Auch die Negierung psychologischer Faktoren führt in Zeiten der Krise zu einem zumindest teilweisen Versagen der Kapitalmarkttheorie. Anleger verhalten sich nicht immer streng rational, wie die Behavioral Finance Theorien[373] aufzeigen. So existieren auch diverse Ansätze, die im Rahmen der „Coherent Market Hyothesis" versuchen, preisbestimmendes Anlegerverhalten in die Kapitalmarkttheorie zu endogenisieren[374].

Für die vorliegende Ausarbeitung hat dies folgende Bedeutung:
- Auf effizienten Märkten wird die Funktionsfähigkeit der Kapitalmarkttheorie nicht negiert.
- Allerdings gilt festzuhalten, dass sich Kapitalmarkteffizienz und Funktionsfähigkeit der Kapitalmarkttheorie aus Sicht des Autors gegenseitig bedingen. Je effizienter ein Markt ist, desto eher gilt die Kapitalmarkttheorie und vice versa.

---

[371] Vgl. *Meißner* (2008), S. 14.
[372] Vgl. *Fama* (1970), S. 383 ff.; *Fama* (1991), S. 1575 ff.
[373] Vgl. Kapitel 2.3.4.
[374] Vgl. *Vaga* (1990), S. 36 ff.

- Psychologische Faktoren können gerade in Extremsituationen auch für die Berechnung von Korrelationen nicht außen vor gelassen werden.
- Marktpreisrisiken der zu analysierenden Assetklassen werden direkt durch Kapitalmarkteffizienz beeinflusst. Extreme Kursschwankungen können auch durch illiquide Märkte oder irrationales Verhalten bedingt sein.

Im Rahmen der Korrelationsanalyse in Extremsituationen muss somit der Faktor Kapitalmarkteffizienz endogenisiert werden. Zum Teil geschieht dies schon mit entsprechenden Indizes an der Börse[375], allerdings soll der hier vorgestellte Irrationalitätsindex weitere Argumente hinzuziehen[376]. Zuvor jedoch werden neuere Ansätze zur Portfoliotheorie diskutiert. Ziel ist es, den Status quo zu evaluieren und die Anwendbarkeit von Teilen dieser Ansätze für diese Arbeit herauszustellen.

2.3.3 Partialanalytische Ansätze der Portfoliotheorie

Neben der klassischen Portfoliotheorie, welche auf einer Normalverteilungsannahme aufbaut, existieren weitere Ansätze zur Portfolioselektion[377], die aufgrund ihrer Überschneidungen zum zentralen Thema dieser Ausarbeitung ebenfalls vorgestellt werden. Schwerpunkt wird hier auf drei Bereiche gelegt: auf die Safety-First-Ansätze[378], die Implementierung höherer Momente[379] und den Peaks-Over-Threshold Ansatz[380].

2.3.3.1 Portfolioselektion mit Hilfe höherer Momente

Die Wahrscheinlichkeitsverteilung besitzt vier relevante Parameter[381]. Sobald Renditen nicht als normalverteilt gelten können, reichen Varianz und Erwartungswert nicht aus, um das Verhalten der Renditen zu beschreiben[382]. Aus diesem Grund müssen die Schiefe[383]:

$$Skew = \frac{\frac{1}{n} \cdot \sum_{i=1}^{n}(r_i - \mu)^3}{\sigma^3} \tag{18}$$

---

[375] Vgl. u.a. *Johann* (2009), S. 60 – 61; diskutiert in Kapitel 4.2.3.
[376] Vgl. Kapitel 4.2.
[377] Zur Strukturierung vgl. auch Kapitel 2.1.2.
[378] Vgl. Kapitel 2.3.3.1.
[379] Vgl. Kapitel 2.3.3.2.
[380] Vgl. Kapitel 2.3.3.3.
[381] Vgl. *Spremann* (2008), S. 144.
[382] Vgl. *Poddig/Dichtl/Petersmeier* (2003), S. 141.
[383] Vgl. *Poddig/Dichtl/Petersmeier* (2003), S. 141; *Bruns/Meyer-Bullerdiek* (2008), S. 33. Die Formel stellt die empirische Schiefe dar.

2.3 Systematisierung von Ansätzen der Portfolio- und Kapitalmarkttheorie

und die Kurtosis[384]:

$$Kurt = \frac{\frac{1}{n} \cdot \sum_{i=1}^{n} (r_i - \mu)^4}{\sigma^4} \qquad (19)$$

näher analysiert werden[385]. Die Schiefe ist ein Schätzer für die Symmetrie der Verteilung[386]. Negative Werte deuten auf eine linksschiefe Verteilung, positive auf eine rechtsschiefe Verteilung hin[387]. Die Wölbung hingegen beschreibt, wie stark die Konzentration um den Mittelwert ist[388]. Während die Normalverteilung einen Wert von 3 aufweist, sind leptokurtische/spitzgipflige Verteilungen stärker um den Mittelwert gestreut (Kurt >3), platykurtische/flachgipflige weniger (Kurt <3)[389].

Empirisch folgen Renditen kaum einer Verteilungsfunktion[390]. Renditen sind bei Anlagehorizonten länger als ein Jahr rechtsschief[391], bei kürzeren leptokurtisch[392].

In Bezug auf die Portfolioselektion bedeutet dies, dass die Co-Schiefe[393] und die Co-Wölbung/Co-Kurtosis[394] in die Portfoliooptimierung einbezogen werden können, sobald die Normalverteilungsannahme nicht mehr gilt. Positive Schiefe führt zu einer geringeren Gewichtung von Extremwerten durch einen Investor[395], während die Wölbung negativ in dessen Präferenzen eingeht[396].

In dieser Untersuchung wird auf Schiefe und Wölbung der Verteilungsfunktion nicht eingegangen, da durch die Wahl des Risikodiversifikationsansatzes[397] die Normalverteilungsannahme umgangen wird. Durch den Ansatz des VaR, definiert in Bezug zum Erwartungswert anstelle der Standardabweichung, müssen Wölbung und Schiefe nicht weiter berücksichtigt werden, da der VaR per se unabhängig von etwaigen Verteilungsfunktionen quantifiziert werden kann[398].

---

[384] Vgl. *Poddig/Dichtl/Petersmeier* (2003), S. 143; *Bruns/Meyer-Bullerdiek* (2008), S. 33. Die Formel stellt die empirische Wölbung/Kurtosis dar.
[385] Vgl. auch *Spremann* (2008), S. 144 ff.
[386] Vgl. *Bruns/Meyer-Bullerdiek* (2008), S. 33.
[387] Vgl. *Bruns/Meyer-Bullerdiek* (2008), S. 33.
[388] Vgl. *Poddig/Dichtl/Petersmeier* (2003), S. 143.
[389] Vgl. *Poddig/Dichtl/Petersmeier* (2003), S. 143; *Breuer/Gürtler/Schumacher* (2006), S. 29; *Bruns/ Meyer-Bullerdiek* (2008), S. 35.
[390] Empirisch u.a. analysiert in *Reuse* (2010.01), S. 85 ff.
[391] Vgl. *Bruns/Meyer-Bullerdiek* (2008), S. 34.
[392] Vgl. *Spremann* (2008), S. 146.
[393] Diskutiert in *Breuer/Gürtler/Schumacher* (2006), S. 25 ff.
[394] Diskutiert in *Breuer/Gürtler/Schumacher* (2006), S. 28 ff.
[395] Vgl. *Breuer/Gürtler/Schumacher* (2006), S. 36.
[396] Vgl. *Breuer/Gürtler/Schumacher* (2006), S. 37.
[397] Vgl. Kapitel 2.4.2.6.
[398] Diskutiert u.a. in *Reuse* (2006.07), S. 366 ff.

2.3.3.2 Shortfalloptimierungen – Safety-First-Ansätze

Unter Shortfallrisiko wird die Gefahr verstanden, „dass ein Ziel – etwa der nominalen Kapitalerhaltung – verfehlt wird.[399]" Dieser Ansatz von Roy[400] basiert auf der Annahme einer bestimmten Zielrendite[401]. Die Wahrscheinlichkeit, eine Rendite unterhalb der Zielrendite zu realisieren, bezeichnet Roy als Ausfallwahrscheinlichkeit[402]. Diese Zusammenhänge lassen sich formal wie folgt darstellen[403]:

$$P(R < R_t) \leq \alpha, \text{ mit } 0 < \alpha < 1, \tag{20}$$

mit:

R = Renditezufallsvariable
R_t = Zielrendite
α = Wahrscheinlichkeit

Unter der Annahme der Normalverteilung[404] lässt sich die Ausfallwahrscheinlichkeit[405] wie folgt darstellen[406]:

$$\frac{r_t - \mu_r}{\sigma_r} \leq z_\alpha \tag{21}$$

mit:

μ_r = erwartete Rendite
σ_r = Standardabweichung
z_α = Fraktilswahrscheinlichkeit der $N(0,1)$-Verteilung

Wird diese Ungleichung nach μ aufgelöst, so ergibt sich:

$$\mu_r \geq r_t - z_\alpha \cdot \sigma_r \tag{22}$$

Dies führt dazu, dass die Shortfall-Probability durch eine Gerade darstellbar ist. Abbildung 11 verdeutlicht dies.

---

[399] Spremann (2008), S. 106.
[400] Vgl. Roy (1952), S. 351 – 449.
[401] Vgl. Breuer/Gürtler/Schumacher (2006), S. 115.
[402] Vgl. Spremann (2008), S. 106. Statt Ausfallrisiko wird auch der Begriff downside risk verwendet. Vgl. Breuer/Gürtler/Schumacher (2006), S. 115.
[403] Vgl. Schubert (1996), S. 496; Spremann (2008), S. 106.
[404] Diese wird in dieser Arbeit an späterer Stelle aufgehoben.
[405] Auch shortfall probability genannt.
[406] Vgl. Schubert (1996), S. 496.

2.3 Systematisierung von Ansätzen der Portfolio- und Kapitalmarkttheorie

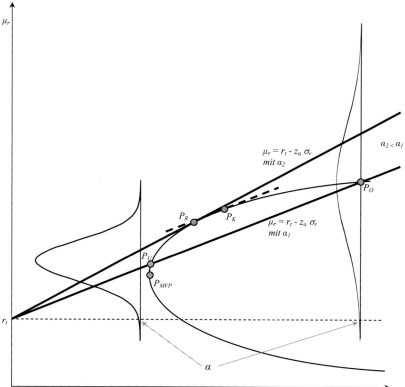

Abbildung 11: Klassische Portfoliodarstellung mit Downside-Risk-Restriktion[407]

Alle Punkte auf der Geraden besitzen eine Wahrscheinlichkeit von α, eine Rendite kleiner als die Mindestrendite zu erzielen. Portfolios, die über der Geraden liegen, beinhalten eine kleinere Wahrscheinlichkeit, die Mindestrendite zu unterschreiten und vice versa.[408] Die Auswahl effizienter Portfolien kann nun auf drei Arten vollzogen werden[409]. Telser[410] spricht sich für den Punkt P_O anstelle des Punktes P_U aus[411]. Er maximiert die Rendite[412]:

---

[407] Vgl. *Schubert* (1996), S. 497 f.; *Cumova* (2005), S. 78 – 80; *Breuer/Gürtler/Schumacher* (2006), S. 124, 128, 134, 142; *Spremann* (2008), S. 246. MVP = Minimum Variance Portfolio.
[408] Vgl. *Schubert* (1996), S. 497.
[409] Vgl. auch *Spremann* (2008), S. 114. Praktische Beispiele finden sich in *Lobo/Boyd* (2000); *Smith/Gould* (2005).
[410] Vgl. *Telser* (1955), S. 1 ff.
[411] Zur methodischen Vorgehensweise vgl. auch *Breuer/Gürtler/Schumacher* (2006), S. 140 ff.
[412] Vgl. *Wittrock* (1995), S. 134; *Schubert* (1996), S. 498; *Poddig/Brinkmann/Seiler* (2009), S. 383.

maximiere μ_r mit $P(R < r_t) \leq \alpha$ (23)

Kataoka[413] hingegen spricht sich für einen Parallelshift der Geraden aus[414], um so die Mindestrendite bei gegebenem α zu maximieren[415]. Dies entspricht Punkt P_K:

maximiere r_t mit $P(R < r_t) \leq \alpha$ (24)

Roy[416] minimiert die shortfall probability unter Berücksichtigung der Mindestrendite[417], wobei dies dem Punkt P_R entspricht und gleichzeitig als LPM[418] der Ordnung 1 bezeichnet werden kann[419]. Dies führt direkt zu einer neuen Geraden mit kleinerem α^{420}:

minimiere α mit $P(R < r_t) \leq \alpha$ (25)

Alle drei Optima sind zulässig[421]. Sie dienen der Beschränkung der effizienten Portfolien im klassischen Portfolioansatz[422]. Allerdings ist die Risikofreudigkeit der drei Ansätze unterschiedlich: „Unter target-shortfall-Restriktionen stellt das Auswahlkriterium nach TELSER das risikofreudigste und das von ROY das risikoscheueste dar.[423]"

Für diese Ausarbeitung hat die Wahl des Optimums nach Telser, Roy oder Kataoka zwar keine Bedeutung, da die Optimierung nach dem Markowitz-Ansatz vollzogen wird. Allerdings wird an späterer Stelle sehr wohl von der Standardabweichung abgewichen und auf den VaR abgestellt[424]. Somit ist die Grundlage des VaR Ansatzes in der hier dargestellten shortfall Optimierung zu finden[425].

---

[413] Vgl. *Kataoka* (1963), S. 181 – 196.
[414] Zur methodischen Vorgehensweise vgl. auch *Breuer/Gürtler/Schumacher* (2006), S. 132 ff.
[415] Vgl. *Poddig/Brinkmann/Seiler* (2009), S. 376.
[416] Vgl. *Roy* (1952), S. 351 – 449.
[417] Zur methodischen Vorgehensweise vgl. auch *Breuer/Gürtler/Schumacher* (2006), S. 126 ff.
[418] Lower Partial Moment.
[419] Vgl. *Schubert* (1996), S. 498, *Spremann* (2008), S. 113. Zur Analyse der LPM vgl. detailliert *Cumova* (2002), S. 1 ff.; *Cumova* (2005), S. 81 ff.; *Gonzalo/Olmo* (2008).
[420] Vgl. *Poddig/Brinkmann/Seiler* (2009), S. 364.
[421] Ein kritischer Vergleich findet sich u.a. in *Kaduff* (1996), S. 375 ff.
[422] Vgl. *Schubert* (1996), S. 499.
[423] *Schubert* (1996), S. 498.
[424] Vgl. Kapitel 2.4.2.6.
[425] Strukturell auch so diskutiert in *Spremann* (2008), S. 113 ff. Zum kritischen Vergleich von LPM und VaR vgl. u.a. *Angermüller/Eichhorn/Ramke* (2006), S. 149 ff.

2.3.3.3 Extremwerttheorie – Peaks Over Threshold

Extreme Finanzrisiken stellen eine besondere Herausforderung für das Risikomanagement dar[426]. Nicht zuletzt aufgrund der Tatsache, dass gerade im Bankenbereich vorwiegend mit der Gauss'schen Normalverteilung gearbeitet wird[427], kommt der Extremwerttheorie vor allem im Bereich der Stresstests[428] eine besondere Bedeutung zu[429]. Die Extremwerttheorie ist den semiparametrischen Ansätzen zuzuordnen[430]. Die methodischen Grenzen der historischen Simulation[431] – sie kann nur Werte messen, die in der Vergangenheit bereits vorgekommen sind – und die systematische Risikounterschätzung der Normalverteilung werden überwunden[432]. Die Extremwerttheorie verwendet als Prognoseverteilung nicht diejenige Verteilung, welche im mittleren Bereich die beste Approximation darstellt, sondern wählt zur Risikoschätzung diejenige theoretische Verteilungsannahme aus, welche die empirische Schätzung am Verteilungsrand am besten approximiert[433]. Die Extremwerttheorie beruht auf den beiden zentralen Konvergenzsätzen von Fisher-Tippett und Pickands-Balkema-de Haan[434]. Die POT[435] als eine Form der Extremwerttheorie nutzt diese Konvergenzsätze. Werte über einer entsprechenden Schwelle (Exzessverteilung) konvergieren bei genügend großer Schwelle gegen die verallgemeinerte Paretoverteilung[436], auch GPD[437]. Diese Methode ist in der Lage, auch extreme Wertänderungen im Marktpreisrisikobereich aufzuzeigen[438]. Dies zeigt Abbildung 12. Sie analysiert das Verhalten der DAX Tagesschlusskurs(verluste) vom 01.04.1996 bis zum 01.04.2009.

Zu erkennen ist, dass die Normalverteilung das Risiko ab einem Konfidenzniveau systematisch unterschätzt. Die Extremwerttheorie ist jedoch in der Lage, auch die eingetretenen Risiken aus der Finanzmarktkrise adäquat zu quantifizieren[439].

---

[426] Vgl. *Zeranski* (2006), S. 2.
[427] Vgl. *Borkovec/Klüppelberg* (2000), S. 2.
[428] Vgl. u.a. *Grau* (1999); *Reuse/Zeranski* (2009.10); *Reuse/Svoboda* (2010.03), S. 65 – 70.
[429] Im Rahmen der Finanzmarktkrise kritisch diskutiert u.a. in *Krämer* (2009), S. 6 ff.
[430] Vgl. *Zeranski* (2006), S. 3.
[431] Diskutiert in Kapitel 2.4.2.3.
[432] Vgl. exemplarisch *Manganelli/Engel* (2001), S. 7 ff.; diskutiert in *Zeranski* (2006), S. 3.
[433] Zur Goodness-of-Fit-Analyse vgl. *Gumbel* (1958), S. 35; *Longin* (2000), S. 1103 f.
[434] Vgl. *Embrechts/Klüppelberg/Mikosch* (1997), S. 164; *Borkovec/Klüppelberg* (2000), S. 5, erläutert in *Zeranski* (2009.09), S. 9.
[435] Peaks over Threshold.
[436] Vgl. *Zeranski* (2006), S. 7 und die dort angegebene Literatur. Eine grafische Veranschaulichung findet sich in *Zeranski* (2005), S. 117; *Zeranski* (2006), S. 14 f.
[437] Generalized Pareto Distribution.
[438] Zur methodischen Herleitung vgl. *Zeranski* (2006), S. 7 ff. Eine Anwendung auf Marktpreisrisiken findet sich in *Zeranski* (2009.09), S. 33 – 51.
[439] Vgl. *Reuse/Zeranski* (2009.10).

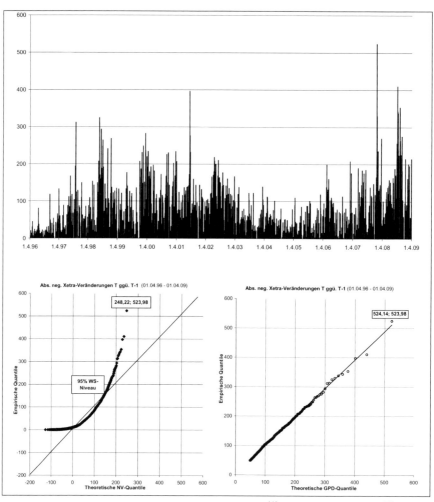

Abbildung 12: DAX-Analyse 04.1996 – 04.2009 mit NV[440]- und GPD-Verteilung[441]

Für diese Arbeit böte die Extremwerttheorie einige interessante Anhaltspunkte, wenn das Ziel die Quantifizierung eines Extremwertrisikos wäre. Allerdings sollen in dieser Arbeit nicht die Extremrisiken einzelner Titel, sondern das Verhalten von Korrelationen auf Basis des klassischen Markowitz-Ansatzes untersucht werden. Dies ist unabhängig vom verwendeten Risikobegriff, so dass, wie bereits erwähnt, ein VaR Verfahren Verwendung findet[442].

---

[440] Normalverteilung.
[441] Vgl. *Reuse/Zeranski* (2009.10); basierend auf den Grundideen von *Zeranski* (2006), S. 22 ff.
[442] Vgl. Kapitel 4.3.

2.3.3.4 Aussagekraft und Grenzen der partialanalytischen Ansätze

Die partialanalytischen Verfahren erweitern die Erkenntnisse des klassischen Markowitz-Ansatzes um Aspekte, die in der Normalverteilungsannahme nicht berücksichtigt werden können. Das Risiko wird durch diese Art der Verfahren besser abgebildet als die Verwendung der Standardabweichung. Die Einführung der Sicherheitsschwelle α hat letztlich zur Entwicklung des VaR geführt[443], welcher für diese Ausarbeitung von großer Bedeutung ist. Für die Separierung des Korrelationsrisikos und die Frage, warum sich Marktpreisrisiken in Extremsituationen[444] anders verhalten, liefern diese Theorien jedoch keine Antworten.

2.3.4 Behavioral Finance in der Portfoliotheorie

2.3.4.1 Definition und Abgrenzung der Behavioral Finance

Die klassische Kapitalmarkt- oder Portfoliotheorie basiert auf der Annahme vollkommener Kapitalmärkte[445] und einem rational agierenden Entscheider[446], dem Homo oeconomicus[447]. Allerdings konnte festgestellt werden, dass psychodynamische Faktoren einen direkten Einfluss auf Kurse[448], vor allem auf die von Aktien, haben[449]. Dies wird mit der Modellierung eines rationalen Marktteilnehmers nur unzureichend abgebildet[450]. Die Vertreter der Kapitalmarktforschung leugnen diese Zusammenhänge zwar nicht, allerdings werden sie im Rahmen der Modellierung nicht endogenisiert[451].

Daraufhin entstanden die Ansätze der Behavioral Finance[452]. Hierbei handelt es sich „um einen Forschungsansatz, innerhalb dessen versucht wird, das Geschehen auf den Finanzmärkten unter Einbeziehung der spezifischen menschlichen Verhaltensweisen zu erklären. Dabei werden neben ökonomischen Aspekten explizit auch Methoden und Erkenntnisse der Psychologie und der Soziologie berücksichtigt.[453]" Diese auch als verhaltensorientierte Kapitalmarktforschung bezeichnete Forschungsrichtung stellt bis heute kein in sich geschlossenes Theoriegebäude dar[454]. Zentraler Ausgangspunkt der Behavioral Finance ist jedoch, dass Marktteilneh-

---

[443] Vgl. hierzu insbesondere Kapitel 2.4.2.2.
[444] Zur Abgrenzung normaler Zeiten und Extremsituationen vgl. Kapitel 2.2.2.
[445] Vgl. *Breuer/Gürtler/Schuhmacher* (2006), S. 253; *Perridon/Steiner* (2007), S. 284; diskutiert in Kapitel 2.3.2.3.
[446] Vgl. *Murschall* (2007), S. 32.
[447] Vgl. *Menkhoff/Röckmann* (1994), S. 278; diskutiert in *Bruns/Meyer-Bullerdiek* (2008), S. 80.
[448] Vgl. *Bruns/Meyer-Bullerdiek* (2008), S. 80.
[449] Es kann nachgewiesen werden, dass kaum ein Zusammenhang zwischen Fundamentaldaten und Kursen besteht. Vgl. *Shiller* (1981); *Roll* (1988); diskutiert in *Roßbach* (2001), S. 3.
[450] Vgl. *Perridon/Steiner* (2007), S. 285; *Bruns/Meyer-Bullerdiek* (2008), S. 81.
[451] Vgl. *Stöttner* (1992), S. 271.
[452] Einen guten Überblick bietet *Sewell* (2010), S. 1 ff.
[453] *Roßbach* (2001), S. 10. Vgl. sinngemäß auch *Weber & Behavioral Finance Group* (1999), S. 6; *Jurczyk* (2002), S. 81; *Sewell* (2010), S. 1.
[454] Vgl. *Roßbach* (2001), S. 14; *Perridon/Steiner* (2007), S. 285.

mer aufgrund von psychischen, mentalen und neuronalen Beschränkungen nur eingeschränkt rational agieren[455]. Es werden keine grundlegenden Annahmen über das Verhalten der Marktteilnehmer getroffen, dieses wird erforscht und ist letztlich Basis für das Modell[456]. Preisbildung am Markt erfolgt somit über das Zusammenspiel von ökonomischen, psychologischen und soziologischen Faktoren[457]. Dies wird gestützt durch die Theory of Bounded Rationality[458], dem Concept of Aspiration Level[459] und der Theorie des eingeschränkt rationalen Verhaltens[460]. Demnach handeln Marktteilnehmer zwar prinzipiell rational, allerdings gibt es eine Vielzahl von Situationen, in denen Entscheidungen unter maßgeblichen Restriktionen gefällt werden müssen[461]. Dies führt letztlich zu folgenden Unterschieden zwischen klassischer Kapitalmarkttheorie und dem Behavioral Finance Ansatz, dargestellt in Abbildung 13.

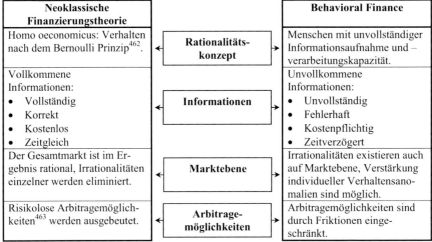

Abbildung 13: Neoklassische Finanzierungstheorie vs. Behavioral Finance[464]

Das Ziel der Behavioral Finance ist somit, das Verhalten der Marktteilnehmer unter Berücksichtigung der oben dargestellten Aspekte zu erklären und im besten Fall antizipieren zu können[465].

---

[455] Vgl. *Rapp* (1997), S. 82; diskutiert in *Unser* (1999), S. 2; *Oehler* (2000a), S. 718 ff.; *Roßbach* (2001), S. 11; *Neher/Otterbach* (2001), S. 767 ff.; *Schäfer/Vater* (2002), S. 740 ff.; *Oehler* (2002), S. 848 ff.
[456] Vgl. *De Bondt* (1995), S. 8.
[457] Vgl. *Shiller* (1997), S. 2.
[458] Vgl. *Simon* (1957).
[459] Vgl. *Simon* (1957).
[460] Vgl. *Tietz* (1988).
[461] Vgl. *Bitz/Oehler* (1993), S. 250; *Cortés* (1997), S. 60.
[462] Vgl. *Steiner/Bruns* (2007), S. 119. Ein rationaler Investor setzt als Referenzwert den erwarteten Nutzen einer Anlage an.
[463] Umfassend diskutiert in *Perridon/Steiner* (2007), S. 285 f.
[464] Eigene Darstellung in Anlehnung an *Oehler* (2000b), S. 981; *Oehler* (2000c), S. 30; *Perridon/Steiner* (2007), S. 285.
[465] Vgl. *Bruns/Meyer-Bullerdiek* (2008), S. 81.

2.3.4.2 Kapitalmarkt- und Verhaltensanomalien

Die Schwäche der klassischen Kapitalmarkttheorie besteht nun darin, dass nicht alle am Markt beobachteten Entwicklungen erklärt werden können. Dies liegt an Anomalien[466], die sich sowohl am Kapitalmarkt als auch im menschlichen Verhalten wiederfinden lassen. Folglich unterscheidet die Literatur in Kapitalmarktanomalien und Anomalien des menschlichen Verhaltens. Diese werden im Folgenden erläutert.

Im ersten Schritt werden die Kapitalanomalien strukturiert. Hierzu fasst Tabelle 4 die wesentlichen Anomalien zusammen.

Art	Anomalie	Erläuterung
Anomalien hinsichtlich Effizienzthese	Overreaction, Underreaction[467]	Marktteilnehmer neigen dazu, aktuelle Informationen nicht adäquat zu berücksichtigen. Stattdessen werden historische Entwicklungen überbewertet.[468] Als Beispiel sei der Winner-Loser Effect genannt. Hierbei erzielten Aktien mit relativ geringen Renditen in der Vergangenheit im Anschluss höhere Renditen als die ehemaligen Gewinner[469].
	Mean Reversion[470]	Aktienkurse bewegen sich tendenziell zu ihrem Mittelwert zurück[471] und folgen somit langfristig zyklischen Mustern[472].
	Ankündigungseffekt[473]	Preisänderungen, die aufgrund von Ankündigungen erfolgen, halten auch nach der Erreichung eines fundamental gerechtfertigten Levels weiter an[474]. Zudem erfolgen sie zeitverzögert[475].
	Index-Effekt	Wird eine Aktie in einen Index aufgenommen, so steigt sie steil an[476] – allerdings nicht mit der Ankündigung, sondern erst kurz vor der tatsächlichen Aufnahme.
	Closed-End-Fund-Puzzle	Bei geschlossenen Aktien-Investmentfonds liegt am Anfang einen höheren Wert vor, als über den Marktwert der enthaltenden Aktien gerechtfertigt wäre. Im weiteren Verlauf sinkt der Fondspreis unter den Marktwert[477].

---

[466] Roßbach definiert Anomalien als „…empirisch signifikante Abweichungen von einem durch eine Theorie postulierten Verhalten…"; *Roßbach* (2001), S. 7. Von der gängigen Literatur werden diese Faktoren als „der zweite Hauptgrund für das unvermeidliche Scheitern des Risikomanagements in der aktuellen Finanzmarktkrise angesehen."; *Krämer* (2009), S. 6. Für einen Überblick über Verhaltens- und Kursanomalien vgl. *Müller* (2003), S. 97.
[467] Vgl. *Fama* (1998), S. 285, 288; diskutiert in *Breuer/Gürtler/Schuhmacher* (2006), S. 261 ff.; *Bruns/Meyer-Bulderdiek* (2008), S. 82; visualisiert in *Oehler* (2000c), S. 31.
[468] Vgl. *De Bondt/Thaler* (1985); diskutiert in *Eisenhofer* (2005), S. 7.
[469] Ein Beispiel für Underreaction findet sich bei *Bernard* (1993).
[470] Diskutiert in *Bruns/Meyer-Bulderdiek* (2008), S. 82 f.
[471] Vgl. *Bruns/Meyer-Bulderdiek* (2008), S. 83.
[472] Vgl. *Fama/French* (1988); *Poterba/Summers* (1988).
[473] Vgl. *Fama* (1998), S. 290.
[474] Vgl. *Haugen* (1995).
[475] Vgl. *Roßbach* (2001), S. 8.
[476] Vgl. *Harris/Gurel* (1986); *Beneish/Whaley* (1996).
[477] Vgl. *Lee/Shleifer/Thaler* (1991).

Art	Anomalie	Erläuterung
Kennzahlenanomalien	Size Effect	Je geringer die Marktkapitalisierung einer Aktie ist, desto höher ist über einen längeren Zeitraum betrachtet die Rendite[478].
	Buchwert/ Marktwert-Verhältnis	Aktienrendite und Buchwert/Marktwertverhältnis entwickeln sich proportional zueinander[479].
	Kurs/Gewinn-Verhältnis	Kurs/Gewinn-Verhältnis und Rendite weisen einen negativen Zusammenhang auf[480].
	Contrarian Anomalie	Abnormale Renditeentwicklungen weisen im sehr kurzfristigen und im langfristigen Anlagebereich negative Autokorrelationen auf. Dies führt dazu, dass Papiere, die sich über einen langen Zeitraum schlecht entwickelten, danach hohe abnormale Renditen realisieren.[481]
	Momentum Anomalie	Es existiert eine positive Autokorrelation im kurz- bis mittelfristigen Bereich.[482]
	Dividendenrendite	Dividendenrendite und Gesamtrendite entwickeln sich mit einem positiven Zusammenhang[483].
Kalenderanomalien	Januar-Effekt[484]	Bestimmte Perioden des Kalenders haben Auswirkungen auf Aktienkursrenditen. In bestimmten Perioden ist die Wahrscheinlichkeit der Erzielung positiver Renditen höher als in anderen. Hier lassen sich mehrere typische Effekte festhalten.
	Montagseffekt[485]	
	Monatswechseleffekt[486]	

Tabelle 4: Übersicht über Kapitalmarktanomalien[487]

Problematisch bei dem endgültigen Beweis des Versagens ist, dass sich die Markteffizienz nicht isoliert testen lässt[488]. Somit werden die auf empirischen Ergebnissen basierenden Anomalien von den Gegnern der Kapitalmarkttheorie als Indiz für deren Scheitern interpretiert[489]. Es gab verschiedene Versuche, diese Anomalien zu widerlegen. So wurden einerseits unsauberes Datenmaterial[490] oder falsche Messtechniken[491] als Ursachen angeführt. Auf Basis anderer Daten wären viele der Anomalien somit nicht mehr existent[492]. Andererseits versuchen klassische Kapitalmarkttheoretiker, diese Anomalien als preisbestimmende Faktoren in beste-

---

[478] Vgl. u.a. *Banz* (1981); *Fama/French* (1992); *Murschall* (2007), S. 45.
[479] Vgl. *Fama/French* (1992); *Murschall* (2007), S. 51 ff.
[480] Vgl. *Basu* (1983).
[481] Vgl. *Murschall* (2007), S. 55 ff.
[482] Vgl. *Jegadeesh/Titman* (1993), S. 65 ff.; diskutiert in *Murschall* (2007), S. 61 ff.
[483] Vgl. *Litzenberger/Ramaswamy* (1979).
[484] Vgl. *Haugen/Jorion* (1996).
[485] Vgl. *French* (1980).
[486] Vgl. *Hensel/Ziemba* (1996).
[487] Eigene erweiterte Darstellung in Anlehnung an *Roßbach* (2001), S. 8 f. und die dort angegebene Literatur.
[488] Vgl. *Kasperzak* (1997), S. 48.
[489] Vgl. *Roßbach* (2001), S. 7.
[490] Vgl. *De Bondt* (1995), S. 9.
[491] Vgl. *Fama* (1997), S. 11 ff.; *Fama* (1998), S. 293 ff.
[492] Vgl. *Fama* (1997), S. 22; *Fama* (1998), S. 303 ff.

2.3 Systematisierung von Ansätzen der Portfolio- und Kapitalmarkttheorie

hende Modelle zu integrieren[493]. So entwickelten Fama/French ein Drei-Faktoren-Modell als Alternative zum CAPM, welches das Buchwert/Marktwertverhältnis als auch die Marktkapitalisierung endogenisieren[494]. Des Weiteren existieren Versuche, die Modellannahmen wie heterogene Erwartungen[495] aufzuweichen oder das temporäre Abweichen vom Gleichgewichtspreis[496] zu erlauben. Hieraus resultiert letztlich der Begriff des Noise Traders[497], der als irrational handelnder Marktteilnehmer[498] die Märkte stört und damit vom fairen Marktpreis abweichende Kurse bewirkt[499].

Im nächsten Schritt gilt es, die Anomalien des menschlichen Verhaltens zu definieren und zu strukturieren. Dies wird in Tabelle 5 verdeutlicht, wobei die Anomalien nicht disjunkt sind, sondern zum Teil aufeinander aufbauen und sich gegenseitig bedingen[500].

Art[501]	Anomalie	Erläuterung
Informationswahrnehmungsanomalien	Selektive Wahrnehmung	Trotz vielfältiger Informationen werden nur die Informationen wahrgenommen, die den eigenen Vorstellungen entsprechen, andere Informationen werden verdrängt[502].
	Verfügbarkeit	Leicht verständliche und zumindest subjektiv hoch verfügbare Informationen sowie aktuelle Informationen[503] werden überbewertet[504].
	Framing	Je nachdem, wie eine Information dargestellt wird und in welcher Reihenfolge sie präsentiert wird, wird sie anders wahrgenommen und eingeschätzt[505]. Dies hat Einfluss auf den anschließenden Entscheidungsprozess.
	Adaption von Massen- bzw. Autoritätenmeinungen[506]	Individuen neigen zur Adaption von Massenmeinungen[507]. Dies geschieht auch gegen die eigene Überzeugung, um sich auch im negativen Fall auf die Meinung der Experten zurückziehen zu können.
	Risikowahrnehmung	Bei lang anhaltenden Trends neigen Individuen zur abnehmenden Risikosensitivität, die jedoch spontan umschlagen und in eine Trendumkehr wechseln kann[508].

---

[493] Vgl. *Roßbach* (2001), S. 9.
[494] Vgl. *Fama/French* (1995); *Fama/French* (1996).
[495] Vgl. u.a. *Lintner* (1969); *Gonedes* (1976).
[496] Vgl. u.a. *Elton/Gruber* (1987), S. 280 ff.
[497] Vgl. *De Long/Shleifer/Summers/Waldman* (1990), S. 703 – 738; *Barberis/Thaler* (2003), S. 1056 f.
[498] Vgl. *Roßbach* (2001), S. 9.
[499] Vgl. *Gerke* (1997), S. 25. Eine gute Analyse des Verhaltens von Tradern auch in Abhängigkeit vom Informationsgrad bietet *Boer-Sorbán* (2008).
[500] Vgl. *Roßbach* (2001), S. 12.
[501] Ähnlich strukturiert in *Bruns/Meyer-Bullerdiek* (2008), S. 88.
[502] Vgl. *Oehler* (1992), S. 100; *Rapp* (1997), S. 84.
[503] Vgl. *Führer* (o.J.), S. 18.
[504] Vgl. *Oehler* (1992), S. 101.
[505] Vgl. *Tversky/Kahneman* (1986).
[506] In der Fachliteratur auch als „Herding" bezeichnet. Vgl. *Bruns/Meyer-Bullerdiek* (2008), S. 85.
[507] Vgl. *Maas/Weibler* (1997), S. 117; *Rapp* (1997), S. 84.
[508] Vgl. *Jünemann/Schellenberger* (1997), S. 562; *Maas/Weibler* (1997), S. 119.

Art[501]		Anomalie	Erläuterung
Informationsverarbeitungsanomalien		Vereinfachung von Sachverhalten	Zur Reduktion der Komplexität vereinfachen Individuen die Sachverhalte. Dies hilft zwar, schnelle Entscheidungen zu treffen, kann aber auch zu falschen Schlussfolgerungen führen[509].
		Mental Accounting	Bei der Vereinfachung ökonomisch zusammenhängender Sachverhalte werden diese mental getrennt und mit unterschiedlichen Bewertungsmaßstäben bewertet. Ökonomisch gleiche Ergebnisse werden somit unterschiedlich gewertet[510].
		Verankerungseffekt	Basis einer jeden Schätzung ist das Ausgangsdatenset, z.B. der aktuelle DAX[511] Kurs. Die Bandbreiten der Abweichung werden somit i.d.R. zu eng gesetzt[512].
		Referenzpunkteffekt	Bei der Bewertung von Gewinnen und Verlusten geht das Individuum nicht in absoluten, sondern in relativen Zahlen vor. Es wird ein Bezugspunkt, z.B. der Einstandspreis, gewählt[513].
		Verlustaversion	Verluste werden i.d.r. intensiver empfunden als Gewinne in gleicher Höhe[514].
Entscheidungsanomalien		Repräsentativität	Das Individuum neigt trotz empirisch nicht nachweisbarer Repräsentativität dazu, die individuellen Erfahrungen oder Ansichten als repräsentativ anzusehen[515]. Dies kann zu Verzerrungen im Entscheidungsprozess führen.[516]
		Selbstüberschätzung bzw. Kontrollillusion	Individuen tendieren zu einer Überschätzung der eigenen Fähigkeiten. Dies führt zur Vernachlässigung von Informationen. Dieses Verhalten verstärkt sich, wenn es mehrere (zufällige) Erfolge gibt[517].
		Kognitive Dissonanzen	Unter kognitiven Dissonanzen werden mentale Konflikte verstanden, die beim Entstehen von Zweifeln über die Richtigkeit eigener Entscheidungen auftreten. Das Individuum neigt dazu, sich an die einmal getroffene Entscheidung mental zu binden und gegenteilige Informationen „wegzuignorieren"[518].
		Dispositionseffekt	Durch das Vorhandensein der Verlustaversion werden Gewinne zu früh, Verluste zu spät realisiert. Letzteres ist dadurch bedingt, dass Individuen keine Realisation von Verlusten hinnehmen wollen und dies somit „aussitzen"[519].
		Sunk-Cost-Effekt	Eng hiermit verbunden ist der Sunk-Cost Effekt. Trotz vorhandener (besserer) Alternativen ist das Individuum nicht gewillt, Verluste zu realisieren und in diese Alternativen zu investieren[520].
		Home Bias	Anleger verhalten sich in Bezug auf internationale Diversifikation nicht rational, da sie aufgrund eines subjektiven Informations- bzw. Kompetenzvorteils[521] Investments im eigenen Land stark übergewichten[522].
		Regret Avoidance	Im Zweifelsfall verharrt das Individuum, da die Enttäuschung über eine aktiv getroffene Fehlentscheidung stärker ist als ein gleichartiger Verlust bei passivem Verhalten[523].

Tabelle 5: Übersicht über Anomalien des menschlichen Verhaltens[524]

---

[509] Vgl. *Goldberg/Nitzsch* (2000), S. 52 ff.
[510] Vgl. *Tversky* (1995), S. 4.
[511] Deutscher Aktienindex.
[512] Vgl. *Goldberg/Nitzsch* (2000), S. 66 ff. Ein Beispiel zur Schätzung der DAX-Entwicklung findet sich in *Alpert/Raiffa* (1982).
[513] Vgl. *Oehler* (1992), S. 104.
[514] Vgl. *Shiller* (1997), S. 6.
[515] Vgl. *Oehler* (1992), S. 102; *Shiller* (1997), S. 10.
[516] Eine empirische Analyse findet sich in *Chan/Frankel/Kothari* (2003).
[517] Vgl. *Tversky* (1995), S. 4 f.; *Shiller* (1997), S. 10.
[518] Vgl. *Shefrin/Statman* (1985); *Shiller* (1997), S. 6.
[519] Vgl. *Goldberg/Nitzsch* (2000), S. 92 ff.
[520] Vgl. *Goldberg/Nitzsch* (2000), S. 94 ff.
[521] Vgl. *Bruns/Meyer-Bullerdiek* (2008), S. 87.
[522] Vgl. hierzu u.a. *French/Poterba* (1991), S. 222; *Coval/Moskowitz* (1999), S. 2045 ff; *Oehler* (2002), S. 865 f.; *Zeisberger* (2008), S: 29.
[523] Vgl. *Shiller* (1997), S. 6.
[524] Eigene Darstellung in Anlehnung an *Roßbach* (2001), S. 13 f. und die dort angegebenen Quellen. Alternative Übersichten finden sich in *Eichenberger* (1992); *Oehler* (1992); *Shiller* (1997).

Da das Zusammenfügen aller Aspekte der Behavioral Finance zu einem in sich geschlossenen Theoriegebäude bis jetzt noch nicht vollzogen ist[525], werden die Verhaltensanomalien häufig als direkte Erklärung für das Marktgeschehen herangezogen[526]. Es haben sich mehrere Theorien herausgebildet, deren wichtigste Aspekte im Folgenden erläutert werden sollen.

2.3.4.3 Ausgewählte Ansätze der Behavioral Finance[527]

Der wohl bekannteste[528] Ansatz ist die **Prospect Theory** von Kahneman/Tversky[529]. Diese auch als Gegenstück[530] zur Erwartungsnutzentheorie nach Neumann/Morgenstern[531] entwickelte Theorie basiert auf Anomalien im Risikoverhalten, dem Referenzpunkteffekt und der Verlustaversion in Kombination mit der Beobachtung, dass Individuen Probleme bei der Anwendung von Wahrscheinlichkeiten haben[532]. Die Prospect Theory kann empirisch beobachtete Ergebnisse am besten erklären, deshalb wird ihr der größte Stellenwert in der Behavioral Finance eingeräumt[533].

Bei dieser Theorie werden zwei Entscheidungsalternativen aufgebaut, die jeweils ungleich null sind[534]. Kahneman/Tversky weisen nach, dass Individuen ihre Entscheidungssituation wie folgt bewerten[535]:

$$V(x,p\,;\,y,q) = \pi(p_x)\,v(x) + \pi(q_y)\,v(y) \qquad (26)$$

mit:
V = *Wertefunktion*
x = *Ergebnishöhe x*
p_x = *Wahrscheinlichkeit, dass x eintritt*
y = *Ergebnishöhe y*
p_y = *Wahrscheinlichkeit, dass y eintritt*
v = *Wertefunktion*
π = *Wahrscheinlichkeitsgewichtungsfunktion*

---

[525] Vgl. *Perridon/Steiner* (2007), S. 285.
[526] Vgl. *Roßbach* (2001), S. 14.
[527] Einen guten, auch mathematisch fundierten Überblick über die Modelle der Behavioral Finance bietet *Murschall* (2007), S. 99 – 175. Aufgrund des anders gelagerten Schwerpunktes dieser Ausarbeitung werden hier nur Auszüge dargestellt.
[528] Vgl. *Roßbach* (2001), S. 15.
[529] Vgl. *Kahneman/Tversky* (1979), S. 263 – 292.
[530] Vgl. *Roßbach* (2001), S. 15.
[531] Vgl. hierzu *Neumann/Morgenstern* (1953).
[532] Vgl. *Kahneman/Tversky* (1979), S. 265; diskutiert in *Roßbach* (2001), S. 15. Geringe Wahrscheinlichkeiten oder –unterschiede werden tendenziell mit 0 bewertet. Zudem werden gleiche Wahrscheinlichkeiten an Extrempunkten überbewertet.
[533] Vgl. *Perridon/Steiner* (2007), S. 291.
[534] Eine umfassende mathematische Herleitung findet sich u.a. in *Breuer/Gürtler/Schuhmacher* (2006), S. 173 – 191.
[535] Vgl. *Kahneman/Tversky* (1979), S. 278 f.; diskutiert in *Roßbach* (2001), S. 15 f.; *Perridon/Steiner* (2007), S. 291.

Hierbei wurden v und π aus mehreren empirischen Untersuchungen geschätzt[536]. Abbildung 14 visualisiert den Verlauf der Wertefunktion[537].

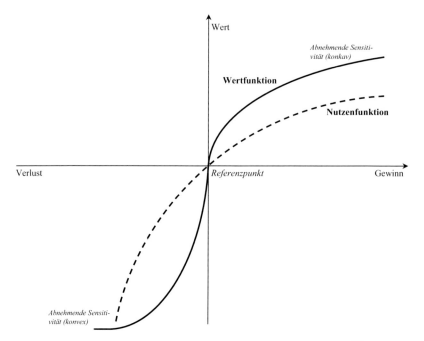

Abbildung 14: Wertfunktion in der Prospect Theory vs. Nutzenfunktion[538]

Dies ist nun wie folgt zu interpretieren. Das Individuum definiert seinen Nutzen nicht gemäß Bernoulli Prinzip[539] über das Endvermögen, sondern über Gewinne und Verluste in Abhängigkeit vom Referenzpunkt[540]. Dies erklärt den oben erwähnten Referenzzeitpunkteffekt[541]. Auch andere Anomalien können damit erklärt werden[542]. Gerade die Verlustaversion ist deutlich zu erkennen. Sie fällt stärker ins Gewicht und hat ein risikofreudiges Verhalten zur Fol-

---

[536] Vgl. *Perridon/Steiner* (2007), S. 292.
[537] Vgl. *Kahneman/Tversky* (1979), S. 279. Die dazugehörige Wahrscheinlichkeitsfunktion findet sich ebenfalls grafisch visualisiert in *Kahneman/Tversky* (1979), S. 283.
[538] Vgl. *Kahneman/Tversky* (1979), S. 279; diskutiert in *Roßbach* (2001), S. 15; *Jurczyk* (2002), S. 96; *Barberis/Thaler* (2003), S. 1067 ff.; *Heidorn/Siragusano* (2004), S. 8; *Murschall* (2007), S. 89 ff.; *Perridon/Steiner* (2007), S. 292. Umfassend, auch grafisch diskutiert in *Nitzsch/Friedrich* (1999), S. 11 ff.
[539] Vgl. *Steiner/Bruns* (2007), S. 119. Ein rationaler Investor setzt als Referenzwert den erwarteten Nutzen einer Anlage an.
[540] Vgl. *Perridon/Steiner* (2007), S. 292.
[541] Vgl. Tabelle 6.
[542] Vgl. *Goldberg/Nitzsch* (2000).

ge⁵⁴³. Diese Effekte haben Kahneman/Tversky empirisch nachgewiesen⁵⁴⁴. So wählen Individuen statt der Kombination „5 € mit 1% Eintrittswahrscheinlichkeit" lieber „5.000 € mit 0,001% Eintrittswahrscheinlichkeit". Vice versa wird die Alternative „-5 € mit 1% Eintrittswahrscheinlichkeit" der Variante „-5.000 € mit 0,001% Eintrittswahrscheinlichkeit" vorgezogen. Dieses grundsätzliche Phänomen kann auch durch neuere Studien bestätigt werden⁵⁴⁵.

Die **Behavioral Portfolio Theory** von Shefrin/Statman[546] verwendet die Prospect Theory, die Existenz von kognitiven Fehlern und die mangelnde Selbstkontrolle des Anlegers und entwickelt daraus ein verhaltenswissenschaftliches Fundament[547]. Hiernach optimiert ein Anleger sein Portfolio nicht nach dem klassischen Markowitz-Ansatz, sondern er zerlegt dieses in mehrere weniger komplexe Bestandteile bzw. Schichten[548]. Bei diesem Pyramidenmodell ist die unterste Schicht der Schutz vor existenzgefährdenden Risiken und die oberste Schicht die Option zur Erreichung von Überrenditen[549]. Damit ist das Portfolio nur suboptimal aufgestellt, da die Schichten isoliert voneinander betrachtet und optimiert werden[550]. Hinzu kommt, dass auch die Aufteilung des Vermögens auf die Schichten im Zeitablauf variiert, was wiederum zu den beobachteten Anomalien am Kapitalmarkt kommt[551]. Abbildung 15 stellt diese Pyramide grafisch dar.

---

[543] Roßbach merkt an, dass dieser Effekt besonders dann zum Tragen kommt, wenn Risiko als Abweichung von einem Erwartungswert definiert ist – wie es in der Portfoliotheorie allgemein üblich ist. Vgl. *Roßbach* (2001), S. 15.
[544] Vgl. *Kahneman/Tversky* (1979), S. 281.
[545] Vgl. *Currim/Sarin* (1989); *Gerke* (1997), S. 33 f.; *Wiemann/Mellewigt* (1998); *Brudermann/Fenzl* (2008), S. 60 – 63.
[546] Vgl. *Shefrin/Statman* (1997).
[547] Vgl. *Roßbach* (2001), S. 19.
[548] Untersucht in *Fisher/Statman* (1997).
[549] Vgl. *Roßbach* (2001), S. 20.
[550] Vgl. *Shefrin/Statman* (1997), S. 5 ff.
[551] Vgl. *Roßbach* (2001), S. 20.

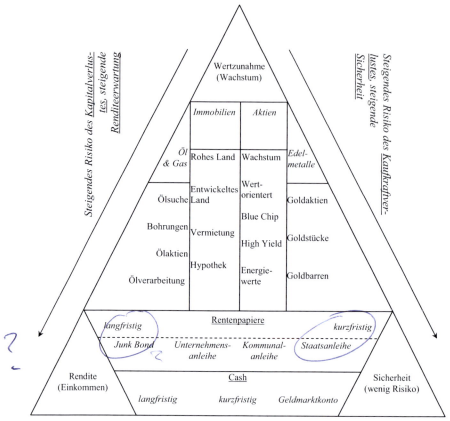

Abbildung 15: Portfolio Pyramide der Behavioral Portfolio Theory[552]

Das **Zwei-Arten-von-Anlegern-Modell**[553] von Daniel/Hirshleifer/Subrahmanyam unterteilt Anleger in informierte und nicht-informierte Anleger. Letztere entscheiden nach einem Zufallsprozess, während erstere sich informiert glauben und damit zur Selbstüberschätzung neigen[554]. Dies führt zu einer Untergewichtung öffentlicher Informationen, was wiederum zu einer zeitversetzten Preisreaktion auf den Kapitalmärkten führt.[555]

---

[552] Eigene Darstellung in Anlehnung an *Wall* (1993); *Shefrin/Statman* (1997), S. 35; *Shefrin* (2000), S. 137; *Roßbach* (2001), S. 19.
[553] Vom Autor vergebene Kurzbezeichnung.
[554] Diskutiert in *Roßbach* (2001), S. 20 f.
[555] Vgl. *Daniel/Hirshleifer/Subrahmanyam* (1997).

2.3.4.4 Aussagekraft und Grenzen der Behavioral Finance

Für die Anwendbarkeit der Ergebnisse der Behavioral Finance in dieser Arbeit gilt es, die Praxistauglichkeit kritisch zu hinterfragen[556]. So muss in einem ersten Schritt die Frage beantwortet werden, ob die Behavioral Finance Theorien schlüssige Erklärungen für Marktanomalien geben können[557]. Hierzu existieren mehrere Ansätze, die kurz vorgestellt wurden. Die Behavioral Finance zweifelt zwar den Einfluss fundamentaler und ökonomischer Modelle nicht an, möchte kurzfristige Trends aber durchaus mit Verhaltensanomalien erklären[558]. Es wurde jedoch festgestellt, dass die beobachteten Verhaltensmuster nicht grundsätzlich und auch nicht in der gleichen Stärke auftreten[559], was den Aussagegehalt stark einschränkt. Allerdings kann die Behavioral Finance gute Ansatzpunkte zur Erklärung der Subprime-Krise liefern[560].

Positiv ist hervorzuheben, dass die am häufigsten erklärte Kapitalmarktanomalie, die Überreaktion des Marktes[561], mit Kombinationen von Verhaltensanomalien erklärt werden kann. Auch Kalenderanomalien können z.b. über das Mental Accounting[562] dargestellt werden. Hierbei werden Daten in unterschiedlichen virtuellen Konten abgespeichert[563]. In der Praxis wird somit für jede Periode ein neues mentales Konto eröffnet[564].

Letztlich kann die Behavioral Finance Theorie zwar ex post die beobachtbaren Kapitalmarktanomalien mit einer Kombination aus Verhaltensanomalien erklären, eine ex ante Modellierung gelingt jedoch nur selten[565]. Die hier vorgestellten Modelle[566] sind nahezu die einzigen, die eine entsprechende theoretische Modellierung von partiellen Anomalien vorgenommen haben[567]. Allerdings sind sie nicht allgemeingültig, da sie bei der Erklärung anderer Phänomene versagen[568]. Auch die Behavioral Portfolio Theory kann trotz ihrer überzeugenden theoretischen Argumentation kaum mit empirischen Befunden unterstützt werden. Hier besteht noch erheblicher Forschungsbedarf[569]. So formuliert Roßbach treffend: „Insgesamt ist es somit der Behavioral Finance bislang nicht gelungen, eine geschlossene Theorie hervorzubringen, die zu einer Ablösung des vorherrschenden Paradigmas führen könnte. Zudem lassen die

---

[556] Einen ebenso aktuellen wie umfassenden Überblick über die praktische Relevanz bietet Shiller in seinen eher populärwissenschaftlichen Werken. Vgl. *Shiller* (2008); *Shiller* (2009).
[557] Vgl. *Roßbach* (2001), S. 16.
[558] Vgl. *De Bondt* (1995), S. 8 f.; *Rapp* (1997), S. 96 ff.
[559] Vgl. *Kasperzak* (1997), S. 27.
[560] Vgl. u.a. *Fuller/Fuller* (2008), S. 1, 9.
[561] Diskutiert in *Roßbach* (2001), S. 17 f.
[562] Vgl. *Thaler* (1999.12); diskutiert in *Jurczyk* (2002), S. 106 ff.
[563] Vgl. *Perridon/Steiner* (2007), S. 294.
[564] Vgl. u.a. *Pilcher* (1993), S. 119; *Shiller* (1997), S. 9.
[565] Vgl. *Gerke* (1997), S. 34 f.
[566] Vgl. Kapitel 2.3.4.3.
[567] Vgl. *Roßbach* (2001), S. 21.
[568] Vgl. *Fama* (1997), S. 8.
[569] Vgl. *Roßbach* (2001), S. 25.

dargestellten Modelle nur wenige Ansatzpunkte für die Entwicklung praktisch einsetzbarer Instrumente erkennen.[570] Allerdings helfen sie Marktteilnehmern, ihre eigenen Verhaltensmechanismen besser zu verstehen und nachzuvollziehen[571]. Ein Paradigmenwechsel weg von der klassischen Kapitalmarkttheorie ist jedoch in nächster Zeit nicht zu erwarten[572]. Die Fachliteratur ist sich uneins über die Zukunft der Behavioral Finance. Während Thaler das Ende der Behavioral Finance kommen sieht[573], konstatiert Stracca dies als eines der vielversprechendsten Forschungsfelder der Ökonomie[574].

Für diese Ausarbeitung bietet die Behavioral Finance trotzdem gute Anhaltspunkte, die es im Folgenden zu diskutieren gilt. So haben Multifaktorenmodelle, die die bestehende Kapitalmarkttheorie um weitere Aspekte erweiten, gute Ergebnisse bei der Schätzung von Volatilitäten und Korrelationen zu verzeichnen[575]. Diese Arbeit verfolgt ein ähnliches Ziel: Endogenisierung von Aspekten der Behavioral Finance zur Quantifizierung von kurzfristigen Korrelationen. So können z.B. lang anhaltende Trends mit den damit verbundenen Verhaltensanomalien entsprechende Auswirkungen auf Kurzfristkorrelationen haben. In Kombination mit Erkenntnissen des Kahneman/Tversky-Ansatzes kann hier über eine Trendfolge ggf. ein Modell entwickelt werden, welches die klassische Portfoliotheorie outperformt. Dies gilt es an entsprechender Stelle zu untersuchen[576]. Zudem soll an entsprechender Stelle auf die Indizes eingegangen werden, die dem Behavioral Finance Ansatz folgen[577].

2.3.5 Kritische Würdigung der vorgestellten Ansätze

Seit Entwicklung der klassischen Portfoliotheorie nach Markowitz sind bereits mehr als 50 Jahre vergangen. Die in diesem Zusammenhang entstandenen Erkenntnisse und Ergebnisse empirischer Forschungsarbeit sind dementsprechend umfassend[578]. Die Grunderkenntnisse der Portfoliotheorie können als empirisch und theoretisch erwiesen gelten[579], so dass deren Funktionsfähigkeit in dieser Ausarbeitung nicht in Frage gestellt wird. Die klassische Portfoliotheorie bildet das Grundgerüst der weiteren Argumentationen in dieser Arbeit. Es erfolgt nur eine partielle Erweiterung im Hinblick auf Korrelationen und deren Verhalten[580]. Es wird

---

[570] *Roßbach* (2001), S. 21.
[571] Vgl. *Roßbach* (2001), S. 28.
[572] Vgl. *Roßbach* (2001), S. 29.
[573] Vgl. *Thaler* (1999.12), S. 16.
[574] Vgl. *Stracca* (2002), S. 24.
[575] Vgl. *Elton/Gruber* (1987), S. 134 ff.; *Rohweder* (1995).
[576] Vgl. Kapitel 4.1 und 4.2.
[577] Vgl. *Roßbach* (2001), S. 28; *Hergert* (2008); *Johann* (2009), S. 61.
[578] Auch chaostheoretische Ansätze haben mittlerweile Einzug in die Kapitalmarkttheorie gehalten. Vgl. u.a. *Vaga* (1990); *Peters* (1991); *Frank/Stengos* (1995); *Liu/Granger/Heller* (1995); *Satchell/ Timmermann* (1995); *Savit* (1995); *Shaffer* (1995); *Willey* (1995).
[579] Vgl. *Steiner/Bruns* (2007), S. 20.
[580] Ähnlich geschehen in *Black/Littermann* (1992), S. 28 ff.; diskutiert in *Drobetz* (2003), S. 204.

im späteren Verlauf der Analyse sinnvoll sein, auf die Erkenntnisse der Behavioral Finance zurückzugreifen. Da diese aber kein in sich geschlossenes und konsistentes theoretisches Regelwerk darstellt[581], dient sie nur der Ergänzung der klassischen Portfoliotheorie im Hinblick auf die taktische Optimierung von Korrelationsänderungen auf Basis irrational geprägter Korrelationen.

2.4 Konzept der Asset-Allocation

2.4.1 Das dreistufige Konzept der Asset-Allocation

Die Umsetzung der Portfoliotheorie wird in der Anlagepraxis als Asset-Allocation bezeichnet[582]. Ziel ist die „strukturierte Anordnung bzw. Kombination (Allocation) von Kapitalanlagefazilitäten (Assets) [zur] Erzielung einer angemessenen Portfolioperformance.[583]" Das auf der Portfolio Selection aufbauende Konzept der dreistufigen Asset-Allocation hat sich als pragmatisches normatives Modell erwiesen[584]. Hierzu wird wie folgt vorgegangen:

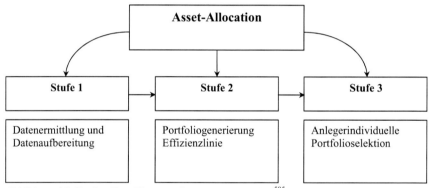

Abbildung 16: Dreistufiges Konzept der Asset-Allocation[585]

Das Konzept wird an dieser Stelle vorgestellt, da es Grundlage für die Portfoliooptimierung in Extremsituationen darstellen wird.

2.4.1.1 Schaffung der Datenvoraussetzungen

In der ersten Stufe werden die benötigen Daten eruiert und aufbereitet. Neben den auch in dieser Arbeit verwendeten historischen Daten sind vor allem Schätzer für Renditen, Volatilitäten und Korrelationen nötig, da die Portfolio Selection eigentlich auf Erwartungswerten

---

[581] Vgl. *Roßbach* (2001), S. 14; *Perridon/Steiner* (2007), S. 285; diskutiert in Kapitel 2.3.4.2.
[582] Vgl. *Steiner/Bruns* (2007), S. 48 und Kapitel 2.1.3.
[583] *Steiner/Bruns* (2007), S. 48 in Anlehnung an *Sharpe* (1992), S. 7.
[584] Vgl. *Solnik/Noetzlin* (1982), S. 12.
[585] Eigene Darstellung in Anlehnung an *Steiner/Bruns* (2007), S. 81.

aufbaut und diese oft nur unzureichend mit historischen Werten approximiert werden können[586]. Um jedoch den Schätzfehler in den Prognosen aus den Modellierungen zu eliminieren, baut die Arbeit insbesondere für die Schätzung von Risiko und Korrelationen auf historischen Daten auf.

2.4.1.2 Generierung effizienter Portfolien

Hierbei werden auf Basis der Optimierungstechniken[587] alle effizienten Portfolien ermittelt. Hierbei gilt es, in eine strategische und eine taktische Asset-Allocation zu unterscheiden. Strategische Asset-Allocation findet auf der Ebene ganzer Märkte statt[588] und umfasst die Bereiche Assetklassendiversifikation, Länderdiversifikation und Währungsdiversifikation[589]. Oft wird an dieser Stelle in aktive und passive Strategien unterschieden[590], wobei die klassische strategische Asset-Allocation eher einem passiven Managementstil folgt[591]. Dies zeigt Tabelle 6.

	Aktives Management	Passives Management (Buy and Hold)
Ziel	Den Markt schlagen.	Die Marktrendite bei möglichst geringen Kostenabzügen erreichen.
Anlagehorizont	Typischerweise nicht festgelegt, eher kurz.	Sehr langfristig.
Ansatz/Strategie	Spekulativ, hohe Umschlagshäufigkeit.	Investierend, kaum Umschlag.
Verwendete Produkte	Konventionelle, aktiv gemanagte Aktien- und Rentenfonds, Einzelaktien, Zertifikate.	I.d.R. börsengehandelte Indexfonds und ETFs[592], Ziel ist die Abbildung einer Assetklasse.
Diversifikationsgrad	Niedrig, oftmals Schwerpunktsetzung.	Globale, systematische Diversifikation.
Transaktionskosten	Hoch.	Niedrig.
Arbeitsaufwand	Hoch.	Niedrig.
Potenzial für unangenehme Überraschungen	Hoch.	Keines, wenn korrekt umgesetzt.
Rendite	Niedrig.	Hoch.

Tabelle 6: **Abgrenzung aktives vs. passives Management**[593]

---

[586] Zur detaillierten Analyse der Datenvoraussetzungen vgl. *Steiner/Bruns* (2007), S. 81 – 90.
[587] Detailliert diskutiert in Kapitel 2.4.2.
[588] Vgl. *Brinson/Hood/Beebower* (1984), S. 42 f.; *Brinson/Singer/Beebower* (1991), S. 40 ff.
[589] Vgl. *Steiner/Bruns* (2007), S. 92.
[590] Vgl. auch *Fröhlich/Steinwachs* (2008), S. 130 ff.
[591] Vgl. *Spremann* (2008), S. 43.
[592] Exchange Traded Funds. „Dabei handelt es sich um börsengehandelte Investmentfonds, die die Vorzüge von klassischen Indexfonds der ersten Generation und Aktien miteinander kombinieren – ohne deren Nachteile zu besitzen." *Etterer/Wambach* (2007), S. 12. Vgl. *Etterer/Wambach* (2007) für weitere Ausführungen zu ETFs.
[593] Eigene angepasste Darstellung in Anlehnung an *Kommer* (2007), S. 17; *Kommer* (2009), S. 21 f.

2.4 Konzept der Asset-Allocation

In Ergänzung zur strategischen Asset-Allocation ist die taktische Asset-Allocation zu nennen. Diese beschäftigt sich mit der Portfoliostrukturierung unterhalb von Märkten und Ländern zur Feinsteuerung der Mikroebene[594].

In dieser Ausarbeitung wird auf Basis der Erkenntnisse der Portfoliotheorie ebenfalls einer passiven Strategie gefolgt, da die Überlegenheit der klassischen Portfoliotheorie nicht angezweifelt wird[595]. Allerdings soll empirisch gezeigt werden, dass taktische Optimierung der Portfolioanteile auf Basis von Irrationalitäten und Korrelationsrisiken zu einer Outperformance führen kann. Unter taktischer Asset-Allocation wird somit im Folgenden diese korrelationsinduzierte partielle Optimierung verstanden.

2.4.1.3 Anlegerindividuelle Portfolioauswahl

Der Horizont aller möglichen Portfolien ist nach Stufe 2 auf die effizienten Portfolien beschränkt. Welchem von diesen der Investor den Vorzug gibt, hängt von dessen persönlichen Präferenzen ab[596]. Hier spielen Nutzenfunktionen sowie die generelle Risikoneigung des Anlegers eine Rolle[597]. Die hieraus resultierenden Portfolien unterscheiden sich somit von Anleger zu Anleger und sind nicht für den gesamten Markt adaptierbar. In dieser Ausarbeitung werden somit die Nutzenaspekte Einzelner bewusst außen vor gelassen. Vielmehr wird sich auf typische effiziente Portfolien konzentriert, die nicht anlegerindividuell sind. Hierzu gehören z.B. das minimum risk Portfolio und das maximum RORAC bzw. Sharpe Ratio Portfolio.

2.4.2 Optimierungsansätze zur Risikomessung in der Asset-Allocation

Unabhängig von der Frage der theoretischen Modellierung der Portfoliodiversifikation existieren in der Praxis verschiedene Methoden zur Ermittlung des Risikos eines Portfolios[598]. Viele fokussieren sich hierbei auf die Risikomessung und nicht auf die optimale Asset-Allocation[599]. Das Thema dieser Analyse umfasst die Risikomessung eines diversifizierten Portfolios in Extremsituationen sowie die Optimierung der Assetaufteilung in taktischen Momenten[600]. Die grundlegende langfristige Renditeschätzung wird als exogen vorausgesetzt und nur partiell feinjustiert[601]. Somit kommt der Risikomessung in einem diversifizierten Portfolio eine besondere Bedeutung zu. Die wichtigsten Modelle sollen hier näher vorgestellt werden.

---

[594] Vgl. *Steiner/Bruns* (2007), S. 109.
[595] Vgl. Kapitel 2.3.1.4.
[596] Vgl. *Steiner/Bruns* (2007), S. 119.
[597] Vgl. u.a. *Bruns/Meyer-Bullerdiek* (2008), S. 44.
[598] Vgl. u.a. *Bühler/Korn/Schmidt* (1998), S. 64 ff.; *Reuse* (2006.07), S. 366.
[599] Diskutiert u.a. in *Hager* (o.J.), S. 1.
[600] Vgl. Kapitel 1.2.
[601] Da der Ertrag der Vergangenheit wenig Vorhersagekraft für die Zukunft hat, muss er stabil prognostiziert werden. Zur Performanceschätzung und deren taktischen Optimierung vgl. u.a. *Lesko* (2010), S. 7.

2.4.2.1 Markowitz: Klassischer Varianz-/Kovarianz-Ansatz

Der klassische Markowitz-Ansatz[602] basiert auf der Standardabweichung und ist bereits theoretisch erläutert worden[603]. Hiernach ergeben sich Risiko und Rendite eines Portfolios aus[604]:

Rendite: $\mu_p = \sum_{i=1}^{n} x_i \cdot \mu_i$ (27)

Risiko: $\sigma_P = \sqrt{\sum_{i=1}^{n}\sum_{j=1}^{n} x_i \cdot x_j \cdot \sigma_i \cdot \sigma_j \cdot \rho_{ij}}$

mit:

μ_p = erwartete Portfoliorendite
μ_i = erwartete Rendite des Wertpapiers i
$x_{i,j}$ = Anteil des Wertpapiers am Portfolio
n = Anzahl der Wertpapiere im Portfolio
σ = Standardabweichung/Volatilität der Rendite
ρ_{ij} = Korrelationskoeffizient zwischen Wertpapier i und j

Obwohl die grundlegenden Prämissen der Theorie nicht angezweifelt werden, so ist der Ansatz jedoch in Bezug auf seine Praxistauglichkeit in der Risikomessung, vor allem in Extremsituationen, kritisch zu würdigen[605]. Eine kritische Würdigung des Ansatzes zeigt Tabelle 7

Vorteile	Nachteile
• Sehr einfache technische Modellierung. • Die Anforderungen an die historischen Daten sind gering. • Variable der Korrelation intuitiv verständlich. • Diversifikationseffekte werden offen gelegt. • Bei normalen Assetpositionen gut verwendbar. • Hoher Bekanntheitsgrad, weite Verbreitung.	• Normalverteilungsannahme kann zur Unterschätzung des Risikos führen[606]. • Abstellung auf Standardabweichung führt zu einem zu geringen Konfidenzniveau von 84,13% einseitig. • Korrelationen müssen explizit geschätzt oder berechnet werden. • Korrelationen sind nur linear modellierte Abhängigkeiten.

Tabelle 7: Vor- und Nachteile der klassischen Markowitz-Optimierung[607]

---

[602] Vgl. *Markowitz* (1952), S. 77 ff.
[603] Vgl. auch Kapitel 2.3.1.1.
[604] Vgl. *Markowitz* (1952), S. 77 ff.; diskutiert in Kapitel 2.3.1.1.
[605] Vgl. auch *Reuse* (2006.07), S. 367.
[606] Vgl. *Rolfes* (2008), S. 102. Vor dem Hintergrund der Finanzmarktkrise diskutiert in *Krämer* (2009), S. 6 ff.
[607] Eigene Darstellung in Anlehnung an *Bühler/Korn/Schmidt* (1998), S. 67 f.; *Schierenbeck* (2001b), S. 94; *Reuse* (2006.07), S. 367; *Fröhlich/Steinwachs* (2008), S. 102 ff.; *Rolfes* (2008), S. 106.

Insbesondere aufgrund der Annahme der Normalverteilung und des geringen Konfidenzniveaus der Standardabweichung findet dieses Modell in der Praxis kaum noch Anwendung. Für diese Ausarbeitung wird die vorgestellte Basisvariante ebenfalls verworfen, da sowohl die Normalverteilungsannahme als auch das Risikomaß Standardabweichung für Extremwerte nicht zuverlässig sind[608].

2.4.2.2 Markowitz: Erweiterung um den VaR-Gedanken

Die grundlegende Markowitz-Formel wurde jedoch in der Praxis in eine VaR-Berechnung umformuliert[609]. Der VaR[610] weist höhere Konfidenzniveaus als die Standardabweichung auf. Über eine Multiplikation der Standardabweichung mit dem z-Wert können diese Risiken ermittelt werden[611]. Die Ermittlung der Portfoliorendite erfolgt wie im klassischen Markowitz-Ansatz, nur das Risiko wird modifiziert, wie Gleichung 28 zeigt[612].

Risiko: $\quad VaR_p = z \cdot \sigma_p$ \hfill (28)

mit:

VaR_p = *Value at Risk des Portfolios*
σ_p = *Standardabweichung/Volatilität der Rendite*
z = *z-Wert für das Konfidenzniveau*[613]

Die Vor- und Nachteile dieser Modifizierung sind nahezu dieselben wie im klassischen Markowitz-Ansatz[614]. Allerdings führt die Verwendung des z-Faktors dazu, dass bei normalverteilten Assets ein hinreichend hohes Konfidenzniveau mit adäquaten Risikowerten ermittelt werden kann[615].

Nichtsdestotrotz wird das Modell in dieser Arbeit ebenfalls negiert. Zum einen liegt dies an der Nichthaltbarkeit der Normalverteilungsannahme[616]. Zum anderen muss die Problematik dargestellt werden, dass bei einer Risikoberechnung über historische Daten – was in der Praxis der gängige Weg ist[617] – in dem über den z-Wert hochgehebelten Wert inhärent die historische Rendite in Form des Erwartungswertes einfließt[618]. Dies ist problematisch, da sich Er-

---

[608] Vgl. u.a. *Fröhlich/Steinwachs* (2008), S. 113; *Reuse* (2009.05), S. 278.
[609] Vgl. u.a. *Rolfes* (2008), S. 100 f.
[610] Zur allgemeingültigen Definition des VaR vgl. auch Kapitel 2.1.2.
[611] Annahme ist hier eine Normalverteilung. Vgl. u.a. *Hager* (o.J.), S. 3; *Fröhlich/Steinwachs* (2008), S. 105 f. Zur Erweiterung des VaR mit dem Conditional VaR vgl. u.a. *Theiler* (2001).
[612] Vgl. *Rolfes* (2008), S. 101; *Hager* (o.J.), S. 3.
[613] Zur Herleitung des z-Wertes vgl. ausführlich *Fröhlich/Steinwachs* (2008), S. 105 ff.
[614] Vgl. Kapitel 2.4.2.1.
[615] Vgl. *Rolfes* (2008), S. 102.
[616] Am Beispiel von Währungen anschaulich erläutert in *Reuse* (2009.05), S. 279.
[617] Kritisch diskutiert in *Fröhlich/Steinwachs* (2008), S.113.
[618] Vgl. *Bleymüller/Gehlert/Gülicher* (1996), S. 19.

wartungswerte nur unzureichend aus der Historie ableiten lassen[619]. Liegt eine Verzerrung im Erwartungswert vor, so führt dies ceteris paribus ebenfalls zu ungenauen Schätzungen des Risikos.

2.4.2.3 Historische Simulation

Zur Beseitigung der Unzulänglichkeiten der klassischen Markowitz-Ansätze hat sich die historische Simulation herausgebildet[620]. Hierbei handelt es sich nicht um einen analytischen Ansatz, sondern um ein Simulationsmodell[621], welches ohne Verwendung statistischer Parameter[622] den VaR in drei Schritten ermittelt[623].

Im ersten Schritt werden historische Daten aufgestellt, die per Annahme gleichermaßen die Zukunft widerspiegeln[624] und somit eine zeitlich stabile Verteilungsfunktion repräsentieren[625]. Dies ist die größte Herausforderung bei der historischen Simulation – sowohl ein zu kurzer als auch ein zu langer Zeitraum können hier zu Fehlsteuerungsimpulsen führen[626]. Im zweiten Schritt werden historische Wertänderungen ermittelt[627], mit denen das Portfolio oder Asset neu bewertet wird[628]. Im dritten Schritt werden diese der Größe nach geordnet[629]. Der VaR ist dann auf Basis des unterstellten Konfidenzniveaus durch Abzählen ermittelbar[630]. Der Ansatz lässt sich wie in Tabelle 9 dargestellt auf seine Vor- und Nachteile hin untersuchen.

---

[619] Vgl. u.a. *Wegner/Sievi* (2005.08), S. 460; *Allianz* (2010), S. 21.
[620] Diskutiert in *Reuse* (2006.07), S. 367.
[621] Vgl. *Rolfes* (2008), S. 103.
[622] Vgl. *Schierenbeck* (2001b), S. 84.
[623] Vgl. *Meyer* (1999), S. 192.
[624] Vgl. *Fröhlich/Steinwachs* (2008), S. 107.
[625] Vgl. *Rolfes* (2008), S. 103.
[626] Vgl. *Hager* (o.J.), S. 13.
[627] Vgl. *Schierenbeck* (2001b), S. 84.
[628] Alternativ ist auch die Verwendung direkter Werte oder die Unterscheidung in absolute bzw. relative Änderung möglich. Vgl. *Rolfes* (2008), S. 103.
[629] Vgl. *Schierenbeck* (2001b), S. 84.
[630] Vgl. *Reuse/Linnertová* (2009.05), S. 85.

2.4 Konzept der Asset-Allocation

Vorteile	Nachteile
• Modell kommt nahezu ohne Annahmen aus[631].	• Hohe Qualität und Menge an historischen Daten erforderlich[635].
• Der Ansatz ist methodisch am einfachsten nachvollziehbar[632].	• Eine verlässliche/repräsentative Historie muss identifiziert werden[636].
• Korrelationen sind inhärent vorhanden und müssen nicht geschätzt werden[633].	• Vergangenheit als einziger Maßstab für die Zukunft[637].
• Im Bankenbereich in der Marktpreisrisikosteuerung weit verbreitet[634].	• Diversifikationseffekte sind nicht direkt ablesbar[638].

Tabelle 8: Vor- und Nachteile der historischen Simulation[639]

Die historische Simulation liefert auch in empirischen Analysen gute Ergebnisse[640], solange die Zeitreihen zuverlässig sind. Für die Risikomessung des Gesamtportfolios wird die historische Simulation nicht verwendet, da die Diversifikationseffekte nicht isoliert ermittelt werden, sondern nur inhärent im Modell vorhanden sind. Die Risikomessung für einzelne Assetklassen erfolgt jedoch über die historische Simulation auf Basis eines hinreichend hohen Konfidenzniveaus.

2.4.2.4 Monte-Carlo-Simulation

Der Monte-Carlo-Ansatz wird wie die historische Simulation den Simulationsverfahren zugeordnet[641]. Wie der Name impliziert, ist der Ursprung dieser Simulationsart in der Berechnung von Gewinnwahrscheinlichkeiten im Roulette zu finden[642]. Hierbei wird der VaR – und damit auch das Portfoliorisiko – durch Simulation verschiedener, auf Basis von Zufallszahlen erzeugter, Szenarien ermittelt[643]. Hierdurch unterscheidet sie sich von der historischen Simulation: Es werden keine direkt beobachteten historischen Szenarien[644], sondern fiktive Szenarien, angereichert um historisch basierte Basisparameter verwendet[645].

---

[631] Vgl. *Schierenbeck* (2001b), S. 91; *Hager* (o.J.), S. 20.
[632] Vgl. *Reuse* (2006.07), S. 367.
[633] Vgl. *Reuse/Linnertová* (2009.05), S. 85.
[634] Vgl. *Fröhlich/Steinwachs* (2008), S.109.
[635] Vgl. *Hager* (o.J.), S. 20.
[636] Vgl. *Schierenbeck* (2001b), S. 91.
[637] Vgl. *Rolfes* (2008), S. 106.
[638] Vgl. *Reuse/Linnertová* (2009.05), S. 85.
[639] Eigene Darstellung in Anlehnung an vorgenannte Quellen.
[640] Vgl. u.a. *Reuse* (2009.05), S. 273; *Reuse/Svoboda* (2009.07).
[641] Vgl. *Rolfes* (2008), S. 102. Allerdings wird es auch als semi-parametrisches Verfahren bezeichnet. Vgl. *Fröhlich/Steinwachs* (2008), S.113.
[642] Vgl. *Hager* (2006.01), S. 10; *Brealey/Myers* (2006), S. 247 ff.
[643] Vgl. *Reuse/Linnertová* (2009.05), S. 87 f.
[644] Vgl. *Schierenbeck* (2001b), S. 87; *Hager* (o.J.), S. 21.
[645] Vgl. *Reuse* (2008.06), S. 328.

Das weitere Procedere ist jedoch ähnlich der historischen Simulation[646]. Im ersten Schritt werden Verteilungsannahmen der Risikofaktoren definiert, auf deren Basis im nächsten Schritt die Zufallssimulationen aufgebaut werden. Diese werden analog der Vorgehensweise in der historischen Simulation sortiert. Der VaR ergibt sich ebenfalls als Quantilswert der abgezählten Wertänderung des Portfolios[647]. Wird dieses Verfahren kritisch gewürdigt, so ergibt sich Tabelle 10:

Vorteile	Nachteile
• Statistisch saubere Methode[648]. • Kann Optionsrisiken adäquat abbilden[649]. • Hohe Flexibilität[650]. • Kann durch die hohe Anzahl der Simulationen auch extreme Szenarien „ziehen".	• Das Vorwissen über die Verteilungsannahme der Zufallszahlen ist notwendig[651]. • Hoher Rechenaufwand[652]. • Methodisch sehr komplex, kein intuitives Nachvollziehen möglich – zudem steigt das Modellrisiko[653].

Tabelle 9: Vor- und Nachteile der Monte-Carlo-Simulation[654]

Die Monte-Carlo-Simulation ist gerade im Bereich Adressrisiko eine geeignete Methode zur Ermittlung des VaR[655], da hier weder ausreichende historische Daten noch eine Normalverteilung der Risiken gegeben sind[656]. Für diese Ausarbeitung wird die Monte-Carlo-Methode jedoch verworfen. Zum einen ist das Modellrisiko sehr hoch, da eine Vielzahl von Parametern im Vorhinein festgelegt werden muss[657]. Zum anderen formuliert Schierenbeck in Bezug auf Korrelationen in einer Monte-Carlo-Simulation treffend: „Problematisch ist die Behandlung von Abhängigkeiten zwischen Risikopositionen[658]". Hinzu kommt, dass diese Arbeit die Portfolien einfacher Basisinvestments analysieren will, die weder fat tails noch nichtlineare Exposures oder Optionsstrukturen enthält[659]. Der Fokus liegt auf der Schätzung der Korrelationen, welche bei der Monte-Carlo-Simulation genauso zu erfolgen hat wie bei anderen Ansätzen.

---

[646] Vgl. *Bühler/Korn/Schmidt* (1998), S. 68.
[647] Vgl. *Reuse* (2006.07), S. 370.
[648] Vgl. *Rolfes* (2008), S. 106.
[649] Vgl. *Hager* (o.J.), S. 25.
[650] Vgl. *Schierenbeck* (2001b), S. 94.
[651] Vgl. *Siebi/Wegner* (2006), S. 122.
[652] Vgl. *Reuse/Linnertová* (2009.05), S. 85.
[653] Vgl. *Schierenbeck* (2001b), S. 94.
[654] Eigene Darstellung in Anlehnung an vorgenannte Quellen.
[655] Anschaulich erläutert in *Reuse* (2006.07), S. 369 ff.; *Reuse/Linnertová* (2009.05), S. 84 ff.; *Reuse* (2010), S. 4 ff.
[656] Vgl. *Reuse* (2008.06), S. 327 f.
[657] Vgl. *Schierenbeck* (2001b), S. 95.
[658] *Schierenbeck* (2001b), S. 95.
[659] Bei diesen würde sich eine Monte Carlo Simulation anbieten. Vgl. *Hager* (o.J.), S. 25.

2.4 Konzept der Asset-Allocation 71

Zum Ausschluss des Modellrisikos und zur besseren analytischen Nachvollziehbarkeit der Ergebnisse wird deshalb ein einfacheres Modell gesucht.

2.4.2.5 Copula-Funktionen

Copula-Funktionen stellen eine Erweiterung des Monte-Carlo-Ansatzes dar, die die Korrelationen zwischen den Zufallszahlen berücksichtigen[660]. Die Grundlagen dieses Ansatzes wurden 1959 von Sklar für die Wahrscheinlichkeitstheorie entwickelt[661]. Copulas stellen formal multivariate Verteilungsfunktionen mit normalverteilten Randverteilungen dar[662]. Sie beschreiben die funktionale Abhängigkeit zwischen verschiedenen Zufallszahlen, die die durch Randverteilungen repräsentiert werden[663]. Hierbei wird wie folgt vorgegangen:

Schritt		Erläuterung
1. Simulation gleichverteilter Zufallszahlen (eigentliches Copula-Modell)	Je Szenario	Ziehung gleichverteilter Zufallszahlen, die bereits Abhängigkeiten zwischen den Assetklassen ausdrücken und letztlich Konfidenzniveaus ausdrücken.
2. Zuordnung zu einem Quantil		Die so ermittelten Zufallszahlen werden je Simulation ihrem entsprechenden Quantilswert zugeordnet – dem Konfidenzniveau wird der aus der Verteilungsfunktion ersichtliche Verlust bzw. Wertänderung entnommen.
3. Addition der Ergebnisse		Je Simulationsszenario werden die Ergebnisse addiert, um ein Simulationsszenariogesamtrisiko zu erhalten.
4. Auswertung der Verteilung		Die Häufigkeitsverteilung des Gesamtrisikos wird ermittelt und der VaR kann entsprechend abgelesen werden.

Tabelle 10: Vorgehensweise der simulationsbasierten Copula-Modelle[664]

Der mathematisch und methodisch anspruchsvollste Schritt ist die Modellierung der Copulas. Hierzu muss im ersten Schritt die Randverteilung und im zweiten Schritt die Copula-Funktion gewählt werden[665]. Die Modellierung der Copulas kann verschiedene Ausprägungen annehmen. So existieren Normal-Copulas, t-Copulas oder auch Clayton-Copulas[666]. Diese Auflistung ist jedoch nicht abschließend[667]. Die Normal-Copula ist das Pendant zum Korrelations-

---

[660] Vgl. u.a. *Beck/Lesko/Schlottmann/Wimmer* (2006), S. 30.
[661] Vgl. *Sklar* (1959), *Sklar* (1996); diskutiert in *Beck/Lesko* (2006), S. 290.
[662] Vgl. *Nelsen* (1999); diskutiert in *Beck/Lesko* (2006), S. 290.
[663] Vgl. *Beck/Lesko* (2006), S. 291 f.; *Beck/Lesko/Schlottmann/Wimmer* (2006), S. 30.
[664] Eigene Darstellung in Anlehnung an *Beck/Lesko/Schlottmann/Wimmer* (2006), S. 30.
[665] Vgl. *Borgel/Kandel/Platt/Rust* (2004), S. 48.
[666] Vgl. *Beck/Lesko/Schlottmann/Wimmer* (2006), S. 30.
[667] Vgl. u.a. *Cech* (2006), S. 20 – 35; 40 – 45.

modell. Zusammen mit normalverteilten Risiken führt sie zum selben Ergebnis wie die klassische Korrelationsformel[668].

Die Copula-Simulation weist mehrere Vorteile auf. Zum einen müssen Risikofaktoren nicht normalverteilt sein[669], zum anderen muss die Abhängigkeit nicht über die lineare Korrelation abgebildet werden, auch andere Abhängigkeiten sind möglich[670]. Nahezu jede Art der Risikosimulation lässt sich hierüber abbilden[671]. Allerdings sind Nachteile zu nennen. So muss neben der Verteilung der Assetklasse – die jedoch aus einer Monte-Carlo-Simulation heraus gegeben sein kann – die Abhängigkeit der Zufallszahlen geschätzt werden. Diese Abhängigkeit in Form der Copulas erfordert zusätzlichen Parametrisierungsaufwand wie z.B. andere nichtlineare Korrelationen[672] nach Spearman[673] oder Kendall[674] oder auch diverse Freiheitsgrade[675]. Das Modellrisiko ist bei dieser Art der Monte-Carlo-Simulation besonders hoch, müssen doch alle Parameter der Copula und der Verteilung bekannt sein[676]. Trotz ihrer theoretisch nahezu optimalen Modellierung wird die Copula für diese Arbeit ebenfalls nicht beachtet[677], da neben den bereits erwähnten Nachteilen der Monte-Carlo-Simulation[678] die zusätzlichen Korrelationen nach Spearman und Kendall sowie weitere Parameter der Copula-Funktion hinzukommen[679]. Der Fokus der Ausarbeitung liegt jedoch auf der linearen Korrelation[680] und einer pragmatischen, annahmearmen Modellierung. Zudem soll eine Koppelung der Korrelation mit dem Behavioral Finance Gedanken erfolgen. Hier ist die lineare Korrelation nicht zuletzt aufgrund ihrer Bekanntheit prädestiniert.

2.4.2.6 Markowitz: Wegfall der Normalverteilungsannahme

Als letzter Ansatz ist die komplett freie Modifikation des Markowitz-Ansatzes zu nennen, die sich praxisorientiert wie folgt modellieren lässt.

---

[668] Vgl. *Lesko* (2006), S. 5. Für ein anschauliches Beispiel für Marktpreisrisiken vgl. *Embrechts/Lindskog/McNeil* (2001), S. 43 sowie *Dürr/Ender* (2009), S. 14 ff. Eine empirische Analyse findet sich in *Bohdalova/Slahor* (2008), S. 89 – 99.
[669] Vgl. u.a. *Aehling* (2010), S. 48 – 49.
[670] Vgl. *Beck/Lesko* (2006), S. 291. Je nach Copula ist eine Korrelation nach Spearman oder Kendall möglich bzw. nötig. Sie hierzu die Ausführungen weiter unten.
[671] Vgl. anschaulich *Embrechts/McNeil/Straumann* (2002), S. 22.
[672] Einen guten Überblick über die Korrelationsarten bietet *Elsevier* (o.J.), S. 385 – 406. Zur Problematik der Anwendung linearer Korrelationen in nicht-elliptischen Verteilungen vgl. *Embrechts/McNeil/Straumann* (2002), S. 35.
[673] Vgl. *Spearman* (1904); *Spearman* (1907), S. 161 – 169.
[674] Vgl. u.a. *Kendall/Kendall/Smith* (1939), S. 251 ff.; *Kendall* (1948).
[675] Vgl. *Beck/Lesko* (2006), S. 292.
[676] Im Hinblick auf die Praxistauglichkeit kritisch diskutiert in *Haas/Mittnik/Yener* (2009), S. 53.
[677] Eine empirische Analyse der Funktionsfähigkeit findet sich in *Bayerisches Finanz Zentrum* (2009).
[678] Vgl. Kapitel 2.4.2.4.
[679] Vgl. u.a. *Beck/Lesko/Schlottmann/Wimmer* (2006), S. 31.
[680] Vgl. *Pearson* (1900), S. 1 ff., u.a. diskutiert in *Bleymüller/Gehlert/Gülicher* (1996), S. 145 f.; *Elsevier* (o.J.), S. 385 – 406.

2.4 Konzept der Asset-Allocation

Rendite: $\quad \mu_p = \sum_{i=1}^{n} x_i \cdot \mu_i \quad$ (29)

Risiko: $\quad VaR_P = \sqrt{\sum_{i=1}^{n} \sum_{j=1}^{n} x_i \cdot x_j \cdot VaR_i \cdot VaR_j \cdot \rho_{ij}}$

mit:

μ_p = erwartete Portfoliorendite
μ_i = erwartete Rendite des Wertpapiers i
$x_{i,j}$ = Anteil des Wertpapiers am Portfolio
n = Anzahl der Wertpapiere im Portfolio
VaR = Value at Risk des Assets auf Zielkonfidenzniveau und -haltedauer
ρ_{ij} = Korrelationskoeffizient zwischen Wertpapier i und j

Hierbei ist zu beachten, dass der VaR ein relatives Risiko ist und als Abweichung vom Erwartungswert bei einem bestimmten Konfidenzniveau aufgefasst wird. Somit findet eine Zerlegung des VaR in das isolierbare Verlustrisiko und die erwartete Performance statt. Dies erlaubt die separate Schätzung beider Parameter. Zudem kann die Ermittlung der Einzel-VaR über die für die einzelne Risikoklasse beste Methode[681] erfolgen.[682]

Sievi/Wegner/Schumacher haben gezeigt, dass das modifizierte Korrelationsmodell selbst bei unsicherer Datenlage stabile Ergebnisse produziert und eine gute Übereinstimmung mit der historischen Simulation aufweist.[683] Monte-Carlo-Simulationen bzw. Copula-Ansätze können zwar als methodisch besser erachtet werden, allerdings liegen noch zu wenige Praxisvergleiche vor. Hinzu kommt, dass sie nur in Spezialfällen bessere Ergebnisse erzielen als der modifizierte Korrelationsansatz.

Für diese Arbeit bedeutet dies, dass zur Minimierung des Modellrisikos und zur besseren Verständlichkeit der hier vorgestellte modifizierte Korrelationsansatz verwendet wird. Da für die Empirie ausreichende Historien vorliegen, wird das Verlustrisiko einzelner Assets analog der historischen Simulation direkt als Quantilswert aus der Datenhistorie gewonnen[684], die Rendite bzw. Performance wird separat geschätzt, jedoch soweit wie möglich ebenfalls aus der Historie generiert[685] und RORAC-adjustiert. Auf Basis dieser Werte lassen sich auch Korrelationsrisiken separieren, was dem Zweck dieser Arbeit entspricht[686].

---

[681] Varianz-/Kovarianz, Historische Simulation oder Monte Carlo. Vgl. Ausführungen in den Kapiteln 2.4.2.1 – 2.4.2.5. Zur Integration der Adressrisiken vgl. exemplarisch *Lesko* (2006), S. 4; *Wegner/Sievi/Schumacher* (2006.09), S. 521 ff.; *Eidecker/Oeing/Dippold* (2007), S. 525 ff.
[682] Zur Definition des praxisnahen Konzeptes vgl. *Sievi/Wegner/Schumacher* (2006.12), S. 691 ff.
[683] Vgl. *Sievi/Wegner/Schumacher* (2006.12), S. 698.
[684] Vgl. Kapitel 4.1.2.
[685] Voraussetzung sind Performanceindizes, vgl. *Zimmermann/Zogg-Wetter* (1992), S. 144.
[686] Vgl. Kapitel 1.2.

2.4.3 Praktische Umsetzungsbeschränkungen der Asset-Allocation

In der Praxis existieren mehrere Beschränkungen der Asset-Allocation, die sich in Tabelle 11 darstellen lassen. In dieser Arbeit wird nur auf einige dieser Aspekte eingegangen, da diese zum Teil anlegerspezifisch und nicht allgemein gültig sind. Zudem sind zum Beweis der Thesen einige der Implementierungsbeschränkungen irrelevant bzw. würden weitere zu modellierende Annahmen beinhalten.

Beschränkung	Erläuterung	Berücksichtigung
Depotgröße	Erst ab einem bestimmten Depotvolumen ist die Asset-Allocation durchführbar. Sowohl die absolute Depotgröße als auch die Anzahl der Titel im Portfolio sind zu beachten. Hierbei ist auch die Diversifizierung des unsystematischen Marktrisikos zu beachten[687].	Nein
Währungsproblematik	Nicht jede Währung ist für jeden Anleger adäquat zu hedgen. Zudem kann empirisch hergeleitet werden, dass Währungen in den seltensten Fällen effizient sind[688]. Eine Diversifikation in alle Währungen ist somit nicht vorzunehmen.	Nein
Transaktionskosten- und Steuerproblematik	Jede Transaktion bedeutet zugleich Kosten. Für den Anleger sind jedoch die Renditen nach Kosten relevant. Hier spielen Zugang zu Märkten und persönliche Steuerumstände eine besondere Rolle. Während Transaktionskosten relativ leicht zu endogenisieren sind, ist die Steuerproblematik gerade in der ex ante Betrachtung nur sehr aufwändig und oftmals unzureichend modellierbar.	Nein
Inflationsproblematik	Für einen Anleger sind letztlich nicht die nominalen, sondern die realen Renditen von Bedeutung[689]. Somit ist das Thema Inflation von entscheidender Bedeutung, da es durchaus Wechselwirkungen zwischen Inflation und bestimmten Assetklassen gibt. Dies ist jedoch nicht Schwerpunkt dieser Arbeit.	Nein
Anlegerrichtlinienproblematik	Institutionelle Anleger unterliegen oft gesetzlichen Restriktionen in der Anlagepolitik, die nicht zwingend mit effizienten Portfolien einhergehen müssen[690].	Nein

---

[687] Vgl. *Steiner/Uhlir* (2001), S. 172; Kapitel 2.1.2.
[688] Vgl. *Reuse* (2009.05), S. 273 – 281; *Reuse/Svoboda* (2009.07). Büschgen kommt zu ähnlichen Ergebnissen. Vgl. *Büschgen* (o.J.), S. 59.
[689] Vgl. *Bodie/Kane/Marcus* (2005), S. 676.
[690] Vgl. u.a. *Reuse/Frère/Schmitt* (2009), S. 62 ff.

2.4 Konzept der Asset-Allocation

Beschränkung	Erläuterung	Berücksichtigung
Timing-problematik	Die Asset-Allocation gibt zwar Aufschluss über effiziente Portfolien, allerdings werden keine Aussagen zu geeigneten Kauf- oder Verkaufszeitpunkten gegeben. Timingstrategien als aktive Momente werden kritisch diskutiert[691]. Allerdings können sie als Ergänzung zur strategischen Asset-Allocation die Effizienz erhöhen.	Ja
Portfolio-revisions-problematik	Auch wenn eine Buy-and-Hold-Strategie in der Regel keiner drastischen Änderungen bedarf, so muss die Asset-Allocation ständig überwacht und ggf. geändert werden. Zum einen können sich ökonomische Bedingungen ändern, zum anderen variiert die Höhe des Portfoliowertes in Abhängigkeit von der Marktschwankung. Hier besteht Nachjustierungsbedarf, um das Portfolio effizient zu halten.	Ja

Tabelle 11: **Implementierungsbeschränkungen der Asset-Allocation**[692]

In dieser Ausarbeitung werden nur die letzten beiden Aspekte berücksichtigt. Die taktische Optimierung des Timingaspektes im Zusammenhang mit Korrelationen in Extremsituationen stellt die einzige Abweichung von einer klassischen strategischen Portfolio Allocation dar.

Die praktische Umsetzung einer Asset-Allocation ist direkt mit der Frage nach konkreten Investments verbunden. Zur Vermeidung unsystematischer Risiken und zur Erzielung maximaler Transparenz wird in dieser Arbeit von Investments in Einzeltiteln Abstand genommen. Vielmehr wird der Fokus auf Indizes gelegt[693], die eine Assetklasse aus Sicht des Autors adäquat repräsentieren und oft über ETFs abbildbar sind[694]. Je transparenter und einfacher eine Assetklasse modelliert wird, desto eher treffen die Annahmen der klassischen Portfoliotheorie zu – im Basisszenario von Markowitz existieren nur Anleihen und Aktien, nicht aber komplexe derivative Strukturen[695]. Hinzu kommt, dass nur bei Indizes versteckte Vermischungen von Risiken ausgeschlossen werden können. Diese sind in Zertifikaten oder Fonds durchaus vorhanden. So dürfen Fonds gemäß Investmentgesetz das eigene Risiko bis zum zweifachen mit Derivaten hebeln[696]. Die vorliegende Ausarbeitung beschäftigt sich jedoch mit Korrelationen

---
[691] Vgl. *Brinson/Hood/Beebower* (1984), S. 39 ff.; *Vandell/Stevens* (1989), S. 38 ff.; *Brinson/Singer/ Beebower* (1991), S. 40 ff.; *Bernstein* (2006), S. 156; *Kommer* (2007), S. 78 ff.; *Kommer* (2009), S. 13 ff.
[692] Eigene Darstellung in Anlehnung an *Steiner/Bruns* (2007), S. 125 – 130.
[693] Vgl. u.a. *Steiner/Bruns* (2007), S. 592; *Svoboda* (2008).
[694] Einen guten Überblick nach Assetklassen bietet *Svoboda* (2008).
[695] Vgl. *Markowitz* (2008), S. 2 ff.
[696] Vgl. § 51 (2) *InvG*.

voneinander unabhängiger Risikoarten, so dass eine solche Vermengung nicht erwünscht ist. Die Auswahl der analysierten Assetklassen findet sich an späterer Stelle[697].

2.4.4 Kritische Würdigung des Asset-Allocation-Konzeptes

Das Konzept der Asset-Allocation ist in sich konsistent und theoretisch fundiert[698]. Allerdings wird in der Praxis oft eine naive Diversifikation betrieben, da eine ex ante Bestimmung von Renditen und Risiken nur unzureichend gelingt[699]. Das Prognoserisiko ist auch das größte Problem der Asset-Allocation, da diese Parameter die ex ante optimale Aufteilung des Portfolios maßgeblich beeinflussen.

In Bezug auf das in dieser Arbeit verwendete Modell gilt festzuhalten, dass die Erweiterungen des Varianz-/Kovarianz-Ansatzes zu besseren Ergebnissen führen. Allen voran ist die Copula-Methodik zu nennen, welche den methodisch am weitesten entwickelten Ansatz darstellt. Allerdings ist für diese Arbeit der modifizierte Markowitz-Ansatz unter Verwendung des VaR gegen den Erwartungswert ausreichend, da aufgezeigt wurde, dass dieser adäquate Ergebnisse erzielt[700].

Das Prognoseproblem von Risiko und Rendite wird in der vorliegenden Arbeit differenziert betrachtet und gelöst. Da historische Daten zur Schätzung des Risikos gut geeignet sind[701], werden diese in das eigene Modell übernommen. Renditen bzw. Performances werden zwar auch auf Basis der Historie geschätzt, allerdings leicht modifiziert[702].

Die einzige Ausnahme bildet die Korrelationsschätzung. Diese wird zur Validierung des modifizierten Markowitz-Ansatzes aus der Historie gewonnen, als zentraler Risikoparameter jedoch in das Modell endogenisiert und in Abhängigkeit von Extremsituationen und deren Einflussfaktoren unterschiedlich modelliert.

---

[697] Vgl. Kapitel 4.1.1. Einen dertaillierten Überblick über das Management einzelner Assetklassen findet sich in *Bruns/Meyer-Bullerdiek* (2008), S. 163 – 637.
[698] Vgl. *Steiner/Bruns* (2007), S. 131.
[699] Zur Effizienz naiver Diversifikation vgl. *Steiner/Uhlir* (2001), S. 162 – 169.
[700] Vgl. Kapitel 2.4.2.6.
[701] Vgl. u.a. *Wegner/Sievi* (2005.08), S. 460; *Allianz* (2010), S. 21.
[702] Vgl. Kapitel 4.1.2.

2.5 Auswahl theoretischer Elemente für die Modellierung von Korrelationen in Extremsituationen

Die Vorstellung des Status quo der Portfolio Theorie und Asset-Allocation hat gezeigt, dass es umfangreiche Ansätze zur Messung von Risiken auch in Extremsituationen gibt. Allerdings wird in Bezug auf die Quantifizierung der Diversifikationswirkung oft vom klassischen Portfolioansatz nach Markowitz abgewichen. Als Beispiel sind hier die Copula-Funktionen zu nennen[703]. Diese sind unbestritten die Ansätze, welche methodisch viel feingliedriger aufgebaut sind und das Risiko adäquater messen können.

Allerdings ist gerade in der Praxis noch immer der klassische Korrelationsansatz weit verbreitet, der bei der Verwendung des VaR als Risikomaß zu ähnlichen Ergebnissen führt wie ein Copula-Ansatz. Hinzu kommt, dass je nach Form der Copula andere Arten der Korrelationen geschätzt werden müssen, was das Modellrisiko unnötig erhöht. Die Ziele dieser Arbeit sind jedoch:

- Die Modellierung von Korrelationen in Extremsituationen[704].
- Hierdurch bedingt: Einfluss der Behavioral Finance.
- Die Herleitung in einem möglichst einfachen Modell, um Modellrisiken auszuschließen.
- Nachweisen, dass der Markowitz-Ansatz, leicht modifiziert, noch immer Gültigkeit besitzt und nur partiell durch taktische Momente (gestresste Korrelationen) optimiert werden kann.

Diese Form der Analyse hat es in Praxis und Theorie bis jetzt noch nicht gegeben, so dass aus dem vorgestellten Status quo folgende theoretische Bausteine verwendet werden, wie Abbildung 17 zeigt. Hierbei wird in die vier Kategorien allgemeingültige Begriffe, Extremsituation, theoretische Modelle und Asset-Allocation unterschieden.

---

[703] Vgl. Kapitel 2.4.2.5.
[704] Kritisch diskutiert in *Kat* (2002).

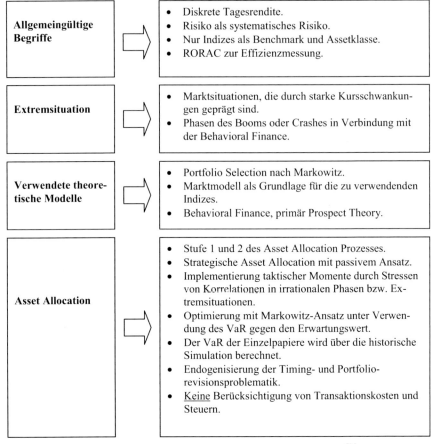

Abbildung 17: Auswahl theoretischer Bausteine für diese Ausarbeitung[705]

In Bezug auf **allgemeingültige Begriffe**[706] wird wie folgt vorgegangen. Es werden diskrete Tagesrenditen verwendet. Erstens sind sie im Vergleich zu lognormalen Renditen praxisnäher und intuitiver nachzuvollziehen. Zweitens sind die Differenzen zwischen beiden Arten der Renditeermittlung auf täglicher Basis marginal. Drittens schließlich wird auf Tagesrenditen abgestellt, um eine möglichst hohe Stichprobe zu erhalten. Des Weiteren wird an dieser Stelle nur das systematische Risiko betrachtet, da die Analysen auf Märkte, nicht jedoch auf die spezifischen Risiken einzelner Emittenten abzielen. Dies geht streng mit der Forderung ein-

---

[705] Eigene Darstellung auf Basis der Erkenntnisse aus Kapitel 2. Auch die nun folgenden Erkenntnisse können in Kapitel 2 nachvollzogen werden.
[706] Vgl. Kapitel 2.1.

2.5 Auswahl theoretischer Elemente für die Modellierung von Korrelationen in Extremsituationen

her, nur Indizes als Benchmark bzw. Assetklasse zu verwenden. Nur für diese lassen sich allgemeingültige Aussagen ableiten. Die Effizienzmessung geschieht mit dem RORAC bzw. der Sharpe Ratio[707]. Neben der absoluten Renditemessung wird auch die relative Effizienz der Portfolien im eigenen Modell von Bedeutung sein.

Der ermittelten Definition einer **Extremsituation** folgend[708] wird für das eigene Modell primär auf Marktsituationen mit starken Kursschwankungen abgestellt. Diese plötzlichen Veränderungen am Markt implizieren eine Extremsituation. Dies können z.b. die Neue-Markt-Blase, der 11. September 2001 aber auch der Ausbruch der Finanzmarktkrise sein. Daneben gilt es jedoch auch die länger anhaltenden Phasen der irrationalen Über- bzw. Untertreibung zu betrachten, da sich hierdurch auch Extremsituationen langsam aufbauen können.

Dies führt direkt zu den **verwendeten Modellen**[709]. Zentraler Ausgangspunkt ist die zweidimensional ausgerichtete Portfolio Selection nach Markowitz, welche neben der reinen Renditeoptimierung auch den Faktor Risiko und die Relation Risiko zu Rendite als Basis für eine Portfoliooptimierung einführt. Daneben gilt es jedoch auch, Modelle der Behavioral Finance zu betrachten. Hier bietet sich die Prospect Theory[710] an, welche die unterschiedliche Einschätzung von Gewinnen und Verlusten durch Individuen behandelt. Durch deren Implementierung soll erreicht werden, dass Aus- und Einstiegszeitpunkte im eigenen Modell zur taktischen Optimierung durch Variation der Korrelationen endogenisiert werden können.

In Bezug auf den **Asset-Allocation**-Prozess[711] werden nur Stufe 1 (Datenaufbereitung) und Stufe 2 (Generierung effizienter Portfolien) umgesetzt. Dies liegt darin begründet, dass allgemeingültige Erkenntnisse erarbeitet werden sollen, die nicht von anlegerindividuellen Aspekten (Stufe 3) abhängig sein dürfen. Der Schwerpunkt liegt auf einer strategischen Asset-Allocation mit passivem Ansatz. Ziel ist die langfristige Optimierung, was sich in der Konstanz der verwendeten Parameter niederschlägt. Im Gegensatz zur aktiven Steuerung, welche sowohl Risiko als auch Rendite prognosegetrieben adjustiert, werden im eigenen Modell prognosefreie Risiko- und Renditewerte, direkt abgeleitet aus der Historie, verwendet. Die taktische Optimierung wird sich ausschließlich in der Variation der Korrelationen wiederfinden. An dieser Stelle wird aktiv eingegriffen, um eine taktisch basierte Outperformance erreichen zu können. Bei der Berechnung des Diversifikationseffektes wird bewusst auf das modifizierte Korrelationsmodell abgestellt, da es intuitiv nachvollziehbar ist und zudem auch im Vergleich zu ausgereifteren Modellen zu akzeptablen Ergebnissen führt[712]. Als Basis für die Risikoermittlung der einzelnen Assets wird hingegen die historische Simulation verwendet,

---
[707] Vgl. Kapitel 2.3.1.
[708] Vgl. Kapitel 2.2.2.
[709] Vgl. Kapitel 2.3.1.1.
[710] Vgl. Kapitel 2.3.4.3.
[711] Vgl. Kapitel 2.4.1.
[712] Vgl. hierzu und im folgenden Kapitel 2.4.2.

da diese adäquate Ergebnisse liefert, modellmäßig ohne Annahmen auskommt und in die modifizierte Markowitz-Formel einsetzbar ist[713]. Eine Separierung des Korrelationsrisikos bei gleichzeitiger Adäquanz des modifizierten Markowitz-Ansatzes auf Basis VaR ist somit möglich[714]. Im Modell nicht berücksichtigt werden hingegen Aspekte wie Steuern, Transaktionskosten, Geld/Brief-Spannen und Inflation. Sehr wohl findet eine Endogenisierung der Timingaspekte statt. Auch eine Reallokation muss in einem taktischen Modell regelmäßig erfolgen[715].

Bevor das eigene Modell auf Basis der theoretischen Evaluierung aufgebaut wird, gilt es, die Herleitung der irrationalen Marktphasen bzw. Extremsituationen über eine empirische Umfrage bei 1.000 deutschen Kreditinstituten in Kapitel 3 zu erheben. Aufbauend auf diesen Erkenntnissen wird in Kapitel 4 das eigene, taktisch orientierte Optimierungsmodell auf Basis irrational geprägter Korrelationen aufgebaut.

---

[713] Vgl. Ausführungen in Kapitel 2.4.2.6.
[714] Vgl. Kapitel 2.4.2.6.
[715] Vgl. Kapitel 2.4.3.

3 Umfrage: Das Verhalten von Korrelationen in irrationalen Marktphasen

3.1 Konzeption der Umfrage im Kontext des aktuellen Forschungsstandes

3.1.1 Zielsetzung der Umfrage

Ziel dieser Umfrage ist es, das Thema Korrelationen und deren Verhalten in irrationalen und/oder extremen Marktphasen möglichst weiträumig abzufragen, um so praktische Implikationen für die Modellierung des taktischen Asset-Allocation Modells zu erhalten. Als Zielgruppe wird der deutsche Bankensektor ausgewählt, da es hier eine abgeschlossene Grundgesamtheit gibt[716].

Neben Fragen zum aktuellen Stand der Umsetzung der Asset-Allocation im deutschen Bankensektor sollen auch die Funktionsfähigkeit der vorgestellten Modelle[717] und die Wirkungsweise von Korrelationen abgefragt werden. Zudem sollen Daten über das irrationale Verhalten verschiedener Marktteilnehmer erhoben werden. Auch die Irrationalitäten auf verschiedenen Märkten im Zeitablauf gilt es zu analysieren. Betrachtet werden sollen verschiedene Assetklassen wie z.b. Zinsen, Aktien, Corporates aber auch alternative Assetklassen wie Rohstoffe, Gold und Emerging Markets. Auch die Frage der möglichen Absicherung von Korrelationsrisiken soll an dieser Stelle abgefragt werden. Ziel ist es letztlich, die so erhobenen Daten in das eigene Modell in Kapitel 4 einfließen zu lassen.

3.1.2 Aktueller Stand der empirischen Forschung

Im ersten Schritt gilt es jedoch, den aktuellen Stand der empirischen Forschung darzulegen und die durchgeführte Umfrage in diesen Kontext einzubetten und entsprechend zu würdigen. Letztlich müssen hier mehrere Teilbereiche analysiert werden. Dies zeigt Abbildung 18.

---

[716] Vgl. u.a. *Deutsche Bundesbank* (2009a), S. 2.
[717] Vgl. Kapitel 2.4.2.

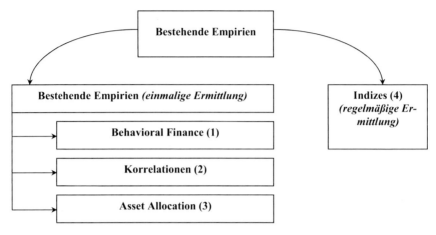

Abbildung 18: Strukturierung bestehender Empirien[718]

Neben Befragungen zu den Themen Asset-Allocation, Behavioral Finance und Korrelationen müssen auch bestehende Indizes zur Messung von Irrationalitäten bzw. Stimmungen untersucht werden. Tabelle 12 stellt bestehende Befragungen und Erhebungen synoptisch gegenüber, wobei der Fokus auf Umfragen liegt[719]. Da gerade im Bereich der Behavioral Finance jedoch eine Vielzahl von Umfragen/Erhebungen existiert, werden an dieser Stelle nur die für das Thema wichtigsten Studien vorgestellt[720].

Autor(en)	Jahr	Kat.	Wesentliche Inhalte
Kahneman/ Tversky[721]	1979	(1)	Aufbauend auf bereits bestehenden Analysen von Allais[722] wurden bei der Entwicklung der Prospect Theory auch empirische Untersuchungsergebnisse in Bezug auf das Risikoverhalten von Individuen vorgestellt. Grundlegende Aspekte des irrationalen Verhaltens in Bezug auf Risikoaversion bzw. -freudigkeit wurden herausgearbeitet. So bewerten Individuen geringe Wahrscheinlichkeiten oder Wahrscheinlichkeitsunterschiede tendenziell mit 0. Zudem werden gleiche Wahrscheinlichkeiten an Extrempunkten überbewertet[723]. Neuere Studien bestätigen diese Effekte[724].

---

[718] Eigene Darstellung auf Basis der Erkenntnisse aus Kapitel 2.
[719] Einen guten Überblick über die an Märkten beobachtbaren Phänomene / Anomalien der Behavioral Finance bieten *Sewell* (2010), S. 1 ff.; *Barberis/Thaler* (2003), S. 1051 ff.
[720] Einen guten Überblick über Empirien der Behavioral Finance bieten *Sewell* (2010), S. 1 ff.; *Barberis/Thaler* (2003), S. 1051 ff.
[721] Vgl. *Kahneman/Tversky* (1979), S. 265 ff.
[722] Vgl. *Allais* (1953), S. 503 ff.
[723] Vgl. auch Kapitel 2.3.4.3.
[724] Vgl. *Currim/Sarin* (1989); *Gerke* (1997), S. 33 f.; *Wiemann/Mellewigt* (1998); *Brudermann/Fenzl* (2008), S. 60 – 63.

3.1 Konzeption der Umfrage im Kontext des aktuellen Forschungsstandes 83

Autor(en)	Jahr	Kat.	Wesentliche Inhalte
Bernartzi/ Kahneman/ Thaler[725]	1999	(1)	Eine Umfrage unter 1.053 Morningstar.com Teilnehmern ergab, dass Investoren eher optimistisch als pessimistisch sind und sich eher auf mögliche Gewinne als mögliche Verluste fokussieren. Mehr als ein Drittel gab an, dass Aktien Anleihen auf lange Sicht outperformen werden.
Bernartzi/ Thaler	2001	(1)	Bernartzi/Thaler untersuchten die naive Diversifikation von Investoren. Hierbei kam heraus, dass eine 1/n Diversifikation vorliegt, d.h., dass das Vermögen gleichverteilt auf mehrere Assetklassen aufgeteilt wird[726].
Hofäcker[727]	2001	(1) (3)	Eine Umfrage bei 45 deutschen Fondsgesellschaften analysierte die Verwendung der Behavioral Finance im Management der Fonds. 29% lehnten eine Einbindung in das Management ab, 49% sahen keine Nachfrage am Markt nach einem solchen Produkt und nur 22% nutzten angabegemäß verhaltenstheoretische Ansätze im Fondsmanagement[728].
Grimmer[729]	2003	(3)	Grimmer erhob den Status quo der materiellen Gesamtbanksteuerung, wobei auch der Bereich der Risikomessung abgefragt wurde. Der VaR findet sowohl im Handels- als auch im Anlagebuch häufig Anwendung[730].
Menkhoff/ Schmidt[731]	2005	(1) (3)	Eine Umfrage bei 35 Fondsmanagern untersuchte drei typische Handelsstrategien (Buy and Hold, Momentum, Contrarian), auch in Bezug auf Behavioral Finance. Eine der dort aufgestellten Thesen besagt, dass Buy and Hold Strategien weniger empfänglich gegenüber Anomalien sind. Dies konnte zumindest schwach bestätigt werden.
Reuse[732]	2007	(3)	Die primäre Zielsetzung der Umfrage war die Erhebung von Daten zur Unternehmensbewertung im deutschen Bankbereich. Es wurden jedoch auch Informationen zum aktuellen Stand der Gesamtbanksteuerung in deutschen Instituten und zur Nutzung von Kennzahlen abgefragt. Letztlich verfügten 49% nicht über eine integrierte Gesamtbanksteuerung, der VaR wurde jedoch von 86% der Institute eingesetzt[733].

Tabelle 12: Synoptische Darstellung der wichtigsten Empirien[734]

Im zweiten Schritt werden die bereits bestehenden Verfahren zur Messung von Irrationalitäten oder Stimmung am Markt vorgestellt. Tabelle 13 fasst diese zusammen[735].

---

[725] Vgl. *Benartzi/Kahneman/Thaler* (1999).
[726] Vgl. *Benartzi/Thaler* (2001), S. 79 ff.; diskutiert in *Barberis/Thaler* (2003), S. 1101.
[727] Vgl. *Hofäcker* (2001), S. 63 ff.; diskutiert in *Roßbach* (2001), S. 27 f.
[728] Diskutiert in *Roßbach* (2001), S. 27 f.
[729] Vgl. *Grimmer* (2003), S. 190 ff.
[730] Vgl. *Grimmer* (2003), S. 230 – 234.
[731] Vgl. *Menkhoff/Schmidt* (2005), S. 1719 ff.
[732] Vgl. *Reuse* (2007), S. 53 ff.
[733] Vgl. *Reuse* (2007), S. 65, 69.
[734] Eigene Darstellung in Anlehnung an vorgenannte Quellen. Kat. = Kategorie. Zur Einteilung der Kategorien vgl. Abbildung 18.
[735] Einen aktuellen Überblick bietet *Behavioralfinance* (2010). Aufgrund des Themas der Untersuchung findet eine Beschränkung auf den deutschen Markt statt.

Index	Anbieter	Seit:	Beschreibung
Sentix Sentiment[736]	Sentix	2001[737]	Gemessen wird die Stimmung auf zehn verschiedenen Anlagemärkten, primär Zinsen, Aktien und Währungen, wobei Bullen- und Bärenmarkteinschätzungen[738] miteinander verglichen werden[739]. Auf wöchentlicher Basis werden mehr als 3.000 Teilnehmer[740], darunter mehr als 600 institutionelle Investoren befragt[741]. Es existieren mittlerweile mehrere Teilindizes[742].
Animus Investors Sentiment	Animus	2002[743]	Auf Basis einer wöchentlichen Kurzumfrage[744] werden knapp 2.000 Finanzinvestoren nach ihrer Einschätzung der Märkte befragt[745]. Ergebnis dieser repräsentativen Umfrage[746] ist ein wöchentlicher Newsletter[747],[748].
Bull/Bear Index	Cognitrend	2002	Der Index misst seit 2002 die Stimmung bei institutionellen Gelddisponenten. Hierbei werden wöchentlich 150 Teilnehmer befragt. Der Index kann Werte zwischen 0 und 100% annehmen, negative Stimmungen liegen unter 50%, positive Stimmungen über 50%[749].
Euwax Sentiment	Börse Stuttgart / Euwax	08.2009[750]	Der Index misst die Stimmung von Privatanlegern auf Basis der ausgeführten Orders in Optionsscheinen und Knock-Out-Produkten auf den DAX[751]. Positive Index-Werte (0 bis 100) stehen für positive Privatanlegerstimmung, vice versa stehen negative Werte (0 bis -100) für negative Stimmung[752].
Scoach-Put-Call-Sentiments	Börse Frankfurt / Scoach	08.2009[753]	Dieser Index misst ebenfalls Transaktionen in Hebelprodukten auf den DAX. Ein hoher Anteil an Call-Volumen wird dahingehend interpretiert, dass auf steigende Märkte gesetzt wird[754].
zew G-Mind	zew[755]	1991[756]	Es handelt sich hierbei weniger um die Messung von Stimmungen, sondern vielmehr um eine Befragung von 350 Finanzexperten, die ihre Erwartungen bezüglich wichtiger Finanzdaten angeben[757]. Der G-Mind gibt die Erwartungen für Aktien und Anleihen wieder[758].

Tabelle 13: Bestehende Indizes zur Messung von Irrationalitäten[759]

---

[736] Sentiment = Stimmung.
[737] Vgl. *Sentix* (2010b).
[738] Vgl. beispielhaft *Sentix* (2004), S. 10 f.
[739] Vgl. *Hübner* (2008), S. 28 ff.; *Sentix* (2010a).
[740] Vgl. *Sentix* (2010d), S. 1.
[741] Vgl. *Sentix* (2008), S. 3.
[742] Vgl. *Sentix* (2008), S. 5; *Sentix* (2010c). Differenzierte Analysen finden sich in *Rüppel* (2005), S. 42; *Czink* (2009), S. 10 ff.
[743] Vgl. *Animus* (2010b).
[744] Vgl. *Animus* (2010a).
[745] Vgl. *Animus* (2010c).
[746] Vgl. *Animus* (2004), S. 1 ff.
[747] Vgl. *Animus* (2006).
[748] Eine Analyse des Index findet sich in *Czink* (2009), S. 15 f.
[749] Vgl. hierzu und zur genaueren Berechnung *Cognitrend* (2010).
[750] Vgl. *Börse Stuttgart* (2009), S. 1.
[751] Zur genauen Berechnung vgl. *Börse Stuttgart* (2010).
[752] Vgl. *Börse Stuttgart* (2009), S. 2.
[753] Vgl. *Innovations Report* (2009).
[754] Vgl. *Scoach* (2010).
[755] Zentrum für Europäische Wirtschaftsforschung GmbH.
[756] Vgl. *ZEW* (2010a).
[757] Vgl. *ZEW* (2010.06), S. 1.
[758] Vgl. *ZEW* (2010b); diskutiert in *Czink* (2009), S. 22 f.
[759] Eigene erweiterte Darstellung in Anlehnung an *Börse Stuttgart* (2009), S. 1 f.; *Johann* (2009), S. 60 – 61.

3.1 Konzeption der Umfrage im Kontext des aktuellen Forschungsstandes 85

Auf Basis der Analyse des bestehenden Standes der empirischen Forschung lässt sich festhalten, dass es eine Vielzahl von Untersuchungen zum irrationalen Verhalten von Marktteilnehmern gibt[760]. Auch der aktuelle Stand der Asset-Allocation wird zumindest indirekt in einigen Umfragen abgefragt. Zudem existieren einige wenige Umfragen, die beide Aspekte miteinander verbinden. Eine Umfrage mit dem Schwerpunkt Korrelationen und/oder der Verknüpfung derselben mit Behavioral Finance Aspekten existiert jedoch nicht. Auch kann bei der Analyse der bestehenden Indizes festgehalten werden, dass diese zwar Stimmungen an den Märkten, nicht aber die Irrationalität als solche messen. Wird die in dieser Ausarbeitung durchgeführte Umfrage im Kontext dieser Aspekte diskutiert, so lässt sich erkennen, dass sie die bestehende empirische Forschung um folgende Punkte erweitert:

(1) Aktuelle und umfassende Abfrage des Standes der Asset-Allocation im Bankbereich.
(2) Ermittlung des Grades des irrationalen Verhaltens von Marktteilnehmern.
(3) Explizites Abfragen der Verlässlichkeit von Korrelationen.
(4) Verbindung der Themen Korrelationen und Behavioral Finance.
(5) Ermittlung von ex post einzuschätzenden Irrationalitäten anstelle von Stimmungen über einen langen Zeitraum.

3.1.3 Theoretische Aspekte beim Aufbau einer Umfrage

Zur Evaluierung von Daten zur Lösung dieser Problemstellung wird Primärresearch[761] in Form einer Umfrage durchgeführt. Eine Umfrage kann als eine Methode definiert werden, welche den Empfänger zur Abgabe adäquater Antworten motiviert[762]. Diese Stimulationen können verbaler Natur sein, allerdings sind auch Bilder oder Präsentationen üblich[763]. Nur gut strukturierte Umfragen liefern auch qualitativ hohe Antworten[764]. Im Rahmen der Datenerhebung müssen die gegebenen Antworten strukturiert und ggf. mit weiterführenden Hinweisen des Befragers „veredelt" werden[765]. Bei Umfragen gilt es, mehrere Aspekte zu analysieren. So müssen die Form und Art der Befragung, die Häufigkeit, die Zielgruppe und das Hauptziel der Umfrage im Vorhinein definiert werden[766]. Tabelle 14 analysiert dies und strukturiert die Umfrage entsprechend.

---

[760] Diese finden zudem bereits Eingang in Investmentfondskonzepte, vgl. exemplarisch *HSH Nordbank* (2009); *Johann* (2009), S. 60.
[761] Für eine Definition von Primärresearch vgl. u.a. *Pepels* (1995), S. 204; *Sudman* (1998), S. 87; *Kotler/Armstrong* (2004), S. 149 ff.
[762] Vgl. *Lötters* (2000), S. 61.
[763] Vgl. *Lötters* (2000), S. 61.
[764] Vgl. *Schnell/Hill/Esser* (1999), S. 301.
[765] Vgl. *Sudman* (1998), p. 84.
[766] Vgl. *Kotler/Armstrong* (2004), S. 151 ff.

Aspekt	Ausprägungen	Strukturierung in der Umfrage
Form der Befragung	• Schriftlich • Telefonisch • Mündlich • Computerunterstützt	In dieser Ausarbeitung wird eine **schriftliche Umfrage** genutzt. Als Grund hierfür ist anzuführen, dass der Autor mit einer höheren Rücklaufquote verglichen mit anderen Formen rechnet. Zudem ist die Wahrscheinlichkeit, dass die Umfrage die richtigen Empfänger erreicht, wesentlich höher als z.b. bei einer Mail an die pauschale Mailadresse der Bank. Zudem wird erhofft, dass die gedruckte Variante des Fragebogens den Leser positiv beeinflusst. Zu guter Letzt erkennt der Empfänger der Umfrage, dass eine postalische Umfrage für den Absender einen wesentlich höheren Kostenfaktor darstellt. Dies erhöht die Seriosität der Umfrage.
Art der Fragen	• offene Fragen • geschlossene Fragen	Die Umfrage verwendet sowohl **offene als auch geschlossene Fragen**. Dies hängt jeweils vom zu lösenden Problem ab. An manchen Stellen sollen die Antworten bewusst auf ein „ja" oder „nein" reduziert werden, um auswertbare Cluster zu erhalten. Andere Fragen erzielen höhere Erkenntnisse, wenn diese offen formuliert werden.
Strategie der Umfrage	• Standardisiertes Interview • Strukturiertes Interview • Freies Interview	Zur Erzielung möglichst standardisierter, clusterbarer[767] Antworten wird ein **standardisierter Fragebogen** mit Ankreuzoptionen gewählt. Nur in wenigen, bewusst offen gelassenen Fällen sind frei formulierte Sätze erwünscht.
Häufigkeit	• Einmalig • Regelmäßig	Die Umfrage wird nur **einmalig** für die vorliegende Analyse durchgeführt. Zur Stabilisierung der Erkenntnisse des Irrationalitätsindizes böte sich jedoch durchaus eine regelmäßige Erhebung an. Diese würde den Rahmen dieser Arbeit jedoch sprengen.
Zielgruppe	• Unternehmen • Kunden • Experten • *Sonstige*	Die Zielgruppe besteht aus Unternehmen in Form deutscher Banken. Da die Umfrage nur auf Deutsch gestellt wird, kommen Banken mit Sitz im Ausland per se nicht in Frage, da sonst die erzielbaren Informationen eher dürftig wären[768].
Grund für die Umfrage	• Ein spezieller Grund • Mehrere Gründe	Der Grund ist hier **ein konkretes Ziel**. Durch diese Analyse soll der Status quo der Asset-Allocation in deutschen Banken erhoben werden.

Tabelle 14: **Rahmenbedingungen und Eckdaten des Fragebogens**[769]

Der Vorteil eines strukturierten Fragebogens ist auf der einen Seite, dass der Befrager die Umfrage steuern kann, ohne selbst anwesend zu sein. Ein Fragebogen erlaubt es, dieselbe Frage allen Beteiligten gleich zu stellen, ohne z.B. durch verschiedene Fragetechniken differierende Antworten zu erhalten. Dies vereinfacht die Datenanalyse. Zudem kann nur durch einen strukturierten Fragebogen eine postalische Datenerhebung erfolgen. Ansonsten wären die Daten vom Befrager zu clustern bzw. zu interpretieren, was wiederum die Objektivität der Ergebnisse verfälschen würde. Zudem ist dies günstiger als ein Präsenzinterview des Befra-

---

[767] Vgl. *Schnell/Hill/Esser* (1999), S. 301.
[768] Vgl. *Berekoven/Eckert/Ellenrieder* (2004), S. 100 ff.
[769] Eigene Darstellung in Anlehnung an *Kotler/Armstrong* (2004), S. 151 ff.

gers. Letztlich ist die Umfrage das einzige Instrument, welches auch eine geografische Streuung der Zielgruppe ermöglicht[770].[771]

Auf der anderen Seite sind auch einige Nachteile der Umfrage zu nennen. Unter Umständen können die Adressaten die Fragen nicht oder nur teilweise beantworten: Korrigierende Eingriffe durch den Befrager können nicht vorgenommen werden. Auch kann es geschehen, dass die Befragten die Fragen einfach „blind" ankreuzen, um gegenüber dem Befrager nicht als inkompetent zu erscheinen. Ein weiteres Problem ist zudem die (schriftliche) Herausgabe interner Daten.[772]

Für diese Ausarbeitung bietet sich die schriftliche Umfrage aufgrund ihrer Nachvollziehbarkeit und Seriosität an. Dies wird dadurch verstärkt, dass ein Begleitschreiben der Masaryk-Universität, der FOM[773] und des DIPS[774] beigefügt wurde, welches den Forschungscharakter des Projektes in den Vordergrund stellt[775] und einen möglichen kommerziellen Zweck in den Hintergrund rücken lässt. Es ist zwar generell davon auszugehen, dass die Rücklaufquote relativ gering ausfällt[776], allerdings wird eine hohe Qualität in den Antworten erwartet.

3.1.4 Struktur des Fragebogens der Umfrage

Der vorliegende Fragebogen[777] muss in einer kurzen Zeit, am besten in ca. 10 Minuten, zu beantworten sein[778]. Hierzu werden manche Aspekte stark vereinfacht dargestellt. Die starke Vereinfachung mancher Fragen lässt nicht immer die theoretisch notwendige Detailtiefe zu, allerdings kann nur so eine hohe Rücklaufquote mit konsistenten und auswertbaren Ergebnissen erzielt werden[779]. Unter der Verwendung der obigen Erkenntnisse[780] besteht der Fragebogen aus 5 Kapiteln, welche der Strukturempfehlung für den Aufbau von Fragebögen folgt[781]. Tabelle 15 fasst die Struktur des 8-seitigen Fragebogens zusammen[782].

---

[770] Vgl. *Sudman* (1998), S. 84 ff.
[771] Zur Darstellung der Vorteile vgl. auch *Reuse* (2007), S. 54.
[772] Vgl. *Kotler/Armstrong* (2004), S. 154.
[773] Hochschule für Oekonomie & Management.
[774] Deutsches Institut für Portfolio-Strategien.
[775] Vgl. Anhang 3. Das generelle Zusammenspiel der Anhänge findet sich in Anhang 1.
[776] Analog *Reuse* (2007), S. 57 ff.
[777] Vgl. Anhang 4.
[778] Vgl. u.a. *Diller* (1992), S. 335.
[779] Vgl. *Vovici* (2009) S. 4. Die Anzahl der Abbrecher einer Umfrage steigt überproportional zur Anzahl der Fragen.
[780] Vgl. Kapitel 3.1.3.
[781] Vgl. *Vovici* (2009), S. 3. Zum Aufbau von Fragen, deren Strukturierung und Einsatz vgl. exemplarisch *Bauer* (2002), S. 279; *Berekoven/Eckert/Ellenrieder* (2004), S. 103; *Mummendey/Grau* (2008), S. 74 ff.; *Raab-Steiner/Benesch* (2008), S. 49.
[782] Vgl. im Detail Anhang 4.

Kapitel	Beschreibung	Fragen
1. Allgemeine Daten zum Institut	Ziel dieses einleitenden Kapitels ist es, allgemeine Daten zum Institut herauszufinden. Anzahl Mitarbeiter, Größe des Institutes, Handelsbuchstatus, Börsennotierung und Bilanzierungsregeln sollen helfen, die Repräsentativität der Stichprobe sicherzustellen und ggf. größenklassenabhängige Aussagen treffen zu können.	5
2. Fragen zur Portfoliotheorie / Asset-Allocation	Diese Sektion dient der Erhebung des Status quo der Methoden und der Möglichkeit, Extremwertrisiken zu messen. Neben der Abfrage der Kenntnis der Modelle zur Asset-Allocation werden auch Fragen zur Anwendung dieser im Kunden- oder Eigengeschäft gestellt. Um das Verständnis der Empfänger für die einzelnen Modelle zu vereinheitlichen und Fehlinterpretationen zu vermeiden, wurden zudem einige kurze Definitionen eingebaut.	6
3. Fragen zum irrationalen Marktverhalten in Extremsituationen	Dieser Schwerpunkt der Umfrage deckt 3 ½ Seiten des Fragebogens ab. Es werden allgemeine Fragen zur Entwicklung des irrationalen Marktverhaltens gestellt. Des Weiteren werden Faktoren analysiert, die das irrationale Marktverhalten beeinflussen. Zudem werden verschiedene Marktteilnehmer im Hinblick auf ihren Einfluss auf den Markt und den Grad ihres irrationalen Verhaltens analysiert. Den Abschluss dieses Kapitels bildet die grafische Darstellung einer 10-Jahres-Historie von vier wesentlichen Assetgruppen, die das Institut im Hinblick auf Übertreibungen nach oben oder unten schätzen soll. Die Ergebnisse dieser Frage sind letztlich die Grundlage für die Modellierung der Irrationalitätsindizes.	7
4. Fragen zu einem Korrelationszertifikat	Zur Absicherung von Korrelationsrisiken soll in dieser Arbeit ein Korrelationszertifikat entwickelt werden. Potenzial für ein solches Zertifikat, Ausgestaltungsmöglichkeiten, Nutzen und wichtige Assetklassen werden an dieser Stelle ebenfalls abgefragt, eine detaillierte Modellierung erfolgt jedoch erst an späterer Stelle[783].	3
5. Abschließende Bemerkungen	Nur an dieser Stelle hat der Adressat die Möglichkeit, in einem Freifeld Hinweise zu geben. Auch die Frage der Anonymität und der Zusendung der Umfrageergebnisse sowie der Teilnahme an der Verlosung werden hier gestellt.	3
		24

Tabelle 15: Struktur des Fragebogens[784]

---

[783] Vgl. Kapitel 5.
[784] Eigene Darstellung, vgl. hierzu im Detail Anhang 4.

Der 8-seitige Fragebogen kann bei konzentrierter Bearbeitung in ca. 10 – 15 Minuten beantwortet werden[785]. Zur Erhöhung der Rücklaufquote wurden neben dem optimierten Aufbau des Fragebogens folgende Aspekte beachtet:

(1) Der Fragebogen wurde mit einem Begleitschreiben der Masaryk-Universität, der FOM und des DIPS versehen. Dies soll die Seriosität und den nicht-kommerziellen Charakter der Umfrage in den Vordergrund stellen.

(2) Das Begleitschreiben ist so aufgebaut, dass es die Beantwortung möglichst attraktiv macht[786]. Neben der Zusendung der Ergebnisse und gestressten Korrelationen wurden Incentives ausgelost[787].

(3) Das Anschreiben wurde soweit wie möglich individualisiert. Von den 1.000 Anschreiben wurden 135 mit direkter Anrede versehen. Zudem wurde bei den Empfängern im Sparkassenbereich die eigene berufliche Zugehörigkeit zur Sparkassenorganisation herausgestellt. Des Weiteren wurde bei diesen Empfängern darauf hingewiesen, dass der RSGV[788] keine Bedenken bei der Beantwortung der Umfrage hat. Dies wurde letztlich durch den DSGV bestätigt, wie Rundschreiben mehrerer Verbände erkennen lassen.

Aus Sicht des Autors wurden somit möglichst viele Aspekte zur Erzielung einer möglichst hohen Rücklaufquote bei gleichzeitig hoher Qualität der zu erwartenden Antworten umgesetzt.

3.1.5 Definition der Zielgruppe der Umfrage

Als Zielgruppe[789] dieser Umfrage wird die deutsche Kreditwirtschaft definiert[790]. Dies lässt sich wie folgt begründen:

(1) Es handelt sich hierbei um eine Gruppe von Wirtschaftssubjekten, welche die deutsche Wirtschaft maßgeblich beeinflussen.
(2) Die Grundgesamtheit ist auf Basis offiziell zugänglicher Daten leicht zu ermitteln. Dies lässt bessere Rückschlüsse auf die Repräsentativität zu als eine Analyse in anderen Wirtschaftsbereichen.

---

[785] Betatests mit mehreren Kollegen aus der Zielgruppe Bankkaufmann / Controlling / Handel. Zum Erfordernis von Betatests vgl. exemplarisch *Zentes/Swoboda* (2001), S. 169.
[786] Vgl. *Vovici* (2009), S. 2.
[787] Vgl. Anhang 2. Die Verlosung erfolgte im Nachgang zu dieser Untersuchung zusammen mit der Versendung der Ergebnisse.
[788] Rheinischer Sparkassen- und Giroverband.
[789] Zur Definition einer Zielgruppe vgl. u.a. *Brightman* (1999), S. 13.
[790] Vgl. *Deutsche Bundesbank* (2009a); *Deutsche Bundesbank* (2009b); *Deutsche Bundesbank* (2009c).

(3) Kreditinstitute bedienen sich sowohl im Eigengeschäft als auch im Kundengeschäft der Grundgedanken der Portfoliodiversifizierung. Die methodischen und praktischen Erfahrungen sollten hier recht hoch sein.

Zur genauen Definition der Zielgruppe[791] wurde wie folgt vorgegangen[792]: Auf Basis des Jahresberichtes der Deutschen Bundesbank Stand 31.12.2008 wurden alle Einlagenkreditinstitute[793] und alle Wertpapierhandelsbanken[794] erfasst. Nicht erfasst wurden E-Geld-Institute[795] und sonstige Kreditinstitute mit Teilkonzessionen oder in Liquidation[796], da es sich hierbei nur um eingeschränkt agierende Institute handelt. Die so ermittelte Grundgesamtheit beträgt 2.088 Institute und deckt somit 96,27% der Gesamtsumme aller Institute von 2.169[797] ab.

Diese Grundgesamtheit wurde vom Autor etwas anders geclustert als in den Bundesbankreports[798]. Grund ist der Wunsch nach einer etwas gröberen Gliederung, die die Zugehörigkeit zu Bankengruppen und Tätigkeitsschwerpunkten fokussiert. Aus der Grundgesamtheit wurde eine Stichprobe von 1.000 Instituten gezogen[799], die zwecks Einhaltung der Repräsentativität zu gleichen Teilen aus allen Bankengruppen gezogen wurden. Einzig Großbanken, Landesbanken und Genozentralbanken wurden aufgrund der geringen Stückzahl und der erwarteten geringen Rücklaufquote vollständig angeschrieben. Abbildung 19 verdeutlicht den Weg von der Grundgesamtheit zur Stichprobe[800].

---

[791] Ähnlich ermittelt in *Kaltofen* (2009), S. 23 ff.
[792] Alle hier vorgenommenen Tätigkeiten von der Grundgesamtheit zur Stichprobe können in Anhang 5 nachvollzogen werden.
[793] Vgl. *Deutsche Bundesbank* (2009c), Kategorien 1.1 – 1.6, S. 63 – 192.
[794] Vgl. *Deutsche Bundesbank* (2009c), Kategorien 3.1 – 3.4, S. 195 – 204.
[795] Vgl. *Deutsche Bundesbank* (2009c), Kategorie 2, S. 193.
[796] Vgl. *Deutsche Bundesbank* (2009c), Kategorie 4, S. 205 – 212.
[797] Vgl. *Deutsche Bundesbank* (2009a), S. 1 – 2; *Deutsche Bundesbank* (2009b), S. 1.
[798] Vgl. hierzu Anhang 5, siehe auch Abbildung 19.
[799] Zu empfehlen für eine Grundgesamtheit von mehr als 1.000. Vgl. *Vovici* (2009), S. 2.
[800] Vgl. *Deutsche Bundesbank* (2009c). Durchgeführte Änderungen:
- Kreditbanken und Zweigstellen ausländischer Banken wurden zur Gruppe Privatbanken zusammengefasst.
- Die Deka wurde aus Vereinfachungsgründen der Gruppe Landesbanken zugeordnet. Die Bundesbank geht in einigen Veröffentlichungen hier ähnlich vor. Vgl. *Deutsche Bundesbank* (2009b), S. 1.
- Freie Sparkassen gelten ebenfalls als Sparkassen.
- Realkreditinstitute, Banken mit Sonderaufgaben und Bausparkassen wurden zur Gruppe Sonstige Institute zusammengefasst.

3.2 Analyse der empirischen Validität der Umfrage 91

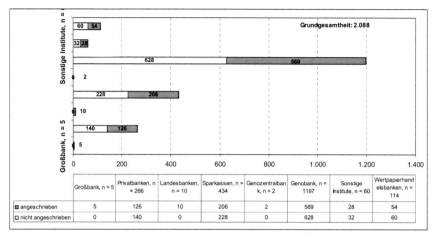

Abbildung 19: Grundgesamtheit und Stichprobe der Umfrage[801]

Die ausgewählte Stichprobe weist mit 47,89% einen hohen Durchdringungsgrad der Grundgesamtheit auf. Zusammen mit der sektoral proportionalen Auswahl der Institute kann somit eine Repräsentativität der Stichprobe postuliert werden. Zudem sei angemerkt, dass die Auswahl einer Stichprobe entgegen althergebrachter Meinung[802] „ein probates Mittel zur empirischen Analyse und sicher kein Instrument zweiter Klasse[803]" ist.

3.2 Analyse der empirischen Validität der Umfrage

3.2.1 Rücklaufquote der Umfrage

Der 10-seitige Brief mit Umfrage, Anschreiben und Begleitschreiben wurde doppelseitig gedruckt und am 09.11.2009 per Post versandt[804]. Es wurde bewusst ein Montag als Versanddatum gewählt, da mit einer Zustellung am Dienstag oder Mittwoch von einem optimalen Empfangszeitpunkt ausgegangen werden kann, was der „total design method" von Dillman entspricht[805].

Von den 1.000 Briefen konnten 135 mit persönlicher Anrede versehen werden, 865 wurden an die Leiter Controlling der entsprechenden Banken versandt. Bei den persönlich bekannten

---
[801] Eigene Darstellung auf Basis der Daten aus *Deutsche Bundesbank* (2009c) und der angeführten Änderungen.
[802] Vgl. u.a. *Pepels* (1998); *Herrmann/Homburg* (1999), S. 63.
[803] *Von der Lippe/Kladroba* (2002), S. 1.
[804] Vgl. Anhang 2 – 4.
[805] Vgl. *Dillman* (1978), S. 180 ff.

Banken wurde eine Nachfassaktion gestartet[806], bei der 52 Instituten der Fragebogen per Mail erneut zugesandt wurde[807]. Dies führte zu weiteren 21 Rückläufern, so dass der Nachfassaktion die Rücklaufquote der persönlich bekannten Institute fast viermal so groß ist wie bei den unbekannten Adressaten[808].

Tabelle 16 visualisiert diese Ergebnisse und die Rücklaufquote in Abhängigkeit vom Anspracheweg.

Anspracheweg	Stichprobe	Rückläufer			Rücklaufquote gesamt
		Umfrage 09.11.2009	Nachfassaktion	Summe	
Persönliche Ansprache	135	22	21	43	31,85%
Anonyme Ansprache	865	70		70	8,09%
	1.000			113	11,30%

Tabelle 16: **Rücklaufquote in Bezug auf Anspracheweg**[809]

In Summe kommen so 113 Fragebögen[810] in die Wertung, was eine Rücklaufquote von **11,30%** bedeutet. Vor dem Hintergrund folgender Kriterien muss diese als hoch eingestuft werden. Zum einen werden vergleichsweise sensible Daten abgefragt, zum anderen ist die Beantwortung der kompletten Umfrage trotz Optimierung durch die Betatests vergleichsweise komplex.

Ein Vergleich mit Rücklaufquoten anderer Umfragen ergibt ähnliche Resultate. Eine gleichgeartete Umfrage des Autors zum Thema Unternehmensbewertung hat im Jahr 2006 bei 750 befragten Instituten nur zu einer Rücklaufquote von 6,80% (51 Institute) geführt[811]. Eine ähnliche Erfahrung hat Grimmer gemacht[812]. Von 692 in 2003 befragten Instituten zum Thema Gesamtbanksteuerung antworteten 135, was einer Rücklaufquote von 18,90% gleich-

---

[806] Von 11.2009 – 01.2010.
[807] Im Detail kann dies über Anhang 5 nachvollzogen werden.
[808] Vgl. Tabelle 16. Das Verhältnis ist 31,85% zu 8,09%. Dies konnte nur durch erhebliche Akquisitionsanstrengungen des Autors erreicht werden.
[809] Eigene Darstellung auf Basis der Ergebnisse der Umfrage.
[810] Hiervon:
- 3 per Mail
- 1 per Fax
- 2 durch direkte Übergabe
- 107 per Post.
Von den 1.000 angeschriebenen Instituten antworteten 876 gar nicht, 11 Absagen konnten verzeichnet werden. Zeitraum: 11.11.2009 bis 19.01.2010.
[811] Vgl. *Reuse* (2007), S. 58.
[812] Vgl. *Grimmer* (2003), S. 198 ff.

kommt[813]. Er würdigt diese wie folgt: „Zieht man den Umfang (12 Seiten) und Detaillierungsgrad (4 Abschnitte, 40 Fragen, 248 Antwortdetails) des Fragebogens in Betracht, kann die erzielte Rücklaufquote als sehr gut bewertet werden.[814]" Umfragen, denen ein kommerzieller Zweck zugrunde liegt, erlangen noch schlechtere Ergebnisse. Eine Umfrage der Unternehmensberatung Ernst & Young zum Thema Shareholder Value führte im Jahr 1996 dazu, dass über 80% der Institute sich weigerten, die Umfrage zu beantworten[815]. Auch aktuelle, professionell ausgerichtete Umfragen von Universitäten, welche die gesamte Grundgesamtheit angeschrieben haben, führen bei geringerem Umfang nur zu einer Rücklaufquote von 21,60%[816].

Wird an dieser Stelle bereits die kumulierte Bilanzsumme aller antwortenden Institute analysiert[817], so beträgt diese über alle Banken 1.164 Mrd. €. Dies sind **15,38%** der insgesamt in Deutschland vorhandenen 7.570 Mrd. €[818]. Verglichen mit den 5,41% Abdeckungsgrad über die reine Stückzahl der Antworten[819] führt dies zum Schluss, dass tendenziell eher größere Banken geantwortet haben. Der Faktor zwischen Bilanzsumme und Anzahl der Institute ist somit ungefähr 3. Dies bestätigt sich auch in der Umfrage zum Thema Liquiditätsrisiko aus 2009, welche hier auf einen Faktor von 2,6 kommt[820].

Vor dem Hintergrund dieser Erkenntnisse kann die Rücklaufquote als gut charakterisiert werden. Ähnlich argumentiert auch die bestehende Literatur. So führt Pepels an, dass schriftliche Umfragen im besten Fall zu einer Rücklaufquote von 15% bis 40% führen können, typischerweise sind die erreichbaren Quoten jedoch deutlich geringer[821].

3.2.2 Repräsentativität der Umfrage

Im nächsten Schritt gilt es, die Repräsentativität der Stichprobe festzustellen. Tabelle 17 fasst die Erkenntnisse in Bezug auf die Clusterung der Bankengruppen zusammen.

---

[813] Vgl. *Grimmer* (2003), S. 198.
[814] *Grimmer* (2003), S. 198.
[815] Vgl. *Ernst & Young* (1997), S. 2; diskutiert in *Kirsten* (2000), S. 49 ff.
[816] Vgl. *Kaltofen* (2009), S. 23.
[817] Vgl. Frage 1.2 der Umfrage.
[818] Vgl. *Deutsche Bundesbank* (2009.12), S. 24*.
[819] Von den 2.088 Instituten der Grundgesamtheit haben 113 geantwortet = 5,41%, vgl. Tabelle 17.
[820] 339 Institute (21,6% Rücklaufquote), 4,4 Bill. € Bilanzsumme (56,7%). Vgl. *Kaltofen* (2009), S. 23.
[821] Vgl. *Pepels* (1995), S. 204; *Lissmann* (2000), S. 19; *Kirchhoff/Kuhnt/Lipp/Schlawin* (2008), S. 33.

Grundgesamtheit deutscher Banken		Stichprobe		Antworten der Banken		
Kategorie	Anzahl	ange-schrieben	Durch-dringung	Anzahl Antworten	in % der Stichprobe	in % der Grundges.
Großbank	5	5	100,00%	1	20,00%	20,00%
Privatbanken	266	126	47,37%	13	10,32%	4,89%
Landesbanken	10	10	100,00%	2	20,00%	20,00%
Sparkassen	434	206	47,47%	36	17,48%	8,29%
Genozentralbank	2	2	100,00%			
Genobank	1.197	569	47,54%	54	9,49%	4,51%
Sonstige Institute	60	28	46,67%	6	21,43%	10,00%
Wertpapierhandelsbanken	114	54	47,37%	1	1,85%	0,88%
	2.088	1.000	47,89%	113	11,30%	5,41%

Tabelle 17: Rücklaufquote in Bezug auf Bankengruppen[822]

Es lässt sich erkennen, dass sich die Rückläufer über nahezu alle Bankengruppen im selben Maß verteilen[823]. Aufgrund der geringen Stückzahl sind Landesbanken und Großbanken einerseits etwas überrepräsentiert, während andererseits nur eine Wertpapierhandelsbank geantwortet hat. Prozentual sind Sparkassen relativ hoch gewichtet, was auch auf die berufliche Zugehörigkeit des Autors zu diesem Sektor zurückzuführen ist.

Es böte sich an dieser Stelle auch ein empirischer Test auf die Repräsentativität der Stichprobe an, z.b. der Chi-Quadrat-Test[824]. Diese Vorgehensweise wird in der Literatur jedoch kritisch gesehen[825], so dass auf einen solchen Test verzichtet wird, zumal er höchstens in Bezug auf die Repräsentativität der Bankgruppen, nicht jedoch in Bezug auf die Repräsentativität der Antworten gelten kann[826].

Generell lässt sich somit festhalten, dass die Rückläufer breit genug gefächert sind, um als qualitativ repräsentativ gelten zu können, da 5,41% der Grundgesamtheit bezogen auf die Stückzahl und 15,38% bezogen auf die Bilanzsumme hierdurch abgedeckt werden.

3.2.3 Zeitraum der Rückläufer der Umfrage

Die 113 Rückläufer lassen sich ebenfalls im Hinblick auf den Antwortzeitpunkt hin analysieren. Diskrete Häufigkeiten pro Tag und kumulierte Häufigkeiten der Rückläufer stellt Abbildung 20 dar.

---

[822] Eigene Darstellung auf Basis der Ergebnisse der Umfrage.
[823] Vgl. Tabelle 17.
[824] Diskutiert u.a. in *Bleymüller/Gehlert/Gülicher* (1996), S. 127 ff.
[825] Vgl. *Von der Lippe/Kladroba* (2002), S. 5.
[826] In Anlehnung an die Argumentation von *Von der Lippe/Kladroba* (2002), S. 5 ff.

3.2 Analyse der empirischen Validität der Umfrage

Zu erkennen ist, dass die meisten Rückläufer schon nach ca. 2 – 3 Wochen eintrafen. Das durchschnittliche errechnete Rücksendedatum ist der 26.11.2009, somit 17 Tage nach Versand der Umfrage. Die erhöhten Rückmeldungen ab Mitte Dezember sind auf die Nachfassaktionen des Autors zurückzuführen[827].

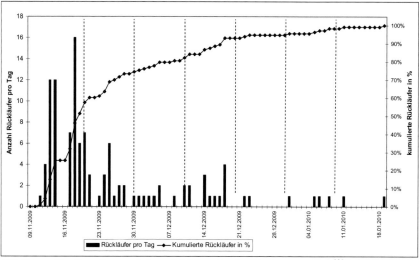

Abbildung 20: Grundgesamtheit und Stichprobe der Umfrage, n = 113[828]

Dies entspricht dem Verhalten in anderen Studien[829] und kann als normal angesehen werden, wie Abbildung 21 zeigt.

---

[827] Details lassen sich in Anhang 5 nachvollziehen. Aufgrund der eher unbedeutenden Details wird an dieser Stelle nicht näher hierauf eingegangen.
[828] Eigene Darstellung auf Basis der Daten der Umfrage.
[829] Vgl. u.a. Reuse/Propach (2003), S. 325 ff.; Reuse (2007), S. 59 und Abbildung 20.

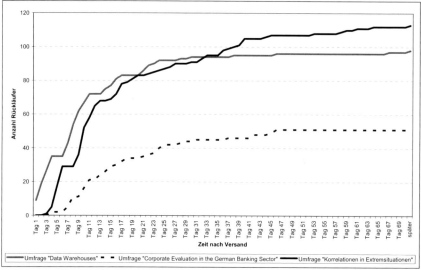

Abbildung 21: Kumulierte Rückläufer im Vergleich zu anderen Umfragen[830]

Nur aufgrund der Nachfassaktion konnte die aktuelle Umfrage weitere Rückläufer generieren. Dies macht deutlich, dass eine wiederholte Ansprache in Kombination mit persönlicher Bekanntheit zu sehr hohen Rücklaufquoten führt[831] und dass es zurzeit relativ schwierig ist, Banken zur Teilnahme an einer solchen Umfrage zu motivieren.

3.3 Analytische Auswertung der Ergebnisse der Umfrage

Bevor die Ergebnisse der Umfrage im Detail analysiert werden, gilt es einen kurzen Abriss über die theoretischen Grundlagen zu geben, da verschiedene Methoden zur Auswertung der Ergebnisse angewendet werden können.

Generell ist anzumerken, dass die Analyse von Umfragen der deduktiven Statistik zuzuordnen ist, da das Hauptziel die Beschreibung der Daten und die Analyse derselben ist[832]. In diesem Kapitel werden mehrere Methoden verwendet. Diese können in Abhängigkeit von den verwendeten Variablen strukturiert werden[833]. Wird nur eine Variable analysiert, so wird von

---

[830] Eigene Darstellung auf Basis der Daten dieser Umfrage, *Reuse/Propach* (2003), S. 325 ff.; *Reuse* (2007), S. 59.
[831] Das Verhältnis ist 31,85% gegenüber 8,09%.
[832] Vgl. *Bleymüller/Gehlert/Gülicher* (1996), S. 1.
[833] Vgl. *Berekoven/Eckert/Ellenrieder* (2004), S. 197, 211.

einer Häufigkeitsanalyse gesprochen[834]. Werden zwei Variablen kombiniert, so finden Methoden wie Kreuztabelle[835], Korrelationsanalyse[836] oder Regressionsanalyse[837] Anwendung. Ansätze, die mehr als drei Variablen verwenden, haben verschiedene Methoden, Abhängigkeitsanalysen zu generieren[838]. Hierzu zählen u.a. die Diskriminanzanalyse, die Clusteranalyse oder auch die Faktoranalyse[839].

Bei der Analyse dieses Fragebogens wird hauptsächlich die Häufigkeitsanalyse verwendet, aber auch einige Ansätze bei der Analyse von zwei oder mehr Faktoren werden Anwendung finden. Die Auswertung des Fragebogens[840] wird anhand der fünf Abschnitte[841] erfolgen.

3.3.1 Analyse Teil 1: Allgemeine Daten zum Kreditinstitut

Ziel der ersten Fragen der Umfrage ist es, die befragten Institute hinsichtlich Größe, Handelsintensität und Struktur näher zu analysieren[842]. So wurde im ersten Schritt in Frage 1.1 die Anzahl der Mitarbeiter und in Frage 1.2 die Bilanzsumme eruiert. Die Institute sollten konkrete Zahlen in Form von Mitarbeitern und Bilanzsumme einsetzen. Das Einteilen in Cluster erfolgte im Nachhinein. Abbildung 22 gibt die Ergebnisse für die Fragen 1.1 und 1.2 wieder[843].

---

[834] Vgl. *Bleymüller/Gehlert/Gülicher* (1996), S. 8; *Berekoven/Eckert/Ellenrieder* (2004), S. 198.
[835] Vgl. *Berekoven/Eckert/Ellenrieder* (2004), S. 203 ff.
[836] Verwendung des linearen Korrelationskoeffizienten. Vgl. *Poddig/Dichtl/Petersmeier* (2000), S. 144.
[837] Vgl. *Berekoven/Eckert/Ellenrieder* (2004), S. 206.
[838] Vgl. *Berekoven/Eckert/Ellenrieder* (2004), S. 197, 211.
[839] Vgl. *Berekoven/Eckert/Ellenrieder* (2004), S. 197, 211.
[840] Zu möglichen Visualisierungstechniken vgl. exemplarisch *Fielding/Gilbert* (2000), S. 68 ff.
[841] Vgl. Anhang 4.
[842] Doppelnennungen waren nicht möglich.
[843] Alle Abbildungen zeigen die relevante Nummer der Frage in der links oberen Ecke.

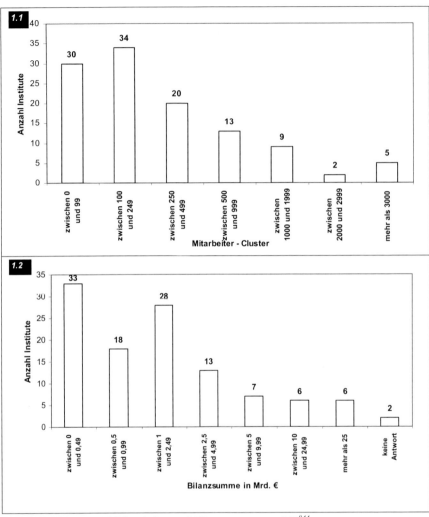

Abbildung 22: Anzahl Mitarbeiter und Bilanzsumme, n = 113[844]

Es ist zu erkennen, dass die antwortenden Institute sowohl im Hinblick auf Bilanzsumme als auch Anzahl der Mitarbeiter breit gestreut sind. Festzustellen ist ebenfalls, dass der Hauptteil der antwortenden Institute eher klein ist. Dies entspricht der Realität in der deutschen Bankenlandschaft und unterstreicht die Argumentation einer qualitativen Repräsentativität der Stichprobe. Auch ist festzustellen, dass Größe der Bank und Anzahl der Mitarbeiter sich proportio-

---

[844] Eigene Darstellung auf Basis der Ergebnisse der Umfrage, Bilanzsumme in Mrd. €.

3.3 Analytische Auswertung der Ergebnisse der Umfrage

nal zueinander verhalten. Dies zeigt Tabelle 18, in welcher die Bilanzsumme und die Anzahl der Mitarbeiter miteinander kombiniert werden.

1.1 & 1.2		k.A.	0 - 0,49	0,5 - 0,99	1 - 2,49	2,5 - 4,99	5 - 9,99	10 - 24,99	>= 25	Summe
Anzahl Mitarbeiter	zwischen 0 und 99	1	27		1				1	30
	zwischen 100 und 249	1	6	18	8			1		34
	zwischen 250 und 499				17	3				20
	zwischen 500 und 999				2	9	1	1		13
	zwischen 1000 und 1999					1	6	2		9
	zwischen 2000 und 2999							2		2
	mehr als 3000								5	5
	Summe	2	33	18	28	13	7	6	6	113

Tabelle 18: Mitarbeiter vs. Bilanzsumme, n = 113[845]

Die Schlussfolgerung hieraus ist, dass die beantwortenden Institute zum Großteil klassische Kreditbanken sind, da Bilanzgröße und Mitarbeiterzahl zusammenhängen. Nur zwei Institute fallen hier heraus. Es handelt sich um zwei Realkreditinstitute[846], welche sich durch große Bilanzsummen und wenig Mitarbeiter auszeichnen.

Frage 1.3 befasste sich mit dem Thema Handelsbuchstatus[847]. Von den 113 befragten Instituten geben 25 an, den Handelsbuchstatus zu besitzen[848]. Dies lässt den Schluss zu, dass sich diese Institute etwas intensiver mit dem Thema Asset-Allocation auseinandersetzen müssen, da die im KWG erforderliche Handelsstrategie verschärfte Anforderungen an die Banksteuerung stellt[849].

Einen ähnlichen Zweck haben die Fragen der Börsennotierung (1.4) und der Form der Bilanzierung (1.5), welche zusammen mit dem Ergebnis des Handelsbuchstatus' in Tabelle 19 dargestellt werden.

---

[845] Eigene Darstellung auf Basis der Ergebnisse der Umfrage. Keine Mehrfachnennungen möglich.
[846] Nummer 921 und 927.
[847] Hierbei handelt es sich um einen der BaFin (Bundesanstalt für Finanzdienstleistungsaufsicht) anzuzeigenden Status, welcher die Intensität der Geschäfte zur Erzielung eines kurzfristigen Eigenhandelserfolges darstellt, vgl. *Reuse* (2008a), S. 9. Zur Abgrenzung Handelsbuch und Anlagebuch vgl. §1a *KWG*; diskutiert in *Reuse* (2008a), S. 9 f.
[848] 87 Institute verneinen dies, einmal wurde diese Frage nicht beantwortet.
[849] Vgl. §1a (6) *KWG*.

Bilanzierung nach:	Handelsbuchinstitut		Kein Handelsbuchinstitut	
	börsennotiert	nicht börsennotiert	börsennotiert	nicht börsennotiert
HGB		15	2	82
HGB & IFRS	2	4		3
IFRS	2	1		1
US GAAP				
HGB & IFRS & US GAAP	1			
Summe				**113**

Tabelle 19: Handelsbuchstatus, Börsennotierung & Bilanzierung, n = 113[850]

Es können 7 börsennotierte Institute und 14 Institute definiert werden, welche nach marktorientierten Verfahren wie IFRS[851] und US GAAP[852] bilanzieren. Tabelle 19 zeigt die weite Streuung auch in Bezug auf diese Faktoren. Die Mehrzahl[853] bilanziert jedoch nach HGB, ist nicht börsennotiert und kein Handelsbuchinstitut. Dies bestärkt die Schlussfolgerung, dass es sich bei den antwortenden Instituten bis auf wenige Ausnahmen um klassische Kreditbanken handelt, die in qualitativer Hinsicht als repräsentativ für den deutschen Bankensektor gelten können[854] – nicht zuletzt aufgrund der Tatsache, dass diese Institute in der Regel hohe Marktanteile aufweisen.

3.3.2 Analyse Teil 2: Status quo zur Portfoliotheorie / Asset-Allocation

Die Fragen zur Asset-Allocation beziehen sich sowohl auf die Kenntnis und die Wertung bestehender und bereits erläuterter Methoden[855] als auch auf die praktische Umsetzung von Asset-Allocation in der Praxis der deutschen Banken. Frage 2.1 eruiert die Kenntnis und die Einschätzung der Funktionsfähigkeit der theoretisch möglichen Methoden im Zusammenhang mit der Asset-Allocation. Abbildung 23 fasst die Bekanntheit der Methoden zusammen.

---

[850] Eigene Darstellung auf Basis der Ergebnisse der Umfrage. Keine Mehrfachnennungen möglich.
[851] International Financial Reporting Standards.
[852] United States Generally Accepted Accounting Principles.
[853] 82 Institute = 73%.
[854] Ähnliche Schlussfolgerungen finden sich in *Reuse* (2007), S. 60 ff.
[855] Vgl. insbesondere Kapitel 2.4.2. Dort nicht noch einmal separat dargestellt wurden die intuitive Portfoliooptimierung und die Behavioral Finance.

3.3 Analytische Auswertung der Ergebnisse der Umfrage 101

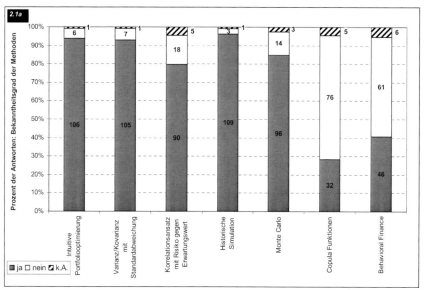

Abbildung 23: Bekanntheitsgrad der Asset-Allocation-Methoden, n = 113[856]

Zu erkennen ist, dass die historische Simulation, der klassische Varianz-/Kovarianz Ansatz und die intuitive Portfoliooptimierung die höchsten Bekanntheitsgrade aufweisen. Der noch recht neue Ansatz der Copula-Funktionen fällt demgegenüber stark ab. Dies ist zum einen darin begründet, dass diese erst seit kurzer Zeit auch in der Praxis Einzug gehalten haben[857], zum anderen sind Copulas der mit Abstand komplexeste Ansatz der Portfoliooptimierung. Ein solches Verfahren lohnt sich für kleine und mittelständische Banken kaum, da die Ergebnisse bei klassischen Assets nahezu identisch mit den Resultaten des Korrelationsansatzes mit VaR sind. Auch die Behavioral Finance ist nur in ca. 40% der Institute bekannt. Die Implementierung irrationaler Komponenten in die Asset-Allocation hat somit im Bankenbereich noch keinen Einzug gehalten, da die Methoden noch nicht einmal theoretisch bekannt, geschweige denn im Haus implementiert worden sind[858].

Neben dem Bekanntheitsgrad ist auch die Einschätzung der Funktionsfähigkeit der Methoden von Bedeutung. Abbildung 24 fasst die Ergebnisse der Wertungsoptionen 1 (gut) bis 4 (schlecht) in eine Durchschnittsnote zusammen. Die Anzahl der wertenden Institute differiert,

---

[856] Eigene Darstellung auf Basis der Ergebnisse der Umfrage. Keine Mehrfachnennungen möglich.
[857] Vgl. Kapitel 2.4.2.5. Die dort angegebenen Quellen finden sich primär in 2006 oder später.
[858] Vgl. hierzu die Ausführungen zu Frage 2.3.

da nur die Institute, welche die Methoden auch kennen, eine solche Wertung abgeben sollten[859].

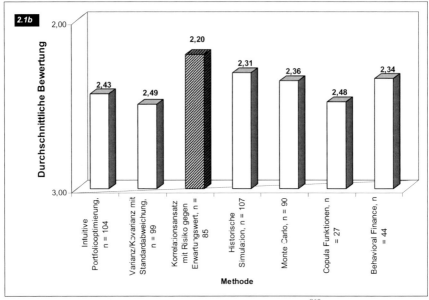

Abbildung 24: Wertung der Asset-Allocation-Methoden, n = 113[860]

Zu erkennen ist eine relativ nahe beieinanderliegende Wertung im Bereich von Note 2 bis 3. Hierbei schneidet der Korrelationsansatz mit Risiko gegen Erwartungswert mit einer Note von 2,20 am besten ab. Dies ist ein weiteres Argument für die Nutzung dieser Methode in dieser Arbeit: Die oben erläuterten Vorteile des Ansatzes[861] werden sowohl durch eine hohe Bekanntheit als auch durch eine positive Einschätzung unterstützt.

Die historische Simulation erreicht die zweitbeste Bewertung. Dies überrascht nicht, ist es doch gerade in der Zinsbuchsteuerung der im Bankenbereich am weitesten verbreitete Ansatz[862], der sich auch aufgrund seiner intuitiven Verständlichkeit einer hohen Beliebtheit erfreut und Risiken adäquat schätzen kann. Weiterhin ist positiv hervorzuheben, dass die Behavioral Finance mit einer Bewertung von 2,34 als drittbeste Methode abschneidet. Die Institute, die die Methode kennen, würdigen sie entsprechend positiv.

---

[859] Vereinzelte Inkonsistenzen in den Antworten wurden eliminiert. Vgl. hierzu im Detail die Kommentarfelder in Anhang 5.
[860] Eigene Darstellung auf Basis der Ergebnisse der Umfrage.
[861] Vgl. Kapitel 2.4.2.6.
[862] Vgl. auch *Fröhlich/Steinwachs* (2008), S. 109.

Erstaunlich ist hingegen, dass die intuitive Portfoliooptimierung eine verhältnismäßig gute Bewertung erhält. Durch die Finanzmarktkrise sind viele mathematisch-statistischen Modelle in die Kritik geraten, so dass viele nun die Auffassung vertreten, dass das „blinde" Vertrauen in komplexe Modelle zur Krise geführt hat[863]. Dies kann vice versa zu einer leicht positiven Überschätzung der intuitiven Methode führen, so dass dieses Teilergebnis aus Sicht des Autors etwas zu optimistisch dargestellt worden ist.

Festzuhalten bleibt jedoch, dass mit Ausnahme von Behavioral Finance und Copula-Funktionen der Kenntnisstand um Methoden der Asset-Allocation durchaus vorhanden ist. Dies zeigt sich auch in der Frage 2.2, in welcher das effektive Betreiben einer Asset-Allocation abgefragt wurde. An dieser Stelle wird zudem nach Nutzung (Eigengeschäft oder Kundengeschäft) differiert. Abbildung 25 zeigt die Ergebnisse.

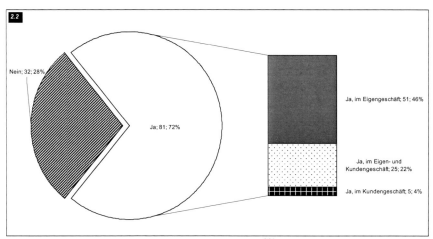

Abbildung 25: Betreiben von Asset-Allocation, n = 113[864]

Von den 113 befragten Instituten betreiben 72% eine Asset-Allocation, wobei von diesen 81 Instituten 76 dies im Eigengeschäft nutzen. Faktisch optimieren somit ca. 68% ihre Eigengeschäfte auf Basis einer wie auch immer gearteten Asset-Allocation. Nur 28% der Institute geben an, dies nicht durchzuführen. Eine weite Verbreitung von Asset-Allocation im deutschen Bankenbereich lässt sich somit konstatieren, wenngleich im Bereich Kundengeschäft weiterhin Entwicklungspotenzial besteht.

---

[863] Diskutiert u.a. in *Krämer* (2009), S. 5 ff.
[864] Eigene Darstellung auf Basis der Ergebnisse der Umfrage. Keine Mehrfachnennungen möglich.

Das Betreiben von Asset-Allocation ist jedoch nicht von der Größe der Institute abhängig. Abbildung 26 gliedert die 113 Institute und deren Antworten nach Größenklassen bezogen auf die Bilanzsumme.

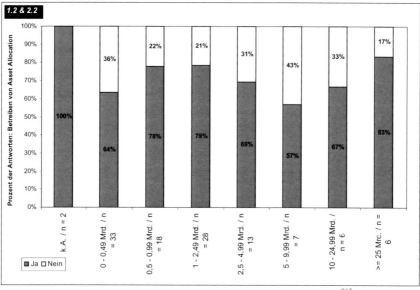

Abbildung 26: Betreiben von Asset-Allocation vs. Bilanzsumme, n = 113[865]

Es ist zu erkennen, dass auch kleine und mittlere Institute[866] mit über 70% eine Asset-Allocation betreiben. Eine mögliche Schlussfolgerung ist somit, dass nicht die Größe des Institutes, sondern die Komplexität des Portfolios ausschlaggebend für die Nutzung einer Asset-Allocation ist[867].

Die nun folgenden Fragen 2.3 – 2.6 sollten nur noch von den 81 Instituten beantwortet werden, welche auch tatsächlich eine Asset-Allocation betreiben. Die restlichen 32 Institute sollten direkt mit Kapitel 3 der Umfrage fortfahren[868]. Ziel des nun folgenden Teilkapitels ist es, die theoretisch bekannten Methoden auf ihre praktische Verwendung hin zu analysieren. Hiermit beschäftigt sich Frage 2.3, welche die Nutzung der Methoden differenziert nach Kun-

---

[865] Eigene Darstellung auf Basis der Ergebnisse der Umfrage.
[866] Hier wie folgt definiert: DBS = 0,5 – 0,99 Mrd. € & DBS = 1,0 – 2,49 Mrd. €.
[867] Hierzu wurde jedoch keine explizite Frage gestellt, da die Antworten sehr vertrauliche Daten beinhaltet hätten.
[868] Etwaige Inkonsistenzen wurden bereinigt. Vgl. hierzu die Ausführungen in Anhang 5.

3.3 Analytische Auswertung der Ergebnisse der Umfrage 105

dendepots und Eigengeschäft erfragt. Hierbei sind Mehrfachnennungen der verwendeten Methoden möglich. Abbildung 27 visualisiert die Ergebnisse.

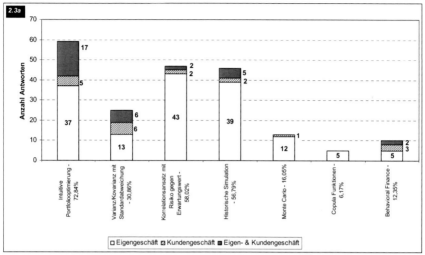

Abbildung 27: **Nutzung der Asset-Allocation-Methoden, n = 81**[869]

Zu erkennen ist, dass die intuitive Portfoliooptimierung bei nahezu drei Viertel der Institute im Einsatz ist, dies sogar primär im Eigengeschäft. Die historische Simulation als auch der Varianz-/Kovarianz Ansatz gegen Erwartungswert erfreuen sich ebenfalls einer hohen Nutzungsquote. Positiv hervorzuheben ist, dass der klassische Markowitz-Ansatz aufgrund der erläuterten methodischen Schwächen[870] demgegenüber abfällt.

Aber auch Copula-Funktionen und Behavioral Finance werden selten genutzt. Dies liegt bei den Copula-Funktionen wiederum an der Komplexität und am Grenzwertnutzen in Abhängigkeit der Größe des Institutes bzw. der Komplexität des Portfolios. Methoden der Behavioral Finance werden immerhin von 12,35% der Institute genutzt. Hierbei wurde aufgrund der Tatsache, dass es noch keine geschlossene Theorie der Behavioral Finance gibt, bewusst nicht weiter untergliedert[871]. Es bleibt jedoch festzuhalten, dass diese Modelle der Asset-Allocation unterrepräsentiert sind.

---

[869] Eigene Darstellung auf Basis der Ergebnisse der Umfrage. Mehrfachnennungen möglich.
[870] Vgl. Kapitel 2.4.2.1.
[871] Vgl. Kapitel 2.3.4.4.

Generell verwenden die befragten Banken mehr als eine Methode[872] zur Portfoliosteuerung. Dies zeigt Abbildung 28.

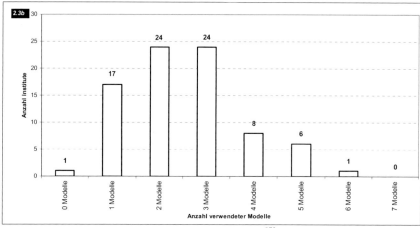

Abbildung 28: Anzahl der verwendeten Modelle, n = 81[873]

Im Schnitt verwenden deutsche Banken 2,53 Methoden zur Portfoliosteuerung. Dies ist positiv hervorzuheben, da die Verwendung mehrerer Modelle auf die Risikomessung in verschiedenen Assetklassen hindeutet.

Die Nutzung der intuitiven Optimierung passt zu der tendenziell guten Bewertung der intuitiven Asset-Allocation in Frage 2.1. Die Steuerung der Bank auf Basis von „Bauchgefühl und Erfahrung[874]" dominiert somit im deutschen Bankensektor und lässt den vorsichtigen Schluss zu, dass bei alleiniger Verwendung dieser Methode die Mehrzahl der Institute sich eher auf eigene, subjektive Einschätzungen als auf Modelle verlassen. Hierbei ist jedoch positiv hervorzuheben, dass nur 11 von den 69 Instituten, welche die intuitive Portfoliooptimierung verwenden, diese auch als einziges Modell verwenden[875].

An dieser Stelle kann die Diskussion um die Funktionsfähigkeit von Modellen erneut angeführt werden. Wenn Modelle nur dann genutzt werden, solange die Ergebnisse in die eigene, subjektive Meinung „passen", kann mittelfristig nur ein vermeintliches „Versagen" der Risi-

---

[872] Methoden und Modelle werden an dieser Stelle synonym verwendet.
[873] Eigene Darstellung auf Basis der Ergebnisse der Umfrage. Mehrfachnennungen möglich. Institut Nr. 66 hat keines der angegebenen Modelle angekreuzt, da ein Länder- und Branchenansatz verwendet wird, der nicht in o.g. Kategorien passt. Vgl. hierzu die Anmerkungen in Anhang 5.
[874] Im Fragebogen zur bessere Verständlichkeit bewusst plakativ formuliert. Vgl. Anhang 4.
[875] Vgl. Ausführungen in Anhang 5.

komodelle konstatiert werden. Dies ist aus Sicht des Autors jedoch eher durch das Primat der intuitiven Portfoliooptimierung als durch die verwendeten Risikomodelle begründet.

Während die Portfoliotheorie die wertorientierte Entwicklung des Portfolios im Auge hat, müssen Banken dies auch unter der Nebenbedingung der GuV[876] betrachten[877]. Dies kann durchaus im Widerspruch zur wertorientierten Optimierung stehen, so dass das Primat der Optimierung in Frage 2.4 abgefragt wird. Abbildung 29 verdeutlicht die Ergebnisse.

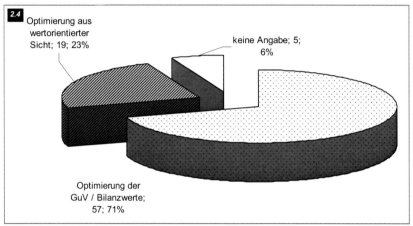

Abbildung 29: **Primat der Optimierung, n = 81**[878]

Nahezu drei Viertel der befragten Institute geben an, die Optimierung der GuV bzw. Bilanzwerte im Vordergrund zu haben. Dies zeigt, dass die eher wertorientiert geprägten Modelle in der Praxis ihre Wirkung nicht voll entfalten. Die GuV ist in diesen Modellen eher Nebenbedingung als Hauptoptimierungskriterium. Dies offenbart eine Lücke in den bestehenden Modellen. Eine echte integrative Betrachtung von GuV und wertorientierter Sicht fehlt im deutschen Bankensektor.

Im nächsten Schritt wurde in Frage 2.5 nach der Art der Optimierung (aktiv oder passiv) gefragt[879]. Da die verwendeten Risikomodelle alle eine eher passive Ausrichtung proklamieren,

---

[876] Gewinn- und Verlustrechnung.
[877] Vgl. hierzu ausführlich u.a. *Reuse* (2006), S. 427; *Reuse* (2008b), S. 208 ff.
[878] Eigene Darstellung auf Basis der Ergebnisse der Umfrage. Keine Mehrfachnennungen möglich.
[879] Vgl. hierzu auch die Ausführungen in Kapitel 2.4.1.2.

sollte dies bei deren Verwendung auch zu einer überdurchschnittlich hohen Nutzung eines passiven Stils führen. Abbildung 30 visualisiert die Resultate der Umfrage[880].

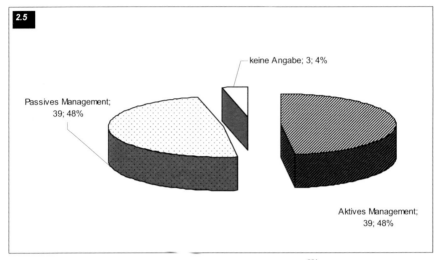

Abbildung 30: Form der Asset-Allocation (aktiv/passiv), n = 81[881]

Es ist zu erkennen, dass keine der beiden Managementstile dominiert. Werden die 3 Institute, die keine Angabe gemacht haben, außer acht gelassen, so ergibt sich eine gleichförmige Aufteilung in aktiv und passiv steuernde Institute. Dies führt zu der Schlussfolgerung, dass die Hälfte der befragten Institute der Auffassung ist, langfristig den Markt schlagen zu können. Dies ist konsistent zu den Erkenntnissen aus Frage 2.3, welche einen hohen Nutzungsgrad der intuitiven Portfoliooptimierung konstatierte. Allerdings bedeutet dies auch, dass die erfragten Modelle aus Frage 2.3, welche eigentlich für eine eher passive Steuerungsform stehen, nicht vollumfänglich und modellkonform genutzt werden.

Eine nähere Analyse der Kombination aus Managementstil und verwendeten Methoden zeigt Abbildung 31. Hier wird die prozentuale Nutzung für die entsprechenden Stile abgetragen.

---

[880] Es wurde in der Umfrage bewusst auf die häufig verwendete semipassive oder semiaktive Variante verzichtet, um eindeutige Ergebnisse zu erzielen. Andernfalls hätten sich die meisten Institute in diesen unbestimmten Kategorien einsortiert und die Ergebnisse wären verzerrt.
[881] Eigene Darstellung auf Basis der Ergebnisse der Umfrage. Keine Mehrfachnennungen möglich.

3.3 Analytische Auswertung der Ergebnisse der Umfrage   109

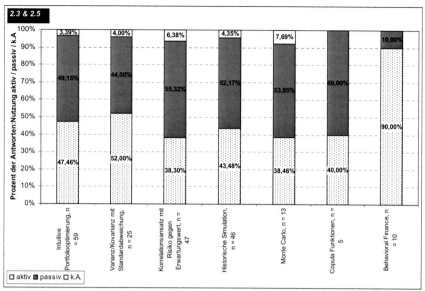

Abbildung 31: Form der Asset-Allocation vs. verwendete Modelle, n = 81[882]

Zu erkennen ist eine in der Regel gleichförmige Verteilung der Modellnutzung auf aktive und passive Institute. Dies passt zu der paritätischen Aufteilung in Frage 2.5. Lediglich die Behavioral Finance sticht hier heraus. Zu 90% wird diese für einen aktiven Stil verwendet. Dies erscheint logisch, da die Ansätze der Behavioral Finance eine Abkehr von der klassischen Kapitalmarkttheorie darstellen und genau die aktiven Momente beinhalten, die diese Kapitalmarkttheorie aufgrund der Annahme des Homo oeconomicus negieren[883]. Dies lässt den Schluss zu, dass Aspekte der Behavioral Finance Verwendung finden, um eine Outperformance der klassischen Kapitalmarkttheorie zu erzielen. Dieser Gedanke wird später weiterverfolgt[884].

Weitere Untersuchungen in Bezug auf Primat der Optimierung (Frage 2.4), Managementstil (Frage 2.5) und Art der Bilanzierung (Frage 1.5) ergaben keine erkennbaren Zusammenhänge. Sowohl Primat der Optimierung als auch Managementstil bedingen sich nicht gegenseitig. Auch die Form der Bilanzierung, welche bei kapitalmarktnahen Bilanzierungen wie US GAAP und IFRS eine eher wertorientierte Steuerung zur Folge haben müsste, hat keinen Einfluss auf Managementstil und Primat der Optimierung.[885]

---

[882] Eigene Darstellung auf Basis der Ergebnisse der Umfrage. Keine Mehrfachnennungen möglich.
[883] Vgl. hierzu auch Kapitel 2.3.4.
[884] Vgl. Kapitel 4.
[885] Details können den Analysen im Anhang 5 entnommen werden.

Zusammenfassend gesagt, besteht in Bezug auf die konsequente Umsetzung einer langfristig ausgerichteten Asset-Allocation, die nicht die kurzfristige Optimierung der GuV als Ziel hat, weiterhin Nachholbedarf.

Frage 2.6 als die letzte Frage, welche den Asset-Allocation betreibenden Instituten gestellt wurde, befasst sich mit der Quantifizierbarkeit von Parametern der Portfoliooptimierung auf Basis historischer Daten. Gefragt wurde nach Renditen, Risiken, Extremwertrisiken und Korrelationen. Auf Basis der Erkenntnisse der aktuellen Fachliteratur sind aus Sicht des Autors Korrelationen als auch Risiken adäquat aus der Historie schätzbar[886]. Extremwertrisiken können jedoch nur über die POT Methode[887] quantifiziert werden, bei Renditen liegt in der Regel ein zu kurzer Zeitraum vor, was zur Fehlsteuerung in der Asset-Allocation führen kann[888].

Es wird somit erwartet, dass die Mehrheit angibt, dass Korrelationen und Risiken adäquat messbar sind, Extremwertrisiken und Renditen nicht. Dies ist in der Praxis jedoch nicht so, wie Abbildung 32 zeigt.

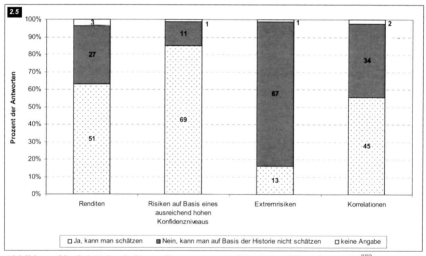

Abbildung 32: Schätzbarkeit von Parametern auf Basis der Historie, n = 81[889]

---

[886] So formuliert *Spremann* (2008), S. 138 treffend: „Die Schätzung der Standardabweichung ist also genauer als die des Erwartungswerts der Rendite möglich."
[887] Vgl. Kapitel 2.3.3.3.
[888] Es wird in Bezug auf Renditen der Argumentation von *Steiner/Bruns* (2007), S. 20 gefolgt. Zudem formuliert *Spremann* (2008), S. 136: „Die Renditeerwartungen von Aktien können (anhand des Stichprobenmittel historische Daten) nur mit großer Fehlerwahrscheinlichkeit geschätzt werden."
[889] Eigene Darstellung auf Basis der Ergebnisse der Umfrage. Keine Mehrfachnennungen möglich.

3.3 Analytische Auswertung der Ergebnisse der Umfrage

Die Ergebnisse sind aufschlussreich. Während 85% der Institute der bestehenden Theoriemeinung folgen und der Auffassung sind, dass Risiken auf einem ausreichend hohen Konfidenzniveau aus den historischen Daten schätzbar sind, ist das Resultat bei Renditen und Korrelationen nicht ganz so eindeutig. Korrelationen werden nur von 55% der Institute als schätzbar angegeben. Dies passt aus Sicht des Autors nicht zur klaren Aussage in Bezug auf das Risiko. Wenn Risiken schätzbar sind, so muss es die Korrelation als die Wechselwirkung der Risiken im Zeitablauf auch sein.

Noch enttäuschender ist das Ergebnis in Bezug auf Renditen. 63% der Institute geben an, dass eine Schätzung der Renditen auf Basis historischer Parameter möglich ist. Dass hier ein sehr hohes Fehlerpotenzial vorhanden ist, wird anscheinend nicht erkannt bzw. die bestehenden Kurshistorien werden inhärent als ausreichend empfunden. Das Modellrisiko bei der Verwendung dieser Daten ist jedoch recht hoch.

Die Argumentation in Bezug auf Extremrisiken ist jedoch wiederum schlüssig. Nur 16% der Institute glauben an eine valide Messbarkeit von Extremwertrisiken auf Basis historischer Daten. Da die Extremwerttheorie bzw. POT-Methode[890] sich erst am Anfang in Bezug auf die Anwendung von Marktpreisrisiken befindet[891], besteht hier sowohl in der Theorie als auch in der praktischen Umsetzung Entwicklungspotenzial.

Die Ergebnisse zeigen folgendes auf: die Institute trauen sich die Messung von Risiken durchaus zu, halten Extremwertrisiken jedoch nicht für messbar. Interessant ist zudem, dass Korrelationen in knapp der Hälfte der Fälle für nicht adäquat messbar gehalten werden. Dies bestärkt eine der zentralen Thesen dieser Ausarbeitung: eine taktische Optimierung langfristiger Korrelationen in Kombinationen mit Extremwertrisiken könnte eine Outperformance bewirken.

Als Zwischenfazit zu Abschnitt 2 der Umfrage lässt sich festhalten, dass die Kenntnis bestehender Modelle der Asset-Allocation durchaus vorhanden ist. Auch die Nutzung von Modellen der Asset-Allocation ist mit 72% positiv hervorzuheben. Der in dieser Arbeit proklamierte Ansatz „Varianz-/Kovarianz gegen Erwartungswert und VaR" wird zudem als die beste Variante bewertet und findet recht häufig in der Praxis Anwendung. Dahinter zurück fällt aus Sicht des Autors die Umsetzung der Asset-Allocation in die Praxis. Modelle werden nicht konsequent umgesetzt, wenn sie eine Optimierung der GuV und nicht des wertorientiert ausgerichteten Portfolios als Ziel haben. Zudem hat die Nutzung der intuitiven Portfoliooptimierung noch immer einen zu hohen Stellenwert. Auch die konsequente Verfolgung der passiven

---

[890] Vgl. Kapitel 2.3.3.3.
[891] Vgl. *Reuse/Zeranski* (2009.10).

Strategie, welche Voraussetzung für die meisten Portfoliomodelle ist[892], kann nicht festgestellt werden; die aktive Steuerung ist ebenso häufig anzutreffen. Aus Sicht des Autors ist es jedoch fragwürdig, ob ein Institut es dauerhaft schaffen kann, den Markt outzuperformen[893]. Die Frage der Verlässlichkeit von Korrelationen, Renditen und vor allem Extremwertrisiken wird durch die befragten Institute ebenfalls in Frage gestellt. Dies zeigt indirekt die Unzulänglichkeiten bestehender Risikomodelle auf. Diese Aspekte werden darum in Abschnitt 3 des Fragebogens näher erläutert.

3.3.3 Analyse Teil 3: Irrationales Marktverhalten in Extremsituationen

Schwerpunkte dieses Abschnittes sind die Verlässlichkeit von Korrelationen, die Funktionsfähigkeit von Risikomodellen und das irrationale Marktverhalten. Aufbauend auf Frage 2.6 wurde aus diesem Grund allen Instituten zum Thema Korrelationen die Frage gestellt, ob und in welchem Maße diese verlässlich sind[894]. Abbildung 33 zeigt die Ergebnisse dieser Frage.

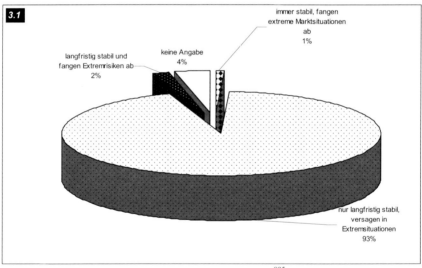

Abbildung 33: **Verlässlichkeit von Korrelationen, n = 113**[895]

---

[892] Vgl. *Spremann* (2008), S. 43; diskutiert in Kapitel 2.4.1.2.
[893] Es wird hier den Argumentationen von *Bernstein* (2006), S. 183; *Kommer* (2007), S. 95 ff.; *Kommer* (2009), S. 19 gefolgt. Auch in *Bruns/Meyer-Bullerdiek* (2008), S. 107 wird das aktive Management im Hinblick auf den Erfolg von Kapitalmarktprognosen kritisch gesehen.
[894] Gemeint ist hier die klassische lineare Korrelation.
[895] Eigene Darstellung auf Basis der Ergebnisse der Umfrage. Keine Mehrfachnennungen möglich.

3.3 Analytische Auswertung der Ergebnisse der Umfrage

Die Ergebnisse können als eindeutig bezeichnet werden. 93% der befragten Institute geben an, dass Korrelationen zwar langfristig stabil sind, jedoch in Extremsituationen versagen[896]. Nur 1 Institut bescheinigt den Korrelationen eine vollumfängliche Funktionsfähigkeit, 2 Institute geben an, dass auch Extremwertrisiken abgefedert werden.

Dies zeigt deutlich die Schwäche der Korrelationsmodelle auf. Augenscheinlich wird die Verlässlichkeit im strategisch-langfristigen Bereich nicht angezweifelt, wohl aber die Funktionsfähigkeit und Korrelationsstabilität in kurzfristigen Extremsituationen. Für diese Arbeit bedeutet dies, dass an dieser Stelle im taktischen Bereich Optimierungspotenzial besteht. These 3 dieser Ausarbeitung wird hierdurch anschaulich untermauert[897] und führt letztlich zu einem eigenen Modell, welches diese Korrelationsschwankungen adäquat berücksichtigt[898].

Frage 3.2 geht noch einen Schritt weiter und eruiert die Funktionsfähigkeit bestehender Risikomodelle im Hinblick auf Korrelationsrisiken. Ziel an dieser Stelle war es herauszufinden, ob und in welchem Maß bestehende Risikomodelle[899] in Bezug auf Korrelationen versagen. Die Ergebnisse fasst Abbildung 34 zusammen.

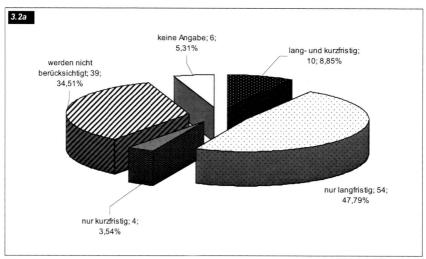

Abbildung 34: Berücksichtigung von Korrelationsrisiken in Modellen, n = 113[900]

---

[896] Diese Aussage wird an späterer Stelle empirisch geprüft und letztlich auch negiert, da Korrelationsschwankungen und Extremsituationen nicht zwingend zeitlich zusammenfallen, vgl. Kapitel 4.1.
[897] Vgl. Kapitel 1.2, These 3.
[898] Vgl. Kapitel 4.
[899] Vgl. Ausführungen zu Frage 2.1.
[900] Eigene Darstellung auf Basis der Ergebnisse der Umfrage. Keine Mehrfachnennungen möglich.

An dieser Stelle sind die Ergebnisse etwas breiter gefächert. Laut 34,51% der Institute werden Korrelationsrisiken nicht adäquat berücksichtigt. 47,79% der Institute sind der Auffassung, dass nur langfristige Korrelationsrisiken adäquat integriert sind. Nur 8,85% der Institute vertreten die Meinung, dass Korrelationsrisiken adäquat Berücksichtigung finden. Bemerkenswert sind die 4 Institute, welche den bestehenden Modellen bescheinigen, nur kurzfristige Korrelationsrisiken zu berücksichtigen. Dies ist aus Sicht des Autors methodisch nicht konsistent, da Korrelationen per se langfristig ausgerichtet sind. In Summe bescheinigen die Institute den Modellen somit eine nicht-adäquate Berücksichtigung der Korrelationsrisiken.

Zur Unterscheidung von kurz- und langfristigen Korrelationsrisiken lässt sich Frage 3.2 weiter aggregieren. Die 5 Cluster[901] werden dahingehend zusammengefasst, ob kurzfristige Korrelationsrisiken berücksichtigt werden oder nicht. Die dann als ja oder nein zu wertenden Aussagen fasst Abbildung 35 zusammen[902].

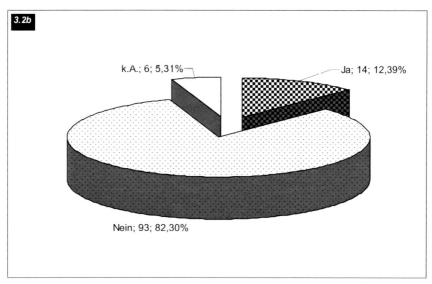

Abbildung 35: Berücksichtigung kurzfristiger Korrelationsrisiken, n = 113[903]

Die Aggregation dieser Ergebnisse führt mit 82,30% zu der Aussage, dass kurzfristige Korrelationsrisiken keine Berücksichtigung in den aktuell verwendeten Risikomodellen finden. Nur

---

[901] lang- und kurzfristig / nur langfristig / nur kurzfristig / werden nicht berücksichtigt / keine Angabe.
[902] Zusammengefasst werden die Blöcke wie folgt:
    ja: lang- und kurzfristig / nur kurzfristig
    nein: nur langfristig / werden nicht berücksichtigt
[903] Eigene Darstellung auf Basis der Ergebnisse der Umfrage. Keine Mehrfachnennungen möglich.

3.3 Analytische Auswertung der Ergebnisse der Umfrage

12,39% der Institute vertreten hier eine positive Meinung. Vor dem Hintergrund der Finanzmarktkrise überraschen diese Ergebnisse zwar nicht, zeigen aber erneut sehr deutlich die Grenzen der Modelle auf. Die Implikation für diese Arbeit ist somit, dass bestehende Risikomodelle um die kurzfristigen Korrelationsrisiken erweitert werden müssen. Dies wird an späterer Stelle in dieser Arbeit geschehen.

Diese Aussagen lassen sich noch verstärken. Werden Frage 3.1 und die modifizierte Frage 3.2 miteinander kombiniert, so ergibt sich Tabelle 20.

3.1 & 3.2 Beurteilung Modelle / Verlässlichkeit Korrelation	kurzfristige Korrelationsrisiken werden berücksichtigt		
	Ja	Nein	keine Angabe
immer stabil, fangen extreme Situationen ab	1		
nur langfristig stabil, versagen in Extremsituationen	12	90	4
langfristig stabil und fangen Extremrisiken ab	1	1	
keine Angabe		2	2

Tabelle 20: **Verlässlichkeit und Berücksichtigung von Korrelationen, n = 113**[904]

Von den 106 Instituten, welche in Frage 3.1 angeben, dass Korrelationen nur langfristig stabil sind, formulieren 90 sinngemäß, dass kurzfristige Korrelationsrisiken in bestehenden Modellen nicht adäquat berücksichtigt werden. Dies sind knapp 80% aller befragten Institute. Nach Auffassung der Institute versagen Korrelationen kurzfristig und finden dementsprechend nicht in den bestehenden Risikomodellen Berücksichtigung. Dies bestärkt These 3 dieser Ausarbeitung erneut[905].

Die Fragen 3.3 bis 3.7 befassen sich schwerpunktmäßig mit der Irrationalität der Märkte. Hierzu wurde als Eingangsfrage 3.3 die geschlossene Frage gestellt, ob Marktteilnehmer in Extremsituationen zur Irrationalität neigen oder nicht. Die Institute, welche diese Frage mit

---
[904] Eigene Darstellung auf Basis der Ergebnisse der Umfrage. Keine Mehrfachnennungen möglich.
[905] Vgl. Kapitel 1.2, These 3.

„nein" beantworten, sollten direkt mit Abschnitt 4 der Umfrage fortfahren. Die Ergebnisse lassen sich anschaulich in Abbildung 36 darstellen.

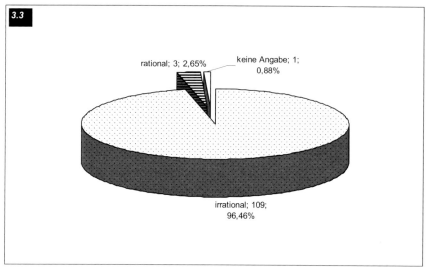

Abbildung 36: Irrationales Verhalten in Extremsituationen, n = 113[906]

Die Ergebnisse sind auch hier eindeutig. 96% geben an, dass sich Marktteilnehmer in Extremsituationen irrational verhalten. Dies passt zu anderen empirischen Erkenntnissen der Behavioral Finance[907] und zeigt sehr deutlich, dass irrationales Verhalten zwar gesehen wird, in bestehenden Modellen der Asset-Allocation jedoch kaum Berücksichtigung findet[908]. Die Implikation für diese Arbeit ist es somit, die kurzfristigen Korrelationsrisiken und Aspekte des irrationalen Marktverhaltens in einem Modell zu vereinen und damit eine Modifikation der klassischen Kapitalmarkttheorie herzustellen.

Für Frage 3.4 – 3.7 steht nur eine eingeschränkte Menge von 109 Instituten zur Verfügung[909]. Frage 3.4 beschäftigte sich mit der Entwicklung des irrationalen Marktverhaltens. Es wurde gefragt, ob dieses zu- oder abgenommen hatte. Bewusst wurde auch hier auf eine Kategorie „gleichgeblieben" verzichtet, um möglichst eindeutige Antworten zu erhalten. Gerade an dieser Stelle führen viele Institute an, dass diese Kategorie fehlen würde. Solche Aussagen wurden dann nicht gewertet. Abbildung 37 fasst diese Erkenntnisse zusammen.

---

[906] Eigene Darstellung auf Basis der Ergebnisse der Umfrage. Keine Mehrfachnennungen möglich.
[907] Vgl. u.a. *Oehler* (1998), S. 111 ff.; diskutiert in *Roßbach* (2001), S. 25.
[908] Vgl. Kapitel 3.3.2, Ausführungen zu Frage 2.3.
[909] Nur die Institute, die Frage 3.3 mit „ja" beantwortet haben.

3.3 Analytische Auswertung der Ergebnisse der Umfrage

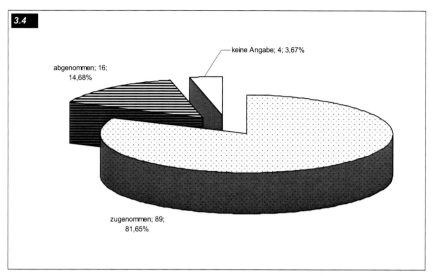

Abbildung 37: Entwicklung des irrationalen Verhaltens, n = 109[910]

Vor dem Hintergrund der Finanzmarktkrise überraschen die Erkenntnisse nicht. Knapp 82% gehen von einer Zunahme der Irrationalität im Markt aus, nur 15% geben an, dass diese nachgelassen hat. Die Schlussfolgerung für diese Arbeit ist, dass mit Zunahme des Faktors Irrationalität auch die klassischen Kapitalmarktmodelle an Aussagekraft verlieren. Die Integration dieser Impulse in ein pragmatisches Modell wird somit immer wichtiger.

Zur Herleitung dieses Modells ist es auch wichtig zu wissen, welche Faktoren am ehesten ein irrationales Verhalten auslösen. Hierzu wurden in Frage 3.5 verschiedene Faktoren genannt, die von den Instituten auf einer Skala von 0[911] bis 6[912] bewertet werden sollten. Zudem war bei dieser Frage erstmals ein Freifeld zur Angabe weiterer Faktoren vorgesehen. Abbildung 38 fasst die Ergebnisse der Durchschnittsbewertungen zusammen.

---

[910] Eigene Darstellung auf Basis der Ergebnisse der Umfrage. Keine Mehrfachnennungen möglich.
[911] 0: Beeinflussen irrationales Verhalten gar nicht.
[912] 6: Beeinflussen irrationales Verhalten stark.

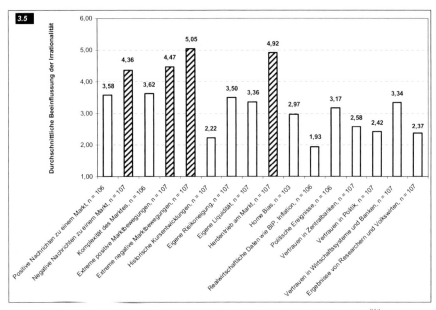

Abbildung 38: Beeinflussende Faktoren des irrationalen Verhaltens, n = 109[913]

Das Ergebnis ist weit gefächert und zeigt einige Faktoren, die die Marktteilnehmer als unwichtig einstufen. So beeinflussen realwirtschaftliche Daten aber auch historische Kursentwicklungen angabegemäß die Irrationalität kaum. Auch der Gruppe der Volkswirte und Researcher wird keine große Wichtigkeit eingeräumt. Zentralbanken und Politik werden ebenfalls als kaum beeinflussend geschätzt. Die Schlussfolgerung ist, dass realwirtschaftliche und auch langfristig ausgerichtete monetäre Aspekte kaum Einfluss auf die Irrationalität haben. Faktoren, welche die Irrationalität stark beeinflussen, weisen allesamt einen kurzen Dispositionshorizont auf und sind marktgetrieben. An der Spitze stehen positive und negative Marktbewegungen sowie der Home Bias[914] und negative Nachrichten zu einem Markt. Interessant ist zudem, dass sowohl negative Marktbewegungen (5,05) als auch negative Nachrichten zu einem Markt (4,36) eine höhere Gewichtung erhalten als positive Marktbewegungen (4,47) und positive Nachrichten zu einem Markt (3,58). Dies bestätigt die Erkenntnisse der Prospect Theory nach Kahneman/Tversky, welche empirisch nachgewiesen hatten, dass (potenzielle) Verluste ein höheres irrationales Gewicht haben als (potenzielle) Gewinne[915].

---

[913] Eigene Darstellung auf Basis der Ergebnisse der Umfrage. Keine Mehrfachnennungen möglich. Da nicht alle Institute jeden Faktor bewertet haben, sind maximal 109 Nennungen möglich gewesen.
[914] Vgl. Kapitel 2.3.4.2.
[915] Vgl. *Kahneman/Tversky* (1979), S. 281; *Currim/Sarin* (1989); *Gerke* (1997), S. 33 f.; *Wiemann/Mellewigt* (1998); *Brudermann/Fenzl* (2008), S. 60 – 63; diskutiert in Kapitel 2.3.4.3.

3.3 Analytische Auswertung der Ergebnisse der Umfrage

Erstaunlich ist zudem, dass der Liquiditätsaspekt hier eine eher untergeordnete Rolle spielt. Vor dem Hintergrund der Finanzmarktkrise mit sich stark verteuernden Geldmarktsätzen[916] hätte hier eine höhere Gewichtung erwartet werden können. Gleiches gilt für die Risikoneigung. Letzteres impliziert, dass ein Investor langfristig sehr wohl in der Lage ist, rational zu denken und zu handeln und nur kurzfristig irrational agiert. Für diese Arbeit bedeutet dies, dass die Grundgedanken der klassischen Kapitalmarkttheorie auf lange Sicht funktionieren und nur um kurzfristige Aspekte erweitert werden müssen. Dies ist konsistent zu den Erkenntnissen der Fragen 3.1 und 3.2.

Für den weiteren Verlauf dieser Ausarbeitung gilt zudem festzuhalten, dass die in Frage 3.5 eruierten Faktoren als beeinflussende Größen in das eigene Modell eingehen müssen. Praktisch bedeutet dies, dass vor allem extreme Bewegungen eine schnelle Reaktion des Modells hervorrufen müssen. Auch positive und negative Nachrichten genauso wie der Home Bias müssten verarbeitet werden. Allerdings ist die Informationserhebung für diese drei Faktoren über den historisch langen Zeitraum schwierig. Hinzu kommt, dass nicht sichergestellt werden kann, dass alle Marktteilnehmer zum selben Zeitpunkt über dieselben Informationen in derselben Tiefe verfügen. Somit werden die Faktoren positive und/oder negative Nachrichten sowie Herdentrieb bewusst nicht betrachtet, da deren Implementierung zu aufwändig wäre. Es wird allein auf Marktbewegungen abgestellt, da angenommen wird, dass sich all diese Effekte inhärent dort niederschlagen[917].

Wie erwähnt hatten die Institute die Möglichkeit, weitere Faktoren zu nennen, welche die Irrationalität der Märkte stark beeinflussen. Hiervon machten 7 Institute Gebrauch, wobei einige Faktoren häufiger genannt wurden. Tabelle 21 fasst diese Faktoren zusammen.

3.5 Weitere Nennungen	Anzahl	Wertung
Katastrophen, Kriege, Terroranschläge	2	5,00
Presse	2	4,50
Spekulanten & Hedgefonds	1	6,00
Vertrauen in Risiko-Ertrags-Modell, Risikomesssysteme	2	5,00
Komplexität der Produkte	1	4,00

Tabelle 21: Weitere beeinflussende Faktoren, n = 7[918]

---
[916] Diskutiert u.a. in *Reuse/Frère/Svoboda* (2008), S. 21.
[917] Zur Herleitung vgl. Kapitel 4.2.
[918] Eigene Darstellung auf Basis der Zusatzangaben zu Frage 3.5 der Umfrage. Mehrfachnennungen möglich. Es erfolgt keine additive Zuordnung zu den Clustern aus Abbildung 38.

Zu erkennen ist, dass Katastrophen, Kriege und Terroranschläge separat erwähnt werden. Der Autor bestreitet nicht, dass es sich hierbei um Faktoren handelt, die die Irrationalität stark beeinflussen. Dies kann jedoch unter dem Punkt „negative Nachrichten" zusammengefasst werden. Ähnliches gilt für die Presse. Diese ist oft Verursacher von (zu) positiven oder (zu) negativen Nachrichten, so dass dies ebenfalls unter den beiden oben genannten Kategorien subsumiert wird. Die letzten drei Punkte sind ebenfalls wichtig, gehen aus Sicht des Autors aber in der Kategorie „Komplexität des Marktes" auf, welche von allen Teilnehmern in Summe nur mit 3,62 bewertet werden. Dies ist zwar erstaunlich, anscheinend ist die Komplexität von Märkten, Produkten oder Marktteilnehmern für die meisten Institute kaum ausschlaggebend. Hinzu kommt, dass eine Messbarkeit eher schwierig ist.

Als Ergebnis zu den zusätzlichen Faktoren lässt sich somit festhalten, dass diese nur hervorgehobene Schwerpunkte der angegebenen Kategorien sind. Komplett neue Faktoren können nicht aufgetan werden.

Im nächsten Schritt sollte erhoben werden, welche Marktteilnehmer welchen Einfluss auf den Markt haben und inwiefern diese irrational reagieren. Dies hat Frage 3.6 eruiert, in welcher sowohl Einfluss als auch Grad der Irrationalität auf einer Skala von 0 – 3 gewertet werden sollten[919]. Die Annahme ist, dass mit Einfluss auf den Markt auch die Rationalität steigen sollte. Privatanleger sollten somit, da sie kaum Einfluss haben, relativ irrational reagieren, während die großen Institutionen aufgrund ihres Know-hows und hohen Einflusses eher rational agieren sollten. Abbildung 39 fasst diese Ergebnisse in Form eines Diagramms mit dem Durchschnittseinfluss auf den Markt (x-Achse) und der Durchschnittsirrationalität (y-Achse) zusammen.

---

[919] 0 = nicht vorhanden bis 3 = sehr hoch.

3.3 Analytische Auswertung der Ergebnisse der Umfrage 121

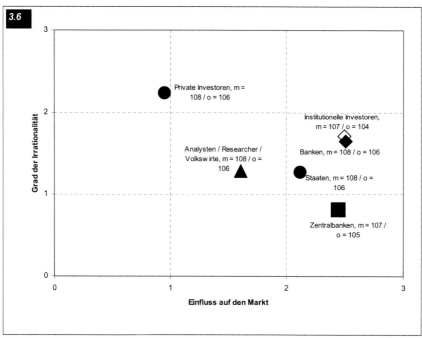

Abbildung 39: Einfluss von Marktteilnehmern und deren Irrationalität, n = 109[920]

Zu erkennen ist, dass die grundsätzliche Aussage – Irrationalität entwickelt sich umgekehrt proportional zum Einfluss – aufrecht erhalten werden kann. Privatinvestoren haben den mit Abstand geringsten Einfluss auf den Markt, sie weisen zudem die höchste gefühlte Irrationalität auf. Die Gruppe der Analysten und Volkswirte hat einen höheren, wenngleich immer noch geringen Einfluss auf den Markt und wird als geringer irrational handelnd definiert. Dieser Entwicklung folgen auch Zentralbanken, welchen die geringste Irrationalität bescheinigt wird und die gleichzeitig einen starken Einfluss auf den Markt haben. Dem gegenüber fallen die Staaten etwas aus dem Rahmen. Ihnen wird ein höherer Einfluss auf den Markt bescheinigt, allerdings werden sie im Hinblick auf die Irrationalität genauso gewertet wie die Analysten. Auch hier bleibt die grobe Aussage des umgekehrt proportionalen Verhaltens jedoch erhalten.

Aufschlussreich sind jedoch die Wertung von Banken und institutionellen Investoren. Beiden wird der höchste Einfluss auf den Markt bescheinigt[921]. Allerdings weisen sie überdurch-

---

[920] Eigene Darstellung auf Basis der Ergebnisse der Umfrage. Keine Mehrfachnennungen möglich. m bezieht sich hierbei auf den Einfluss, o auf die Irrationalität.
[921] Einfluss – Banken: 2,51 / Institutionelle Investoren: 2,50.

schnittlich hohe, nahe beieinanderliegende Irrationalitäten auf[922], welche nur noch von den privaten Investoren übertroffen werden. Dies zeigt deutlich, dass ein Großteil des irrationalen Handelns aus Sicht der befragten Institute auf diese beiden Marktteilnehmer zurückzuführen ist. Dies wird dadurch verstärkt, dass die Institute sich quasi selbst einschätzen mussten und zu diesem vergleichsweise kritischen Urteil kommen. Für diese Arbeit bedeutet dies, dass das Handeln von Banken und institutionellen Investoren für das eigene Modell genauer untersucht werden muss. Es müssen Indikatoren gefunden werden, die das irrationale Handeln primär bei diesen Gruppen beeinflussen. Dies können z.B. Steilheit der Zinsstruktur für Kreditinstitute zur Erzielung von Transformationsbeitrag[923] als auch Spreadhistorien zwecks lukrativer Anlage für beide Gruppen sein.

Auch aus diesem Grund wurde in Frage 3.7 versucht, die Irrationalitäten bezogen auf bestimmte Märkte bzw. Assetklassen zu quantifizieren[924]. Auf Jahresbasis wurde den Instituten die Kursentwicklung bestimmter Märkte von 1999 bis 2008 angegeben. Auf einer Skala von +2 bis -2 sollte die irrationale Über- bzw. Untertreibung eingeschätzt werden[925]. Als erster Markt wurde der Aktienmarkt Deutschland angegeben[926]. Neben der Entwicklung des DAX wurde der Monatsumsatz in Mrd. € und die Entwicklung des VDAX[927] angegeben[928]. Die Schwierigkeit für die Institute lag nun darin, pauschal auf Basis dieser drei Kurshistorien eine auf Jahresbasis zusammengefasste Irrationalitätskennziffer zu schätzen. Aus diesem Grund wurde an dieser Stelle von den 109 in Frage kommenden Instituten eine nur geringe Quote an Antworten erwartet. Erfreulicherweise war die Beteiligung jedoch wesentlich höher als erwartet. Abbildung 40 stellt die Irrationalitätseinschätzung der Institute in Bezug auf den Aktienmarkt dar, wobei hier der Mittelwert der Einschätzungen sowie als Indikator für die Streuung der Ergebnisse die Standardabweichung nach oben und nach unten[929] angegeben wird.

---

[922] Irrationalität - Banken: 1,65 / Institutionelle Investoren: 1,71.
[923] Vgl. hierzu u.a. *Reuse* (2008b), S. 245 ff.
[924] Eine ähnliche Analyse findet sich in *Shiller* (2009), S. 72.
[925] Die Skala war auf Seite 5 und 6 des Fragebogens abgebildet. Durch einen Fehler wurde fälschlicherweise die Kategorie -1 falsch definiert. Dies ist den Instituten jedoch aufgefallen und wurde entsprechend berücksichtigt, so dass keine Änderung der Ergebnisse notwendig ist.
[926] Vgl. Anhang 4, Seite 5 oben.
[927] DAX-Volatilitätsindex.
[928] Vgl. Anhang 4, Seite 5 oben. Quelle: *VWD* (2009). DAX: 846900_ETR und VDAX: 846740_DTB. Der Umsatz des DAX war erst ab 07.1999 verfügbar.
[929] Die Standardabweichung ist über alle Bewertungen p.a. berechnet worden – wohl wissend, dass dies nur als Indikator für eine Streuung dienen kann, methodisch jedoch keine weitere Verwendung finden darf.

3.3 Analytische Auswertung der Ergebnisse der Umfrage 123

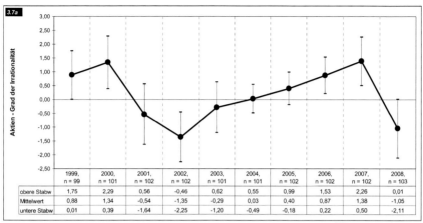

Abbildung 40: Irrationalitätseinschätzung Assetklasse Aktien, n = 109[930]

Die Ergebnisse sind aufgrund der hohen Stückzahl an Antworten[931] ausreichend valide[932]. Zu erkennen ist, dass in Zeiten der Hochphasen des DAX (Neue-Markt-Blase und kurz vor Subprime-Krise) eine Übertreibung nach oben und vice versa nach unten erkennbar ist. Genau entgegengesetzt verhält es sich mit dem VDAX. Hohe Volatilität wird im Schnitt mit einer Untertreibung am Markt bewertet und vice versa.

Genau wie in den nächsten drei Erhebungen wird diese Einschätzung Basis für den Irrationalitätsindex für das eigene Modell sein. Ziel ist es, Abhängigkeiten zwischen den per Umfrage ermittelten Irrationalitätseinschätzungen und diversen Marktbewegungen zu ermitteln, um dann im nächsten Schritt auf Basis dieser Marktbewegungen die Irrationalitätsindizes zu definieren und auf Basis dieser eine Über- oder Untergewichtung eines Assets herzustellen. In diesem Kapitel werden deshalb nur die Ergebnisse der Irrationalitätseinschätzung und erste qualitative Erkenntnisse präsentiert. Eine quantitative Analyse folgt später[933].

Der nächste einzuschätzende Markt war der Zinsmarkt. Für Kreditinstitute ist dies das Kerngeschäft, es ist davon auszugehen, dass eine adäquate Einschätzung erfolgt. Angegeben waren mehrere Zinskurven[934]:

---

[930] Eigene Darstellung auf Basis der Ergebnisse der Umfrage. Nicht jedes Institut hat jedes Jahr bewertet, so dass n differiert. Stabw = Standardabweichung
[931] Mindestens 92%.
[932] Selbst offizielle Indizes wie z.B. der Bull/Bear Index von Cognitrend weisen ähnlich hohe Teilnehmerzahlen auf. Vgl. *Cognitrend* (2010) und die Ausführungen in Kapitel 3.1.2.
[933] Vgl. Kapitel 4.2.
[934] Vgl. Anhang 4, Seite 5 unten.

- EZB[935] Leitzins[936].
- 12M Euribor[937].
- 10 Jahre, Swap[938].
- 10 Jahre, Bundeswertpapier[939].

Trotz hoher Beteiligungsquote taten sich die Institute schwer, den Zinsmarkt als ganzes zu bewerten, da verschiedene Teilmärkte angegeben sind. Zur Vereinfachung des später zu entwickelnden Modells wurde diese Unsicherheit jedoch bewusst in Kauf genommen, da wichtige Indikatoren für Irrationalität im Zinsmarkt übergreifend über diese Teilmärkte dargestellt werden können:

- Spread Swap / Bund.
- Steilheit der Zinsstruktur (12M Euribor vs. 10 Jahre).
- Spread EZB Satz / 12M Euribor.

Nichtsdestotrotz konnte auch bei diesem Teilmarkt eine sehr hohe Beteiligungsquote von mindestens 96 Instituten[940] verzeichnet werden. Abbildung 41 fasst die Resultate der Irrationalitätseinschätzung am Zinsmarkt zusammen.

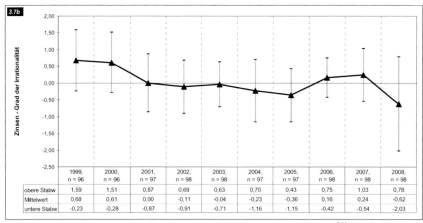

Abbildung 41: Irrationalitätseinschätzung Assetklasse Zinsen, n = 109[941]

---

[935] Europäische Zentralbank.
[936] Vgl. *ECB* (2010).
[937] Vgl. *Deutsche Bundesbank* (2010, ST0343).
[938] Vgl. *Datastream* (2009a).
[939] Vgl. *Deutsche Bundesbank* (2010.ÖH).
[940] Entspricht 88%.
[941] Eigene Darstellung auf Basis der Ergebnisse der Umfrage. Nicht jedes Institut hat jedes Jahr bewertet, so dass n differiert.

Die Ausschläge der Irrationalitäten am Zinsmarkt sind nicht so stark wie bei der Assetklasse Aktien, allerdings sind auch hier zwei Phasen zu verzeichnen. Ende der 90er wird eine Übertreibung am Markt konstatiert. Dies passt zu sehr hohen Zinsen sowohl im Swap- als auch im Bundesanleihenbereich, wobei auch der 12M Euribor nahe am 10-Jahressatz ist. Dies ist zudem gepaart mit einem schnellen Anstieg des EZB Leitzinses von 2,50% auf 4,50%. Diese Entwicklung wiederholt sich in 2006/2007. Schnell ansteigende Leitzinsen sowie ein relativ hoher 12M Euribor Satz führen zu einer leichten Übertreibung nach oben. Übertreibungen nach unten bzw. negative Irrationalitäten werden in 2004/2005 und 2008 definiert. In beiden Fällen ist die Zinskurve sehr steil und der Leitzins sehr niedrig. Es liegt somit, wie bereits oben angedeutet, die Vermutung nahe, dass Steilheit von Zinsstrukturen und Irrationalitäten zusammenhängen. Auch diese Thesen werden in Kapitel 4 verifiziert[942].

Der dritte zu analysierende Markt war der Corporate Markt. Angegeben waren drei Spreadkurven gegenüber dem iBoxx[943] Europe Corporate[944]:

- AAA Rating, gegenüber dem Swapmarkt, 3 – 5 Jahre Restlaufzeit[945].
- A Rating, gegenüber dem Swapmarkt, 3 – 5 Jahre Restlaufzeit[946].
- BBB Rating, gegenüber dem Swapmarkt, 3 – 5 Jahre Restlaufzeit[947].

Auch hier ist eine hohe Beteiligungsquote von mindestens 98 Instituten zu verzeichnen[948]. Allerdings mussten die Daten an dieser Stelle durch den Autor adjustiert werden. Die Skalierung von +2 (positive Übertreibung) und -2 (negative Übertreibung) wurde von den meisten Instituten genau andersherum interpretiert. Hohe Spreads wurden als positive Übertreibung, geringe Spreads als negative Übertreibung angegeben. Die Wertung des Jahres 2008 verdeutlicht dies: Unbereinigt haben 90 Institute eine positive Übertreibung angegeben und nur 8 eine negative konstatiert. Hier wurde wie folgt modifiziert: Die Ergebnisse der Institute, die das Jahr 2008 mit einer positiven Zahl gewertet haben, wurden in allen Jahren invertiert, d.h. mit -1 multipliziert. War die Wertung bereits negativ oder 0, so wurde die Reihe nicht modifiziert[949]. Abbildung 42 fasst die so modifizierten Ergebnisse zusammen.

Die recht geringe Standardabweichung in 2008 ist auf die angesprochene Bereinigung zurückzuführen. Generell ist aber zu erkennen, dass hohe Spreads eine Übertreibung nach unten

---
[942] Vgl. Kapitel 4.
[943] „Die iBoxx €-Indexfamilie bildet den Markt für festverzinsliche Anleihen ab, welche in Euro oder einer Währung aus der Eurozone denominiert sind." *Deutsche Börse Group* (2003), S. 4 ff.
[944] Vgl. Anhang 4, Seite 6 oben.
[945] Vgl. *Datastream* (2009b).
[946] Vgl. *Datastream* (2009c).
[947] Vgl. *Datastream* (2009d).
[948] Entspricht 90%.
[949] Details können Anhang 5 entnommen werden.

und geringe Spreads eine Übertreibung nach oben konstatieren. Dies ist in den Jahren 2001/2002 und 2008 zu erkennen.

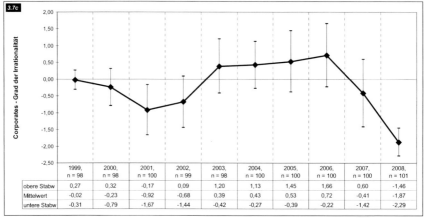

Abbildung 42: Irrationalitätseinschätzung Assetklasse Corporates, n = 109[950]

Die vierte und letzte Kategorie an Assetklassen sind die alternativen Assetklassen. Folgende vier Assets wurden indexiert auf den 31.12.1998 als Abbildung angegeben[951]:

- Crude Oil-Brent in USD[952]
- MSCI[953] Emerging Markets in USD[954]
- DJ[955] UBS[956] AIG[957] Commodity Index[958]
- Gold in USD[959]

Auch hier wurden bewusst mehrere separate Assetklassen gemischt. Während die ersten drei Assetklassen (Aktien, Zinsen, Corporates) einen Großteil des Marktes darstellen und somit je eine separate Darstellung verdient haben, sind alternative Assets eher als Beimischung zu verstehen. Zudem haben drei der vier Assets mit dem Bereich Rohstoffe zu tun, was eine Zusammenfassung an dieser Stelle rechtfertigt. Zudem weist die Entwicklung des MSCI Emerging Market eine gleichlaufende Entwicklung auf.

---

[950] Eigene Darstellung auf Basis der Ergebnisse der Umfrage, modifiziert wie beschrieben. Nicht jedes Institut hat jedes Jahr bewertet, so dass n differiert.
[951] Vgl. Anhang 4, Seite 5 unten.
[952] Vgl. *Datastream* (2009f). USD = United States Dollar.
[953] Morgan Stanley Capital Index.
[954] Vgl. *MSCIBarra* (2009). Zur Indexdefinition vgl. *MSCIBarra* (2010).
[955] Dow Jones.
[956] Union Bank of Switzerland.
[957] American International Group.
[958] Vgl. *Datastream* (2009e).
[959] Vgl. *Deutsche Bundesbank* (2010, WT5512).

3.3 Analytische Auswertung der Ergebnisse der Umfrage 127

Auch in dieser Teilfrage können mindestens 95 Wertungen[960] erzielt werden. Abbildung 43 stellt die Entwicklung der eingeschätzten Irrationalitäten grafisch dar. Eine Adjustierung durch den Autor musste an dieser Stelle nicht vorgenommen werden.

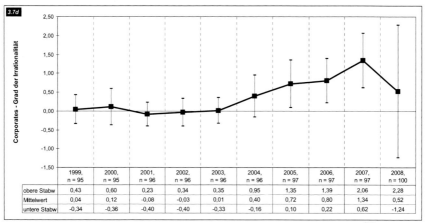

Abbildung 43: Irrationalitätseinschätzung Alternative Assetklassen, n = 109[961]

Die hohe Standardabweichung in 2008 ist darin begründet, dass in der ersten Hälfte des Jahres ein rasanter Anstieg der Kurse zu verzeichnen war, welcher sich in der zweiten Hälfte des Jahres umkehrte. Einige Institute haben inhärent das erste Halbjahr, einige das zweite Halbjahr gescored. Bereinigungen wurden hier jedoch nicht vorgenommen. Generell ist zu erkennen, dass ein Gleichlauf zwischen (positiv geneigter) Irrationalität und Kursentwicklung vorhanden ist. Eine negative Untertreibung wird so gut wie gar nicht konstatiert. Für diese Ausarbeitung bedeutet dies, dass sowohl Kursentwicklungen als auch ggf. Volatilitäten Einfluss auf Irrationalitäten haben. Diese Erkenntnisse werden in Kapitel 4 strukturiert[962].

Im letzten Schritt dieses Abschnittes gilt es, das Zusammenspiel aller vier ermittelten Irrationalitätseinschätzungen zu analysieren. Hierzu werden diese Einschätzungen, deren Durchschnittswerte über alle 10 Jahre und die Korrelation der vier Einschätzungen in Abbildung 44 zusammengefasst.

---

[960] Entspricht 87%.
[961] Eigene Darstellung auf Basis der Ergebnisse der Umfrage. Nicht jedes Institut hat jedes Jahr bewertet, so dass n differiert.
[962] Vgl. Kapitel 4.2.

128 3 Umfrage: Das Verhalten von Korrelationen in irrationalen Marktphasen

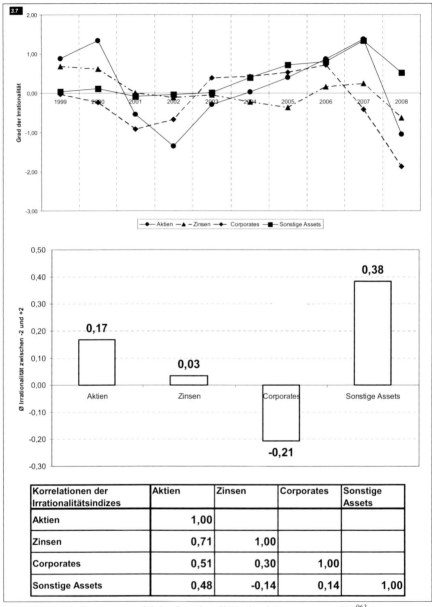

Abbildung 44: Zusammenspiel der Irrationalitätseinschätzungen, n = 109[963]

---

[963] Eigene aggregierte Darstellung auf Basis der Ergebnisse der Umfrage.

Hieraus lassen sich mehrere interessante Erkenntnisse ableiten, die an späterer Stelle in das zu entwickelnde eigene Modell einfließen werden.

Irrationalitäten in den Assetklassen haben unterschiedliche Niveaus.
So ist die Durchschnittsirrationalität im Bereich Alternative/Sonstige Assets mit +0,38 relativ hoch, die Assetklasse Corporates wird mit -0,21 deutlich negativer gesehen. Als im Schnitt über alle Jahre nahezu rational wird der Zinsmarkt betrachtet. Hier liegt nur ein Wert von 0,03 vor. Generell ist zu erkennen, dass mit dem nötigen Zeitabstand die Irrationalitäten nach bestem Wissen objektiviert geschätzt werden. Zur Wahrung des nötigen Abstandes wurde das Jahr 2009 nicht mit abgefragt. Aus Sicht des Autors würden die Resultate kaum aussagefähig sein, wenn die aktuelle Istsituation als irrational einzuschätzen ist; in der Regel werden solche Aspekte erst später erkannt.

Irrationalitäten in den Märkten treten nicht zur gleichen Zeit auf.
In 2000 sind Corporates tendenziell negativ bewertet, alle anderen Assetklassen, vor allem Aktien, signifikant positiv. In 2002 werden Aktien und Corporates deutlich negativ gesehen, Zinsen und sonstige Assets neutral. Auch in 2005 liegt eine unterschiedliche Entwicklung vor. Bis auf Zinsen werden alle drei anderen Assetklassen positiv bewertet. In 2008 werden die alternativen Assetklassen im Schnitt noch positiv gesehen, alle anderen drei Klassen werden deutlich im negativen Bereich gescored. Dies führt zur letzten Erkenntnis.

Irrationalitäten sind entsprechend schwach oder gar negativ korreliert.
Die höchste gemessene Korrelation beträgt 0,71 zwischen Zinsen und Aktien. Alle anderen so gemessenen linearen Abhängigkeiten sind geringer. Für diese Ausarbeitung bedeutet dies, dass Irrationalitäten pro Markt analysiert werden müssen und jeweils separat mit Über-/Untergewichtungen oder anderen Korrelationen in das eigene Modell eingehen müssen[964].

3.3.4 Analyse Teil 4: Eckdaten zu einem Korrelationszertifikat

Der letzte Teil der Umfrage beschäftigt sich mit der Frage der Absicherung von Korrelationen über ein Korrelationszertifikat. Frage 4.1 eruiert die Sinnhaftigkeit eines solchen Zertifikates für den Eigen- und/oder Kundenhandel. Gefragt waren hier wieder alle 113 Institute. Das Resultat zeigt Abbildung 45.

---

[964] Vgl. Kapitel 4.

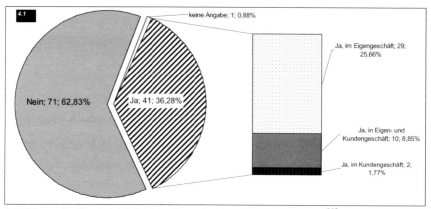

Abbildung 45: Sinnhaftigkeit eines Korrelationszertifikates, n = 113[965]

Obwohl der Begriff „Zertifikat" im Rahmen der Finanzmarktkrise negativ belegt ist, geben immerhin knapp 37% der Institute an, dass eine Absicherung der Korrelationsrisiken über ein Zertifikat sinnvoll sei. Diese Aussagen sind weder von der Größe des Institutes noch vom Betreiben der eigenen Asset-Allocation abhängig[966].

Der überwiegende Teil dieser 41 Institute sieht Potenzial im Eigengeschäft. Dass dies z. Zt. für Kunden als nicht attraktiv angesehen wird, ist aus Sicht des Autors zum einen in der negativen Belegung des Zertifikatebegriffes und zum anderen in der zu erwartenden Komplexität begründet.

Die Institute, die Frage 4.1 nicht mit ja beantwortet haben, sollten direkt mit Abschnitt 5 fortfahren. Somit beziehen sich die nun folgenden Fragen 4.2 und 4.3 auf die Stichprobe der 41 Institute.

Zwecks näherer Analyse der Modellierung eines Zertifikates werden in Frage 4.2 mehrere Kriterien zur Ausgestaltung angegeben. Die Institute sollten diese analog der bisherigen Vorgehensweise auf einer Skala von 0 (unwichtig) bis 6 (sehr wichtig) einschätzen. Abbildung 46 fasst die so ermittelten Durchschnittsnoten zusammen.

Die Ergebnisse sind aufschlussreich. Wenig überraschend ist, dass „Verständlichkeit und Einfachheit" mit 5,07 die höchste Wichtigkeit erzielt. Auch Kosten des Zertifikates werden mit 4,90 als sehr wichtig erachtet, da zu hohe Kosten die Effizienz eines gehedgten Portfolios

---

[965] Eigene Darstellung auf Basis der Ergebnisse der Umfrage.
[966] Vgl. hierzu die Berechnungen in Anhang 5.

3.3 Analytische Auswertung der Ergebnisse der Umfrage

stark beeinflussen. Die dritthöchste Wertung erreicht mit 4,73 die passive Ausrichtung. Demgegenüber fällt die aktive Ausrichtung mit 2,03 stark zurück. Dies passt ebenfalls zur Frage der Implementierung der lang- und kurzfristigen Korrelationen. Mit 4,39 wird die Absicherung kurzfristiger Korrelationen wichtiger erachtet als die Sicherung langfristiger Korrelationen (3,32).

Weniger eindeutig ist die Frage der konkreten Ausgestaltung als deterministisches oder optionales Derivat. Hier ist eine leicht höhere Wertung für die optionale Ausgestaltung zu erkennen (3,78 vs. 3,38). Enttäuschend ist aus Sicht des Autors, dass der Implementierung irrationaler Komponenten nur eine Wichtigkeit von 2,95 eingeräumt wird. Institute halten somit die Absicherung der kurzfristigen Korrelationen zwar für wichtig, allerdings werden die Gründe für deren Schwankungen nicht näher hinterfragt.

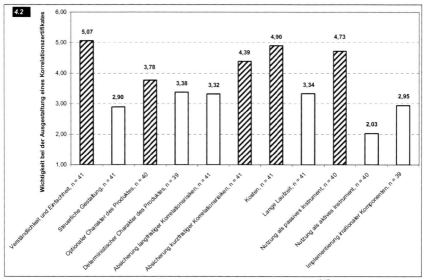

Abbildung 46: Ausgestaltung eines Korrelationszertifikates, n = 41[967]

Frage 4.3 befasste sich letztlich mit den möglichen Assetklassenkombinationen, bei denen eine entsprechende Absicherung der Korrelationsrisiken sinnvoll wäre. Angegeben war eine Korrelationsmatrix mit den aus Sicht des Autors relevantesten Assetklassen[968]. Tabelle 22 visualisiert die Ergebnisse, wobei die drei wichtigsten Assetklassenkombinationen in größerer Schrift hervorgehoben sind.

---

[967] Eigene Darstellung auf Basis der Ergebnisse der Umfrage. Nicht jedes Institut hat jedes Kriterium bewertet, so dass n differiert.
[968] Vgl. Anhang 4, Seite 7 unten.

Produktmatrix	Staats-anleihen	Corporates	High Yields	Aktien	Rohstoffe	Private Equity	Geldmarkt	Immobilien
Staatsanleihen								
Corporates	22							
High Yields	18	10						
Aktien	28	24	21					
Rohstoffe	17	10	9	19				
Private Equity	4	8	6	6	7			
Geldmarkt	5	7	3	8	3	2		
Immobilien	8	6	4	8	4	3	3	

Tabelle 22: Assetklassenkombinationen für das Korrelationszertifikat, n = 41[969]

Wider Erwarten sind nicht die eher exotischen Assetklassen mit geringer Datenbasis diejenigen, die am häufigsten genannt wurden. Vielmehr liegt der Schwerpunkt auf den klassischen Kombinationen von Staatsanleihen – Corporates, Aktien – Corporates und Aktien – Staatsanleihen. Dies wird auch durch die reine Häufigkeitsanalyse der Nennungen der Assetklassen untermauert, wie Abbildung 47 zeigt.

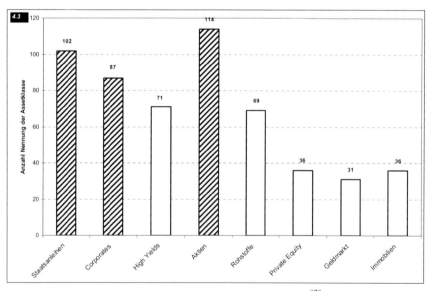

Abbildung 47: Häufigkeit der Nennung einer Assetklasse, n = 41[970]

---

[969] Eigene Darstellung auf Basis der Ergebnisse der Umfrage. Mehrfachnennungen möglich.
[970] Eigene Darstellung auf Basis der Ergebnisse der Umfrage. Mehrfachnennungen möglich.

Für die Ausgestaltung des Zertifikates[971] wird aus diesem Grund der Schwerpunkt auf diese drei Assetklassen gelegt. Die Schlussfolgerung ist zudem, dass mit der Abdeckung dieser drei Assetklassen ein Großteil der Investments deutscher Kreditinstitute abgedeckt wird, da diese per Geschäftsmodell den höchsten Anteil an der Bilanz einer Bank darstellen.

Als Zwischenfazit zu Abschnitt 4 kann für die konkrete Produktausgestaltung somit folgendes festgehalten werden. Es besteht Potenzial für passiv ausgerichtete, möglichst einfach aufgebaute optionale Zertifikate mit dem Fokus auf der Absicherung kurzfristiger Korrelationsrisiken. Der Schwerpunkt sollte auf klassischen Assetklassen wie Staatsanleihen, Corporates und Aktien liegen. Diese Erkenntnisse werden in der Modellierung des eigenen Zertifikates berücksichtigt[972].

3.3.5 Analyse Teil 5: Abschließende Anmerkungen der Befragten

Abschnitt 5 behandelt abschließende Aspekte wie Anmerkungen zum Fragebogen, Umfang der Veröffentlichung der Daten, Zusendung der Umfrage und Teilnahme an der Verlosung[973].

Unter 5.1 wurden insgesamt 31 Anmerkungen angeführt[974]. Die wichtigsten fasst Tabelle 23 zusammen, wobei der Schwerpunkt auf inhaltliche Ergänzungen gelegt wird.

5.1 Bank Nr.	Anmerkung des Institutes
66	Korrelationen funktionieren, wenn Märkte sich austauschen können. Dies setzt rational agierende Marktteilnehmer, ausreichende Risikolimite und ausreichende Liquidität voraus. Ist dies in Extremsituationen nicht mehr gegeben, werden Risikolimite verletzt, Zwangsverkäufe drohen u. die Volatilitäten explodieren. In der Regel können Korrelationen dann nicht mehr ihren üblichen Verlauf nehmen.
637	Zu 2.5: Eine Steuerung mit sowohl aktiven, als auch passiven Elementen ist am sinnvollsten und von den betriebl. Erfordernissen abhängig (Komplexität der Produkte, personelle und technische Ausstattung). Mit den z.Zt. vorhandenen Methoden ist es schwierig, Korrelationen zwischen den einzelnen Risikoarten (Marktpreisrisiken, Adressausfallrisiken, Liquiditätsrisiken und operationellen Risiken) zu quantifizieren.
691	Grundsätzlich glauben wir an die Existenz von Korrelationen, halten aber eine valide Messung von Korrelationen für sehr schwer bzw. gar nicht möglich. Die Anwendung von Korrelation wird in der Praxis dadurch erschwert, dass in Risikosituationen ohnehin andere Regeln (Übertreibung/Untertreibung) gelten.
757	Zu Frage 3.4.: Ich bin tatsächlich der Auffassung, dass Irrationalitäten gleichbleiben, da die Akteure sich nicht grundsätzlich ändern. Sie bleiben Menschen + Menschen handeln nur teilweise rational. Diese Konstante wird sich nicht ändern.
864	Systeme werden ausgenutzt, um die Gier nach Mehrertrag zu bedienen. Werden wir von der Wahrheit eingeholt, führt dies zu Extremsituationen und dazu, dass die "guten" Systeme an ihre Grenzen stoßen. Wichtig wäre nun, diesen Zeitpunkt zu bestimmen.
921	Zum Thema Irrationalität fehlt nur das Thema Liquidität, da Indizes die Liquiditätskrise durch sinkendes Marktvertrauen oft nicht widerspiegeln. Bei fehlender Liquidität ist Korrelation keine beobachtbare Größe.

Tabelle 23: Ergänzende Anmerkungen der Institute[975]

---
[971] Vgl. Kapitel 5.3.
[972] Vgl. Kapitel 5.2.
[973] Dies erfolgt erst im Nachgang zu dieser Untersuchung zusammen mit der Versendung der Ergebnisse.
[974] Vgl. im Detail die Ergebnisse in Anhang 5.
[975] Eigene Darstellung auf Basis der Ergebnisse der Umfrage. Mehrfachnennungen möglich.

Wesentliche neue Erkenntnisse können nicht gewonnen werden, allerdings gibt es Teilfacetten, die hier angesprochen werden:

- *Irrationalitäten bleiben gleich:* die Begründung des Institutes 757 ist nachvollziehbar, allerdings führt aus Sicht des Autors die steigende Komplexität von Märkten und die exponentiell steigende Informationsmenge durchaus zu einer Änderung des irrationalen Verhaltens.
- *Liquidität beeinflusst Vertrauen und Korrelation:* Diese These wird vom Autor auch für schlüssig gehalten. Dagegen spricht jedoch, dass in Frage 3.5 das Thema Liquidität eine höhere Bedeutung hätte erlangen müssen. Eine Untersuchung dieser These würde zudem den Rahmen dieser Arbeit sprengen, so dass das Thema nicht weiter vertieft wird.
- *Ausnutzen von Systemen aus „Gier":* Solche Fehlsteuerungen scheint es in der Praxis zu geben. Diese sind allerdings kaum messbar und werden aus diesem Grund in dieser Arbeit nicht näher analysiert.

In Summe führen diese Ergänzungen jedoch nicht zu geänderten Aussagen, so dass im weiteren Verlauf hier nicht näher darauf eingegangen wird.

Die in Frage 5.2 erfragte Erlaubnis zur namentlichen Nennung der Institutsdaten führte zu folgender Erkenntnis, die in Abbildung 48 visualisiert wird.

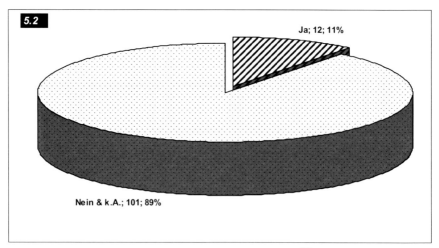

Abbildung 48: Erlaubnis der namentlichen Nennung, n = 113[976]

---

[976] Eigene Darstellung auf Basis der Ergebnisse der Umfrage. Mehrfachnennungen nicht möglich.

Der Wunsch nach Anonymität ist erwartungsgemäß sehr hoch. Nur 12 Institute würden einer Veröffentlichung des eigenen Namens zustimmen, knapp 90% wünschen eine Anonymität. Als Folge wird auf die Nennung konkreter Institutsdaten in dieser Arbeit in Gänze verzichtet.

Die letzte Frage befasste sich mit dem Wunsch nach der Zusendung der Ergebnisse und der Teilnahme an der Verlosung. Beide Fragen werden in der Auswertung miteinander kombiniert, so dass sich Abbildung 49 ergibt.

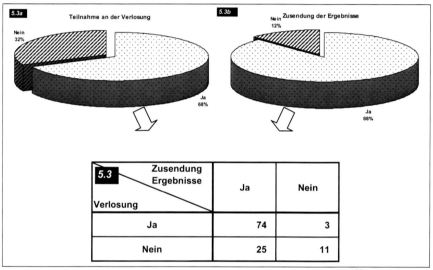

Abbildung 49: Zusendung Ergebnisse und Teilnahme Verlosung, n = 113[977]

Zu erkennen ist, dass mehr Institute die Ergebnisse der Umfrage erhalten wollen (88%) als Teilnehmer für die Verlosung vorhanden sind (68%). Die Kombination Teilnahme Verlosung und Zusendung Ergebnisse ist zwar die häufigste, allerdings existieren auch 25 Institute, die zwar Interesse an den Ergebnissen haben, die jedoch nicht an der Verlosung teilnehmen. Nur 3 Institute wollen auf der anderen Seite keine Ergebnisse, wohl aber eine Teilnahme an der Verlosung. An dieser Stelle scheint das fachliche Interesse an der Arbeit zu überwiegen, was die Wichtigkeit des Themas abschließend noch einmal unterstreicht.

---

[977] Eigene Darstellung auf Basis der Ergebnisse der Umfrage. Mehrfachnennungen möglich.

3.4 Bewertung des Umsetzungsstandes der Asset-Allocation in den Banken

3.4.1 Aufbau eines Scoring-Modells

Im letzten Schritt der Analyse der Umfrage wird versucht, den aktuellen methodischen Stand der Asset-Allocation im deutschen Bankensektor zu quantifizieren und zu würdigen. Hierzu werden die Fragen in ein vom Autor entwickeltes Scoringsystem überführt, welches die Fragen und deren Antworten mit entsprechenden Punkten bewertet. Hierbei werden die Erkenntnisse der Effizienz der Methoden[978], deren Verwendung in der Praxis als auch der Einschätzung bestimmter Fragen entsprechend herangezogen.

Tabelle 24 stellt die Scoringwerte, die relevanten Fragen und die Begründung für deren Auswahl zusammen. Die vergebenen Scorepunkte ergeben in Summe 100. Deren Gewichtung entspricht der Wichtigkeit der Frage und ist vom Autor auf Basis eigener Einschätzungen vorgenommen worden.

3.4.2 Anwendung des Scoring-Modells auf die Institute der Umfrage

Auf Basis dieser Erkenntnisse werden die Antworten aller Banken entsprechend gewertet und zu einer Scoringnote zusammengefasst. Zu bedenken ist hierbei, dass nur die 81 Institute, welche tatsächlich eine Asset-Allocation durchführen, hier näher betrachtet werden. Da die Darstellung von 81 einzelnen Scoringnoten nicht sinnvoll ist, werden diese in einem letzten Schritt in das Schulnotensystem zusammengefasst. Abbildung 50 stellt die Ergebnisse grafisch dar.

---

[978] Vgl. Kapitel 2.

3.4 Bewertung des Umsetzungsstandes der Asset-Allocation in den Banken

Frage	Inhalt	Punktvergabe	Punktvergabe	Punkte maximal	Begründung
2.2.	Wird Portfoliodiversifikation betrieben?	Ja, Kundengeschäft	15	20	Eine Diversifikation ist in jedem Fall sinnvoll. Deshalb erhält diese Frage die höchste Punktzahl.
		Ja, Eigengeschäft	20		
2.3.	Nutzung der Methoden	Intuitiv	5	24	Auf Basis der Erkenntnisse aus Kapitel 2 werden die Nutzungen der Methoden unterschiedlich gewürdigt. Copula Funktionen, Varianz/Kovarianz gegen VaR und Behavioral Finance werden aufgrund ihrer methodischen Überlegenheiten höher gewichtet. Das Segment der Nutzung (Depot A oder Kundengeschäft) ist an dieser Stelle irrelevant, da dies bereits in 2.2 erfragt und auch gescored wurde.
		Varianz/Kovarianz mit Stabw	10		
		Varianz/Kovarianz mit Erw. Wert / VaR	24		
		Historische Simulation	15		
		Monte Carlo	15		
		Copula Funktion	24		
		Behavioral Finance	24		
2.4.	Optimierungskriterien	Barwert	10	10	Eine Optimierung aus wertorientierter Sicht ist immer langfristig orientiert und für eine strategische Asset Allocation besser geeignet.
		GuV	0		
2.5.	Form der Asset Allocation	Aktiv	0	10	Auf Basis diverser in Kapitel 2 diskutierter Quellen kann das aktive Moment auf strategischer Basis als ineffizient angesehen werden, so dass hierfür 0 Punkte vergeben werden.
		Passiv	10		
2.6.	Messbarkeit von Parametern	Renditen: Nein	3	12	Es ist wichtig, dass Banken um die Nichtschätzbarkeit von Renditen und Extremwertrisiken wissen. Hieraus entstehen oftmals Fehlsteuerungsimpulse. Aus diesem Grund werden nebenstehende Wertungen vergeben.
		Risiken auf Konfidenzniveau: Ja	3		
		Extremrisiken: Nein	3		
		Korrelationen: Ja	3		
3.1.	Verlässlichkeit von Korrelationen. Diese sind...	...immer stabil, auch in Extremsituationen.	2	8	Nebenstehende Punktwertung entspricht den Erkenntnissen der Auswertung des Status Quo. Auch wenn Korrelationsschwankungen und Extremsituationen nicht zwingend zeitlich miteinander einhergehen, können Korrelationen versagen. Somit erhält die letzte Antwort die wenigsten Punkte und Antwort 2 die meisten Punkte.
		...versagen in Extremsituationen.	8		
		...erfassen auch kurzfristige Schwankungen.	0		
3.2.	Beurteilung bestehender Risikomodelle. Diese berücksichtigen...	...lang- und kurzfristige Korrelationsrisiken.	2	8	Aktuelle Risikomodelle im Bankenbereich sind rein strategisch ausgerichtet. Deshalb können kurzfristige Korrelationen nicht berücksichtigt werden. Die gemischten Varianten erhalten somit eine mittlere Punktzahl, während nur Antwort 2 volle Punktzahl erhält.
		...nur langfristige Korrelationsrisiken.	8		
		...nur kurzfristige Korrelationsrisiken.	0		
		...Korrelationsrisiken nicht adäquat.	4		
3.3.	Irrationalität	Marktteilnehmer reagieren rational.	0	4	Dass Marktteilnehmer irrational agieren, wurde in Kapitel 2 hergeleitet. Die Erkenntnis muss in einer Allokation berücksichtigt werden. Dies bedingt nebenstehende Punktvergabe.
		Marktteilnehmer reagieren irrational.	4		
3.4.	Entwicklung irrationales Verhalten	Zunahme	4	4	Aus Sicht des Autors hat die Finanzmarktkrise eine Zunahme des irrationalen Verhaltens bedingt. Dies sollte von den Verantwortlichen in den Banken erkannt werden.
		Abnahme	0		
		Summe		100	

Tabelle 24: Aufbau des Scoringsystems und Punktvergabe für den Status quo[979]

---

[979] Eigene Darstellung auf Basis eigener Einschätzungen.

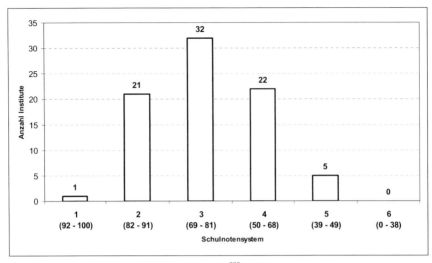

Abbildung 50: Ergebnisse des Scorings, n = 81[980]

Als Maximalwert kann ein Scoringwert von 94 festgestellt werden. Es handelt sich hierbei um eine Sparkasse von 1,9 Mrd. € Bilanzsumme. Die zweitbeste Scoringnote mit 90 ist von einer Volksbank mit 0,7 Mrd. € besetzt. Den Scoringwert 89 teilen sich 3 kleine Genossenschaftsbanken zwischen 0,065 und 1,527 Mrd. € Bilanzsumme. Die beste Landesbank erreicht immerhin 84 Punkte, die beteiligte Großbank hingegen nur 70 Punkte. Eine Abhängigkeit zwischen Größe und Scoringwert besteht somit nicht. Anscheinend ist es in kleineren Häusern auch aufgrund des dort oftmals einfacher gestalteten Portfolios eher möglich, eine effiziente Asset-Allocation aufzubauen.

3.4.3 Interpretation der Ergebnisse des Scorings

In Summe kann der Status quo auf Basis dieses Scoringmodells mit einem Durchschnittswert von 72,22 als durchschnittlich bezeichnet werden. Zu bedenken ist, dass mehr als 32% der Institute gar keine Asset-Allocation durchführen. Verbesserungspotenzial ist für diese Institute vor allem im Bereich der Nutzung der Asset-Allocation-Modelle (2.3), insbesondere der Behavioral Finance zu sehen.

Die 81 Institute, welche die Asset-Allocation nutzen, zeigen leichtes Verbesserungspotenzial bei den verwendeten Methoden. Eine Ablösung der als veraltet zu bezeichnenden Modelle[981]

---

[980] Eigene Darstellung auf Basis der Scoringergebnisse.
[981] Vgl. Kapitel 2.4.2.

hin zur Nutzung von Copulas, erweitertem Markowitz-Ansatz und Behavioral-Finance-Aspekten sollte vollzogen werden.

Die größten Schwächen liegen aus Sicht des Autors jedoch in den Fragen 2.4 – 2.6 und 3.2. Hier geht es um die Frage der Optimierung (barwertig / GuV), der aktiven/passiven Steuerung und der Parametrisierung bzw. Verlässlichkeit von Parametern. Die hier teilweise sehr geringen Punktzahlen lassen Defizite in der Praxisumsetzung der Modelle erkennen. Nicht in der Kenntnis der Modelle, sondern die konsequenten Parametrisierung und Umsetzung scheint das Problem zu sein. Ein Institut, welches als Optimierungskriterium die GuV angibt, kann auf lange Sicht keine effiziente Asset-Allocation betreiben, da der Dispositionshorizont zu kurz ist. Auch die richtige Parametrisierung trägt maßgeblich zum Erfolg eines solchen Modells bei. Ein aktives Modell erfordert immer eine aktive Schätzung von Parametern – und dass der Markt damit dauerhaft schlagbar ist, ist stark anzuzweifeln[982]. Die Erkenntnis ist somit, dass neben dem reinen Einsatz eines solchen aktiven Optimierungsmodells auch der Umsetzungsprozess und vor allem die Steuerungsphilosophien konsistent sein müssen.

Diese bestärkt die Nutzung eines einfachen Modells in Kapitel 4 – so kann das Modellrisiko minimiert und der Schwerpunkt auf Parametrisierung und Interpretation der Ergebnisse gelegt werden.

3.5 Praktische Elemente für die Modellierung von Korrelationen in Extremsituationen

Die recht umfangreichen Erkenntnisse der Analyse der Umfrage bieten einige Implikationen für das eigene Modell. Tabelle 25 fasst die Ergebnisse komprimiert zusammen und formuliert gleichzeitig Implikationen für diese Untersuchung.

---

[982] Vgl. *Brinson/Hood/Beebower* (1984), S. 39 ff.; *Vandell/Stevens* (1989), S. 38 ff.; *Brinson/Singer/ Beebower* (1991), S. 40 ff.; *Bernstein* (2006), S. 156; *Kommer* (2007), S. 78 ff.; *Kommer* (2009), S. 13 ff.

	Schlussfolgerung	Implikation für das eigene Modell
1. Allgemeines & Repräsentativität	Die Rücklaufquote ist adäquat und die Ergebnisse können als repräsentativ für den deutschen Bankensektor angenommen werden, da 11,30% / 113 Institute teilgenommen haben, welche 5,41% der Grundgesamtheit und sogar 15,38% der Bilanzsumme aller deutschen Banken entsprechen.	Die Schlussfolgerungen aus dieser Umfrage sind valide genug, um diese in einem eigenen Modell verarbeiten zu können.
	Die Analyse der Mitarbeiter, Bilanzsumme, Handelsbuchstatus, Börsennotierung und Bilanzierungsart ergeben eine breite Fächerung der Institute. Es handelt sich primär um klassische Kreditbanken.	
2. Fragen zur Portfoliotheorie	Die Bekanntheit der Methoden der Asset-Allocation ist bis auf Copula-Funktionen und Behavioral Finance als gut zu bezeichnen.	Die Modifizierung des Korrelationsansatzes gegen den Erwartungswert auf Basis VaR wird durch diese Erkenntnisse bestätigt. Zum einen findet das Modell relativ häufig Anwendung, zum anderen wird es als das beste Modell gewürdigt. Hinzu kommt, dass dieses Modell eher passiv ausgerichtet ist und die Optimierung des Barwertes zum Ziel hat.
	Der Korrelationsansatz auf Basis Erwartungswert und VaR wird von den Instituten als beste Methode bewertet.	
	72% der befragten Institute betreiben bereits eine Asset-Allocation, wobei bei 67% dies primär im Eigengeschäft der Fall ist.	
	Am häufigsten Verwendung finden die intuitive Portfoliooptimierung, der Korrelationsansatz gegen Erwartungswert / VaR und die historische Simulation. Behavioral Finance ist unterrepräsentiert. Im Schnitt finden 2 bis 3 Methoden parallel Anwendung.	
	Eine konsequente langfristige Steuerung ist aufgrund der Optimierung der GuV/Bilanz mit 71% nicht zu erkennen. Somit können Asset-Allocation-Modelle ihre Wirksamkeit nicht voll entfalten. Zudem steuert die Hälfte der Institute aktiv. Die Behavioral Finance Ansätze werden primär aktiv genutzt, alle anderen Ansätze sowohl aktiv als auch passiv.	Die Modellierung muss die Widersprüche aktiv/passiv und die Art der Optimierung (wertorientiert/GuV) adäquat berücksichtigen. Dies geschieht letzten Endes durch Modellergebnisse, die keine aktiven Momente, sondern nur taktische Impulse beinhalten und die langfristige Optimierung im Auge haben.

3.5 Praktische Elemente für die Modellierung von Korrelationen in Extremsituationen

	Schlussfolgerung	Implikation für das eigene Modell
2. Fragen zur Portfoliotheorie	Bei der Schätzbarkeit von Parametern aus historischen Daten (Renditen, Risiken, Extremwertrisiken und Korrelationen) werden Risiken als adäquat schätzbar angegeben, bei Extremwertrisiken findet eine Verneinung statt. Korrelationen und Renditen sind für mehr als 50% adäquat schätzbar.	In Kombination bestätigen diese beiden Aspekte, dass die Modellierung von Korrelationen in Extremsituationen vorgenommen werden muss, da diese kurzfristigen Risiken nicht abdecken und in den bestehenden Modellen nicht adäquat abgedeckt werden.
3. Irrationales Marktverhalten	Die Einschätzung der Verlässlichkeit von Korrelationen ist eindeutig. Mit 93% wird ihnen ein Versagen in Extremsituationen bescheinigt. 82% der Institute geben zudem an, dass Korrelationsrisiken in den bestehenden Modellen nicht adäquat berücksichtigt werden.	
	Knapp 97% der befragten Institute geben zudem an, dass irrationales Marktverhalten vorliegt.	Das eigene Modell muss somit irrationales Marktverhalten zumindest partiell integrieren, um in Extremsituationen die richtigen Steuerungsimpulse zu setzen.
	Von diesen 109 Instituten konstatieren wiederum 82% eine Zunahme des irrationalen Marktverhaltens.	
	Negative Nachrichten zu einem Markt, positive und negative Marktbewegungen und der Herdentrieb werden als Hauptgründe für irrationales Verhalten angeführt.	Dies bedeutet, dass das eigene Modell zumindest einige dieser Aspekte als Parameter integrieren muss. Zudem muss es schnell auf deren Änderungen reagieren können. Negative und positive Marktbewegungen können aus der Historie abgeleitet werden und werden fortan als zentrales Kriterium dienen. Negative und positive Nachrichten werden aufgrund der schlechten Messbarkeit in diesem Modell verworfen und nur indirekt über die Marktbewegungen abgedeckt.
	Es besteht in der Regel ein negativer Zusammenhang zwischen Einfluss auf den Markt und dem irrationalen Marktverhalten. Einzig institutionelle Investoren und Banken werden als verhältnismäßig stark irrational handelnd bewertet.	Das Handeln von Banken und institutionellen Investoren sollte näher untersucht werden. Es gilt, Indikatoren zu finden, welche das irrationale Handeln bei diesen Gruppen beeinflussen. Dies können z.B. Steilheit der Zinsstruktur für Kreditinstitute zur Erzielung von Transformationsergebnis als auch Spreadhistorien zwecks lukrativer Anlage für beide Gruppen sein.

	Schlussfolgerung	Implikation für das eigene Modell
3. Irrationales Marktverhalten	Die vier zwischen 1999 und 2008 analysierten Märkte zeigen, dass Irrationalitäten nicht konstant sind, sondern schwanken.	Für das eigene Modell müssen somit mehrere Regressionen durchgeführt werden. Die erhobenen Irrationalitätseinschätzungen werden auf Abhängigkeiten zur Kursentwicklung getestet. Ziel ist ein Irrationalitätsindex pro Teilmarkt, der entsprechende Handlungsimpulse generiert.
	Des Weiteren haben Irrationalitäten auf Märkten im Schnitt über den Betrachtungszeitraum unterschiedliche Niveaus.	Das eigene Modell muss Irrationalitäten somit nicht in Summe, sondern teilmarktbezogen endogenisieren. Hierdurch werden unterschiedliche Impulse generiert, was wiederum eine Optimierung auf Teilmarktebene zur Folge hat.
	Zudem treten Irrationalitäten auf den Märkten nicht zur selben Zeit auf, es findet quasi auch hier eine Diversifikation statt.	
4. Korrelationszertifikat	Ein Korrelationszertifikat wird nur von 36% der deutschen Institute für sinnvoll erachtet.	Die Modellierung des Zertifikates muss durch Einfachheit und durch das Abstellen auf kurzfristige Korrelationsrisiken bestehen. Irrationale Komponenten spielen hier eine untergeordnete Rolle.
	Das Zertifikat sollte wie folgt aufgebaut sein: • passive Ausrichtung • möglichst einfach modelliert • geringe Kosten • optionaler Charakter • Absicherung kurzfristiger Korrelationsrisiken	
	Primär betroffene Assetklassen: • Staatsanleihen • Corporates • Aktien	
Scoring	Das Scoring im deutschen Bankensektor zeigt, dass die Modelle in der Regel adäquat eingesetzt werden und funktionieren. Primäres Problem ist die Parametrisierung.	Das eigene Modell muss somit auch auf der adäquaten Parametrisierung für Extremsituationen Wert legen. Eine konsequente prozessuale Umsetzung über einen langen Zeitraum hinweg ist zwingend.

Tabelle 25: Aggregierte Ergebnisse und Schlussfolgerungen der Umfrage[983]

Ausgehend von diesen Erkenntnissen und den Ergebnissen aus Kapitel 2 wird in Kapitel 4 nun das eigene Modell aufgestellt.

---

[983] Eigene Darstellung auf Basis der Erkenntnisse des Kapitels 3.

4 Modellierung von Korrelationen in irrationalen Extremsituationen

Ziel des zu entwickelnden Modells zur taktischen Optimierung von Portfolien ist der Nachweis der zentralen Thesen 1 bis 3[984].

Zur Evaluierung des Modells wird wie folgt vorgegangen. Im ersten Schritt werden repräsentative Assetklassen definiert und auf ihr Korrelationsverhalten in vergangenen Krisen untersucht. Auf Basis dieser Analyse werden dann die KaR und KaC Werte definiert. Im Anschluss daran werden die Irrationalitätsindizes auf Basis der Erkenntnisse der Umfrage modelliert. Die Neuerung aus wissenschaftlicher Sicht ist, dass Marktdatenbewegungen mit Irrationalitätseinschätzungen gekoppelt werden sollen, um an Extremphasen und Irrationalitätsphasen der Marktentwicklung zu gelangen. Das Zusammenspiel der positiv und negativ gestressten Korrelationen mit dem Faktor Irrationalität führt dann zum Design des Modells, welches nur auf Basis von sich ändernden Korrelationen eine Outperformance verglichen mit einem nur leicht modifizierten Markowitz-Ansatz erzielen soll. Das Backtesting dieses Modells kann dann zur Verifizierung der Thesen herangezogen werden.

4.1 Analyse von Korrelationen in historischen Extremsituationen

4.1.1 Verwendete Assetklassen zur Korrelationsanalyse

Zur Sicherstellung der Repräsentativität der Ergebnisse wird die Analyse auf zehn Assetklassen abgestellt, welche das klassische Anlagespektrum eines privaten aber auch institutionellen Investors abdecken. Explizit nicht betrachtet werden an dieser Stelle komplexe Assetklassen wie ABS[985] oder derivative Instrumente wie Swaps oder Optionen. Zudem wird wird bewusst auf Assetklassen und nicht auf einzelne Titel abgestellt[986]. Eine Analyse einzelner Aktien- oder Zinstitel bietet sich nicht an, da hier das besondere Kursrisiko oder auch Eventrisiko[987], welches „regelmäßig der Sphäre des Emittenten des Finanzinstruments zuzurechnen[988]" ist, exogenisiert werden müsste. Ziel ist es jedoch an dieser Stelle, die Diversifikation zwischen Primärmärkten und Risikoarten zu analysieren.

Letztlich ist die Wahl der Assetklassen auch durch praktische Restriktionen bestimmt. Viele Assetklassen verfügen noch nicht sehr lange über einen repräsentativen Index bzw. sind noch

---

[984] Vgl. Kapitel 1.2.
[985] Asset Backed Securities.
[986] Zur Frage nach der Mindestzahl von Papieren in einem diversifizierten Portfolio vgl. *Statman* (1987), S. 353 ff. Vgl. auch Ausführungen in Kapitel 2.1.4.
[987] Vgl. *Caps/Tretter* (2004), S. 125.
[988] *DSGV* (2009), S. 233.

nicht lange fungibel. So sind z.B. Daten für die Adressrisikoindizes iBoxx[989] bzw. iTraxx erst seit 1999 bzw. 2007 verfügbar[990]. Vor dem Hintergrund des Auseinanderdriftens der Credit Spreads im Rahmen der Finanzmarktkrise ist jedoch gerade im Bereich Corporates eine lange Zeitreihe unabdingbar[991].

Tabelle 26 fasst ausgewählte Assetklassen zusammen und begründet kurz deren Auswahl[992]. Zu beachten ist, dass alle Indizes direkt in Euro umgerechnet worden sind, um das bereits als ineffizient bewiesene Währungsrisiko zu eliminieren[993]. Auch handelt es sich mit Ausnahme der Rohölpreise um Performanceindizes, da die historische Performance ein guter Indikator für die erwartete Rendite ist und die Anforderungen an den modifizierten Markowitz-Ansatz erfüllt[994].

Auf die Implementierung der Assetklasse Immobilien wurde bewusst verzichtet, da es sich hierbei nicht um echte Marktpreise handelt. Vielmehr werden die Immobilien auf Basis der Mieten i.d.R. nur jährlich neu bewertet[995]. Hinzu kommt die aktuelle und noch nicht endgültig entschiedene Diskussion in der deutschen Rechtsprechung: Sowohl Handelbarkeit und Rückgabe als auch Verkehrswertansatz sollen stark eingeschränkt werden[996]. Für einen fairen Vergleich mit anderen Assetklassen scheiden Immobilien somit aus, da sie in der Konsequenz bei kaum messbarem Risiko hohe Renditen erzielen und dadurch in einer Portfoliooptimierung übergewichtet würden.

Assetklasse	Kurzbeschreibung
RexP[997]	Der Rentenperformanceindex ist ein Synonym für die Performance eines synthetischen Portfolios von Bundesanleihen, welches aus 30 Anleihen mit einer konstanten Restlaufzeit besteht[998]. Diese Assetklasse wurde ausgewählt, weil eine sehr lange Zeitreihe zur Verfügung steht und weil die Anlage in Zinstitel mit langer Laufzeit in einem klassischen Portfolio nach Markowitz nicht fehlen darf.
DJ Euro Stoxx 50[999]	Der DJ Euro Stoxx 50 umfasst die 50 Blue Chips Europas[1000]. In seiner Form als Performanceindex kann er als Synonym für den europäischen Aktienmarkt gesehen werden. Dies rechtfertigt seine Aufnahme in diese Analyse.

---

[989] Zu Details vgl. *Deutsche Börse Group* (2003), S. 4 ff.
[990] Vgl. u.a. *Becker/Ender/Mitschele/Seese* (2008.11), S. 17.
[991] Vgl. u.a. *Reuse/Frère/Svoboda* (2008), S. 31 ff.
[992] Eine gute Auswahl möglicher Benchmark-Indizes in Deutschland bieten *Steiner/Bruns* (2008), S. 592. Die hier getroffene Auswahl lehnt sich an diesen Argumenten an. Für einen guten Überblick über weltweite Indizes vgl. *Svoboda* (2008).
[993] Vgl. hierzu *Reuse* (2009.05), S. 273 ff.
[994] Vgl. *Zimmermann/Zogg-Wetter* (1992), S. 144; Kapitel 2.4.2.6.
[995] Vgl. *BVI* (2004), S. 69, kritisch diskutiert in *Schwerdtfeger* (2009).
[996] Vgl. *Atzler/Röbisch* (2010.05.04), kritisch diskutiert in *Looman* (2010), S. 22.
[997] Vgl. *Datastream* (2010a).
[998] Vgl. *Deutsche Börse Group* (2004), S. 2 f.
[999] Vgl. *Datastream* (2010b).
[1000] Vgl. *Stoxx* (2010), S. 2.

4.1 Analyse von Korrelationen in historischen Extremsituationen

Assetklasse	Kurzbeschreibung
DAX[1001]	Der Deutsche Aktienindex umfasst die 30 größten deutschen Aktiengesellschaften. Er wird ebenfalls in die Analyse aufgenommen, da er als Pendant zum RexP den lokalen Markt Deutschland repräsentiert.
Rohöl Brent in EUR[1002]	Neben dem unten genannten Rohstoffindex wird Rohöl explizit herausgezogen, da die Rohstoffindizes zu heterogen aufgestellt sind. Gerade vor dem Hintergrund, dass Öl separat gehandelt werden kann und dass es die Weltwirtschaft maßgeblich beeinflusst, wird es als separate Assetklasse in diese Analyse einbezogen.
MSCI Emerging Markets[1003]	Der MSCI Emerging Market Index repräsentiert in dieser Analyse den Aktienmarkt von Schwellenländern. Er umfasst die Aktienindizes von 22 Schwellenländern[1004]. Aus Diversifikationsaspekten ist eine solche Assetklasse zu betrachten.
LPX[1005] 50 TR Private Equity[1006]	Der Index bildet die Performance der 50 größten LPE[1007] Unternehmen ab[1008]. Durch die lange Zeitreihe[1009] bietet er sich oftmals als Repräsentant für die Assetklasse an[1010].
DJ UBS-Future Commodity[1011]	Dieser Index bildet die Entwicklung der Futures auf Rohstoffe ab[1012] und wird ebenfalls häufig für Portfoliooptimierungen verwendet[1013].
MSCI World[1014]	Der MSCI World ist ein weltweiter Aktienindex, welcher die Indizes von 45 Ländern subsumiert[1015]. Als der wohl diversifizierteste Aktienindex wird er an dieser Stelle ebenfalls in die Analyse einbezogen.
BOFA[1016] ML Corporate ex-Pfand[1017]	Der Bank of America Merrill Lynch Index ist ein Index auf Unternehmensanleihen des Euroraumes ohne Pfandbriefe. Es ist der einzige Index, welcher bereits seit 01.1996 zur Verfügung steht. Dies ist der Grund, warum dieser Index als Repräsentant für die Assetklasse Unternehmensanleihen in diese Analyse einbezogen wird.
3M Geldmarkt[1018]	Hierbei handelt es sich um das in eine Performance-Zeitreihe umgewandelte deutsche 3-Monatsgeld. Dieses ist als risikolose Rendite für die Definition des RORAC unerlässlich, so dass es hier ebenfalls mit einbezogen wird. Eine Integration in die Asset-Allocation wird jedoch nicht vorgenommen.

Tabelle 26: Ausgewählte Assetklassen und deren Kurzbeschreibung[1019]

[1001] Vgl. *Datastream* (2010c).
[1002] Vgl. *Datastream* (2010d).
[1003] Vgl. *Datastream* (2010e).
[1004] Vgl. *MSCIBarra* (2010).
[1005] Listed Private Equity Index.
[1006] Vgl. *Bloomberg* (2010). Für eine Strukturierung des Private Equity Marktes vgl. u.a. *Kaymer/Kleine* (2007), S. 45 – 48.
[1007] Listed Private Equity.
[1008] Vgl. *LPX* (2010), S. 4.
[1009] Seit 1985 verfügbar, vgl. *LPX* (2009).
[1010] Vgl. u.a. *Becker/Ender/Mitschele/Seese* (2008.12), S. 10.
[1011] Vgl. *Datastream* (2010f).
[1012] Vgl. *DJ UBS* (2010). Details können *Reuse/Krajiček/Linnertová* (2008.06), S. 87 ff. entnommen werden.
[1013] Vgl. u.a. *Reuse/Linnertová* (2008.06), S. 53 ff.; *Reuse/Linnertová* (2008.10), S. 554 ff.; *Reuse/Frère/Schmitt* (2009), S. 69 ff.
[1014] Vgl. *Datastream* (2010g).
[1015] Vgl. *MSCIBarra* (2010).
[1016] Bank of America.
[1017] Vgl. *Datastream* (2010h).
[1018] Vgl. *Datastream* (2010i).
[1019] Eigene Darstellung auf Basis vorgenannter Quellen.

Für die 10 Assetklassen liegt eine gemeinsame Datenhistorie auf täglicher Basis ab dem 31.01.1996 – 01.04.2010 vor. Auch wenn ein längerer Zeitraum wünschenswert gewesen wäre, muss sich an dieser Stelle dem Primat der Datenqualität gebeugt werden. Der zugrunde liegende Zeitraum von mehr als 14 Jahren sollte jedoch ausreichen, um repräsentative Ergebnisse zu erzielen.

4.1.2 Risiko und Rendite der Assetklassen

Vor der Analyse der Korrelationen der 10 Assetklassen zueinander werden diese näher auf ihre Performance und ihr Risiko hin untersucht. Hierzu werden alle Assetklassen im ersten Schritt per 01.01.1996 indexiert dargestellt. Dies zeigt Abbildung 51.

Zu erkennen ist eine sehr heterogene Entwicklung der Assetklassen. Während die risikolose Rendite erwartungsgemäß eine beinahe konstante Performance aufweist, sind hohe Schwankungen vor allem beim Rohöl, aber auch im Bereich Emerging Markets und Aktien zu erkennen. Bis zur Finanzmarktkrise entwickeln sich der Corporate Index und der RexP nahezu parallel, während der Krise in 2008 verlieren Corporates stark an Wert. Dies gilt auch für den Private Equity Index. Er ist der einzige, der in 2009 den Startwert von 100 unterschreitet und dies erst gegen Ende des Jahres 2009 wieder aufholt.

4.1 Analyse von Korrelationen in historischen Extremsituationen

AssetKlasse	1996	1997	1998	1999	2000	2001	2002	2003	2004	2005	2006	2007	2008	2009	04.2010
RexP	106,30	113,27	126,00	123,55	132,03	139,45	152,03	158,24	168,85	175,74	176,21	180,64	198,96	208,76	212,81
DJ Euro Stoxx 50	118,14	165,50	223,26	331,85	326,19	263,74	168,50	199,54	218,26	271,30	320,26	350,98	202,17	254,03	255,68
DAX	116,94	172,04	202,51	281,69	260,46	208,90	117,10	160,52	172,30	218,95	267,07	326,59	194,73	241,18	249,12
Rohöl Brent in EUR	147,54	117,80	69,63	200,39	186,10	173,22	223,03	185,64	229,74	386,03	351,91	500,94	203,51	421,16	478,22
MSCI Emerging Markets	102,54	105,77	73,15	142,59	105,65	108,75	86,75	112,78	131,82	204,36	242,38	305,57	150,47	260,99	283,50
LPX 50 TR Private Equity	124,94	139,32	142,98	389,58	271,79	216,01	150,81	188,85	217,09	302,47	343,78	292,91	104,65	154,43	186,52
DJ UBS-Future Commodity	126,66	142,77	96,50	140,56	197,88	167,94	179,42	184,98	187,37	262,03	239,25	250,81	169,75	195,56	196,92
MSCI World	115,96	157,24	181,77	266,88	248,15	218,42	149,12	165,94	177,48	225,00	242,84	239,98	150,59	190,84	209,13
BOFA ML Corporate exPfand	112,21	119,79	132,27	130,12	137,59	147,56	160,60	171,16	185,04	193,42	194,48	193,56	178,76	204,44	211,39
3M Geldmarkt	102,99	106,41	110,21	113,50	118,55	123,73	127,88	130,87	133,64	136,56	140,78	146,92	153,90	155,80	156,00

Abbildung 51: Indexierte Darstellung der Performance der 10 Assetklassen[1020]

[1020] Eigene Darstellung, Quelle: Datastream und Bloomberg. 31.01.1996 = 100.

Diese Entwicklungen spiegeln sich auch in der Ermittlung der Risiko- und Renditewerte wider[1021]. Tabelle 27 stellt die empirisch ermittelten Werte auf Basis täglicher diskreter Renditen dar[1022].

Nr.	Assetklasse Name	Quantilsw. Risiko	Mittlere Rendite über Laufzeit			arithmet. Renditen	verwendete Werte
			Startwert	Endwert	Rendite		
1	RexP	-9,72%	179,93	382,90	5,476%	5,171%	5,500%
2	DJ Euro Stoxx 50	-70,79%	1.849,24	4.728,10	6,851%	9,143%	7,000%
3	DAX	-74,22%	2.470,14	6.153,55	6,656%	9,325%	6,500%
4	Rohöl Brent in €	-98,64%	12,81	61,26	11,680%	17,635%	11,000%
5	MSCI Em. Markets	-60,07%	462,01	1.309,81	7,634%	9,874%	6,500%
6	LPX 50 TR	-61,84%	448,13	835,83	4,499%	6,293%	7,000%
7	DJ UBS	-45,44%	99,54	196,01	4,900%	6,038%	5,000%
8	MSCI World	-48,93%	1.394,79	2.916,87	5,346%	6,601%	6,000%
9	ML Corp. exPfand	-8,07%	93,87	198,44	5,426%	5,107%	5,000%
10	3M Geldmarkt	0,02%	274,89	428,84	3,189%	3,008%	3,000%

Tabelle 27: Risiko und Rendite der ausgewählten Assetklassen[1023]

Das hier dargestellte Risiko ist im ersten Schritt nur der Quantilswert auf Basis von Tagesrenditen[1024], die auf ein Jahr hochskaliert[1025] wurden. Da die angewandte Wurzelfunktion das Risiko eher überzeichnet, sind die dargestellten Verlustrisiken durchaus plausibel[1026]. Es wurde an dieser Stelle bewusst auf Tagesrenditen abgestellt, um Autokorrelationen zu vermeiden und eine größtmögliche Datenbasis zu schaffen.

[1021] Alle nun folgenden Berechnungen wurden mit dem selbst erstellten Portfoliooptimierungsprogramm MPV (Magic Portfolio View) 3.0 ermittelt. Dieses auf Excel basierende Programm ist in der Lage, Renditen, Risiken, Korrelationen und entsprechende Portfoliooptimierungen auch im Zeitablauf in Form eines Backtestings durchzuführen. Auch die später diskutierten KaR, KaC und Irrationalitätswerte finden sich in diesem Tool wieder. Des Weiteren sind auch Korrelationsoptionen dort modelliert. Das Tool und die zugrundeliegenden Programmcodes sind in Anhang 7 beschrieben. Das Zusammenspiel zwischen MPV und weiteren, selbst erstellten Programmcodes findet sich in Anhang 1.
[1022] MPV 3.0 ist auch in der Lage, logarithmische Renditen zu berechnen und zu verarbeiten. Aus Gründen der besseren Didaktik werden die nun folgenden Berechnungen jedoch mit diskreten Renditen durchgeführt. Zudem finden diese in der Praxis häufiger Anwendung, vgl. u.a. *Dorfleitner* (2002), S. 317 – 330.
[1023] Eigene Berechnungen aus MPV 3.0, 31.01.1996 – 31.03.2010 auf Basis von 3.696 Tagesrenditen.
[1024] MPV 3.0 ist ebenfalls in der Lage, Monats- oder Jahresrenditen zu ermitteln und zu verwenden.
[1025] Vgl. u.a. *Danielsson/Zigrand* (2005); *Reuse* (2006), S. 389; *Perridon/Steiner* (2007), S. 328; *Rolfes* (2008), S. 117.
[1026] Vgl. *Blake/Cairns/Dowd* (2000), S. 3, 7; diskutiert in *Danielsson/Zigrand* (2005), S. 15.

4.1 Analyse von Korrelationen in historischen Extremsituationen 149

Ein langer Zeitraum ist durchaus ein valider Schätzer für das Risiko einer Assetklasse, nicht aber für Renditen bzw. Performances[1027]. Aus diesem Grund werden sowohl das arithmetische Mittel der Tagesrenditen als auch die mittlere Rendite über die Gesamtlaufzeit[1028] nur als Indikator für die erwartete langfristige Performance der Assetklassen verwendet[1029]. Die in der letzten Spalte angegebenen Werte adjustieren die errechneten Werte auf Basis des Risikos, um ein ähnliches Risiko/Renditeprofil zu erhalten[1030]. Dies soll verhindern, dass eine Assetklasse nur aufgrund ihrer historischen Rendite in einer Asset-Allocation übergewichtet wird. Ziel des Kapitels 4 ist es, nur aufgrund der Korrelationswirkung eine bessere Optimierung zu erreichen.

4.1.3 Historische und rollierende Korrelationen im Zeitablauf

Auf Basis der oben erwähnten täglichen Renditen lassen sich diese 10 Assetklassen auf ihre Korrelationseigenschaften hin analysieren. Über den Gesamtzeitraum vom 31.01.1996 – 01.04.2010 lässt sich folgende Korrelationsmatrix aufstellen.

Korrelation	RexP	DJ Euro Stoxx 50	DAX	Rohöl Brent in €	MSCI Em. Markets	LPX 50 TR	DJ UBS	MSCI World	ML Corp. exPfand	3M Geldmarkt
RexP	1,0000									
DJ Euro Stoxx 50	-0,1494	1,0000								
DAX	-0,1279	0,9135	1,0000							
Rohöl Brent in €	-0,0611	0,1387	0,1155	1,0000						
MSCI Em. Markets	-0,2026	0,4076	0,3938	0,1763	1,0000					
LPX 50 TR	-0,0341	0,1888	0,2086	0,0334	0,1041	1,0000				
DJ UBS	-0,1189	0,2669	0,2448	0,5914	0,3113	0,0407	1,0000			
MSCI World	-0,1766	0,6034	0,5980	0,1622	0,7111	0,1694	0,3614	1,0000		
ML Corp. exPfand	0,3692	-0,1937	-0,1733	-0,0456	-0,0905	0,0256	-0,1056	-0,1236	1,0000	
3M Geldmarkt	-0,0116	-0,0106	-0,0006	-0,0659	-0,0417	-0,0494	-0,0278	-0,0380	0,0102	1,0000

Tabelle 28: Korrelationsmatrix der ausgewählten Assetklassen[1031]

Zu erkennen ist, dass im langfristigen Schnitt kaum eine Korrelation existiert, welche im hohen positiven Bereich liegt. So liegen nur zwei Werte über +0,70. Negative Korrelationen haben über diesen langen Zeitraum ebenfalls kaum Bestand. Der niedrigste und damit am

---

[1027] Vgl. *Spremann* (2008), S. 136 – 138; *Allianz* (2010), S. 21.
[1028] Welche am ehesten der „echten" Performance entspricht.
[1029] Zur Schätzung von Performances vgl. auch *Gleißner* (2008), S. 10; *Lesko* (2010), S. 7 – 8. Zu den Risiken falsch eingeschätzter Performances vgl. *Hirsch/Kleeberg* (2006), S. 20 ff. Zur Notwendigkeit von Performance Schätzungen gerade bei alternativen Assetklassen vgl. *Schindler* (2007), S. 30 ff. Einen integrierten Portfolioansatz auf Basis erwarteter Performances bieten *Xia/Liu/Wang/Lai* (2000).
[1030] Einschätzungen des Autors.
[1031] Eigene Berechnungen auf Basis MPV 3.0, 31.01.1996 – 01.04.2010 auf Basis von Tagesrenditen.

meisten diversifizierende Effekt ist mit -0,20 im Paar RexP – MSCI Emerging Markets zu finden.

Es lässt sich somit festhalten, dass Korrelationswirkungen bei einem langen Dispositionshorizont durchaus festzustellen sind: Einerseits existieren kaum hoch korrelierte Paare, andererseits sind die empirisch teilweise beobachteten, jedoch kritisch zu wertenden negativen Korrelationen[1032] auf lange Sicht kaum anzutreffen.

Die Aussage, dass Korrelationen umso stabiler werden, je länger der betrachtete Zeitraum ist, ist inhärent durch die immer größere Datenmenge korrekt, führt aber aus Sicht des Autors zu dem falschen Schluss, dass eine ausreichend lange Zeitreihe zu stabilen, in einer Asset-Allocation anwendbaren Korrelationen führt. Über kürzere Zeiträume können Korrelationen ggf. stark schwanken[1033], was in einer klassischen Asset-Allocation nach Markowitz nicht berücksichtigt wird.

Somit müssen Korrelationen auf Basis eines kürzeren Dispositionshorizontes näher analysiert werden[1034]. Hierzu wird die Entwicklung der rollierenden 21^{1035}- und 250^{1036}-Tages-Korrelationen detaillierter betrachtet[1037]. Am Beispiel des Paares DAX und RexP wird dies verdeutlicht. Abbildung 52 zeigt die rollierenden[1038] 250-Tages-Korrelationen im Vergleich zur klassischen Korrelation auf Basis der gesamten Historie 31.01.1996 – 01.04.2010.

[1032] Vgl. u.a. *Sievi/Wegner/Schumacher* (2006.12), S. 696.
[1033] Konträr diskutiert in Kapitel 1.1.
[1034] In Anlehnung an *Konrad* (2004), S. 102.
[1035] Entspricht einem Monat.
[1036] Entspricht einem Jahr.
[1037] Berechnungen auf Basis MPV 3.0., jeweils überlappende 250-Tages-Zeitreihen.
[1038] Rollierende und gleitende Korrelationen werden im Folgenden synonym verwendet.

4.1 Analyse von Korrelationen in historischen Extremsituationen 151

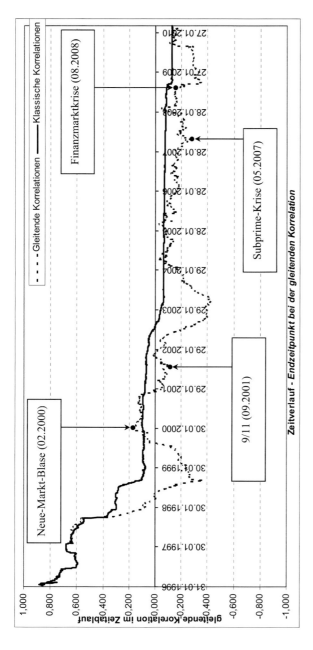

Abbildung 52: Dax und RexP – klassische und gleitende 250-Tages-Korrelation[1039]

[1039] Eigene Darstellung, Berechnungen auf Basis MPV 3.0.

Zu erkennen ist, dass sowohl die klassische als auch die gleitende Korrelation am Anfang relativ volatil sind. Erst nach ca. 2 Jahren, wenn die zur Verfügung stehende Historie lang genug ist, stabilisieren sich beide Datenreihen. Während die klassische Korrelation ab ca. 1999 nur noch zwischen +0,1 und -0,15 schwankt, reagiert die rollierende Korrelation sensibler und schwankt seit 1999 zwischen -0,4 und +0,2.

Im nächsten Schritt stellt sich die Frage, ob das Verhalten von Korrelationen von historischen Krisen abhängt. Aus diesem Grund wird das Augenmerk auf folgende vier Extremsituationen der letzten 10 Jahre gelegt[1040].

- **02.2000 – Neue-Markt-Blase:**
  Am 10.03.2000 erreichte der NEMAX[1041] sein Allzeithoch und verlor bis Anfang 2001 stark an Wert.
- **09.2001 – 9/11**:
  Als am 11.09.2001 Terroristen mit zwei vollbesetzten Passagierflugzeugen in die Twin Towers der New Yorker Innenstadt flogen und diese vollständig zerstörten, sackten die Märkte weltweit ab.
- **05.2007 – Subprime-Krise**:
  Der aufgeblähte derivative Markt der ABS Papiere brach aufgrund der Entwicklungen am Immobilienmarkt in den USA zusammen.
- **08.2008 – Finanzmarktkrise**:
  Die Insolvenz der Investmentbank Lehman Brothers am 15.09.2008 erschütterte die Finanzmärkte.

Bezogen auf das in Abbildung 52 dargestellte Korrelationspaar lässt sich folgende Entwicklung festhalten. Während des Hochs der Neuen Markt Blase und während des darauf folgenden Abschwungs war die Korrelation über dem Durchschnitt und damit positiv. Erst gegen Ende 2000 / Anfang 2001 sank die Korrelation recht stark ab. Dies ist gerade bei diesem Korrelationspaar logisch, da neben dem NEMAX auch andere Aktienmärkte zu diesem Zeitpunkt an Wert verloren. Dies führt bei einem Vergleich mit einem sich nach oben entwickelnden Asset wie dem RexP zu einer negativen Korrelation. Die gleitende Korrelation um den 11.09.2001 ist jedoch nicht ganz eindeutig. Es ist nur ein kleiner Sprung nach unten zu vermerken – erst im Nachgang, bis Ende 2002 ist eine Entwicklung nach unten festzustellen. Während der Subprime-Krise ist ebenfalls nur ein kleiner Sprung nach unten zu verzeichnen, der durch den Zeitversatz des Rollierens erst ein Jahr später sich nach oben dreht. Während der Finanzmarktkrise sinkt die gleitende Korrelation jedoch schnell von knapp -0,2 auf knapp -0,4.

[1040] Angegebener Stichtag jeweils einen Monat **vor** Ausbruch der Krise.
[1041] Neuer-Markt-Index.

4.1 Analyse von Korrelationen in historischen Extremsituationen

Wird diese Entwicklung systematisch dargestellt, so lassen sich Korrelationsveränderungen vor und nach einer Krise darstellen. Tabelle 29 visualisiert, ob sich eine Korrelation 3 Monate vor bzw. nach einer Krise ummehr als +/-0,05 verändert hat. Analysiert werden sowohl die klassischen Korrelationen als auch die gleitenden 1-Jahres-Korrelationen und 1-Monats-Korrelationen des Paares DAX und RexP.

Korrelationsart	Neue-Markt-Blase				9/11			
(Toleranz: +/-0,05)	11.1999	02.2000	05.2000	Δ	05.2001	08.2001	11.2001	Δ
Klassische Korrelation	0,088	0,102	0,093	→ →	0,071	0,066	0,069	→ →
Gleitende 250-Tages-Korrelation	0,097	0,148	0,098	↑ ↓	-0,075	-0,099	0,014	→ ↑
Gleitende 21-Tages-Korrelation	0,118	0,387	0,118	↑ ↓	0,222	-0,235	0,177	↓ ↑

Korrelationsart	Subprime-Krise				Finanzmarktkrise			
(Toleranz: +/-0,05)	02.2007	05.2007	08.2007	Δ	05.2008	08.2008	11.2008	Δ
Klassische Korrelation	-0,072	-0,075	-0,077	→ →	-0,081	-0,083	-0,123	→ →
Gleitende 250-Tages-Korrelation	-0,171	-0,232	-0,220	↓ →	-0,156	-0,157	-0,302	→ ↓
Gleitende 21-Tages-Korrelation	-0,232	0,010	-0,265	↑ ↓	0,098	-0,178	0,159	↓ ↑

Tabelle 29: DAX und RexP – Korrelationsverhalten vor und nach einer Krise[1042]

Die Pfeile zeigen die Tendenz der Korrelationen im Vergleich 02.2007 – 05.2007 und 05.2007 – 08.2007 auf. Wird die Schwelle nach oben bzw. unten durchbrochen, so wird die Tendenz entsprechend gesetzt.

Zu erkennen ist, dass nicht zuletzt aufgrund der langen Historie die klassische Korrelation kaum auf Krisen bzw. Extremsituationen reagiert. Anders verhält es sich hingegen bei den gleitenden Korrelationen. Die Entwicklung ist hier uneindeutig, ein Zusammenhang ist nicht immer erkennbar. Allerdings zeigt sich bei den 21-Tages-Korrelationen, dass sich diese im Rahmen einer Krise sprunghaft nach oben oder auch nach unten verändern. Dies ist einleuchtend, wenn sich die Performance eines der beiden Assets sprunghaft verändert, so muss sich die Korrelation entsprechend verändern. Allerdings lässt sich hier kein eindeutiger Zusammenhang feststellen.

[1042] Eigene Berechnungen auf Basis MPV 3.0, 31.01.1996 – 31.03.2010 auf Basis von Tagesrenditen, überlappende Korrelationen. Schwelle für die Richtungsangabe: +/- 0,05.

Im Folgenden wird die Analyse auf jedes der 45 Korrelationspaare der 10 Assets für alle 3 Korrelationsarten ausgeweitet[1043]. Die Detaildarstellungen hierzu finden sich aufgrund des Umfanges im Anhang[1044], Abbildung 53 fasst jedoch die aggregierten Tendenzen dieser Entwicklungen zusammen. Grau unterlegt sind die jeweils vorherrschenden Tendenzen der Korrelationsentwicklung bei der vorgegebenen Schwelle von +/-0,05 Punkten.

In Abbildung 53 ist erkennbar, dass sich die **klassische Korrelation** kaum verändert. In maximal 2 von 45 Fällen verändert sie sich über die Schwellenwerte hinaus. Die in Tabelle 29 dargestellte marginale Veränderung der klassischen Korrelation (+0,088 auf -0,123 = 0,211) lässt sich auch bei den anderen Assetklassen beobachten. Im Mittel verändern sich alle Korrelationen von 11.1999 – 11.2008 um ca. 0,108 Punkte[1045]. Dies ist in der Portfoliooptimierung aus Sicht des Autors zu vernachlässigen.

Diese Aussage ist von zentraler Bedeutung, widerlegt sie doch die oft getätigte Behauptung, Korrelationen seien nicht stabil und der klassische Markowitz-Ansatz würde versagen[1046]. Hiermit lässt sich gleichzeitig eine der Thesen dieser Ausarbeitung schon partiell belegen: der Markowitz-Ansatz ist aus Sicht der Korrelationsanalyse noch immer anwendbar, da Korrelationen durchaus stabil sind und sich auch nach einer Krise nicht dauerhaft in signifikantem Umfang ändern. Dies steht in leichtem Widerspruch zu älteren Analysen, die sich jedoch nur auf Hedge Fonds[1047] oder eine einzelne Krise eines lokalen Marktes beziehen[1048].

[1043] Analog der empirischen Analyse in *Krügel* (2004b), S. 14 – 22.
[1044] Vgl. Anhang 8.
[1045] Mittelwert der Veränderungen der Korrelationen 11.1999 – 11.2008 auf Basis der klassischen Korrelationen, vgl. Anhang 8.
[1046] Vgl. exemplarisch *Schierenbeck/Lister/Kirmße* (2008), S. 98; *Haas/Mittnik/Yener* (2009), S. 51.
[1047] Vgl. *Krügel* (2004b), S. 14. Hier wird für Hedgefonds eine „Explosion der Korrelationen während kurzfristig negativer Extremsituation" konstatiert. *Krügel* (2004b), S. 17.
[1048] Vgl. *Junkert* (2008), S. II. Im schweizerischen Markt sind „Korrelationen in der Krisenzeit [Anmerkung des Autors: Subprime Krise] mehrheitlich leicht angestiegen."

4.1 Analyse von Korrelationen in historischen Extremsituationen

Abbildung 53: Aggregiertes Korrelationsverhalten vor und nach einer Krise[1049]

[1049] Eigene Darstellung, Berechnungen auf Basis MPV 3.0, überlappende Korrelationen.

In Bezug auf die **gleitenden Korrelationen** ist die Entwicklung analog der Einzelanalyse des Paares DAX – RexP nicht eindeutig. Die Analyse der Monatskorrelationen zeigt den schwachen Trend, dass die Korrelationen, die vor der Krise gesunken sind, danach steigen und vice versa. Dies ist jedoch vor dem Hintergrund der nur 21-Stützstellen für die Korrelationsermittlung nur bedingt aussagefähig. Die Analyse der gleitenden Jahreskorrelation zeigt nur auf, dass sich gleitende Korrelationen vor einer Krise kaum verändern, sich danach uneindeutig verteilt in verschiedene Richtungen bewegen können. So ist im Rahmen der Finanzmarktkrise beispielsweise zu erkennen, dass von den 30 Korrelationen, die sich vorher nicht geändert hatten[1050], nach der Krise 18 um mindestens 0,05 steigen[1051].

Für diese Arbeit bedeutet dies, dass neben der Stabilität der klassischen Korrelation eine Uneindeutigkeit der Korrelationsentwicklung festgehalten werden kann. Während die Monatskorrelationen gegenläufige Entwicklungen vor und nach der Krise aufzeigen, zeigt die Analyse der Jahreskorrelation nur, dass sich nach der Krise Änderungen ergeben. Die Aussage, dass Korrelationen in Extremsituationen versagen – dies wurde auch in der Umfrage mit 93% bejaht[1052] – kann somit isoliert betrachtet nicht als verifiziert gelten. Die beste oder schlechteste gleitende Korrelation taucht nicht zwingend vor oder nach einer Krise auf. Dies zeigt auch Abbildung 52 am konkreten Beispiel DAX – RexP. Die am diversifizierensten wirkende gleitende Jahreskorrelation von ca. -0,4 taucht Anfang 2003 auf – ein Zeitpunkt, wo keine Krise oder Extremsituation vorlag. Für die taktische Optimierung des eigenen Modells bedeutet dies, dass das Korrelationsrisiko in Form der schwankenden Korrelationen keinem eindeutigen Trend folgt. Das Korrelationsrisiko ist somit bei den 250-Tages-Korrelationen unabhängig vom konkreten Zeitpunkt des Eintritts einer Krise und kann dementsprechend separiert ermittelt werden.

4.1.4 Definition des Korrelation-at-Risk- und -at-Chance-Ansatzes

Auf Basis dieser Erkenntnis kann der Korrelation-at-Risk- bzw. Korrelation-at-Chance-Ansatz entwickelt werden. Analog der historischen Simulation im Marktpreisrisiko handelt es sich hierbei um eine Korrelation, die mit einem bestimmten Konfidenzniveau nicht über- bzw. unterschritten wird. Hierbei werden die gleitenden Korrelationen der Vergangenheit gezählt und in ein Histogramm überführt. Abbildung 54 zeigt dies am Beispiel der rollierenden 250-Tages-Korrelationen von RexP – DAX sowie ML Corporate Ex Pfand – RexP, wobei die rote Linie hier die Verteilung bei der Unterstellung einer Normalverteilung repräsentiert.

[1050] Summation: 18 + 4 + 8 = 30.
[1051] Eine Analyse mit 6 oder 12 Monaten vor bzw. nach der Krise führt zu ähnlichen Ergebnissen.
[1052] Vgl. Abbildung 33.

4.1 Analyse von Korrelationen in historischen Extremsituationen

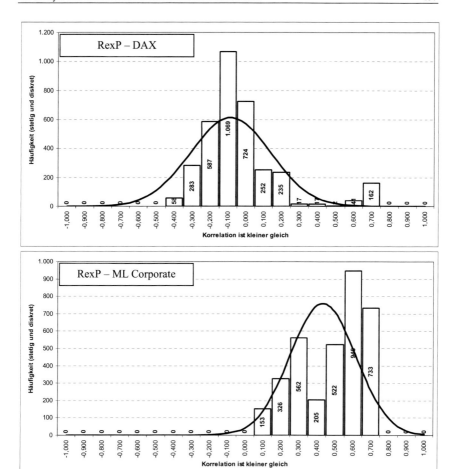

Abbildung 54: Korrelationshistogramm DAX – RexP & ML Corporate – RexP[1053]

Bei dem Paar DAX – RexP ist zu erkennen, dass die Korrelationen um einen Erwartungswert von -0,1 schwanken und sich nahezu gleichmäßig links und rechts dieses Mittelwertes verteilen. Dies impliziert eine Normalverteilung – was jedoch im zweiten Teil der Abbildung deutlicher widerlegt wird. Gerade die Korrelationspaare, die ihren Mittelwert nahe der +/-1 haben, können nicht normalverteilt sein, deshalb scheidet diese Verteilungsannahme mit den zugehörigen Tests wie Jarque-Bera oder Kolmogorov-Smirnov per se aus.[1054]

[1053] Eigene Darstellung, Berechnungen auf Basis MPV 3.0, überlappende 250T-Korrelationen mit 3.447 Stützstellen.
[1054] Vgl. u.a. *Jarque/Bera* (1980), S. 255 ff.; diskutiert in *Reuse* (2010.01), S. 85 ff.

Für beide Korrelationspaare werden in Abbildung 55 exemplarisch auf Basis des Quantilswertes für 1% und 99% die beiden relevanten Werte KaR und KaC berechnet. Sie zeigen die Korrelationen auf, welche mit dem angegebenen Konfidenzniveau nicht über- bzw. unterschritten worden sind.

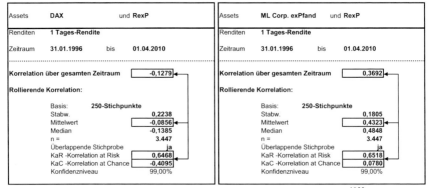

Abbildung 55: KaR und KaC für DAX – RexP & ML Corporate – RexP[1055]

Selbst hier lässt sich festhalten, dass Korrelationen von nahe 1 oder -1 nicht vorzufinden sind. Während die langfristige Korrelation zwischen RexP und DAX bei -0,1279 liegt, liegt die KaR bei 0,6468 und die KaC bei -0,4095. Die Entwicklung beim Korrelationspaar ML Corporate – RexP ist die Entwicklung ähnlich. Die Schwankung der Korrelationen ist folglich relativ hoch, was signifikante Auswirkungen auf eine Asset-Allocation haben kann.

Werden für alle Korrelationspaare solche Berechnungen angestellt, so ergibt sich Tabelle 30, welche bis 01.04.2010 die KaR- und KaC-Matrix sowie die Spreadmatrix KaC und KaR einander gegenüberstellt.

[1055] Eigene Darstellung, Berechnungen auf Basis MPV 3.0, überlappende 250T-Korrelationen mit 3.447 Stützstellen.

4.1 Analyse von Korrelationen in historischen Extremsituationen

Korrelation at Risk	RexP	DJ Euro Stoxx 50	DAX	Rohöl Brent in €	MSCI Em. Markets	LPX 50 TR	DJ UBS	MSCI World	ML Corp. exPfand	3M Geldmarkt
RexP	1,0000									
DJ Euro Stoxx 50	0,5401	1,0000								
DAX	0,6468	0,9787	1,0000							
Rohöl Brent in €	0,0802	0,4660	0,4723	1,0000						
MSCI Em. Markets	0,1038	0,6923	0,6880	0,4670	1,0000					
LPX 50 TR	0,3655	0,6544	0,6363	0,1669	0,3627	1,0000				
DJ UBS	0,1631	0,4604	0,4475	0,7536	0,4863	0,3927	1,0000			
MSCI World	0,1499	0,8763	0,8607	0,4295	0,8700	0,3488	0,5624	1,0000		
ML Corp. exPfand	0,6518	0,1793	0,2054	0,1454	0,4940	0,2107	0,2762	0,5891	1,0000	
3M Geldmarkt	0,1544	0,1576	0,1388	0,0703	0,1289	0,1187	0,1220	0,1102	0,1937	1,0000

Korrelation at Chance	RexP	DJ Euro Stoxx 50	DAX	Rohöl Brent in €	MSCI Em. Markets	LPX 50 TR	DJ UBS	MSCI World	ML Corp. exPfand	3M Geldmarkt
RexP	1,0000									
DJ Euro Stoxx 50	-0,4566	1,0000								
DAX	-0,4095	0,7901	1,0000							
Rohöl Brent in €	-0,1895	-0,1180	-0,1701	1,0000						
MSCI Em. Markets	-0,5790	-0,0070	-0,0129	-0,0375	1,0000					
LPX 50 TR	-0,3442	-0,0349	-0,0419	-0,2524	-0,0708	1,0000				
DJ UBS	-0,3552	0,0746	0,0108	0,3502	0,0960	-0,2453	1,0000			
MSCI World	-0,4472	0,0872	0,0602	-0,1170	0,5975	-0,0755	0,1667	1,0000		
ML Corp. exPfand	0,0780	-0,6259	-0,5750	-0,2509	-0,4593	-0,2130	-0,3460	-0,5869	1,0000	
3M Geldmarkt	-0,1561	-0,1218	-0,1130	-0,1969	-0,1192	-0,1293	-0,1389	-0,1235	-0,1359	1,0000

KaR - KaC	RexP	DJ Euro Stoxx 50	DAX	Rohöl Brent in €	MSCI Em. Markets	LPX 50 TR	DJ UBS	MSCI World	ML Corp. exPfand	3M Geldmarkt
RexP	0,0000									
DJ Euro Stoxx 50	0,9967	0,0000								
DAX	1,0563	0,1886	0,0000							
Rohöl Brent in €	0,2697	0,5840	0,6424	0,0000						
MSCI Em. Markets	0,6828	0,6993	0,7009	0,5046	0,0000					
LPX 50 TR	0,7097	0,6892	0,6782	0,4193	0,4336	0,0000				
DJ UBS	0,5183	0,3858	0,4366	0,4034	0,3903	0,6381	0,0000			
MSCI World	0,5971	0,7891	0,8005	0,5465	0,2725	0,4243	0,3957	0,0000		
ML Corp. exPfand	0,5738	0,8052	0,7804	0,3963	0,9533	0,4237	0,6222	1,1760	0,0000	
3M Geldmarkt	0,3105	0,2794	0,2518	0,2672	0,2481	0,2480	0,2609	0,2337	0,3296	0,0000
Ø Spread			0,5336							

Tabelle 30:   KaR, KaC und Spreadmatrix für die ausgewählten Assetklassen[1056]

[1056] Eigene Berechnungen auf Basis MPV 3.0, 31.01.1996 – 01.04.2010 auf Basis von Tagesrenditen, überlappende 250T-Korrelationen mit 3.447 Stützstellen.

Zu erkennen ist, dass alle Assetklassen im KaR über die Totalperiode positive Korrelationen aufweisen. Dies bedeutet, dass es zumindest zeitweise Phasen gab, in denen auch langfristig negative Korrelationen – z.b. DAX & RexP – zeitweise positiv waren. Vice versa lässt sich festhalten, dass im KaC Bereich nur 10 Korrelationen positiv waren. Wird die systemisch bedingte hohe Korrelation zwischen DAX und DJ Euro Stoxx 50 ausgeblendet, so liegt die höchste Korrelation in diesem Bereich bei 0,59.

Festzuhalten ist somit, dass stark schwankende rollierende Korrelationen in der Vergangenheit zu beobachten waren. Diese starke Schwankung lässt sich auch in der Shiftmatrix KaR – KaC wiederfinden. Der durchschnittliche Spread beträgt 0,53 Punkte, einige Korrelationspaare liegen sogar über 1^{1057}.

Dies widerspricht den Erkenntnissen der Analyse der klassischen Korrelationen über die Totalperiode. Diese ist aufgrund des langen Betrachtungszeitraumes inhärent stabil bzw. träge. Da der Anlagehorizont vieler Anleger jedoch nicht über die Totalperiode geht, muss die Betrachtung des Markowitz-Ansatzes um die Aspekte KaR und KaC erweitert werden, da sie das separierbare Korrelationsrisiko transparent aufzeigen.

4.1.5 Kritische Würdigung der historischen Korrelationsentwicklung

Die Analysen haben gezeigt, dass Korrelationen über einen langen Zeitraum hinweg stabil bleiben. Ein Anleger, der über einen ebenso langen Anlagehorizont verfügt, ist somit mit dem modifizierten Korrelationsansatz nach Markowitz gut bedient.

Des Weiteren konnte festgestellt werden, dass kurzfristige Monats- oder Jahreskorrelationen in Krisenzeiten nicht eindeutig reagieren. Während langfristige Korrelationen erwartungsgemäß stabil bleiben, zeigen Monatskorrelationen nur die leichte Tendenz auf, nach der Krise gegenläufig zur Entwicklung vor der Krise zu reagieren. Bei den gleitenden Jahreskorrelationen konnte kein signifikanter Zusammenhang festgestellt werden, sie bleiben vergleichsweise träge bzw. verändern sich marginal uneinheitlich.

KaC und KaR Werte tauchen folglich nicht kurz vor oder nach Krisen auf, ein Zusammenhang ist hier nicht erkennbar. Die Aussage, dass Korrelationen in Extremsituationen versagen, ist isoliert betrachtet nicht korrekt, ein exakter zeitlicher Zusammenhang lässt sich an dieser Stelle nicht nachweisen. Dies ist auch der Grund, warum im Folgenden auf die Implementierung weiterer Stresstests verzichtet werden kann. Einerseits stellen KaR/KaC bereits gestress-

---

[1057] Vgl. Tabelle 30.

te Korrelationen dar, andererseits treten Korrelationsrisiken nachgewiesenermaßen nicht zusammen mit extremen Marktbewegungen auf.

Allerdings würde eine Optimierung mit wechselnden, auf KaR oder KAC Werten beruhenden Korrelationen signifikant andere optimale Portfolien zur Folge haben als ein Ansatz mit klassischen Korrelationen. Hierdurch lässt sich eine Assetklasse als attraktiv oder unattraktiv für eine Optimierung parametrisieren. Ziel dieser Arbeit ist es nun, nur auf Basis von sich ändernden Korrelationen in Verbindung mit der Irrationalität der Märkte ein taktisch ausgerichtetes Optimierungsmodell zu schaffen. KaR und KaC sind die Kalkulationsparameter des Modells, die bei irrationaler Über- bzw. Untertreibung angewendet werden können. Hierzu ist es jedoch erforderlich, diese näher zu quantifizieren. Dies wird im Folgenden vollzogen.

4.2 Modellierung von Indizes zur Messung von Marktirrationalitäten

4.2.1 Grundlegende Vorgehensweise und analysierte Märkte

Grundlage der Analyse sind die Erkenntnisse der Umfrage[1058]. Die Grundidee besteht darin, die durch die Marktteilnehmer geschätzten Irrationalitäten in Abhängigkeit zur Marktdatenentwicklung zu bringen um so Zusammenhänge zu erkennen[1059].

Hierzu werden die in Abbildung 44 dargestellten Durchschnittswerte der Irrationalitätseinschätzung[1060] an den Indexgenerator[1061] übergeben, welcher diese über den Zeitraum 1999 – 2008 näher analysiert und mit entsprechenden Marktdaten verknüpft. Es werden hierbei dieselben Märkte wie in der Umfrage analysiert:

- Alternative Investments
- Zinsen
- Corporates
- Aktien

Auf Basis der Zusammenhänge zwischen Marktdaten und eingeschätzter Irrationalität werden im Folgenden Regressionsfunktionen zwischen Marktdatenzeitreihe und entsprechender Irrationalität hergeleitet. Diese wiederum werden im Anschluss mit dem Bestimmtheitsmaß ge-

---

[1058] Vgl. Frage 3.7, Kapitel 3.3.3.
[1059] Eine Analyse, welche ähnliche Aspekte, allerdings auf Basis von Fundamentaldaten untersucht, findet sich in Chan/Frankel/Kothari (2003).
[1060] Vgl. Kapitel 3.3.3, Abbildung 44.
[1061] Der Indexgenerator 1.0 ist ein selbst erstelltes Programm auf Excel-Basis, welches eine Vielzahl von historischen Marktdaten mit dem aus der Umfrage ermittelten Irrationalitätsgrad abgleicht und daraus den Irrationalitätsindex herleitet. Eine detaillierte Programmbeschreibung findet sich in Anhang 6, das Zusammenspiel der Programme ist in Anhang 1 dargestellt.

wichtet, um so eine Irrationalitätsindexfunktion herzuleiten, wie folgende Gleichung am Beispiel des Irrationalitätsindex Aktien zeigt.

$$\text{Irrationalitätsindex}_{Aktien,t} = \frac{100}{2} \cdot \sum_{i=1}^{m} \left(\frac{r_i^2 \cdot (st_i \cdot q_{i,t} + g_i)}{\sum_{j=1}^{m} r_j^2} \right) \tag{30}$$

mit:

r_i^2 = Bestimmtheitsmaß der Regression i
st_i = Steigung der Regressionsfunktion i
g_i = Ordinatenachsenabschnitt der Regressionsfunktion i
$q_{i,t}$ = Ausprägung der Marktzeitreihe i zum Zeitpunkt t
m = Anzahl Regressionen für den Irrationalitätsindex

Da die eingeschätzten Irrationalitäten der Marktteilnehmer einen Wert von -2 bis +2 annehmen können, wird der Index mit 100/2 auf einer Skala von -100 bis +100 normiert.

4.2.2 Ermittlung der Indizes zur Messung von Marktirrationalitäten

Der Indexgenerator verfügt über eine Historie von 149 Datenzeitreihen[1062], die entweder direkte Kurshistorien oder abgeleitete Historien wie Renditen, Volatilitäten oder Spreads zwischen zwei Datenzeitreihen darstellen[1063]. Auch Ausfallwahrscheinlichkeiten sowie die Differenz zwischen Ausfallraten und Spreads wurden in die Analyse einbezogen[1064]. Abgesehen vom Leitzins wurde jedoch auf makroökonomische Faktoren verzichtet, da in irrationalen Phasen kaum ein erkennbarer Zusammenhang zwischen Fundamentaldaten und Marktpreisen vorhanden ist[1065]. Die Schwierigkeit in der Analyse bestand darin, dass die Umfrageergebnisse aus Vereinfachungsgründen nur aus jährlichen Einschätzungen bestand, der Irrationalitätsindex jedoch auf täglicher oder auch monatlicher Basis erzeugt werden soll. Dementsprechend wurde die Regression für alle 119 Datenreihen auf Basis Jahresendwert, Wert zur Jahresmitte und Durchschnittswert aus allen Werten eines Jahres gebildet, so dass ein Pool von 357 Regressionen für alle 4 Märkte entstand. Dies wird am Beispiel der Analyse der p.a. Rendite des DJ Euro Stoxx 50 aufgezeigt. Abbildung 56 zeigt die Basiswerte für die Regressionsanalyse und die Ergebnisse für alle drei Stichproben.

[1062] Vgl. Berechnungen im Indexgenerator sowie Anhang 6. Hiervon näher analysiert wurden jedoch nur 119 Datenreihen.
[1063] Vgl. *Bloomberg* (2010); *Deutsche Bundesbank* (2010.GM); *Deutsche Bundesbank* (2010.LZ); *Deutsche Bundesbank* (2010.ÖH); *Deutsche Bundesbank* (2010.PF); *Datastream* (2010). Spreadzeitreihen waren erst ab 1999 verfügbar.
[1064] Vgl. *Standard & Poor's* (2009), S. 28 – 31; *Standard & Poor's* (2010), S. 9.
[1065] Vgl. u.a. *Shiller* (1981); *Roll* (1988); diskutiert in *Roßbach* (2001), S. 3 ff.

4.2 Modellierung von Indizes zur Messung von Marktirrationalitäten 163

Regression		1999	2000	2001	2002	2003	2004	2005	2006	2007	2008	Korrelation	Bestimmtheitsmaß
Irrationalität aus Umfrage für: Aktien		0,879	1,337	-0,539	-1,353	-0,287	0,030	0,402	0,873	1,382	-1,049		
p.a. Rendite DJ Euro Stoxx 50	Jahres-Ø	26,121	36,664	-19,107	-23,745	-15,331	19,141	17,340	21,489	16,953	-20,582	0,9078	0,8242
	Jahresende	48,639	-1,703	-19,147	-36,111	18,424	9,382	24,293	16,825	9,593	-42,399	0,7016	0,4923
	Jahresmitte	12,761	34,518	-15,017	-23,579	-20,950	21,492	16,018	17,480	28,647	-22,961	0,9102	0,8285

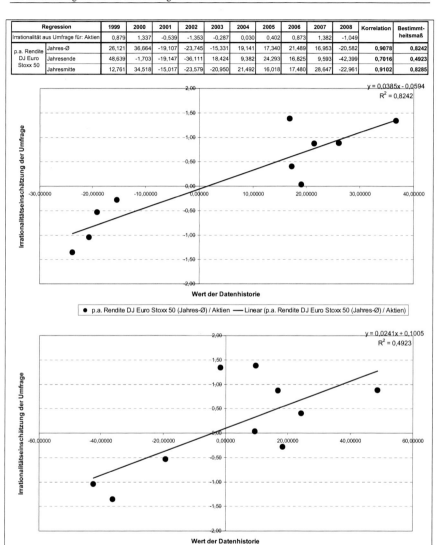

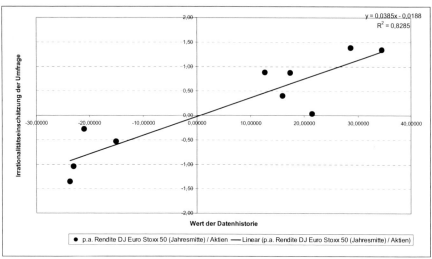

Abbildung 56: Regressionsanalyse für die p.a. Rendite des Euro Stoxx 50[1066]

Als Ergebnis lassen sich drei Regressionsfunktionen erkennen, welche auf Basis der Jahresdurchschnitte und der Werte zur Jahresmitte mit einem Bestimmtheitsmaß von über 0,70 einen signifikanten Zusammenhang aufweisen. Die in Abbildung 56 dargestellte Regressionsfunktion ist somit ein möglicher Kandidat für die Modellierung des Index.

Dieselbe Analyse wurde für alle 119 Datenreihen durchgeführt, die jeweils auf einen der vier Hauptmärkte (Aktien, Zinsen, Corporates und Alternative Assets) gemappt wurden. Zur Bestimmung des Index wurden dann die Regressionsfunktionen ausgewählt, die eine Korrelation von mindestens 0,70 aufweisen[1067]. Hierbei wurde pro Datenreihe nur eine der drei Ausprägungen[1068] verwendet, um Doppelnennungen und Übergewichtungen zu vermeiden[1069].

Abbildung 57 stellt die daraus resultierenden relevanten Regressionsfunktionen pro Hauptassetklasse einander gegenüber.

[1066] Eigene Darstellung auf Basis der Berechnungen des Indexgenerators.
[1067] Einzige Ausnahme: Geldmarkt 1M mit 0,6961.
[1068] Jahresmitte, Jahres-Ø und Jahresende.
[1069] Nach Möglichkeit wurden die ermittelten Jahres-Ø-Regressionen nicht verwendet, da diese im Rahmen einer späteren Modellierung schlecht zu implementieren sind.

4.2 Modellierung von Indizes zur Messung von Marktirrationalitäten 165

Aktien					Zinsen				
Zeitreihe	Art	Korrel	st_i	g_i	Zeitreihe	Art	Korrel	st_i	g_i
DJ Euro Stoxx 50	Jahresende	0,92	0,001	-3,451	FFM 1M	Jahresende	0,70	0,312	-0,940
DJ Stoxx 50	Jahresende	0,90	0,001	-3,610	REX Bund 1 Jahr	Jahresende	0,86	0,385	-1,188
p.a. Rendite DJ Euro Stoxx 50	Jahresmitte	0,91	0,038	-0,019	REX Bund 2 Jahre	Jahresende	0,91	0,441	-1,446
DAX Kurse	Jahresende	0,87	0,001	-2,776	REX Bund 10 Jahre	Jahresende	0,85	0,481	-2,016
MSCI World 2	Jahresende	0,87	0,001	-3,856	Zinspread 10J Bund - 5J	Jahresende	-0,91	-0,544	-1,912
VDAX	Jahres-Ø	-0,71	-0,087	2,388	Leitzinsen EZB	Jahresende	0,70	0,314	-0,892

Corporates					Alternative Assets				
Zeitreihe	Art	Korrel	st_i	g_i	Zeitreihe	Art	Korrel	st_i	g_i
AAA 1 - 3J	Jahresende	-0,79	-1,039	0,015	Deka Immobilienfonds	Jahresende	0,71	0,004	-3,282
AAA 3 - 5J	Jahresende	-0,76	-1,189	-0,002	Rohöl Brent in EUR	Jahresende	0,93	0,030	-0,645
AAA 5 - 7J	Jahresende	-0,81	-0,985	0,122	Rohöl WTI in EUR	Jahresende	0,95	0,032	-0,755
AAA 7 - 10J	Jahresende	-0,77	-1,340	0,262	MSCI Emerging Markets	Jahresende	0,95	0,001	-0,621
AA 1 - 3J	Jahresende	-0,81	-0,841	0,118	DJ UBS-Future Commodity	Jahresende	0,79	0,009	-1,451
AA 3 - 5J	Jahresende	-0,81	-0,792	0,145	Monatsvola Rohöl Brent in EUR	Jahres-Ø	-0,77	-97,073	2,512
AA 5 - 7J	Jahresende	-0,79	-0,708	0,144					
AA 7 - 10J	Jahresende	-0,81	-0,800	0,279					
A 1 - 3J	Jahresende	-0,82	-0,490	0,195	Anzahl Regressionen für Aktien		6		
A 3 - 5J	Jahresende	-0,83	-0,521	0,252					
A 5 - 7J	Jahresende	-0,84	-0,477	0,282	Anzahl Regressionen für Zinsen		6		
A 7 - 10J	Jahresende	-0,79	-0,401	0,288					
BBB 1 - 3J	Jahresende	-0,88	-0,433	0,399	Anzahl Regressionen für Corporates		15		
BBB 3 - 5J	Jahresende	-0,90	-0,504	0,520					
BBB 7 - 10J	Jahresende	-0,88	-0,468	0,590	Anzahl Regressionen für Alternative Assets		6		

Abbildung 57: **Verwendete Regressionszeitreihen**[1070]

Gerade im Bereich Corporates scheint über alle Laufzeitbänder ein Zusammenhang zwischen der gefühlten Irrationalität der Umfrage und der Höhe des Spreads vorzuliegen. Auch die Analyse der anderen Hauptmärkte führt zu ähnlich starken Zusammenhängen, so dass diese Regressionen für die Modellierung der Irrationalitätsindizes verwendet werden.

Die Signifikanz der Zusammenhänge der so modellierten Indizes mit den Ergebnissen der Umfrage gilt es im nächsten Schritt in einer aggregierten Regressionsanalyse zu betrachten. Dies zeigt Abbildung 58, welche eine Regression zwischen den Werten der Umfrage und den gemäß Abbildung 57 ermittelten Irrationalitätsindizes auf Basis Jahresende darstellt. Zu erkennen ist, dass alle Bestimmtheitsmaße über 0,70 liegen, im Bereich Aktien sogar knapp unter 0,90.

[1070] Eigene Darstellung auf Basis der Berechnungen des Indexgenerators, 1999 – 2008.

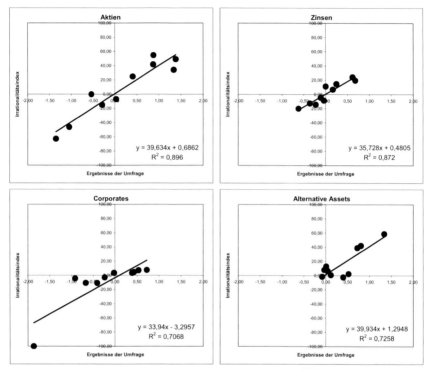

Abbildung 58: Regressionsplots der vier Irrationalitätsindizes[1071]

Es kann somit konstatiert werden, dass ein signifikanter Zusammenhang zwischen irrational eingeschätztem Marktverhalten auf Basis der Umfrage und den entsprechenden Markthistorien besteht[1072]. Der umgekehrte Schluss ist jedoch nicht möglich – nicht jede Marktbewegung muss automatisch irrationalitätsgetrieben sein. Allerdings lassen sich so auf Basis der Marktdaten Irrationalitätsindizes ableiten, die zur weiteren Analyse herangezogen werden können.

Wird auf Basis der Ergebnisse der Abbildung 56 der vierteilige Irrationalitätsindex modelliert, so ergibt sich Abbildung 59.

[1071] Eigene Darstellung auf Basis der Berechnungen des Indexgenerators, jeweils Jahresendwerte 1999 – 2008. Werte der Indizes wurden auf +/- 100 begrenzt.
[1072] Ein ähnlich signifikanter Zusammenhang, vor allem in Bezug auf den VDAX findet sich in *Czink* (2009), S. 106 – 115.

4.2 Modellierung von Indizes zur Messung von Marktirrationalitäten 167

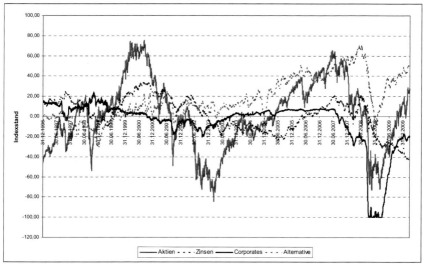

Abbildung 59: Historische Entwicklung der Irrationalitätsindizes[1073]

Zu erkennen ist, dass die vier Indizes den Verlauf der Märkte nachbilden. Gerade das Explodieren der Spreads während der Finanzmarktkrise, welches aus Sicht des Autors nicht rational getrieben war, führt schnell zu einer negativen irrationalen Übertreibung. Ähnliches ist während der Blase am Neuen Markt im Bereich des Aktienindexes zu erkennen. Hier herrscht eine Übertreibung in die positive Richtung vor. Auch der 11.09.2001 ist als Ausschlag nach unten am Aktienmarkt zu erkennen. Es folgt das Tief in 2003 und die sich langsam aufbauende Übertreibung nach oben bis zum Ausbruch der Subprime-Krise. Auch der Zinsmarkt reagiert auf Irrationalitäten, wenngleich nicht so stark wie die anderen Hauptassetklassen. Gerade in 2008, als eine nahezu flache Zinsstruktur mit hohen Geldmarktsätzen vorlag, profitierte der Zinsmarkt. Die daraufhin folgende Übertreibung nach unten ist durch das „Fluten" des Geldmarktes durch die EZB mit der damit verbundenen Steilheit der Zinsstruktur zurückzuführen. Auch Rohstoffe, primär Öl, zeugen von einer tendenziellen Übertreibung nach oben. Nur selten rutscht der Index in den negativen Stimmungsbereich, selbst zu Zeiten der Finanzmarktkrise erreicht er ungeahnte Höhepunkte.

In einem letzten Schritt gilt es, aus diesen Indexentwicklungen einen Trend abzuleiten. Hierbei wird wie folgt vorgegangen: solange der Index aus Abbildung 59 im Vergleich zum Vorstichtag[1074] dasselbe Vorzeichen aufweist, wird dieser aufkumuliert. Ändert sich das Vorzei-

---

[1073] 31.12.1996 – 31.03.2010, eigene Darstellung auf Basis der Berechnungen des Indexgenerators. Werte wurden auf +/- 100 begrenzt.
[1074] Die Analyse erfolgt auf monatlicher Basis, vgl. Berechnungen des Indexgenerators.

chen jedoch, wird der kumulierte Index auf 0 gesetzt und die Kumulation beginnt von vorn. So lassen sich ggf. langfristige Trends erkennen. Abbildung 60 fasst diese Kumulationen zusammen.

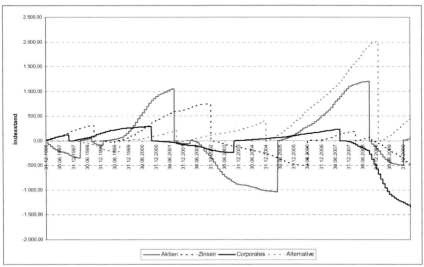

Abbildung 60: Historische Entwicklung der kumulierten Irrationalitätsindizes[1075]

Im Vergleich zu Abbildung 59 sind die Trends eindeutiger zu erkennen. Am Aktienmarkt baut sich ein Trend in 2000 lange auf, um dann plötzlich zu brechen. Ähnliche Zyklen sind im Bereich Corporates, alternative Assets und Zinsen zu vermerken. Die irrationalitätsgetriebenen Zyklen dauern recht lange, 12 – 24 Monate scheinen normal, teilweise sind jedoch auch längere Zyklen erkennbar[1076]. Die Blasen der Märkte und deren Aufbau kann somit ggf. über diesen Index abgebildet werden.

4.2.3 Vergleich der entwickelten Indizes mit bestehenden Indizes

Im nächsten Schritt gilt es, die in diesem Kapitel entwickelten Indizes im Kontext bereits bestehender Messverfahren von Irrationalitäten[1077] auf dem deutschen Finanzmarkt zu würdigen. Im Vergleich zu den vorgestellten Stimmungsindikatoren weisen die selbst entwickelten Indizes folgende Neuerungen auf:

[1075] 31.12.1996 – 31.03.2010, eigene Darstellung auf Basis der Berechnungen des Indexgenerators.
[1076] Ähnliche Zeiträume und Erkenntnisse finden sich in der Fachliteratur zur Behavioral Finance. Vgl. u.a. *Shiller* (2009), S. 132 – 143.
[1077] Vgl. Kapitel 3.1.2.

(1) Es wird ein längerer Zeitraum betrachtet – durch die Umfrage werden 10 Jahre abgefragt. Nur wenige Indizes sind schon seit dieser Zeit verfügbar. Zudem fand dies erstmals als Ex-post-Analyse statt, was eine objektivere Einschätzung der Irrationalitäten impliziert.

(2) Eine Separierung der Teilmärkte ist möglich, da Irrationalitäten auf verschiedenen Märkten niemals gleichzeitig auftreten[1078].

(3) Die neu entwickelten Indizes messen keine Stimmungen, sondern schätzen Irrationalitäten. Die bestehenden Indizes, die teilmarktbezogen agieren, messen zwar Stimmungen (Bearish/Bullish), diese müssen aber nicht zwingend mit Irrationalität einhergehen.

(4) Eine Regressionsanalyse kann den vermuteten Zusammenhang zwischen Irrationalitäten und Marktbewegungen verifizieren.

(5) Durch die Übertragung der Einschätzungen der Umfrageteilnehmer auf Marktdatenbewegungen ist eine monatliche Kalibrierung nur bedingt erforderlich. Die Indizes können auch ex ante modelliert werden, was die bestehenden Indizes nicht können. Diese messen nur den Status Quo.

Die entwickelten Indizes stellen somit eine echte Erweiterung bestehender Modelle dar.

4.2.4 Kritische Würdigung der entwickelten Irrationalitätsindizes

Die Ergebnisse des Kapitels 4.2 lassen sich wie folgt zusammenfassen: Es konnte gezeigt werden, dass unter den getroffenen vereinfachenden Annahmen des Modells ein Zusammenhang zwischen eingeschätzter Irrationalität und der entsprechenden Marktdatenhistorie existiert. Eine geschätzte Irrationalität auf Basis der Umfrage geht signifikant mit entsprechenden Marktbewegungen einher. Dies ist nicht zuletzt dadurch begründet, dass die Teilnehmer der Umfrage dem Bankensektor angehören, der wiederum den höchsten Einfluss auf den Markt hat.[1079] Umgekehrt ist der Schluss allerdings nicht zwingend – nicht jede Marktschwankung ist automatisch irrationalitätsgetrieben.

Auf Basis dieser Erkenntnisse lassen sich vier Irrationalitätsindizes ableiten, die in ihrer kumulierten Form Phasen starker Irrationalität antizipieren und diese somit zeitnah aufzeigen. Die These, dass Phasen der Irrationalität frühzeitig erkennbar sind[1080], lässt sich somit dahingehend beweisen, dass Trends und auch deren möglicher Bruch über diese Indikatoren angezeigt werden. Dies ist eine Neuerung im Vergleich zu bestehenden Indizes zur Messung von Stimmungen an der Börse. Die kumulierten Indizes zeigen die sich langsam aufbauende Irrationalität bis zum Platzen der Blasen auf. Ab einem bestimmten kumulierten Index bricht der Trend. Eine Ausnahme bildet nur der lang anhaltende Trend der sonstigen Assets, primär be-

---

[1078] Vgl. Abbildung 44, Kapitel 3.3.3.
[1079] Vgl. Kapitel 3.3.3, Frage 3.6. Abbildung 39.
[1080] Vgl. Kapitel 1.2.

dingt durch den starken Anstieg des Ölpreises in dieser Zeit. Diese Erkenntnisse können nun im zu entwickelnden taktischen Optimierungsmodell verwendet werden. Es gilt aufzuzeigen, ob die Irrationalitätsindizes brauchbare Hinweise liefern, ab wann eine Assetklasse im Rahmen des Optimierungsmodells attraktiv bzw. unattraktiv sein muss.

4.3 Taktisches Optimierungsmodell auf Basis irrationaler Marktphasen

4.3.1 Aufbau des Modells – Kombination der Indizes mit KaR/KaC

Basisidee des Modells ist eine taktische antizyklische Optimierung der strategischen Asset-Allocation[1081] auf Basis von irrationalem Verhalten. Die Kernidee zeigt Abbildung 61 auf, die das Verhalten irrationaler Anleger bewusst vereinfachend darstellt.

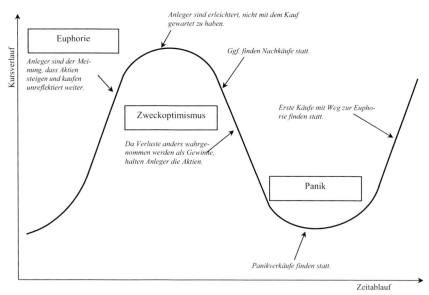

Abbildung 61: Anlegerverhalten und Börsenpsychologie[1082]

Wann immer die Stimmung am Boden liegt, „ist die Wende nach oben in der Regel nahe.[1083]" Irrational handelnde Marktteilnehmer reagieren oft gegenläufig zur tatsächlichen Entwick-

---

[1081] Es bereits existieren einige Erweiterungen des klassischen Markowitz-Ansatzes. Vgl. exemplarisch *Black/Littermann* (1992), S. 28 ff.; diskutiert in *Drobetz* (2003), S. 204. Eine umfassende Analyse findet sich auch in *Wittrock* (1995), S. 85 – 105.
[1082] Eigene erweiterte Darstellung in Anlehnung an *HSH Nordbank* (2009), S. 4, 5; *Brandes* (2010), S. 17.
[1083] *Johann* (2009), S. 61.

4.3 Taktisches Optimierungsmodell auf Basis irrationaler Marktphasen

lung: sie verkaufen am Tiefpunkt und kaufen am Höhepunkt der Kursentwicklung[1084]. Dies geht einher mit den Erkenntnissen von Kahneman/Tversky: Ein irrationaler Anleger hält sein Investment zu lang, da er Verluste intensiver empfindet als Gewinne[1085]. Zudem steigt er auch auf einem Höhepunkt noch ein. Ein antizyklisches taktisches Modell muss genau anders reagieren. Ist ein Markt lange Zeit gut gelaufen und ist die Stimmung über einen längeren Zeitraum positiv, so muss ein Impuls zum Verkauf erzeugt werden. Vice versa muss nach einer bestimmten Zeit der negativen irrationalen Übertreibung das Zeichen zum Kauf generiert werden.

Die Grundidee des Modells besteht nun darin, auf Basis der vier Irrationalitätsindizes eine antizyklische taktische Handlungsempfehlung zu geben. Diese Idee ist nicht neu[1086]. Meist werden jedoch direkte Kauf- oder Verkaufsimpulse erzeugt. Der hier vorgestellte Ansatz versucht, dies rein über das Variieren der Korrelationen zu erreichen. Die Indizes werden in Bezug auf ihren kumulierten Wert und die Dauer des Trends analysiert. So muss nach dem Erreichen eines bestimmten Indexstandes – im positiven wie im negativen – oder nach Überschreiten einer gewissen Dauer der Irrationalität ein taktischer Optimierungsimpuls erzeugt werden. Wird eine Assetklasse mit einer negativen irrationalen Übertreibung belegt, so muss die Korrelation möglichst gering oder gar negativ ausgestaltet sein. Ist eine irrationale Übertreibung nach oben festzustellen, so muss die Korrelation so gesetzt werden, dass das Portfoliomodell die Assetklasse eher untergewichtet.

Die These dieser Ausarbeitung, dass irrational geprägte Korrelationen zu einer besseren Performance und einer besseren Sharpe Ratio / RORAC führen, lässt sich nur dadurch verifizieren, dass außer den Korrelationen keine anderen Risikoparameter verändert werden. Es bietet sich somit an, die KaC/KaR-Ermittlung mit dem kumulierten Irrationalitätsindex zu koppeln, um so die entsprechende taktisch ausgerichtete Korrelationsmatrix zu erhalten. Es konnte gezeigt werden, dass KaC/KaR-Korrelationen nicht kurz vor oder kurz nach einer Krise auftauchen[1087]. Aus diesem Grund sind sie als Risikoparameter für ein taktisches Optimierungsmodell geeignet. Abbildung 62 fasst die Grundgedanken des Modells zusammen und visualisiert diese.

[1084] Vgl. exemplarisch *HSH Nordbank* (2009), S. 4. Die Vorteilhaftigkeit dieser Strategie ist auf Baron Rothschild zur Zeit der Napoleonischen Kriege zurückzuführen: „Man muss kaufen, wenn die Kanonen donnern, und verkaufen wenn die Violinen spielen."; *Braun* (2007), S. 104. Dies überträgt Neill auf die Börse: „when everyone thinks alike, everyone is likely to be wrong"; *Neill* (1954), S. 1; diskutiert in *Averbeck* (2010), S. 63.
[1085] Vgl. *Kahneman/Tversky* (1979), S. 263 – 292; diskutiert in Kapitel 2.3.4.3.
[1086] Vgl. u.a. *HSH Nordbank* (2009), S. 5. Ein Ansatz auf Basis von Momentumstrategien unter Berücksichtigung der Behavioral Finance findet sich zudem in *Loeys/Ribeiro* (2007), S. 40 ff. Eine Integration von Trendfolge und Behavioral Finance bieten *Siragusano/Neumann* (2009), S. 38 ff.; *Siragusano/Neumann/Heimann* (2010). Die Ansätze der Behavioral Finance finden zudem bereits Eingang in Investmentfondskonzepte, vgl. exemplarisch *HSH Nordbank* (2009); *Johann* (2009), S. 60.
[1087] Vgl. Kapitel 4.1.5.

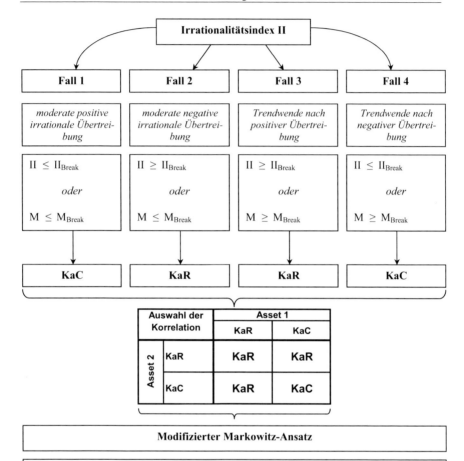

Abbildung 62: Integration der Irrationalitätsindizes und KaC/KaR in ein Modell[1088]

Als zu verwendendes Portfoliomodell wird der modifizierte Markowitz-Ansatz mit der Definition des Risikos gegen den Erwartungswert auf Basis eines durch historische Analyse ermit-

---

[1088] Eigene Darstellung.
II_{Break} = Irrationalitätsindex, ab dem ein Trend nach oben bzw. unten durchbrochen wird.
M_{Break} = Anzahl Monate, ab denen ein Trend nach oben bzw. unten durchbrochen wird.

4.3 Taktisches Optimierungsmodell auf Basis irrationaler Marktphasen

telten VaR der Einzelassets verwendet, da sich dieser sowohl in der Theorie als auch in der Praxis als ein adäquates Optimierungsmodell bewiesen hat[1089].

Im ersten Schritt müssen die Maximaldauer der Trends M_{Break} und der Maximalindex I_{Break} als absoluter Betrag, geltend im positiven wie im negativen Sinn, festgelegt werden. Sobald einer dieser beiden Werte überschritten ist, wird im Modell eine Trendwende eingeleitet. Dies führt in Summe zu vier Fällen.

In **Fall 1** liegt eine sich langsam aufbauende irrationale Übertreibung vor. Während dieser Zeit wird der Trend nach oben weiter angenommen, die Assetklasse muss in der Portfoliooptimierung attraktiv ausgestaltet sein und wird deshalb mit negativen oder geringen Korrelationen in Form der KaC gerechnet. Ein großer Teil des Aufwärtstrends wird somit mitgenommen.

Fall 2 zeigt eine moderate negative irrationale Übertreibung auf, welche meist mit einem Abwärtstrend verbunden ist. In diesen Fällen soll vermieden werden, zu spät auszusteigen, die Assetklasse wird mit den für Optimierungsrechenkern unattraktiven Korrelationen in Form der KaR ausgestattet.

Die Fälle 3 und 4 bezeichnen jeweils den Durchbruch des Trends nach oben bzw. unten. In **Fall 3** bedeutet dies, dass die irrationale Übertreibung gemäß Modellannahmen zu einem Fall der Kurse führen muss. Aus diesem Grund wird die (relativ hoch bewertete) Assetklasse mit der KaR versehen, um sie im Rahmen der Portfoliooptimierung unterzugewichten.

Fall 4 stellt den umgekehrten Fall dar. Gemäß Modellannahmen müsste die Assetklasse wieder steigen. Aus diesem Grund wird sie mit den KaC versehen.

Korrelationen beziehen sich immer auf zwei Assetklassen. Somit kann aus den Implikationen der Irrationalitätsindizes resultieren, dass eine Assetklasse mit der KaR, eine zweite mit der KaC zu rechnen ist. Der direkte Vergleich dieser beiden Assetklassen führt zu einem Widerspruch, der in Abbildung 62 aufgelöst wird. Da Märkte in der Regel schneller fallen als sie vice versa steigen würden[1090], wird beim Aufeinandertreffen von unterschiedlich zu parametrisierenden Assets immer der KaR verwendet, um hier den Verlust nach unten eher zu begrenzen als den Gewinn nach oben zu ermöglichen.

In Summe führt diese Analyse an jedem Stichtag zu einer anderen Korrelationsmatrix, die im modifizierten Markowitz Rechenkern bei sonst gleichen Parametern wie Risiko und Rendite

---

[1089] Vgl. hierzu detailliert Kapitel 2.5 und 3.5.
[1090] Vgl. u.a. *Ross* (1997), S. 32; *Downs* (2005), S. 21; *Farley* (2008), S. 189; *Markowitz/Hebner/ Brunson* (2009), S. 10; am Beispiel der deutschen Staatsanleihen *Kommer* (2009), S. 51.

zu einer neuen Asset-Allocation führen wird. Einzige variierende Parameter sind die irrationalitätsgetriebenen Korrelationen, welche taktische Handlungsimpulse abweichend von der langfristig stabilen Diversifikation geben. Es bleibt jedoch zu zeigen, ob diese Form der Optimierung wirklich eine Mehrperformance gegenüber der klassischen Asset-Allocation erreichen kann.

4.3.2 Backtesting des taktischen Optimierungsmodells

Hierzu wird der beschriebene Ansatz einem Backtesting unterzogen[1091]. Es wird auf die bereits analysierten Assetklassen und deren Risiko- und Renditeparameter zurückgegriffen[1092]. In die Analyse einbezogen werden alle Assetklassen mit Ausnahme des 3M-Geldmarktes. Diese Assetklasse dient nur der Ermittlung der risikolosen Rendite zur Berechnung des RORAC bzw. der Sharpe Ratio.

Für das Backtesting müssen mehrere Simulationsparameter festgelegt werden. Dies zeigt Tabelle 31, welche diese zusammenfasst.

Parameter	Ausprägung		Begründung
Renditen	Auf Tagesbasis, diskrete Renditen		Zur Erzielung einer möglichst großen Stichprobenanzahl werden tägliche Renditen zur Berechnung von Risiko, Rendite und rollierenden Korrelationen verwendet.
Rollierende Korrelationen	250-Tages-Korrelationen, überlappende Zeiträume		Diese eignen sich aufgrund des meist vorhandenen 1-Jahres-Horizontes am besten. Monatskorrelationen sind zudem zu volatil und zu oft nahe der +/-1.
Zeitraum	31.01.1997 – 31.03.2010		Erst am 15.01.1997 ist die erste gleitende Jahreskorrelation berechnet, so dass das darauf folgende Monatsende der früheste Starttermin für die Simulation ist.
Raster	Monatlich		Die Reallokation der Portfolien erfolgt monatlich.
Ausgewählte Assetklassen	Assetklasse	Index	Das Mapping erfolgt auf Basis der originären Zugehörigkeit der Assetklasse.
	RexP	Zinsen	
	DJ Euro Stoxx 50	Aktien	
	DAX	Aktien	
	Rohöl Brent in €	Alternative	
	MSCI Em. Markets	Alternative	
	LPX 50 TR	Alternative	
	DJ UBS	Alternative	
	MSCI World	Aktien	
	ML Corp. exPfand	Corporates	

[1091] Berechnungen erfolgen auch hier in MPV 3.0. Vgl. Anhang 7.
[1092] Vgl. Kapitel 4.1.2.

4.3 Taktisches Optimierungsmodell auf Basis irrationaler Marktphasen 175

Parameter	Ausprägung	Begründung
Konfidenz-niveau	99%	Sowohl die Berechnung der KaR/KaC als auch das Risiko wird auf Basis der historischen Werte als VaR mit 99% Konfidenzniveau berechnet.
Szenarien	8 (2 x 4)	Es werden für die Korrelationsmatrizen • historische Korrelation • KaC • KaR • Matrix auf Basis der Irrationalitäten die beiden Szenarien • Maximierung RORAC[1093] • Maximierung Ertrag bei ex ante vorgegebenem Risiko gerechnet.
Zielrisiko	15%	Gilt für das Szenario „Optimierung Ertrag" und wurde so gewählt, dass die Maximierung des Ertrages primär durch Ausnutzen des Korrelationseffektes und nicht durch 100% Auswahl eines einzelnen Assets erreicht wird.
M_{Break}	12	Da die meisten Anleger implizit einen Dispositionshorizont von einem Jahr aufweisen[1094], wird dieser Parameter entsprechend auf 12 Monate gesetzt.
I_{Break}	500	Diese Grenze gilt nach oben wie nach unten. Sie ist angelehnt an die historische Entwicklung der kumulierten Indizes.
R_f	3,00%	Die risikolose Rendite ergibt sich aus der Analyse der Performance des 3-Monatsgeldes über den gesamten Betrachtungszeitraum[1095].

Tabelle 31:   Parameterset für das Backtesting des eigenen Modells[1096]

Ziel ist es, auf Basis rollierender 250-Tages-Korrelationen bei monatlicher Reallokation über den oben genannten Zeitraum unter Berücksichtigung der Irrationalitätsindizes eine Outperformance des taktischen Modells herzuleiten. Auch soll nachgewiesen werden, dass der modifizierte Markowitz-Ansatz auf Basis der klassischen Korrelationsberechnung nach wie vor funktioniert. Der ausgewählte Zeitraum ist so ausgewählt, dass er die längstmögliche verfügbare Historie abgreift[1097]. Erst per Ende 01.1997 ist jedoch die erste gleitende Korrelation verfügbar, so dass erst dort mit der Berechnung gestartet werden kann. Der Zeitraum umfasst die komplette Irrationalitätseinschätzung aus der Umfrage, hat jedoch vor 1999 knapp 2 und nach 2008 1 ¼ Jahre, die nicht eingeschätzt und somit nur aufgrund der ermittelten Irrationali-

---

[1093] Vgl. exemplarisch *Sievi/Wegner/Schumacher* (2006.12), S. 694; *Sievi/Wegner/Schumacher* (2008.07), S. 403.
[1094] So auch geschehen im grundlegenden Markowitz-Ansatz. Vgl. *Markowitz* (1952), S. 77 ff.
[1095] Vgl. Kapitel 4.1.2.
[1096] Eigene Darstellung.
[1097] Vgl. Kapitel 4.1.2.

tätsindizes gesteuert werden. Dies zeigt auf, ob der Ansatz des Übertragens von Irrationalitätseinschätzungen auf Marktdatenbewegungen auch ex ante funktioniert.

Besonders herausgestellt werden muss an dieser Stelle, dass es sich um ein echtes Backtesting handelt: Die 159 Monatsstichtage, die berechnet werden, sind so modelliert, dass nur die bis zum jeweiligen Stichtag vorhandenen Marktdaten zur Berechnung von Risiko, Korrelation und KaC/KaR berechnet werden. Es werden somit 159 mal 4 neue Korrelationsmatrizen mit 9 Einzelrisiken berechnet und dem Optimierungsrechenkern übergeben[1098]. Die einzigen Parameter, die diese Regelung durchbrechen, sind die Irrationalitätsindizes – diese basieren auf den Erkenntnissen aus Kapitel 4.2. Eine andere Vorgehensweise ist jedoch aufgrund des zur Verfügung stehenden Zeitraumes nicht möglich. Allerdings lässt sich die Funktionsweise dieser Indizes dadurch ex ante nachweisen, dass ab Ende 2008 ebenfalls eine Mehrperformance gegenüber den anderen Allokationsmethoden vorliegen muss.

Es werden 8 Szenarien pro Monatsstichtag durchgeführt. Für jede der vier Korrelationsmatrizen wird eine einfache RORAC-Optimierung auf Basis der ex ante zu berechnenden Risiken und eine Ertragsmaximierung bei vorgegebenem ex ante Zielrisiko durchgeführt[1099]. Es soll nachgewiesen werden, dass eine reine Optimierung mit der isoliert betrachteten KaC- bzw. KaR-Matrix nicht zum gewünschten Erfolg führt. In Summe sind es somit 1.272 Optimierungen, die als echtes Backtesting durchgeführt werden[1100]. Die Ergebnisse des durchgeführten Backtestings fassen die Abbildungen 63 und 64 zusammen.

[1098] Zur detaillierten Beschreibung der Vorgehensweise vgl. auch die Programmbeschreibung der Optimierungsmakros in Anhang 7.
[1099] Dies entspricht auch der bankbetrieblichen Praxis, vgl. exemplarisch *Beck* (2010).
[1100] 159 Monate mal 4 Korrelationsmatrizen mal 2 Optimierungsstrategien = 1.272 Szenarien.

4.3 Taktisches Optimierungsmodell auf Basis irrationaler Marktphasen 177

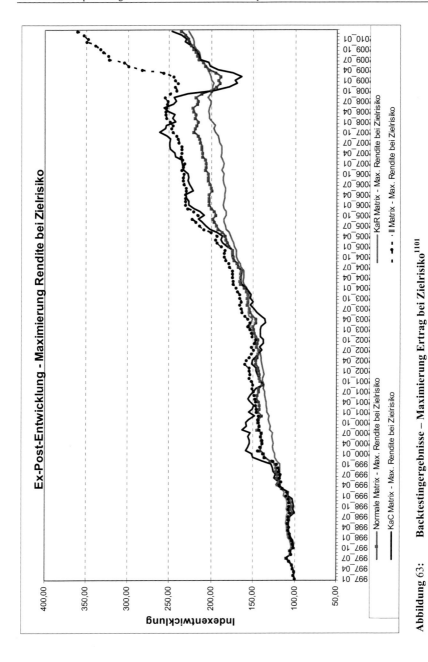

Abbildung 63: Backtestingergebnisse – Maximierung Ertrag bei Zielrisiko[1101]

[1101] Eigene Darstellung, Berechnung des Backtestings in MPV 3.0. II = Irrationalitätsindex.

178 4 Modellierung von Korrelationen in irrationalen Extremsituationen

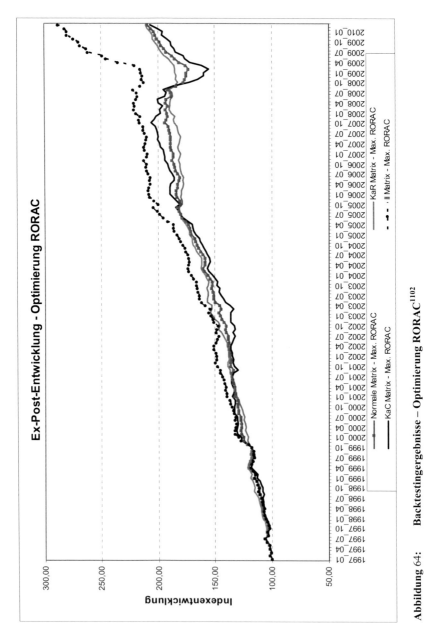

Abbildung 64: Backtestingergebnisse – Optimierung RORAC[1102]

[1102] Eigene Darstellung, Berechnung des Backtestings in MPV 3.0.

4.3 Taktisches Optimierungsmodell auf Basis irrationaler Marktphasen

Die Ergebnisse des Backtestings zeigen in beiden Abbildungen ein eindeutiges Ergebnis in Bezug auf die absolute Performance der irrationalitätsgetriebenen Korrelationsoptimierung[1103]. Sowohl die Optimierung des RORAC als auch die Optimierung auf Basis eines Zielrisikos performen besser als die jeweils anderen 3 Ansätze. Gerade in bzw. kurz nach der Finanzmarktkrise in 09.2008 werden die richtigen Impulse zur Über- bzw. Untergewichtung einer Assetklasse gesetzt. Die temporären Verluste, die die Märkte in der Zeit 09.2008 erlitten haben, machen sich bei der Optimierung kaum bemerkbar. Insbesondere die RORAC-Optimierung auf Irrationalitätsbasis führt kaum zu Verlusten. Bei der reinen Optimierung mit der KaC-Matrix sind die Verluste in beiden Abbildungen deutlicher sichtbar, die Volatilität erscheint stärker als in den anderen drei Ansätzen. Am Ende zeichnen sich beide Optimierungsvarianten dadurch aus, dass die Endstände der klassischen Korrelationsmatrix, der KaR-Matrix und der KaC-Matrix in etwa gleich sind, während die irrationalitätsgetriebene Korrelationsoptimierung eine dauerhafte und signifikant bessere Performance aufweist. Dies wird in Tabelle 32 bestätigt, die die Detailergebnisse der 8 Simulationen einander gegenüberstellt. Neben den Endständen der Simulation sind auch p.a. Rendite und das Risiko als ex post Analyse über die tatsächlichen Schwankungen dargestellt[1104]. Auch der RORAC[1105] auf Basis Volatilität und VaR wird dargestellt. Es zeigt sich, dass das eigene Modell in allen möglichen Vergleichsdisziplinen – Endstände und RORACs – die besten Werte aufweist[1106]. Bezogen auf die Optimierung bei gegebenem Risiko lässt sich im direkten Vergleich zum modifizierten Markowitz-Ansatz auf Basis normaler Korrelationen sogar konstatieren, dass bei weniger ex post Risiko mehr Rendite erzielbar gewesen wäre. Der irrationalitätsgetriebene Optimierungsansatz erreicht einen Endwert von 360,53, nahezu ein Drittel mehr als der modifizierte Markowitz-Ansatz. Trotzdem liegt das ex post Risiko mit 11,40% unter den 14,23% des Markowitz-Ansatzes. Dies ist nur auf die taktische Optimierung mit variierenden Korrelationen zurückzuführen. Die These, dass ein solches Modell eine absolute als auch relative Performanceüberlegenheit aufweist, kann somit als verifiziert gelten.

[1103] Über MPV 3.0 sind auch andere Parametrisierungen möglich, die jedoch zu ähnlichen Ergebnissen führen.
[1104] Ex ante Risiken werden nicht weiter analysiert – bei der Variante „Maximierung Ertrag bei vorgegebenem Risiko" ist das Risiko per se 15%. Bei der Optimierung mit der KaC-Matrix kann es durch inkonsistente Matrizen vorkommen, dass ein negatives Risiko errechnet wird. Dieses wird in den Backtesting-Simulationen auf 0 gesetzt und deshalb an dieser Stelle nicht weiter gewürdigt.
[1105] Hier bezogen auf den Quantilswert der ex post Monatsrenditen, über Wurzel 12 auf ein Jahr skaliert.
[1106] Ränge für die Optimierung nach RORAC sind grau, Ränge für Optimierung der Performance bei gegebenem Risiko schwarz dargestellt.

Ex Post Daten der Portfolien		Normale Matrix		KaR		KaC		Irrationalitätsindex	
		Max R bei Zielrisiko	Max RORAC	Max R bei Zielrisiko	Max RORAC	Max R bei Zielrisiko	Max RORAC	Max R bei Zielrisiko	Max RORAC
Performance	Endstand	235,75	209,58	226,66	211,02	246,95	206,78	360,53	287,96
	p.a.	6,73%	5,78%	6,41%	5,84%	7,11%	5,68%	10,23%	8,37%
Risiko p.a.	Volatilität	6,02%	3,76%	3,86%	3,06%	10,81%	5,77%	6,71%	4,53%
	VaR	14,23%	10,58%	5,68%	4,75%	27,23%	15,86%	11,40%	8,59%
RORAC (Quantils-wert)	Volatilität	0,62	0,74	0,89	0,93	0,38	0,46	1,08	1,18
	VaR	0,26	0,26	0,60	0,60	0,15	0,17	0,63	0,63
Rang	Endwert	3	3	4	2	2	4	1	1
	RORAC Vola	3	3	2	2	4	4	1	1
	RORAC VaR	3	3	2	2	4	4	1	1

Tabelle 32: Detaillierte Ergebnisse des Backtestings über die Analyseperiode[1107]

[1107] Eigene Darstellung, Berechnung des Backtestings in MPV 3.0.

4.3 Taktisches Optimierungsmodell auf Basis irrationaler Marktphasen

Im Umkehrschluss davon auszugehen, dass der Markowitz-Ansatz versagt hat, ist jedoch nicht korrekt. Allein aufgrund der langfristig vorhandenen Diversifikationswirkung[1108] weist das Portfolio in der Regel ein besseres Risk/Return-Verhältnis auf als die Investition in einzelne Assets. Dies zeigt Abbildung 65, welche die ex post RORACs der einzelnen Assetklassen im Optimierungsverfahren „Maximierung RORAC" einander gegenüberstellt.

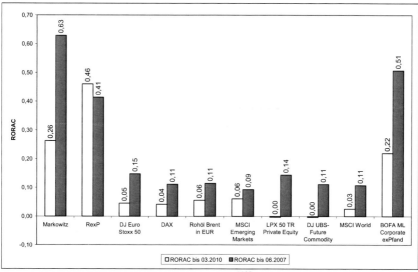

Abbildung 65: Historische RORACs im Vergleich[1109]

Der RORAC des Markowitz-Ansatzes ist in der Regel höher als der isoliert betrachtete RORAC der Einzelassets. Ausnahme bildet der RexP, der aufgrund der Subprime- und Finanzmarktkrise stark an Wert gewonnen hat. Wird nur die Zeit bis Mitte 2007 betrachtet, so schlägt der Markowitz-Ansatz jedes Einzelasset. Auch lässt sich zeigen, dass die Performance über den gesamten Analysezeitraum mit 5,78% um 0,44% besser ist als die des RexP[1110]. Es kann somit konstatiert werden, dass der modifizierte Korrelationsansatz effizienter ist als ein Investment in Einzelpapiere.

Ein direkter Vergleich des eigenen Modells mit dem erweiterten Markowitz-Ansatz lässt sich auch auf Basis der simulierten Portfolioaufteilungen aus dem Backtesting heraus vornehmen. Dies zeigen die Abbildungen 66 und 67. Auf Basis der Optimierung der Rendite bei gegebe-

---

[1108] Nachgewiesen in Kapitel 4.1.3.
[1109] Eigene Darstellung, Zeitraum 01.1997 – 03.2010. Markowitz Ergebnisse entnommen MPV 3.0, 9 Assets berechnet auf monatlicher Basis analog des Backtestings, risikolose Rendite: 3,00%.
[1110] Auf Basis derselben Berechnungslogik beträgt diese nur 5,35%.

nem Risiko („Max R bei Zielrisiko") stellen beide Abbildungen die simulierten historischen Portfoliostrukturen pro Monatsstichtag dar.

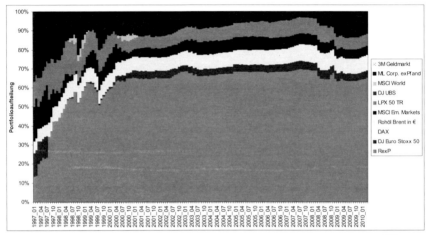

Abbildung 66: Simulierte Portfoliostruktur im modifizierten Markowitz-Ansatz[1111]

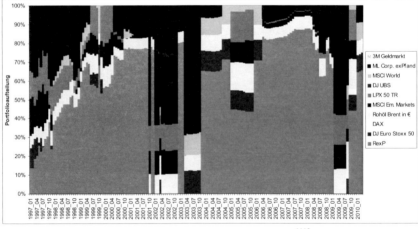

Abbildung 67: Simulierte Portfoliostruktur im eigenen Modell[1112]

[1111] Eigene Darstellung, Berechnung des Backtestings in MPV 3.0.
[1112] Eigene Darstellung, Berechnung des Backtestings in MPV 3.0.

4.3 Taktisches Optimierungsmodell auf Basis irrationaler Marktphasen

Zu erkennen ist, dass der modifizierte Markowitz-Ansatz aufgrund der gering schwankenden Korrelationen eine wesentlich stabilere Portfoliostruktur aufweist, die sich mit zunehmender Historie der Marktdaten weiter stabilisiert. Der RexP ist aufgrund eines attraktiven Risiko/Renditeverhältnisses immer stark übergewichtet, andere Assets kommen auch in Krisenzeiten kaum zum Einsatz. Dies zeugt von einer stabilen Portfoliostruktur für einen passiv veranlagten Investor.

Das eigene Modell hingegen schichtet recht häufig um. So wird kurz vor oder nach einer Krise ein dann über- oder unterbewertetes Asset ver- bzw. gekauft. Es handelt sich – wie bereits erwähnt – um eine taktische Optimierung, die in Extremsituationen durchaus zu einer 0-Gewichtung für den RexP führen kann. Zu erkennen ist dies in 2009, wo die Assetklasse Corporates aber auch alternative Assetklassen[1113] nachgekauft werden, das Portfolio jedoch über ein halbes Jahr nicht mehr im Zinsmarkt investiert ist.

Diese unterschiedlichen Gewichtungen der entsprechenden Assets lassen sich exemplarisch am Beispiel des 28.02.2009 an einem einzelnen Stichtag visualisieren[1114]. Dies zeigt Abbildung 68, welches alle möglichen Portfoliokombinationen in 10er-Schritten[1115] mit klassischen Korrelationen und denen durch Irrationalitäten bestimmten Korrelationen darstellt. Ergänzt wird dies um eine Differenzenbildung und die Optimierungsergebnisse.

[1113] Der Teilindex „Alternative Assets" gilt für Private Equity, Öl, Rohstoffe und Emerging Markets.
[1114] Auf Basis Abbildung 66 und 67.
[1115] Es handelt sich bei 9 Assets um 43.758 mögliche Portfoliokombinationen.

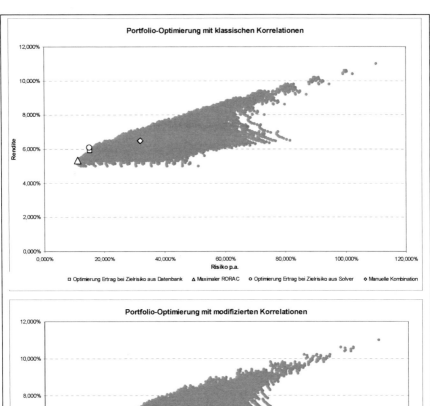
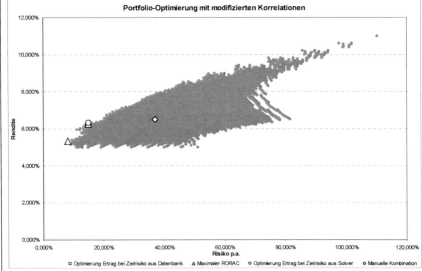

4.3 Taktisches Optimierungsmodell auf Basis irrationaler Marktphasen

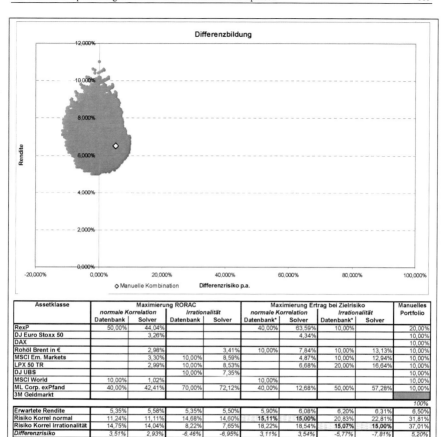

Abbildung 68: Vergleich der Modelle per Stichtag 28.02.2009[1116]

Im ersten Schritt zeigen die ersten beiden Teile der Abbildung auf, dass nur wenige Portfoliokombinationen die erforderlichen Effizienzkriterien[1117] erfüllen. Letztlich sind nur die Portfolien effizient, welche die Punktwolken nach oben begrenzen. Alle anderen weisen mehr Risiko und/oder weniger Rendite auf.

[1116] Eigene Darstellung, Berechnung des Backtestings in MPV 3.0. Aufgrund der p.a. Skalierung des Tagesrisikos mit der Wurzelfunktion in Verbindung mit der Definition des Risikos als Erwartungswert sind auch Risiken > 100% möglich.
* Das Zielrisiko darf um +/-0,25% Punkte schwanken. Grau unterlegt sind die jeweiligen Optimierungskriterien. Die dargestellte manuelle Portfoliokombination ist zufällig gewählt.
[1117] Vgl. Kapitel 2.3.1.1.

Werden die ersten beiden Teile der Abbildung im zweiten Schritt direkt miteinander verglichen, so scheinen diese auf den ersten Blick nahezu identisch. Allerdings lässt sich erkennen, dass der zweite Teil etwas weniger Diversifikationspotenzial u.a. im Bereich 8% Rendite / 70% Risiko aufweist. Aufgrund der irrational anders gesetzten Korrelationen ist die Portfoliooptimierung hier eine andere.

Dies verdeutlicht der dritte Teil der Abbildung, welcher das Differenzrisiko für dieselbe Portfolioaufteilung bei verschiedenen Korrelationen darstellt. Die Zahl der Assetklassenkombinationen, welche in der Irrationalitätsmatrix mehr Risiken aufweist, ist an diesem Stichtag nahezu identisch mit denen, die weniger Risiko aufweisen. Dies liegt darin begründet, dass 10 von 36 Korrelationspaaren aufgrund der Irrationalitätsindizes mit dem KaC und 26 mit dem KaR parametrisiert worden sind. Gerade der RexP ist gegenüber den anderen Assetklassen immer mit KaR parametrisiert, was ihn in der optimalen Asset-Allocation in den ersten Monaten des Jahres 2009 verschwinden lässt.

Dies zeigt auch der vierte und letzte Teil der Abbildung, welcher die beiden Optimierungsstrategien – RORAC und Ertrag – detailliert analysiert. Neben den Optimierungen des Solvers[1118] sind pro Matrix auch die Optimierungen auf Basis der 10%-Schritte vorhanden, was in Summe zu 8 Optimierungen führt. Ausgewiesen sind zudem die erwartete Rendite, das Risiko nach beiden Matrizen, das Differenzrisiko und das Optimierungskriterium in grauer Unterlegung. Zu erkennen ist die bereits angesprochene Übergewichtung alternativer Assets in der Irrationalitätsmatrix und die Untergewichtung des RexP.

Gerade diese taktische Entscheidung Anfang 2009 hätte dazu geführt, dass sich die irrationalitätsinduziert optimierten Portfolien schneller erholt hätten als der modifizierte Markowitz-Ansatz. Der im Modell bereits als abgelaufen definierte Trend des Falls der Corporates und der beginnende Trend der Alternativen Assets lassen sich in der Wahl der Korrelationen gut erkennen.

4.3.3 Kritische Würdigung des taktischen Optimierungsmodells

Das eigene Modell auf Basis irrationalitätsinduzierter Korrelationen ist einfach zu modellieren und bedarf kaum komplexer Zusammenhänge, wenn die Irrationalitätsindizes bekannt sind. Es ließ sich zeigen, dass die taktische Optimierung des Markowitz-Ansatzes eine Outperformance in absoluter und relativer Hinsicht erzielt und Assets im Rahmen einer Trendfolge vor dem Einbruch verkauft, aber auch vor dem Wiederanziehen wieder kauft. Es werden

---

[1118] Iteration auf Basis des Newton Verfahrens in MS Excel. Vgl. auch Anhang 7. Zu den theoretischen Grundlagen der nichtlinearen Newton-Optimierung vgl. u.a. *Kelley* (1999); *Kelley* (2003). Ein praktischer Ansatz findet sich in *Beck* (2010).

4.3 Taktisches Optimierungsmodell auf Basis irrationaler Marktphasen 187

aufgrund der statischen Parametrisierung der Index- bzw. Monatsschwellen zwar nicht die absoluten Hoch- bzw. Tiefpunkte abgegriffen, die aufgezeigten Parameter sind jedoch qualitativ hochwertig genug, das Portfolio in seinem Risiko zu stabilisieren und die Rendite zu optimieren. Die These, dass irrational geprägte Korrelationen zu einer besseren Performance bzw. einem besseren RORAC führen[1119], kann somit als verifiziert gelten. Dies setzt allerdings eine konsequente Umsetzung der Modellimplikationen auch in Extremsituationen voraus.

Auch die These, die besagt, dass der leicht modifizierte Markowitz-Ansatz nach wie vor ein adäquates Modell ist, kann auf Basis der historischen Analyse als verifiziert gelten. Abgesehen von der isolierten Betrachtung des $RexP^{1120}$ ist der RORAC des Markowitz-Portfolios immer größer als das Investment in einzelne Assets. Dies wird durch zwei weitere Erkenntnisse unterstützt. Zum einen sind Korrelationen – entgegen der vorherrschenden Meinung am Markt[1121] – auch in Extremsituationen ab einem bestimmten Dispositionshorizont stabil[1122]. Dies führt bei einem passiv ausgerichteten Investor zu einer kaum schwankenden Portofolioaufteilung. Zum anderen ist die Outperformance des eigenen Ansatzes mit entsprechenden Umschichtungen verbunden. Die relativ und absolut bessere Performance geht somit in der Realität mit höheren Transaktionskosten einher. Dies ist ein Grund, der bei einer streng passiven Strategie ebenfalls für den Markowitz-Ansatz spricht.

Es lassen sich jedoch auch einige Kritikpunkte anbringen. Neben der Kritik an der Modellierung der Irrationalitätsindizes[1123] kann auch die Kürze der verwendeten Datenhistorie für den empirischen Nachweis angeführt werden. Dem ist entgegenzuhalten, dass es keine weiter zurückliegende gemeinsame Zeitreihe als 1996 für die analysierten Assets gibt, die als valide gelten kann. Viele alternative Assetklassen sind erst seit dieser Zeit börsennotiert bzw. transparent und handelbar. Zudem muss ergänzt werden, dass gerade die Zeit ab Mitte 90er durch erhöhte Volatilitäten und viele Krisen geprägt ist. Solche Ereignisse können vor Mitte 90er nicht festgestellt werden, so dass sich zudem generell die Frage der Repräsentativität der Zeiträume vor 1996 stellt.

Des Weiteren kann an der Durchführung des Backtestings kritisiert werden, dass die Irrationalitätsindizes zwar marktdateninduziert reagieren, aber mit den Daten der Umfrage kalibriert wurden. Dem ist entgegenzuhalten, dass die hier beschriebene Vorgehensweise die einzige Möglichkeit darstellt, über eine ex post Analyse einen Irrationalitätsindex zu kreieren. Zudem konnte gezeigt werden, dass in der Zeit vor 1999 und nach 2008 die Wirkungen der Indizes

---

[1119] Vgl. Kapitel 1.2.
[1120] Vgl. Abbildung 65.
[1121] Vgl. Abbildung 33.
[1122] Vgl. Kapitel 4.1 und Anhang 8.
[1123] Vgl. Kapitel 4.2.4.

nicht mehr umfragegetrieben waren und trotzdem zu einer Überperformance gefü[hrt haben.]
Den Anforderungen eines Backtestings wird somit so weit wie möglich entsprochen[.]

Dem Kritikpunkt der festgelegten Parameter der Irrationalitätsindizes zur Fest[stellung von]
Trends[1124] damit begegnet werden, dass die 12 Monate den impliziten Dispositi[onszeitraum]
eines Anlegers widerspiegeln[1125] und die 500 Punkte aus der Historie abgeleitet w[urden. Eine]
Variation dieser Parameter ist sicherlich legitim und diskutabel. Allerdings existie[rt derzeit]
aus Sicht des Autors keine bessere Möglichkeit zur Kalibrierung des Modells.

→D kopplung der Parameter mit Marktvolatilität

Zu guter Letzt kann als Kritikpunkt die mangelnde statistische bzw. makroökono[mische Vali-]
dierung des Modells angeführt werden. Diese Grundaussage ist richtig – das Mo[dell ist weder]
statistisch verifizierbar noch makroökonomisch validierbar. Dies liegt darin be[gründet, dass]
auf Aspekte der Behavioral Finance abgestellt wird. In irrationalen Märkten greifen die bekannten und im Rahmen der Annahme des Homo oeconomicus anwendbaren Theorien nicht mehr[1126], so dass an dieser Stelle eine statistische oder volkswirtschaftliche Herleitung nicht sinnvoll erscheint. Zudem sind die Aspekte der Behavioral Finance bekanntermaßen noch in keinem in sich geschlossenen Modell zusammengeführt worden[1127]. Ein solches Modell hat diese Ausarbeitung nicht zum Ziel, es würde zudem den Rahmen dieser Arbeit sprengen. Des Weiteren ist es das grundlegende Ziel dieser Arbeit, Korrelationen und deren Verhalten zu analysieren. Eine komplexere und integrierte Modellierung z.B. im Rahmen von Copulas wird vor dem Hintergrund der theoretischen[1128] als auch über die Umfrage ermittelten praktischen Implikationen[1129] nicht angestrebt.

Festgehalten werden kann somit, dass das entwickelte Modell die Thesen verifiziert und trotz aller möglichen Kritikpunkte als gangbarer Weg zur Outperformance des modifizierten Markowitz-Ansatzes auf Basis klassischer Korrelationen verwendet werden kann.

[1124] 12 Monate oder Indexstand von +/-500, vgl. Tabelle 31.
[1125] So auch geschehen im grundlegenden Markowitz-Ansatz. Vgl. *Markowitz* (1952), S. 77 ff.
[1126] Vgl. u.a. *Shiller* (1981); *Roll* (1988); diskutiert in *Roßbach* (2001), S. 3 ff.
[1127] Vgl. Kapitel 2.3.4.4 und 2.3.5.
[1128] Vgl. Kapitel 2.5.
[1129] Vgl. Kapitel 3.5.

4.4 Zusammenfassung der Ergebnisse der Modellierung von Korrelationen in Extremsituationen

Kapitel 4 analysierte die Modellierung von Korrelationen in irrationalen Extremsituationen. Im ersten Teil konnte nachgewiesen werden, dass Korrelationen auch in Krisenzeiten stabil bleiben[1130] und nicht zwingend in Extremsituationen versagen.

Es konnte jedoch gezeigt werden, dass Korrelationen durchaus schwanken, wenn auch nicht im direkten zeitlichen Zusammenhang mit Extremsituationen. Diese Erkenntnis konnte dafür verwendet werden, KaC- und KaR-Werte zu entwickeln, welche isoliert von Marktbewegungen als taktische Optimierungsparameter eingesetzt werden können[1131]. Das zeitversetzte Auftauchen von Korrelations- und Marktpreisrisiken kann letztlich auch als Argument dafür verwendet werden, keine weiteren Stresstestüberlegungen in das eigene Modell einzubauen.

Im nächsten Schritt konnte durch die Modellierung der vier Irrationalitätsindizes auf Basis der Daten der Umfrage nachgewiesen werden, dass ein signifikanter Zusammenhang zwischen der Entwicklung bestimmter Marktdaten und eingeschätzter Irrationalität besteht. Auch wenn vice versa nicht jede Marktschwankung automatisch irrationalitätsgetrieben ist, konnte jedoch ein detaillierter vierteiliger Index entwickelt werden, welcher über einen langen Zeitraum hinweg Irrationalitäten einschätzt.

Die Tatsache, dass Irrationalitäten und nicht bloß Stimmungen gemessen werden, hebt ihn von den bereits bestehenden Indizes ab[1132]. Vor allem die Koppelung der Umfragedaten mit Marktdaten und die daraus resultierende Möglichkeit der ex ante Prognose beweist gleichzeitig die These, dass sich Irrationalitäten frühzeitig erkennen lassen.

Die Koppelung der vier Teilindizes mit dem Gedanken der KaC/KaR führte dann zum eigenen, irrationalitätsgetriebenen Modell, welches eine absolute und relative Outperformance verglichen mit dem Markowitz-Ansatz auf Basis VaR gegen Erwartungswert erreicht[1133]. Bei der gleichzeitigen Widerlegung möglicher Kritikpunkte am Modell konnte die These nachgewiesen werden, dass eine irrational getriebene taktische Optimierung möglich ist, solange das Modell konsequent umgesetzt wird.

[1130] Auch nachgewiesen in *Feix/Stückler* (2010), S. 4 – 6.
[1131] Vgl. Kapitel 4.1.5.
[1132] Vgl. Kapitel 4.2.3.
[1133] Vgl. detailliert Kapitel 4.3.2.

Gleichzeitig wurde die These verifiziert, dass eine Optimierung auf Basis des modifizierten Markowitz-Ansatzes nach wie vor effiziente Portfolien hervorbringt, da diese aufgrund der langfristig stabilen Korrelationen zu wenigen Umschichtungen führt. Der Ansatz ist somit für einen passiv ausgerichteten Investor nach Transaktionskosten eine gangbare Alternative zur taktischen Optimierung des vorgestellten eigenen Modells.

5 Entwicklung eines Korrelationszertifikates zur Portfolioabsicherung

5.1 Bestandsaufnahme von Korrelationsderivaten am Kapitalmarkt

Dieses Kapitel setzt sich zum Ziel, die Absicherungsmöglichkeit von Korrelationsrisiken auf Basis eines näher zu beschreibenden Zertifikates[1134] nachzuweisen[1135]. Der Grundgedanke der Absicherung von Korrelationsrisiken ist nicht neu[1136], mittlerweile existieren diverse derivative Absicherungsmöglichkeiten, welche in der Regel als OTC[1137] Derivate ausgestaltet sind[1138]. Im englischsprachigen Raum handelt es sich primär um Korrelationsswaps[1139], im deutschsprachigen Raum um Korrelationsoptionen[1140]. Obwohl optionale Komponenten verwendet werden, wird oftmals doch ein quasi-deterministisches Auszahlungsprofil erzeugt. Die ökonomische Wirkung ist somit ähnlich, die Modellierung jedoch unterschiedlich, wie Tabelle 33 zeigt.

Art	Kategorie	Definitionen
Option[1141]	Definition	Wenn der Cashflow einer Option von mehr als einem Underlying beeinflusst wird, handelt es sich um eine Korrelationsoption[1142].
	Strukturierung	Unterschieden werden Optionen erster und zweiter Ordnung. Beeinflusst die Korrelation zwischen zwei Assets das Auszahlungsprofil direkt, so handelt es sich um eine Option erster Ordnung. Wird das Auszahlungsprofil von mehreren Korrelationen beeinflusst, handelt es sich um eine Option zweiter Ordnung.[1143]
	Umsetzung in der Praxis	Korrelationsoptionen sind OTC Derivate, welche jedoch in gängigen Finanzsoftwarelösungen abgebildet werden können[1144].
		Oftmals handelt es sich bei der Korrelationsoption (Long) um eine Kombination aus einer Option auf den Basket (Short) und einer Plain Vanilla Option zu jedem Asset im Basket (Long)[1145].
	Modellierung	$$V_{Korrelationsoption}(t) = \sum_{j=1}^{N} V_{Stripoption_j}(t) - V_{Basketoption}(t) \quad (31)$$ mit: t = Zeit V = Value j = Anzahl der enthaltenen Einzelaktien

---

[1134] Zum aktuellen Status Quo von Zertifikaten in Deutschland vgl. *Schindele* (2009), S. 432 ff. Zur Strukturierung von Zertifikaten vgl. *Beißer* (2010), S. 673.
[1135] Vgl. Kapitel 1.2, These 4.
[1136] Die Notwendigkeit solcher Produkte wurde bereits in *Mahoney* (1995), S. 7 ff. diskutiert.
[1137] Over the Counter.
[1138] Vgl. u.a. *Heidrich/Rathmayr* (2009), S. 5.
[1139] Vgl. *Jacquier/Slaoui* (2007), S. 1
[1140] Vgl. *Hausmann/Diener/Käsler* (2002), S. 327; *Kersting* (2009), S. 43.
[1141] Ein umfassender Überblick über die Bewertung von Optionen findet sich in *Steinbrenner* (2002), Kapitel 3 – 7.
[1142] Vgl. *Hausmann/Diener/Käsler* (2002), S. 327; *Kersting* (2009), S. 43.
[1143] Vgl. *Kersting* (2009), S. 44 – 45.
[1144] Vgl. *SAP* (2005), S. 45; *SAP* (2010).
[1145] Vgl. *SAP* (2010).

Art	Kategorie	Definitionen
Swap	Definition	Ein Korrelationsswap bezieht sich in der Praxis auf den Vergleich zwischen einzelnen Aktien und einem Index als solches[1146]. Bei Fälligkeit tauschen die beiden Parteien die ex post realisierte Korrelation gegen einen vorher vereinbarten Strike[1147].
	Strukturierung	Gehandelt werden üblicherweise Korrelationsswaps oder auch Dispersionsswaps[1148]. Während ersterer direkt auf die Korrelation abzielt, bezieht sich der zweite auf die Dispersion der Underlyings zueinander[1149]. Diese ist wie folgt definiert[1150]: $$Dispersion = \sqrt{\sum_{i=1}^{N} x_i \sigma_i^2 \ \sigma_I^2} \quad (32)$$ mit: σ_i = Volatilität des Assets i; x_i = Anteil des Assets i; σ_I = Volatilität des Index I
	Umsetzung in der Praxis	Mithilfe von Dispersionsswaps lassen sich Korrelationsswaps approximatisch modellieren[1151]. Der Einsatz dieser OTC Derivate ist oft mit hohen Transaktionskosten, eingebettet im Strike, verbunden[1152]. Nichtsdestotrotz finden diese mittlerweile auch in Investmentfonds Anwendung[1153].
	Modellierung[1154]	Der Wert von Korrelationsswaps wird durch die Differenz zwischen impliziter und realisierter Korrelation bestimmt, wobei diese OTC Derivate eine Laufzeit zwischen 6 Monaten und 2 Jahren aufweisen[1155]. Die sogenannte Payoff Korrelation wird wie folgt bestimmt[1156]: $$\rho_{Payoff} = (\rho_{realisiert} - \rho_{Strike}) \cdot N \quad (33)$$ mit: $\rho_{realisiert}$ = Mittelwert aller Paarkorrelationen im Korb; ρ_{Strike} = ex ante festgelegte Strikekorrelation; N = Basiswert des Swaps. Meist wird als Strike ein Wert knapp unter der impliziten Korrelation verwendet[1157].

Tabelle 33: Strukturierung von Korrelationsoptionen und -swaps[1158]

[1146] Vgl. *Baror* (2005), S. 8.
[1147] Vgl. *Bossu* (2007), S. 42; *Jacquier/Slaoui* (2007), S. 5.
[1148] Vgl. u.a. *Heidrich/Rathmayr* (2009), S. 5.
[1149] Vgl. u.a. *Baror* (2005), S. 3 – 4.
[1150] Vgl. *Baror* (2005), S. 4.
[1151] Vgl. *Bossu* (2007), S. 57; diskutiert in *Jacquier/Slaoui* (2007), S. 5.
[1152] Vgl. *Baror* (2005), S. 8.
[1153] Vgl. exemplarisch *F&C Fund* (2009), S. 15.
[1154] Für detailliertere Modellierungen vgl. *Hausmann/Diener/Käsler* (2002), S. 327 ff.; *Bossu* (2007), S. 42 ff.; *Jacquier/Slaoui* (2007), S. 4 ff.; *Krügel* (2007), Kapitel 6; *Hamman* (2009), S. 54.
[1155] Vgl. u.a. *Heidrich/Rathmayr* (2009), S. 5.
[1156] Vgl. *Blanc* (2004), S. 11; *Mougeot* (2005), S. 32 – 33.
[1157] Vgl. *Bossu* (2007), S. 42 ff.
[1158] Eigene Darstellung in Anlehnung an vorgenannte Quellen.

Für diese Untersuchung bedeutet dies, dass der Handel mit Korrelationsderivaten schon besteht und nicht alle Aspekte neu definiert werden müssen. Allerdings handelt es sich bei den bestehenden Derivaten vom Auszahlungsprofil her eher um deterministische Derivate, welche einer komplexen Modellierung auf Basis von impliziten Korrelationen unterliegen[1159]. Auch wird in der Regel eher das Korrelationsrisiko innerhalb eines Index und nicht zwischen verschiedenen Assetklassen abgedeckt. Des Weiteren sind bestehende Korrelationsderivate nicht darauf ausgelegt, eine anlegerindividuelle Portfoliostruktur zu endogenisieren und die Korrelation als Determinante zu separieren. Dies bietet durchaus Ansatzpunkte zur Modellierung eines Korrelationszertifikates auf rein optionaler Basis.

5.2 Modellierung des Zertifikates als Korrelationsoption[1160]

Auf Basis der Erkenntnisse der Umfrage[1161] ließen sich bestimmte Ausprägungen herausarbeiten, die ein Korrelationszertifikat aufweisen sollte. Von den knapp 37%, die ein solches Zertifikat als sinnvoll erachten[1162], werden die Aspekte

(1) Verständlichkeit und Einfachheit
(2) Optionaler Charakter des Produktes[1163]
(3) Absicherung kurzfristiger Korrelationsrisiken
(4) Kosten
(5) Nutzung als passives Instrument

als zentrale Merkmale definiert[1164]. Die Assetklassen Staatsanleihen, Corporates und Aktien werden als diejenigen definiert, für die das Zertifikat am sinnvollsten sind[1165].

Im ersten Schritt gilt es somit, einen möglichst einfachen Ansatz zur Modellierung von Optionen zu definieren. Die wohl bekanntesten Modelle[1166] sind das Black & Scholes Modell[1167], das Black 76 Modell[1168] und das Cox/Ross/Rubinstein Binomialmodell[1169]. Während die ersten beiden Ansätze auf der Annahme der Normalverteilung aufgebaut sind[1170], approximiert

---

[1159] Diese sind auf Basis des S&P 500 seit 2008 handelbar. Vgl. *Hamman* (2009), S. 41.
[1160] Die Begriffe Korrelationsoption und Korrelationszertifikat werden im Folgenden synonym verwendet.
[1161] Vgl. Kapitel 3.3.4.
[1162] Vgl. Abbildung 45.
[1163] Deterministische Derivate in Form der Korrelationsswaps existieren zudem bereits. Vgl. obige Ausführungen.
[1164] Vgl. Abbildung 46.
[1165] Vgl. Abbildung 47.
[1166] U.a. diskutiert in *Schieche* (2007); *Steiner/Bruns* (2007), S. 317 ff.; *Spremann* (2008), S. 535 ff.
[1167] Vgl. *Black/Scholes* (1973), S. 637 ff.; *Merton* (1973b), S. 141 ff.
[1168] Vgl. *Black* (1976), S. 167 ff.
[1169] Vgl. *Cox/Ross/Rubinstein* (1979), S. 229 ff.
[1170] Vgl. *Brealey/Myers* (1996), S. 577 f.; *Bruns/Meyer-Bullerdiek* (2008), S. 338. Zur mathematischen Überleitung des Black 76 Ansatzes in die Black & Scholes Formel vgl. u.a. *Schieche* (2007), S. 34.

das Cox-/Ross-/Rubinstein Modell den Optionspreis durch eine Binomialverteilung[1171]. Diese ist theoretisch korrekt[1172], hat aber den Nachteil, auf einen bestimmten Zeithorizont abzuzielen und somit nur Auf- oder Abwärtsbewegungen darstellen zu können[1173].

Auch wenn bestehende Korrelationsoptionen oftmals auf Black & Scholes aufbauen[1174], kann dieser Ansatz hier nicht verwendet werden. Der Grund ist, dass die hier zu modellierende Option keine Kombination aus Optionen auf einen Index und auf Einzelaktien ist, sondern die Korrelation separat als Risikofaktor modelliert werden soll. Da Korrelationen aber nicht normalverteilt sind[1175], scheiden Black & Scholes und Black 76 aus. Zudem sind beide Ansätze mathematisch komplex und erfüllen nicht die Forderung, ein einfaches Modell aufzubauen. Das Binomialmodell ist somit am ehesten für die Modellierung geeignet. Es wird erweitert und als einfaches Einperiodenmodell[1176], allerdings mit mehreren Ausprägungsmöglichkeiten, dargestellt.

Hierzu muss im zweiten Schritt das Underlying der Option definiert werden. Es wird auf die bekannten rollierenden 250-Tages-Korrelationen auf Basis der Tagesrenditen abgestellt. Eine Modellierung mit kürzeren Korrelationen ist auch möglich, allerdings schwanken diese zu stark zwischen den Extremwerten, so dass aus Sicht des Autors die Jahresbasis kurzfristig genug erscheint. Zudem spiegelt das Jahr in der Regel den typischen Horizont eines Investors wider[1177].

Die rollierenden 250-Tages-Korrelationen werden zur Anwendbarkeit des Binomialmodells in 0,1-Cluster eingeteilt. Damit lässt sich eine diskrete Verteilungsfunktion erzeugen, die die Wahrscheinlichkeit des Eintretens für eine Korrelation darstellt. Abbildung 69 visualisiert den daraus resultierenden Entscheidungsbaum für die Entwicklung der 250-Tages-Korrelation:

[1171] Zur Details der Modellierung im Binomialmodell vgl. *Steinbrenner* (2002), Kapitel 5.
[1172] Vgl. *Spremann* (2008), S. 536.
[1173] Vgl. *Steiner/Bruns* (2007), S. 321.
[1174] Vgl. *Hausmann/Diener/Käsler* (2002), S. 327 ff.
[1175] Vgl. Kapitel 4.1.4.
[1176] Vgl. *Steiner/Bruns* (2007), S. 321.
[1177] So auch geschehen im grundlegenden Markowitz-Ansatz. Vgl. *Markowitz* (1952), S. 77 ff.

5.2 Modellierung des Zertifikates als Korrelationsoption 195

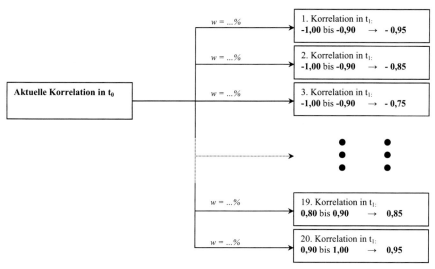

Abbildung 69: Erweitertes Binomialmodell für Korrelationsentwicklungen[1178]

Grundlage sind die historischen rollierenden Korrelationen der Vergangenheit[1179]. Aus Vereinfachungsgründen wird nicht auf die implizite Korrelation abgestellt, eine Modellierung wäre aber analog vorzunehmen.

Auf Basis dessen lassen sich somit Erwartungswert aber auch Eintrittswahrscheinlichkeiten für die Korrelationsausprägungen der Jahreskorrelation im Zeitablauf herleiten. Letztlich entspricht diese Darstellung der Volatilität eines Assets im klassischen Optionspreismodell.

Im nächsten Schritt muss für diese Option der Strike definiert werden, ab wann Ausgleichszahlungen eintreten. Dieser Strike muss den Wert der Option stark beeinflussen. Je häufiger die ex post realisierte Korrelation diesen ex ante Strike überschreitet, desto teurer muss die Option werden. Ein Strike nahe der -1,00 muss somit zum teuersten Optionspreis führen.

Neben der Ausgestaltung des Zertifikates als Option ist noch ein weiterer Aspekt an dieser Stelle neu: Während bestehende Derivate einen einfachen Basiswert definieren, wird in der hier dargestellten Option bereits die Portfoliostruktur des Investors berücksichtigt. Erstens wird nicht auf Korrelationen innerhalb eines Index abgestellt. Vielmehr werden Korrelationen zwischen Assetklassen betrachtet. Dies setzt zweitens voraus, dass das abzusichernde Portfo-

---

[1178] Eigene Darstellung. w = Wahrscheinlichkeit.
[1179] Auf das Problem der Autokorrelation dieser rollierenden Korrelationen wird an späterer Stelle eingegangen. Vgl. Kapitel 5.4.

lio in seiner Aufteilung bekannt ist. Ein Investor, der 90% RexP und 10% ML Corporate besitzt, benötigt eine andere Optionsausgestaltung als ein Investor, der sein Portfolio mit 50% / 50% aufgebaut hat. Die Option muss den Investor portfolioindividuell gegen zu hohe Korrelationen absichern. Diese wird im Folgenden als Calloption bzw. als Longposition bezeichnet. Drittens schließlich müssen auch Risiko und Rendite einer jeden Assetklasse in die Parametrisierung der Option einfließen.

Das Korrelationszertifikat soll den Investor bei zu hohen Korrelationen dafür entschädigen, dass er sein ex ante eingegangenes Risiko überschritten hat. Hierzu wird das Risiko in Prozent des Portfolios auf Basis des Strike und der ex post dargestellten Korrelation ermittelt. Hier können nun drei Fälle eintreten, wie Abbildung 70 zeigt.

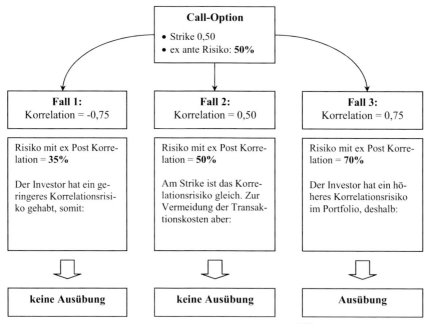

Abbildung 70: Optionsereignisse bei einem Korrelations-Call[1180]

Es stellt sich im Folgenden die Frage der Höhe der Ausgleichszahlung. Hierzu werden die Eckdaten des Portfolios des Investors benötigt. Neben den Anteilen der beiden Assets am Gesamtportfolio müssen auch die erwarteten Renditen der beiden Einzelassets Eingang in das Modell finden. Die Renditen spiegeln sich einerseits im Risiko als Abweichung zum Erwar-

---

[1180] Eigene Darstellung auf Basis fiktiver Zahlen.

5.2 Modellierung des Zertifikates als Korrelationsoption

tungswert wider[1181], andererseits sind sie die Basis für die Ausgleichszahlung[1182] ex post und für den Preis der Option ex ante. Nur so kann das Korrelationsrisiko trotz ex post anders zu beobachtender Renditen von der Performance losgelöst werden. Letztlich will der Investor so gestellt werden, als ob er schon ex ante die hinterher eingetretene Korrelation in seiner Risikomessung berücksichtigt hätte und für dieses ex ante Mehrrisiko eine Rendite erzielt hätte. Dies führt zu Gleichung 34 zur Berechnung der Ausgleichszahlung[1183]:

$$VaR_{realisiert} = \sqrt{x_1^2 \cdot VaR_1^2 \; x_2^2 \cdot VaR_2^2 \; 2 \cdot x_1 \cdot x_2 \cdot VaR_1 \cdot VaR_2 \cdot \rho_{realisiert}}$$

$$VaR_{Strike} = \sqrt{x_1^2 \cdot VaR_1^2 \; x_2^2 \cdot VaR_2^2 \; 2 \cdot x_1 \cdot x_2 \cdot VaR_1 \cdot VaR_2 \cdot \rho_{Strike}}$$

$$A(t_1) = \left(\frac{VaR_{realisiert}}{VaR_{Strike}} \; 1 \right) \cdot \; x_1 \cdot R_1 \; x_2 \cdot R_2 \; \cdot PF$$

(34)

$$\text{für } \rho_{realisiert} > \rho_{Strike}$$

mit:

$A(t_1)$	=	Ausgleichszahlung in t_1
x_1	=	Anteil der Assetklasse 1 am Gesamtportfolio
x_2	=	Anteil der Assetklasse 2 am Gesamtportfolio
R_1	=	erwartete Rendite der Assetklasse 1 in %
R_2	=	erwartete Rendite der Assetklasse 2 in %
VaR_1	=	Risiko (Value at Risk) als Abweichung vom Erwartungswert der Assetklasse 1
VaR_2	=	Risiko (Value at Risk) als Abweichung vom Erwartungswert der Assetklasse 2
$VaR(\rho_{realisiert})$	=	Risiko auf Basis der realisierten Korrelation
$VaR(\rho_{Strike})$	=	Risiko auf Basis des Korrelationsstrikes
PF	=	Portfoliowert in t_0 in €
$\rho_{realisiert}$	=	realisierte 250-Tages-Korrelation auf Basis täglicher Renditen
ρ_{Strike}	=	ex ante festgelegte Strikekorrelation

In Kombination mit Abbildung 69 folgt daraus auch der zweite Teil der Optionsformel, der ex ante festzulegende Preis auf Basis folgender Optionseckdaten:
- festgelegter Strike,
- Erwartungswerte der Renditen der Einzelassets,
- Risiken der Einzelassets,
- sichere Rendite.

[1181] Vgl. Kapitel 2.1.2.
[1182] Da Korrelationen keine lieferbaren Assets sind, kommt per se nur ein Cash Settlement in Frage.
[1183] Basis ist eine europäische Option, die am Ende der Laufzeit ausgeübt wird. Zur Unterscheidung amerikanischer und europäischer Optionen vgl. exemplarisch *Seifert-Granzin* (1996), S. 5.

Es wird aufgrund des einperiodigen Binomialmodells zudem eine Laufzeit von einem Jahr angenommen. Dies lässt sich in Gleichung 35 ausdrücken:

$$C_0 = \frac{\sum_{i=1}^{20} \max\left[0; \left(\frac{VaR(\rho_i)}{VaR(\rho_{Strike})} - 1\right) \cdot h_i\right]}{1 + R_f \cdot \sum_{i=1}^{20} h_i} \cdot PF$$

$\rho_i \in \{\ 0{,}95;\ 0{,}85;...;\ 0{,}85;\ 0{,}95\}$

(35)

mit:

C_0	=	Preis des Calls in t_0
h_i	=	Häufigkeit des Eintritts der Korrelation ρ_i
R_f	=	risikolose Rendite in % p.a.
$VaR(\rho_i)$	=	Risiko auf Basis der Korrelation ρ_i
$VaR(\rho_{Strike})$	=	Risiko auf Basis des Korrelationsstrikes
PF	=	Portfoliowert in t_0 in €
ρ_{Strike}	=	ex ante festgelegte Strikekorrelation
ρ_i	=	250-Tages-Korrelation auf Basis täglicher Renditen, historische Verteilung, hier vereinfacht in 0,10-er Schritten

Der Wert der Option wird wie folgt determiniert: Je kleiner die Strikekorrelation ist, desto höher ist die Wahrscheinlichkeit, dass die Option im Geld ist. Gepaart mit einer hohen Streuung der Korrelation ρ_i und hohen erwarteten Renditen beider Assetklassen erhöht dies den Wert des Calls.

Vice versa lässt sich auch ein Put definieren. Hierbei erhält der Investor dann Ausgleichszahlungen, wenn die Strikekorrelation unterschritten wird. Dies kann für ihn dann sinnvoll sein, wenn er in einer Assetklasse short positioniert ist. Dies ist typischerweise bei deutschen Banken in der Zinsbuchsteuerung der Fall, hier wird eine Zinsposition über eine Geldmarktposition gehebelt[1184]. Ausgleichszahlungen und Preis der Option finden sich in Gleichung 36 und 37, wobei P_0 der Preis des Put in t_0 ist[1185].

$$A(t_1) = \left(1 - \frac{VaR_{realisiert}}{VaR_{Strike}}\right) \cdot x_1 \cdot R_1 + x_2 \cdot R_2 \cdot PF$$

(36)

$für \rho_{realisiert} < \rho_{Strike}$

[1184] Zur Behandlung von Schulden in der Portfoliotheorie vgl. *Elton/Gruber* (1992), S. 869 ff. Hebelungen im Zinsbuch einer Bank sind exemplarisch dargestellt in *Reuse* (2008b), S. 240 ff. Ein Umsetzungsbeispiel für die Gesamtbank findet sich u.a. in *Herzog/Mehrens* (2006), S. 676 ff. Zur Minderung der Risiken bei Anlagen in Hebelprodukten vgl. *Scholtz* (2007).

[1185] $VaR(\rho_{realisiert})$ und $VaR(\rho_{Strike})$ sind analog Gleichung 34 definiert.

5.2 Modellierung des Zertifikates als Korrelationsoption

$$P_0 = \frac{\sum_{i=1}^{20} \max\left[0; \left(1 - \frac{VaR(\rho_i)}{VaR(\rho_{Strike})}\right) \cdot h_i\right]}{1 - R_f \cdot \sum_{i=1}^{20} h_i} \cdot PF$$

(37)

$\rho_i \in \{ 0{,}95;\ 0{,}85;\ ...;\ 0{,}85;\ 0{,}95 \}$

Die Modellierung beider Optionen soll im Folgenden am Beispiel des Korrelations-paares RexP – ML Corporate visualisiert werden. Die Clusterung der gleitenden Jahreskorrelationen über den Zeitraum wurde bereits dargestellt[1186]. Es handelt sich hierbei um eine eindeutige Nicht-Normalverteilung. Dieses Beispiel wird nun fortgeführt, indem für alle Korrelationen zwischen -0,95 und +0,95 alle Portfoliokombinationen in 10%-Schritten simuliert werden. Grundlage sind hier wiederum die rollierenden 250-Tages-Korrelationen über den Zeitraum bis 31.12.2009. Diese verteilen sich wie in Tabelle 34 dargestellt:

Korrelation	Häufigkeit	
0,050	153	
0,150	316	
0,250	507	*Mittelwert*
0,350	205	**0,439**
0,450	522	
0,550	946	
0,650	733	
	3.382	

Tabelle 34: Verteilung der 250-T-Korrelationen RexP – ML Corp bis 12.2009[1187]

Auf Basis dessen lassen sich Call und Put entsprechend simulieren, wie Abbildung 71 zeigt[1188].

[1186] Vgl. Abbildung 54, dort allerdings dargestellt bis 31.03.2010.
[1187] Eigene Darstellung auf Basis MPV 3.0.
[1188] Art der Darstellung in Anlehnung an *Mahoney* (1995), S. 13.

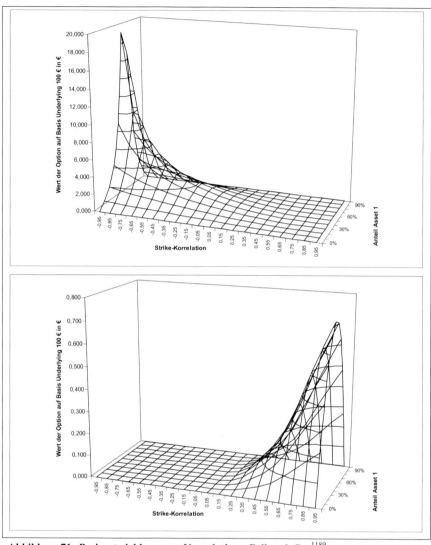

Abbildung 71: Preisentwicklung von Korrelations-Call und -Put[1189]

Zu erkennen ist, dass beide Teile der Abbildung einen globalen Hochpunkt bei einer 50/50-Aufteilung und der Korrelation von 0,95 bzw. -0,95 aufweisen. Dies lässt sich wie folgt erklären: bei einer 50/50-Aufteilung ist die Diversifikationswirkung dieses Korrelationspaares am

---

[1189] Eigene Darstellung auf Basis MPV 3.0. Asset 1 = ML Corporate, Asset 2 = RexP.

größten[1190]. Bei einem Call muss die Strikekorrelation von -0,95 am teuersten sein, da diese historisch nahezu immer überschritten wird. Vice versa ist beim Put der Strike von 0,95 am teuersten.

Auf den ersten Blick verwundert die etwas spitzere Form des Calls kombiniert mit dem deutlich höheren Optionspreis. Dies liegt darin begründet, dass die historische Verteilung der Korrelationen nicht normalverteilt ist, sich nur im positiven Bereich abspielt und eng um den Mittelwert von 0,44 gestreut ist. Negative Korrelationen im Call bedeuten somit, dass der Strike unter der Annahme der Fortführung der historischen Verteilung immer deutlich überschritten wird. Dementsprechend muss diese Option sehr teuer sein. Umgekehrt sind positive Korrelationen sehr wahrscheinlich. Auch bei einer Korrelation nahe der 0,95 liegt der Erwartungswert der Korrelation nahe am Strike, die Ausgleichszahlungen wären gering und der Put ist entsprechend günstig. Eine Call/Put-Parität, wie sie bei Black & Scholes und Black 76 anzutreffen ist, kann in diesem Modell somit nicht so einfach hergeleitet werden[1191].

Je normalverteilter Korrelationen zu sein scheinen, desto homogener müssten Preisentwicklung von Call und Put verlaufen. Das hier dargestellte Beispiel zeigt jedoch, dass dies in der Regel nicht der Fall ist. Es wurde jedoch auch gezeigt, dass ein Korrelationszertifikat als Option trotz nicht vorhandener Normalverteilung von Korrelationen modellierbar ist und auf Basis von ex ante angenommenen Risikowerten pro Assetklasse sowie historischer Verteilung von Korrelationen kalibrierbar ist. Das vereinfachte Einperiodenmodell von Cox/Ross/ Rubinstein kann somit Anwendung finden.

5.3 Backtesting eines korrelationsgehedgten Portfolios

Auch wenn grundsätzlich gezeigt wurde, dass Korrelationsoptionen modellierbar sind, bedeutet dies nicht, dass diese auch ökonomisch sinnvoll sind. Ziel dieses Kapitels ist es, ein Backtesting durchzuführen. Es soll analysiert werden, wie sich ein ungehedgtes Portfolio verglichen mit einem gehedgten entwickelt hätte. Analog der Vorgehensweise in Kapitel 4[1192] wird deshalb der Zeitraum von 1997 bis 2009 näher betrachtet. Da das Optionspreismodell auf Jahresbasis ausgerichtet ist, wird hier ebenfalls auf einen Jahreshorizont abgestellt. Es stehen somit 13 Jahre zur Verfügung, deren kumulierte Performance gemessen werden kann. Für das Backtesting wird angenommen, dass der Investor eine 50/50-Aufteilung seines Portfolios absichern möchte. Hierzu wird als Strike die langfristige Korrelation der Assetklassenkombina-

---

[1190] Dies ist jedoch nicht generell so, andere Korrelationspaare haben ihr Optimum bei anderen Aufteilungen. Vgl. Berechnungen in MPV 3.0.
[1191] Zur Call/Put Parität vgl. exemplarisch *Klemkosky/Resnick* (1979), S. 1141 und die dort angegebene Literatur.
[1192] Vgl. Kapitel 4.3.2.

tionen definiert[1193]. Zudem werden genau wie in Kapitel 4 die langfristigen Performanceschätzungen[1194] zugrunde gelegt. Für die Risikowerte wird hingegen das zum Stichtag bekannte Risiko ermittelt, um hier ein echtes Backtesting zu ermöglichen. Gleiches gilt für die Häufigkeitsverteilung der 250-Tages-Korrelation. Auch diese entspricht dem Kenntnisstand des jeweiligen Analysejahres. Nur so kann sichergestellt werden, dass die Backtestingwerte prognosefrei dargestellt werden können.

Auf Basis der Erkenntnisse der Umfrage[1195] werden die Portfolien RexP, ML Corporate und DAX näher betrachtet, da es sich hierbei um die praxisrelevantesten Assetklassenpaare handelt. Hieraus resultieren drei Backtesting-Parametersets, wie Tabelle 35 zeigt:

Nr.	Assetklasse 1			Assetklasse 2			Korrelation
	Name	Perform.	Anteil	Name	Perform.	Anteil	
1	DAX	6,50%	50%	RexP	5,50%	50%	-0,128
2	DAX	6,50%	50%	ML Corp.	5,00%	50%	-0,173
3	RexP	5,50%	50%	ML Corp.	5,00%	50%	0,369

Tabelle 35: Backtesting-Parametersets für die Korrelationsoption[1196]

Diese werden im Folgenden simuliert. Abbildung 72 zeigt die so simulierte Entwicklung des Portfolios DAX – RexP gehedgt und ungehedgt.

Im ersten Teil der Abbildung werden pro Jahr die Entwicklungen der Assetklassen, die ex ante gezahlten Optionsprämien und die ex post erhaltenen Ausgleichszahlungen kumuliert dargestellt. Zu erkennen ist, dass die rote und die blaue Linie eng beieinander liegen, wobei letztlich das ungehedgte Portfolio die größte Performance aufweist. Das kumulierte Ergebnis der Option, dargestellt als graue Linie, ist von Beginn an negativ. Dies lässt sich im zweiten Teil der Abbildung erkennen. Auch wenn in einigen Jahren Ausgleichszahlungen erfolgen, übersteigen die Optionspreise diese. Die Optionspreise sinken im Laufe der Zeit. Dies liegt an der längeren Zeitreihe der zur Verfügung stehenden Korrelationen und der damit verbunden Stabilisierung, was zu weniger Korrelationsvolatilität und damit zu geringeren Preisen führt. Als erstes Ergebnis lässt sich festhalten, dass ein Hedging des Paares RexP – DAX mit dem gewählten Strike auf Basis nicht sinnvoll ist.

[1193] Vgl. Tabelle 28.
[1194] Vgl. Tabelle 27.
[1195] Vgl. Abbildung 47.
[1196] Eigene Darstellung.

5.3 Backtesting eines korrelationsgehedgten Portfolios

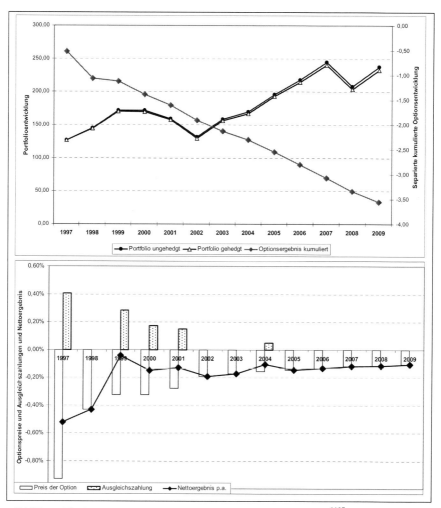

Abbildung 72: Backtesting des Hedges RexP – DAX, Strike = -0,128[1197]

Abbildung 73 zeigt den Hedge des nächsten Korrelationspaares DAX – ML Corporate.

[1197] Eigene Darstellung auf Basis MPV 3.0.

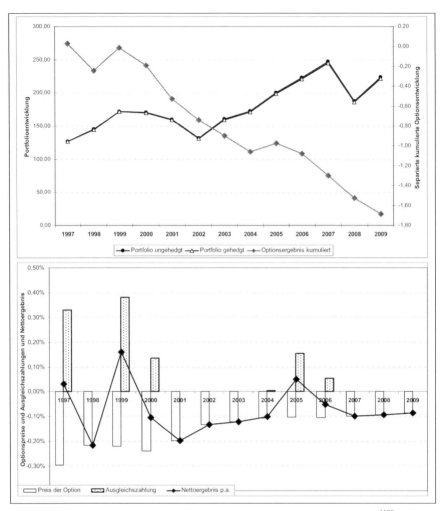

Abbildung 73: Backtesting des Hedges DAX – ML Corporate, Strike = -0,173[1198]

Auch Abbildung 73 verdeutlicht, dass das ungehedgte Portfolio das gehedgte knapp outperformt, allerdings gab es in den Jahren 1997 und 1999 durchaus positive Ergebnisse aus dem Korrelationszertifikat, die in den Jahren 2000 ff. überkompensiert wurden. Letztlich lohnt sich auch dieser Hedge augenscheinlich nicht.

[1198] Eigene Darstellung auf Basis MPV 3.0.

5.3 Backtesting eines korrelationsgehedgten Portfolios   205

Abbildung 74 zeigt als letztes Beispiel den Hedge des Korrelationspaares RexP – ML Corporate.

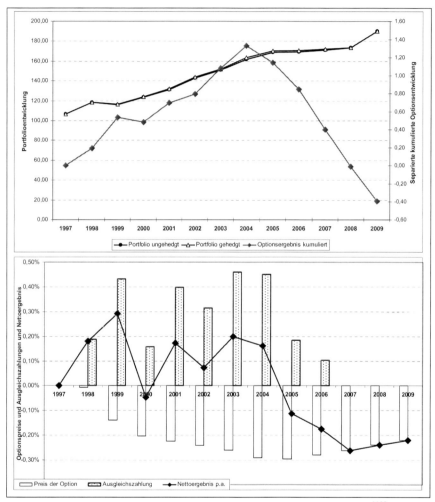

Abbildung 74: Backtesting des Hedges RexP – ML Corporate, Strike = 0,369[1199]

Die Ergebnisse des letzten Backtestings sind die Ergebnisse nicht mehr ganz eindeutig. Während der Jahre 2004 – 2006 hätte das gehedgte Portfolio eine bessere Performance erzielt.

[1199] Eigene Darstellung auf Basis MPV 3.0.

Dies wird auch im unteren Teil von Abbildung 74 deutlich. Die Ausgleichszahlungen überwiegen in diesen Jahren. Im Gegensatz zu den ersten beiden Korrelationspaaren sinkt der Preis der Option nicht stetig. Vielmehr erreicht er seinen Höhepunkt in 2005. Während der Jahre 2007 bis 2009 erfolgen keine Ausgleichszahlungen aus der Option – dies bedeutet vice versa aber auch, dass die langfristige Korrelation trotz Finanzmarktkrise in dieser Zeit nicht überschritten wurde. Letztlich landen beide Portfolien in 2009 auf einem Stand von ca. 190 €. Ein Hedge wäre somit nur bis 2006 sinnvoll gewesen.

Als Zwischenfazit lässt sich konstatieren, dass ein langfristig ausgerichteter Hedge auf Basis der langfristigen Korrelationen über den gesamten Zeitraum nur bedingt sinnvoll ist. Dies ist auch logisch, da mit dem entwickelten Zertifikat nur kurzfristige Korrelationsrisiken abgesichert werden sollen. Hier lassen sich durchaus mehrere Jahre erkennen, die zu einem positiven Ergebnis geführt hätten.

Im nächsten Schritt wird bei allen drei Kombinationen untersucht, ob ein Strike von + / -0,25 bzw. + / -0,50 verglichen mit dem Erwartungswert pro Korrelationspaar zu einer Outperformance führen würde. Dies zeigt Tabelle 36:

Korrelationspaare		Sinnhaftigkeit des Hedges bei Strike von:				
		-0,50	-0,25	Erw.Wert	+0,25	+0,50
DAX	RexP	nein	nein	nein	nein	nein
DAX	ML Corp.	nein	nein	nein	nein	nein*
RexP	ML Corp.	ja	ja	nein	nein	nein*

Tabelle 36: **Backtesting der drei Korrelationspaare bei differierenden Strikes**[1200]

Es lässt sich festhalten, dass ein Hedge nur bei dem Korrelationspaar RexP – ML Corporate sinnvoll erscheint und zwar nur dann, wenn ein Strike unterhalb des Erwartungswertes der Korrelation gesetzt wird. Abbildung 75 zeigt bei einem Strike von -0,131 die entsprechenden Kursverläufe auf:

[1200] Eigene Darstellung auf Basis der Berechnungen in MPV 3.0. Die mit * gekennzeichneten Ergebnisse zeugen von einem Strike, der außerhalb jeder beobachteten Korrelation liegt.

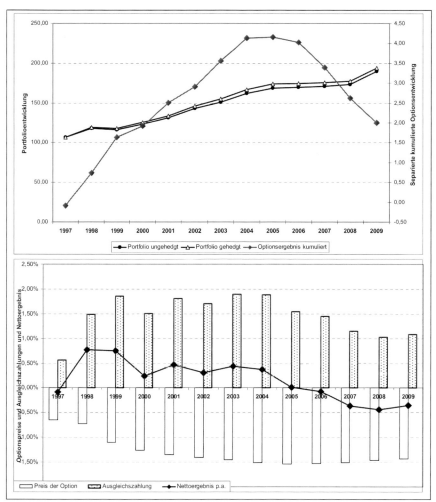

Abbildung 75: Backtesting des Hedges RexP – ML Corporate, Strike = -0,131[1201]

Als Fazit des Backtestings bei variierenden Strikes lässt sich erneut festhalten, dass ein Hedge mit Optionen nur bedingt sinnvoll ist. Bei bestimmten Assetklassen kann beim Setzen eines anderen Strikes durchaus eine leichte Überperformance verzeichnet werden, zudem ist in diesen Fällen eine leichte Stabilisierung der Performance erkennbar. Für die meisten der in der Umfrage angesprochenen Kombinationen erscheint dies jedoch bezogen auf einen langen

---

[1201] Eigene Darstellung auf Basis MPV 3.0. Strike: 0,369 – 0,500 = -0,131.

Zeitraum nicht sinnvoll. Dies ist vor dem Hintergrund der langfristig stabilen Korrelationen[1202] auch einleuchtend. Bei einem genügend langen Dispositionshorizont ist eine Absicherung nicht erforderlich. Wenn Korrelationen im Zeitablauf stabil sind, so kann es nur kurze Phasen des Abweichens von diesem Pfad geben. Nur wenn ein Investor kurzfristig in einen Markt investiert, kann er bei Korrelationsschwankungen die notwendigen Ausgleichszahlungen in Bezug auf die langfristige Korrelation erhalten. An diesen Stellen greift das Zertifikat entsprechend. Somit kann für einen Investor, der nicht über einen sehr langen Zeitraum investieren möchte, die langfristige Korrelation als „sicher" in die Asset-Allocation eingebracht werden. Dies ist ein Vorteil, da die meisten Investoren keinen so langen Dispositionshorizont aufweisen[1203].

Im letzten Schritt soll analysiert werden, ob ein Investor, welcher kein Portfolio absichern möchte, sondern Zusatzerträge aus einer solchen Option generieren möchte, durch ein Korrelationszertifikat eine Überperformance erwirtschaften würde. Der Investor wechselt hier von einer passiven Hedgingstrategie zu einer aktiven Strategie. Hierzu werden die Assetklassen DAX und DJ Euro Stoxx 50 miteinander verglichen. Die historische Korrelation des Paares ist mit 0,9135 signifikant positiv. Bei einem Strike von -0,95 würde der Investor bewusst auf das temporäre Sinken dieser Korrelation wetten. Dies zeigt Abbildung 76.

[1202] Vgl. Kapitel 4.1.4.
[1203] Vgl. u.a. *Kommer* (2009), S. 22 ff.

5.3 Backtesting eines korrelationsgehedgten Portfolios

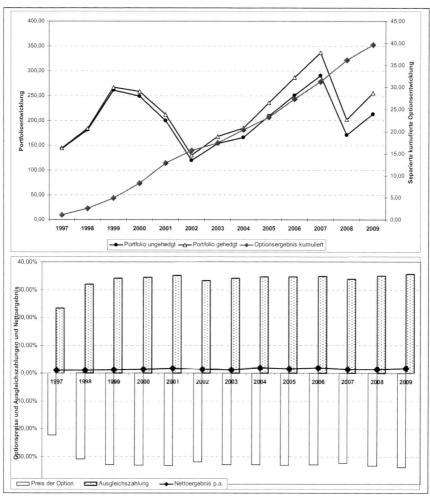

Abbildung 76: Backtesting des Zertifikates DAX – Euro Stoxx 50, Strike = -0,950[1204]

Zu erkennen ist, dass zumindest im Beobachtungszeitraum eine entsprechende Mehrperformance zu verzeichnen ist. Die Option erwirtschaftet kontinuierliche Beiträge. Allerdings geht dies mit hohen Preisen für die Option einher, die regelmäßig bei ca. 30% des Portfoliowertes liegen. Die Ausgleichszahlungen bewegen sich in derselben Höhe, so dass die Überperformance mit einem hohen Risiko und vor allem einem negativen Liquiditätseffekt verbunden ist. Starker Treiber sind hier auch die erwarteten Renditen beider Assetklassen. Auch in Zei-

---
[1204] Eigene Darstellung auf Basis MPV 3.0.

ten des Verlustes beider Aktienindizes generiert die Option Ausgleichszahlungen auf Basis der ex ante definierten Renditen.

Die augenscheinliche Attraktivität gilt es jedoch zu relativieren, da zum einen die Transaktionskosten und zum anderen die Parameter der Simulation beachtet werden müssen. Ein Jahr des Nichtgleichlaufs würde einen hohen Verlust aus der Option generieren. Aus Sicht des Autors kann sich eine solche Strategie bei Verwendung eines längeren Zeithorizontes nicht als sinnvoll erweisen.

Als Erkenntnis des Backtestings lässt sich somit folgendes festhalten: Ein solches Zertifikat lohnt sich somit nur in Märkten, bei denen in der Historie keine stabile Korrelationen nachgewiesen worden sind bzw. wo die zur Verfügung stehende Historie nicht lang genug ist. Diese Erkenntnis ist analog der Preisentwicklung von klassischen Aktienoptionen. Nur bei hoher Volatilität haben diese Optionen einen hohen Wert bzw. erzielen bei einem Settlement einen entsprechenden Ertrag. Des Weiteren lohnt es sich für einen Investor, der in diversifizierte Märkte investieren möchte, ohne sich dem kurzfristigen Korrelationsrisiko aussetzen zu wollen. Eine Effizienz liegt zudem bei einer aktiven Strategie vor, die bewusst auf das Versagen von hochkorrelierten Paaren setzt. Diese Strategie ist aber mit einem hohen Risiko und Bindung von Liquidität verbunden. Ggf. verliert sie über einen längeren Zeitraum und bei Eliminierung der Autokorrelationseffekte[1205] ihre Überperformance.

5.4 Aussagekraft und Grenzen des entwickelten Zertifikates

Als Fazit in Bezug auf die Absicherungsstrategien lässt sich somit festhalten, dass das Korrelationsrisiko über das dargestellte Zertifikat separierbar ist und über den erweiterten Cox/Ross/Rubinstein-Ansatz adäquat modelliert werden kann, da dieser Ansatz nicht auf der Annahme der Normalverteilung basiert. Zudem kann die die individuelle Portfoliokonfiguration des Investors berücksichtigt werden. Dies bedeutet jedoch gleichzeitig, dass es sich um ein hochindividuelles OTC-Zertifikat handelt, was auch aufgrund der Geld/Briefspannen erst ab einem hohen Volumen von ca. 1 Mio. € effizient sein kann, da die Kosten eines solchen Zertifikates bei kleineren Losgrößen überproportional hoch wären.

Die Ergebnisse des Backtestings zeigen, dass ein passiv ausgerichteter Investor, der mit einem Call eine entsprechende Korrelation absichern möchte, langfristig hierdurch kaum Mehrertrag generiert, sondern allenfalls eine leichte Stabilisierung seiner Erträge erzielen kann. Dies ist vor dem Hintergrund der Erkenntnis, dass Korrelationen langfristig stabil sind[1206], auch nach-

---

[1205] Kritisch diskutiert in Kapitel 5.4.
[1206] Vgl. Kapitel 4.1.4.

vollziehbar. Allerdings hat der Investor den Vorteil, sich gegen das kurzfristige Korrelationsrisiko absichern zu können, falls die folgenden Bedingungen erfüllt sind:

(1) Der Dispositionshorizont ist nicht lang genug, um von einer stabilen Korrelation ausgehen zu können.

(2) Eine Optimierung auf Basis des in Kapitel 4 vorgestellten Modells wird vom Investor trotz dessen Outperformance verworfen.

Dies ist der Hauptvorteil des entwickelten Zertifikates – Ausschalten des kurzfristigen Risikos, wie es auch in der Umfrage gefordert wurde. Zudem gilt es zu bedenken, dass durch die Optionskosten in der Regel eine leichte Underperformance des gehedgten Portfolios resultiert. Hedging eliminiert zwar Risiken, erzeugt aber Transaktionskosten und ist bei einem längeren Dispositionshorizont aufgrund der Stabilität der Korrelationen nicht zu empfehlen.

Die hier dargestellten Ergebnisse lassen sich auch kritisch würdigen. Zuerst ist anzuführen, dass das Thema der impliziten Korrelationen außer acht gelassen worden ist. Dem ist entgegenzuhalten, dass diese in der Regel höher sind als die historischen Korrelationen[1207] und es sich somit um einen Basiseffekt handelt. Zudem sind historische Korrelationen objektiv aus der Historie ermittelbar und nicht durch exogene Einflüsse getrübt.

Auch der gewählte Jahreshorizont und die Jahreskorrelation als Basis für die Analysen können als Kritikpunkt herangezogen werden. Auf Basis von Monatskorrelationen würden andere Ergebnisse erzielt werden können. Dem ist damit zu begegnen, dass dann die Transaktionskosten ungleich höher wären und der Charakter des Hedgings nicht mehr gegeben wäre. Vielmehr würde es sich dann um eine aktive Handelsstrategie handeln, die aus Sicht des Autors zu negieren ist.

Ein weiterer Kritikpunkt ist die in der Korrelationsverteilung vorhandene Autokorrelation. Dieses Argument ist kaum zu entkräften, allerdings sind rollierende überlappende Korrelationen die einzige Möglichkeit, eine ausreichende Datenbasis für die Modellierung im Binomialmodell zu schaffen, ohne auf approximierte Verteilungsfunktionen ausweichen zu müssen. Letztlich muss dieser Faktor bei der Feinkalibrierung der Option beachtet werden. Ggf. bieten sich Auf- oder Abschläge auf die Ausgleichszahlungen oder Optionspreise an, um Autokorrelation zu eliminieren. In diesem Zuge kann ein solches Zertifikat auch auf drei oder mehr Assets erweitert werden. Dies wurde aus didaktischen Gründen an dieser Stelle nicht vollzogen, da die Absicherung eines Portfolios mit drei Assets durch drei Korrelationszertifikate auf Basis von je zwei Assets emuliert werden könnte.

[1207] Vgl. *Bossu* (2007), S. 42; *Heidrich/Rathmayr* (2009), S. 5; exemplarisch auch *Baror* (2005), S. 1.

Kritisch zu sehen ist die augenscheinliche Überperformance einer aktiven Strategie, die auf das Versagen von Märkten und Korrelationen setzt. Auch wenn sie auf Basis des durchgeführten Backtestings effizient erscheint, muss dies jedoch erst über längere Zeiträume bei Eliminierung der Autokorrelation verifiziert werden. Bei einer Implementierung von Korrelationsoptionen bzw. -zertifikaten muss eine solche Strategie gesetzlich ausgeschlossen werden, da hierdurch weitere Marktverzerrungen im derivativen Bereich entstehen würden, die volkswirtschaftliche Schäden auslösen könnten. Dies hat sich auch in der Finanzmarktkrise gezeigt, so dass letztlich am deutschen Markt Leerverkäufe verboten wurden[1208]. Eine aktive Strategie bei Korrelationszertifikaten ist ähnlich zu sehen.

Korrelationszertifikate sollten folglich nur zur Absicherung von bestehenden Portfolien auf Basis der historischen langfristigen Korrelation im Markowitz-Ansatz zur Ausschaltung des kurzfristigen Korrelationsrisikos, ggf. mit Bandbreiten, eingesetzt werden. Dann und nur dann ist der Einsatz sinnvoll.

[1208] Vgl. *BaFin* (2010).

6 Fazit und Ausblick

6.1 Zusammenfassung der Ergebnisse[1209]

Die vorliegende Arbeit gliederte sich in vier Hauptteile. Im ersten Teil wurde der Status quo der Portfoliotheorie auf Basis bestehender Literatur kritisch analysiert und ausgewertet. Nach allgemeinen Definitionen wie Risiko und Rendite wurden Extremsituationen und irrationale Marktphasen definiert. Es folgte der Status quo der klassischen Kapitalmarkttheorie, aber auch alternative Ansätze der Portfoliotheorie wie Behavioral Finance und Extremwerttheorie wurden vorgestellt.

Hierbei konnten mehrere zentrale Aussagen herausgearbeitet werden. Zum einen kann konstatiert werden, dass der klassische Markowitz-Ansatz auch in Zeiten der Krise nicht versagt hat, selbst wenn die Normalverteilungsannahme in Extremsituationen das Risiko unterschätzt. Allerdings kann diese Schwäche durch die Modifikation des Markowitz-Ansatzes nahezu beseitigt werden. Wird statt der Standardabweichung der VaR als Abweichung gegen den Erwartungswert verwendet, so kommen die Optimierungsergebnisse auch bei nicht vorhandener Normalverteilung nahe an die Resultate wesentlich komplexerer Ansätze wie Copula-Funktionen heran. Letztere werden aufgrund des inhärenten Modellrisikos und der starken Komplexität vom Autor abgelehnt. Zudem ist die Separierung der linearen Korrelation nur im Markowitz-Ansatz möglich. In Summe führt dies dazu, dass die modifizierte Markowitzformel für die weiteren Analysen Verwendung findet.

Eine Analyse der Aspekte der Behavioral Finance hat aufgezeigt, dass es noch kein allgemeingültiges integriertes Modell gibt, welches alle Aspekte endogenisiert. Die Schaffung eines solchen Ansatzes war auch nicht Ziel dieser Ausarbeitung. Vielmehr sollte auf Basis der Behavioral Finance ein Ansatz geschaffen werden, welcher den langfristig effizienten modifizierten Markowitz-Ansatz taktisch outperformt. Aus diesem Grund wird die Behavioral Finance an dieser Stelle nur als Ergänzung zur klassischen Kapitalmarkttheorie in extremen irrationalen Phasen, nicht aber als Ersatz gesehen.

Diese Erkenntnisse galt es in Kapitel 3 auf Basis einer Umfrage zu verifizieren. Diese erweitert die bestehende Primärforschung um die Verbindung des Themas Korrelationen mit Behavioral Finance Aspekten sowie Ermittlung von ex post einzuschätzenden Irrationalitäten anstelle von Stimmungen.

Von den 1.000 angeschriebenen Banken antworteten 113 Institute, was vor dem Hintergrund der Grundgesamtheit und der Streuung als repräsentativ angesehen werden kann.

[1209] Vgl. hierzu Kapitel 2 – 5. Einzelne Detailverweise werden in Kapitel 6 nicht angebracht.

Hier lassen sich folgende zentrale Aussagen festhalten. Der Bekanntheitsgrad der einfachen Asset-Allocation-Methoden wie historische Simulation und Markowitz-Ansatz ist am größten, während Copulas und Behavioral Finance eher unbekannt sind. Bei der Wertung der Ansätze schneidet der modifizierte Markowitz-Ansatz mit einer Note von 2,20 am besten ab. Die theoretisch herausgearbeitete Anwendbarkeit dieses Ansatzes wurde somit auch in der Praxis bestätigt. Von den 113 Instituten, die geantwortet haben, betreiben 81 eine Asset-Allocation für das Eigen- oder Kundengeschäft. Hierbei finden die intuitive Optimierung, der erweiterte Markowitz-Ansatz und die historische Simulation am häufigsten Anwendung. Die strategische Ausrichtung verteilt sich zu in etwa gleichen Teilen auf aktive und passive Steuerung. Hierbei verwenden 9 von 10 Instituten die Behavioral Finance zur aktiven Steuerung des Portfolios. Dies bestärkt die These, dass der Markowitz-Ansatz ggf. taktisch outperformt werden kann. In Bezug auf die Schätzbarkeit von Parametern für die Portfoliooptimierung aus historischen Daten wird mit großer Mehrheit konstatiert, dass Risiken auf Basis eines ausreichend hohen Konfidenzniveaus ableitbar sind, Extremrisiken hingegen nicht. Bei Korrelationen und Renditen sind die Antworten uneindeutig.

Auch die Analyse der Antworten bezogen auf irrationales Marktverhalten in Extremsituationen erbrachte eindeutige Ergebnisse. 93% der befragten Institute gaben an, dass Korrelationen in Extremsituationen versagen. Im selben Kontext wird jedoch die langfristige Stabilität bestätigt. Diese Aussage untermauert letztlich die Funktionsweise eines Korrelationsansatzes in der Praxis, offeriert jedoch gleichzeitig das Argument zum Aufbau eines taktischen Optimierungsansatzes auf Basis der Aspekte der Behavioral Finance. Dies wird zudem dadurch bestärkt, dass nur 8,85% der Institute angeben, dass Korrelationsrisiken in den bestehenden und verwendeten Modellen adäquat Berücksichtigung finden. Insbesondere bezogen auf kurzfristige Risiken äußern sich 82,30% der Institute dahingehend, dass diese keine adäquate Berücksichtigung finden. Zudem geben 96% der Institute an, dass Märkte in Extremsituationen irrational reagieren, wobei 82% von einer Zunahme des irrationalen Verhaltens sprechen. Als Haupttreiber werden hier extreme Marktschwankungen, negative Nachrichten und Herdentrieb gesehen. Dies ist einer der zentralen Gründe, warum ein Irrationalitätsindex auf extremen Marktbewegungen aufgebaut sein kann, da diese indirekt irrationales Marktverhalten implizieren.

In Bezug auf die handelnden Personen bzw. Marktteilnehmer lässt sich konstatieren, dass es einen negativen Zusammenhang zwischen dem Einfluss auf den Markt und auf die Irrationalität gibt. Zentralbanken und Staaten handeln relativ rational während Privatpersonen erwartungsgemäß die höchste Irrationalitätseinschätzung aufweisen. Allerdings ist anzumerken, dass Banken und institutionellen Investoren ebenfalls eine hohe Irrationalität zugesprochen wird. Ein Großteil der irrationalen Marktaktivitäten ist somit auf diese beiden Gruppen zurückzuführen.

6.1 Zusammenfassung der Ergebnisse

Auf Basis der letzten 10 Jahre sollten die befragten Institute zudem eine mittlere Irrationalitätseinschätzung der Märkte Corporates, Staatsanleihen, Aktien und alternative Assets vornehmen. Im Schnitt wurden 100 Wertungen pro Jahr und Assetklasse abgegeben, sodass letztlich eine qualitativ hochwertige Einschätzung der durchschnittlichen Irrationalität pro Jahr und Assetklasse dargestellt werden konnte. Diese dient zudem in Kapitel 4 als Basis für den vierteiligen Irrationalitätsindex. Letztlich lassen sich bezüglich der Irrationalitätseinschätzungen folgende Kernaussagen festhalten:

- Irrationalitäten in den Assetklassen haben unterschiedliche Niveaus und Schwankungen.
- Irrationalitäten in den Märkten treten nicht zur gleichen Zeit auf, sondern höchstens versetzt. Es ist somit nie der gesamte Markt, sondern nur Teile betroffen.
- Irrationalitäten sind entsprechend schwach oder gar negativ korreliert, was sich im Rahmen einer Asset-Allocation nutzen lassen kann.

In Bezug auf die Eckdaten zu einem Korrelationszertifikat gaben nur 36% an, dieses für sinnvoll zu erachten. Verständlichkeit und Einfachheit, Absicherung des kurzfristigen Korrelationsrisikos, Kosten und Ausgestaltung als optionales Instrument wurden hier als die wesentlichen Eckpunkte genannt. Als potenzielle Assetklassen zum Aufbau eines solchen Zertifikates wurden Corporates, Staatsanleihen und Aktien am häufigsten genannt.

Das Scoring des Status quo der Portfoliooptimierung im deutschen Bankensektor führte zu einer durchschnittlichen Wertung. Hinter dem hohen theoretischen Know-how bleibt die konsequente Umsetzung und Parametrisierung der Asset-Allocation zurück. Hier besteht durchaus Verbesserungsbedarf.

Letztlich hatte Kapitel 3 mehrere Implikationen für das eigene taktische Optimierungsmodell in Kapitel 4. Aufgrund der Repräsentativität der Ergebnisse der Umfrage können auch die Schlussfolgerungen als valide erachtet werden. Erstens wird der modifizierte Markowitz-Ansatz als adäquater Optimierungsansatz bestätigt. Zweitens wird bestätigt, dass Korrelationen in Extremsituationen nur unzureichend modelliert worden sind und einer taktischen Optimierung bedürfen. Drittens muss das Modell irrationales Marktverhalten zumindest partiell integrieren, um in Extremsituationen die richtigen Steuerungsimpulse zu setzen. Viertens gilt festzuhalten, dass eine solche Integration auf Basis der Irrationalitätseinschätzungen der Umfrage, gekoppelt mit Marktbewegungen vollzogen werden sollte. Dadurch lässt sich eine teilmarktbezogene Optimierung vollziehen. Fünftens muss das zu entwickelnde Korrelationszertifikat einfach aufgebaut sein. Zudem soll es optionalen Charakter haben und kurzfristige Risiken absichern.

Kapitel 4 stellt letztlich den Kern dieser Arbeit dar. Basierend auf einer Marktdatenanalyse dar von 10 Assetklassen wurden klassische Korrelationen, gleitende 250- und 21-Tageskorrelationen in und um Extremsituationen bzw. Krisenzeiten näher analysiert. Hierbei konnte herausgearbeitet werden, dass sich die langfristigen Korrelationen in und um Krisenzeiten kaum verändern. Vor einer Krise sind gleitende 250-Tages-Korrelationen zudem träge und verändern sich nach einer Krise nur marginal. Die Analyse der Monatskorrelationen zeigt den schwachen Trend, dass die Korrelationen, die vor der Krise gesunken sind, danach steigen und vice versa. Allerdings ist dieser Trend eher schwach ausgeprägt, so dass neben der Stabilität der klassischen Korrelation eine Uneindeutigkeit der Korrelationsentwicklung festgehalten werden kann. Korrelationen schwanken zwar – zeitlich jedoch nicht zwingend in oder um eine (negative) Extremsituation. Die Behauptung, dass Korrelationen in Extremsituationen versagen – wie auch in der Umfrage mit 93% angenommen – kann isoliert betrachtet nicht als validiert gelten.

Das Korrelationsrisiko ist unabhängig vom konkreten Zeitpunkt des Eintritts einer Krise und kann dementsprechend separiert ermittelt werden. Hierzu wurden die Risikokorrelationen KaR und KaC eingeführt, welche die historische Korrelation definieren, die mit einem bestimmten Konfidenzniveau nicht über- oder unterschritten werden. Je nach Assetklassenkombination weichen diese stark vom Mittelwert ab und sind zudem nicht normalverteilt. Diese beiden Korrelationen werden als zusätzliche Inputparameter anstelle der klassischen Korrelation in das Optimierungsmodell endogenisiert. Da gestresste Korrelationen und Extremwertrisiken nicht zeitgleich auftreten, kann zudem auf die Endogenisierung weiterer Stresstestüberlegungen in das eigene Modell verzichtet werden.

Im nächsten Schritt wurden auf Basis der vier Irrationalitätseinschätzungen der Umfrage vier Irrationalitätsindizes entwickelt. Hierzu wurden die Ergebnisse der Umfrage mit Marktdatenentwicklungen einer Regression unterzogen. Das Ergebnis waren vier auf Marktdaten basierende Indizes, welche letztlich mit einem Bestimmtheitsmaß zwischen 0,71 und 0,90 signifikant zur Einschätzung der Marktteilnehmer reagieren. In ihrer kumulierten Form sind die Irrationalitätsindizes zudem in der Lage, irrationale Trends zu definieren und auch einen Bruch dieser Trends zu erkennen. Verglichen mit bereits bestehenden Indizes zur Messung von Irrationalitäten haben die vier Indizes folgende Vorteile:

- Es wird ein längerer Zeitraum betrachtet – durch die Umfrage werden 10 Jahre abgefragt, was bei bestehenden Indizes selten der Fall ist.
- Eine Separierung der Teilmärkte ist möglich.
- Im Gegensatz zu bestehenden Sentiment Indizes messen die neu entwickelten Indizes keine Stimmungen, sondern schätzen Irrationalitäten.

6.1 Zusammenfassung der Ergebnisse

- Eine Regressionsanalyse kann den vermuteten Zusammenhang zwischen Irrationalitäten und Marktbewegungen verifizieren.
- Durch die Übertragung der Einschätzungen der Umfrageteilnehmer auf Marktdatenbewegungen können die Indizes häufiger und auch ex ante modelliert werden, was eine schnellere Reaktionsfähigkeit bedeutet.

Das hierauf aufbauende taktische Modell zur Portfoliooptimierung bedient sich sowohl der KaC/KaR-Werte als auch der Irrationalitätsindizes. Während eines irrationalitätsinduzierten Aufwärtstrends einer Assetklasse werden die KaC-Werte verwendet, was dazu führt, dass die Assetklasse in einer Allokation übergewichtet wird. In der darauffolgenden Abschwungphase wird die KaR verwendet. Bei Durchbrechen des Trends, idealerweise am Tiefpunkt, wird wieder mit der KaC agiert. Da dies für jede Assetklasse separat ermittelt wird, dominiert bei unterschiedlichen Ergebnissen immer die KaR. Dies soll dazu führen, dass Assetklassen rechtzeitig vor einem Crash untergewichtet und rechtzeitig am Tiefpunkt wieder übergewichtet werden.

Die aufwändig durchgeführten Backtestings dieses Modells, basierend auf der Optimierung des RORAC und der Optimierung des Ertrages bei vorgegebenem ex ante Risiko, führten zu eindeutigen Erkenntnissen. Das eigene Modell erwirtschaftet in beiden Fällen mehr Rendite bei weniger Risiko im direkten Vergleich zum modifizierten Markowitz-Ansatz. Somit konnte gezeigt werden, dass die taktische Erweiterung des modifizierten Markowitz-Ansatzes auf Basis der Erkenntnisse der Behavioral Finance effizient ist und sowohl eine absolute als auch relative Outperformance erzielt. Voraussetzung ist hier allerdings, dass sich ein Investor konsequent nach den Modellimpulsen richtet und eigene Überlegungen ausschaltet. Nur so ist ein Funktionieren des Modells auch in Extremsituationen – wo Investoren oft dazu neigen irrational zu reagieren – gegeben.

Zugleich konnte nachgewiesen werden, dass der modifizierte Korrelationsansatz auf lange Sicht für einen streng passiven Investor eine adäquate Alternative darstellt, da er im Gegensatz zum eigenen Modell kaum Transaktionskosten produziert. Auch ist der ex post RORAC des erweiterten Markowitz-Ansatzes in der Regel höher als die RORACs der Einzelassets, was die Funktionsfähigkeit der Diversifikation beweist.

Kapitel 5 als Abschluss modellierte ein Korrelationszertifikat, welches im Gegensatz zu den bereits bestehenden Korrelationsswaps als Korrelationsoption dargestellt wurde. Diese Option wurde als Erweiterung des Cox/Ross/Rubinstein Binomialmodells hergeleitet. Das Optionspreismodell ist in der Lage, auf Basis von vorgegebenen ex ante Renditen, Korrelationsverteilungen sowie eines Korrelationsstrikes, Optionspreise zu rechnen. Die grundsätzliche Möglichkeit der Absicherung des bereits als separierbar nachgewiesenen Korrelationsrisikos konnte somit bestätigt werden.

Gleichzeitig wurde auch dieser Ansatz einem Backtesting unterzogen. Hierbei konnte festgestellt werden, dass eine Absicherung des Korrelationsrisikos maximal zum Ausschluss des kurzfristigen Korrelationsrisikos sinnvoll ist – wie auch in der Umfrage gefordert. Nur partiell und nur für bestimmte Assetklassen konnte eine Überperformance der so gehedgten Portfolien konstatiert werden. Erst bei der Analyse von aktiven Strategien, die bewusst auf ein Versagen der Märkte setzen, konnte bei gleichzeitig hohen Optionspreisen und Ausgleichszahlungen eine Mehrperformance festgestellt werden. Allerdings ist zweifelhaft, ob solch eine Arbitrage dauerhaft Erfolg haben wird. Generell ist die Anwendung eines solchen aktiv geprägten Zertifikates aus makroökonomischen Gründen zu negieren. Die grundsätzliche Möglichkeit der Absicherung von Korrelationsrisiken für Investoren, die einen deutlich kürzeren Dispositionshorizont haben, als es eine strategische Asset-Allocation erfordert, konnte jedoch bestätigt werden.

6.2 Abgleich mit den zu verifizierenden Thesen

Im letzten Schritt gilt es, die vier zentralen Thesen auf Basis der Erkenntnisse dieser Arbeit zu verifizieren oder zu widerlegen. Hierbei wird gedanklich in die drei Bereiche
- theoretische Ausarbeitung,
- Erkenntnisse auf Basis der Umfrage und
- eigene Modelle

unterschieden.

(1) Das klassische Markowitz-Modell ist mit leichten Modifikationen immer noch ein adäquates Optimierungsmodell.

Die Analyse des theoretischen Status quo führte schon zu der Erkenntnis, dass der Grundgedanke von Markowitz auch in Krisenzeiten nicht versagt hat. Auch konnte herausgearbeitet werden, dass die Markowitzformel mit Modifikationen weiterhin Gültigkeit besitzt. Wird statt der Standardabweichung das Risiko als Abweichung zum Erwartungswert in Form des VaR verwendet, so ist die Diversifikation auch für nicht normalverteilte Assets adäquat quantifizierbar.

Dies wurde auch in der Umfrage bestätigt. Sowohl Bekanntheitsgrad, Häufigkeit der Verwendung als auch die beste Wertung aller Modelle mit 2,20 bestätigen die Verwendbarkeit des Modells in der Praxis.

Die Aussage wird letztlich auch über eigene Analysen auf Basis historischer Daten bestätigt. Korrelationen sind langfristig stabil und auch rollierende Korrelationen sind nicht zeitgleich mit Extremsituationen zu beobachten.

Zudem konnte gezeigt werden, dass der modifizierte Markowitz-Ansatz über einen langen Zeitraum hinweg bei einer stabilen Asset-Allocation in der Regel bessere ex post RORACs aufweist als jedes Einzelasset. Des Weiteren vermeidet er hohe Transaktionskosten[1210]. Die ex ante über die Markowitzformel errechneten Asset-Allocations sind effizient. Die Grundgedanken der Diversifikation auf Basis linearer Korrelationen hat folglich weiterhin Gültigkeit, These 1 kann als bewiesen gelten.

(2) Phasen der Irrationalität lassen sich frühzeitig erkennen.

Aufgrund der Modellierung der vier Irrationalitätsindizes auf Basis der Umfragedaten konnte herausgearbeitet werden, dass extreme Marktdatenbewegungen Irrationalitätstrends und deren langsames Aufbauen sowie abruptes Brechen frühzeitig aufzeigen. Im Gegensatz zu bestehenden Indikatoren, welche nur auf die Befragung von Marktteilnehmern abzielt, reagieren die Indizes zeitnah auf Basis täglicher Marktdaten und haben so den Vorteil, schnell Impulse für eine Steuerung geben zu können. Dies konnte auch über das Backtesting des eigenen Modells dargelegt werden: gerade in Phasen, für die keine Einschätzungen von Marktteilnehmern vorlagen (1996 – 1998, 2009 – 2010), führten die aus den Indizes erzeugten Irrationalitätseinschätzungen zu den richtigen Steuerungsimpulsen. Eine Kalibrierung der Indizes über Irrationalitätseinschätzungen von Marktteilnehmern kann somit in längeren Abständen erfolgen. Letztlich ist über die 10-Jahres-Regression eine Signifikanz der Ergebnisse erkennbar und Phasen der Irrationalität werden über die Indizes teilmarktspezifisch quantifiziert und frühzeitig erkannt. Auch diese These kann folglich als validiert gelten.

(3) Ein taktisch ausgerichteter Ansatz der Portfoliooptimierung auf Basis irrational geprägter Korrelationen führt zu einer langfristig besseren Sharpe Ratio / RORAC und auch zu einer absolut besseren Performance verglichen mit der klassischen Form der Portfoliooptimierung.

Auf Basis der Erkenntnisse der Prospect Theory der Behavioral Finance konnte ein eigenes Modell entwickelt werden, welches die Outperformance eines taktischen Modells auf Basis der KaR und KaC in Kombination mit den entwickelten Irrationalitätsindizes nachgewiesen hat. Über ein 13-Jahres-Backtesting konnte die absolute aber auch relative Outperformance nachgewiesen werden. Der irrationalitätsgetriebene Ansatz ist nur auf Basis von taktisch vari-

---

[1210] Ähnlich nachgewiesen in *Jacobs/Müller/Weber* (2008), S. 15.

ierenden Korrelationen in der Lage, bei weniger Risiko mehr Rendite zu erzielen. Sowohl RORAC als auch Performance wären besser gewesen, was auch These 3 verifiziert.

(4) Korrelationsrisiken lassen sich über Zertifikate absichern.
Die Absicherung von Korrelationsrisiken ist bereits seit mehreren Jahren möglich und wird mittlerweile auch von mehreren Fondsgesellschaften genutzt. Es handelt sich hierbei um Korrelationsswaps, die in der Regel implizite und historische Korrelationen als Basis haben. Auf Basis des Status quo am Markt konnte die generelle Möglichkeit der Absicherung von Korrelationsrisiken über Derivate bestätigt werden.

Die in dieser Analyse durchgeführte Modellierung eines Absicherungsderivates führte aufgrund der Anforderungen der Umfrage zu einer Korrelationsoption. Durch die Anwendung des Cox/Ross/Rubinstein Modells und die Modellierung der ex ante zu entrichtenden Optionsprämie sowie der Ausgleichszahlung ist diese Art der Absicherung im Markt noch nicht anzutreffen. Es konnte nachgewiesen werden, dass für einen Investor dieses Zertifikat dann sinnvoll ist, wenn sein Dispositionshorizont deutlich kürzer ist als der Zeitraum, den eine Korrelation benötigt, um stabil zu sein. Im Backtesting konnte keine Outperformance dieser Strategie über einen längeren Zeitraum hinweg festgestellt werden. Einzig das Paar RexP – ML Corporate führte zu einer adäquaten Stabilisierung der Performance bei einem Strike knapp unter der erwarteten Korrelation. Die Möglichkeit der Absicherung von Korrelationen über ein Derivat ist somit auch auf Basis eines Backtestings nachweisbar, führt allerdings nicht zwingend zu einer Überperformance. These 4 kann als eingeschränkt validiert gelten.

Tabelle 37 fasst die Ergebnisse dieser Analysen abschließend kurz zusammen und visualisiert den Erfüllungsstand der Thesen.

Als Fazit dieses Kapitels lässt sich festhalten, dass alle Thesen als verifiziert gelten können. Einzig die empirische Nachweisbarkeit der Effizienz der Absicherung über ein Zertifikat kann nur eingeschränkt bestätigt werden. Wichtig ist jedoch, dass das eigene Modell der taktischen Optimierung des erweiterten Markowitz-Ansatzes eine absolute und relative Outperformance erwirtschaftet hätte, wenn den Modellimpulsen konsequent gefolgt worden wäre.

These	Nachweis auf Basis		
	Theorie	Empirie	Modell
1 Das klassische Markowitz-Modell ist mit leichten Modifikationen immer noch ein adäquates Optimierungsmodell.	✓	✓	✓
2 Phasen der Irrationalität lassen sich frühzeitig erkennen.	---	✓	✓
3 Ein taktisch ausgerichteter Ansatz der Portfoliooptimierung auf Basis irrational geprägter Korrelationen führt zu einer langfristig besseren Sharpe Ratio / RORAC und auch zu einer absolut besseren Performance verglichen mit der klassischen Form der Portfoliooptimierung.	---	---	✓
4 Korrelationsrisiken lassen sich über Zertifikate absichern.	✓	✓	(✓)

Tabelle 37: Abgleich der erarbeiteten Ergebnisse mit den zentralen Thesen[1211]

6.3 Ausblick auf die Zukunft

Das Korrelationsrisiko ist separierbar und kann über den leicht modifizierten Markowitz-Ansatz auf Basis der KaR und KaC adäquat abgebildet werden. Korrelationen schwanken zwar, bleiben jedoch während einer Krise nahezu stabil. Eine taktische Optimierung auf Basis der Erkenntnisse der Behavioral Finance führt zu einer Mehrperformance und eine Absicherung von Korrelationsrisiken über Derivate ist heute schon möglich.

Die hier vorgestellten Ansätze und Modelle haben gezeigt, dass mit den bereits bestehenden Konzepten eine stabile Asset-Allocation durchaus erreicht werden kann – solange die Modellimplikationen auch in Extremsituationen konsequent umgesetzt werden. Immer komplexere Ansätze wie Monte-Carlo und Copula-Funktionen überzeugen zwar methodisch, sind in ihrer praktischen Anwendung jedoch mit einem hohen Modellrisiko behaftet[1212]. Gerade aufgrund deren Komplexität ist es schwierig, Aspekte der Behavioral Finance in diese Ansätze zu integrieren. Aus diesem Grund sind sie aus Sicht des Autors trotz der methodischen Überlegenheit auf Basis der Annahme des Homo oeconomicus ökonomisch nicht der richtige Weg, da wesentliche Aspekte des menschlichen Verhaltens ausgeblendet werden.

[1211] Eigene Darstellung. „- - -" bedeutet, dass ein Nachweis in dieser Kategorie nicht möglich ist.
[1212] Vgl. hierzu auch anschaulich *Derman* (2010), S. 35 ff.

Aus Sicht des Autors liegt die Zukunft der Portfoliotheorie bzw. Asset-Allocation weder in der isolierten Fortführung der einen noch der anderen Disziplin. Ziel muss vielmehr die Zusammenführung von Behavioral Finance und klassischer Portfoliotheorie[1213] in einem einzigen, leicht nachvollziehbaren Modell sein, welches bewusst auf die komplexen Modelle wie Copula-Funktionen verzichtet. Rationalität und Irrationalität tauchen phasenweise und mit unterschiedlicher Intensität auf. Damit haben beide Disziplinen eine Berechtigung in einem einzigen, zusammengeführten Modell, was taktische und strategische Elemente beinhaltet[1214]. Dass dies grundsätzlich funktioniert, hat der hier vorgestellte schlanke und intuitiv verständliche Ansatz gezeigt.

Die Herausforderung wird nun darin bestehen, die Aspekte der Behavioral Finance auch methodisch und modellbasiert enger mit der klassischen Portfoliotheorie zu vernetzen. Für den Bereich der Modellierung von Korrelationen in irrationalen Marktphasen konnte diese Ausarbeitung neue Erkenntnisse herausarbeiten. Für die Parameter erwartete Rendite, Risiko aber auch Liquidität und Handelbarkeit von Assetklassen besteht jedoch weiterhin Forschungsbedarf.

[1213] Vgl. u.a. auch *De Facto* (2009), S. 7. Aktuelle Versuche zur Zusammenführung finden sich u.a. in *Dionne/Chakroun/Dugas-Sampara* (2006).

[1214] So formulieren auch *Dichtl/Petersmeier/Schlenger* (2003), S. 200 treffend: „Die intelligente Verknüpfung der Strategischen Asset Allocation mit Dynamischen Allokationskonzepten [...] führt [...] zum nachhaltigen Erfolg im Asset Management."

Anhang

Anhang 1: Zusammenspiel der Anhänge

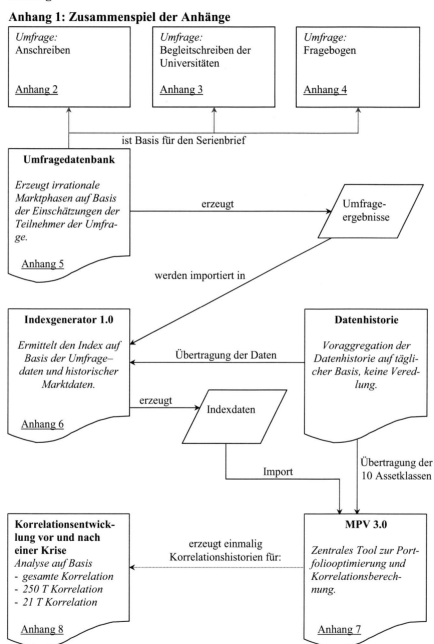

Anhang 2: Anschreiben zur Umfrage

ANSCHREIBEN ZUR UMFRAGE "KORRELATIONEN IN EXTREMSITUATIONEN" SEITE 1 / 2

Mülheim an der Ruhr, 06.11.2009

Svend Reuse / Luxemburger Allee 121 / 45481 Mülheim

«Name»
- «Kontaktperson» -
«Strasse»
«Ort»

Doktorarbeit: Korrelationen in Extremsituationen – hat Markowitz versagt?
Empirische Studie bei 1.000 deutschen Kreditinstituten

«Anrede»,

die Grundgedanken der Portfoliotheorie sind nicht neu. Harry Markowitz hat diese bereits vor über 50 Jahren entwickelt. Nicht zuletzt durch die Finanzmarktkrise werden jedoch immer wieder Stimmen laut, die den Wahrheitsgehalt der Portfoliotheorie und der Diversifikationswirkung bezweifeln. Mit meiner berufsbegleitenden Dissertation

„*Korrelationen in Extremsituationen – Eine empirische Analyse des Deutschen Marktes mit dem Fokus auf irrationalem Marktverhalten*"

zur Erlangung des Grades „Doctor of Philosophie (PhD)" an der Masaryk Universität Brünn versuche ich, das Verhalten von Korrelationen in solch bewegten Zeiten zu analysieren und einen Zusammenhang zum irrationalen Verhalten der Marktteilnehmer herzustellen. Auch die Entwicklung derivativer Produkte zur Absicherung des Korrelationsrisikos ist ein zentraler Bestandteil meiner Arbeit.

Um zu brauchbaren Ergebnissen zu kommen, bin ich auf Ihre Hilfe angewiesen (vgl. auch umseitiges abgedrucktes Begleitschreiben meiner Universitäten). Deshalb richte ich hiermit meine Bitte an Sie, beiliegenden Fragebogen zu beantworten und an mich zurückzusenden. «Text 1» «Text 2» Lassen Sie mich zudem die **Vorteile** für Sie kurz darstellen:

- Die Beantwortung ist aufgrund der Erläuterung der Fachtermini recht einfach und in **nur 10 Minuten** erledigt.
- Die **empirisch ermittelten gestressten Korrelationsschätzungen** und die **Abbildung des Zusammenhangs zum irrationalen Marktverhalten** stelle ich Ihnen nach Abschluss meiner Arbeit gerne als Management Summary zur Verfügung.
- Als besonderes Dankeschön **verlose** ich **einen MP3 Player** und **6 mal 6 Flaschen Rotwein** an die Einsender der Umfrage!

Selbstverständlich **garantiere** ich Ihnen absolute Anonymität Ihrer Antworten! Für eine schnelle Rücksendung wäre ich Ihnen sehr dankbar! Sollten Sie weitere Rückfragen haben, stehe ich selbstverständlich unter den unten genannten Referenzen gerne zur Verfügung.

In der Hoffnung auf Antwort verbleibe ich

mit freundlichen Grüßen

«Text 1»: „Als Kollege aus dem Sparkassensektor (Leiter Controlling Sparkasse Mülheim) bin ich mir des zusätzlichen Zeitaufwandes bewusst!"

«Text 2»: „Der RSGV (Abt. Bankenaufsicht und Risikomanagement) hat jedoch keine Bedenken bei der Beantwortung dieser Umfrage."

- Svend Reuse -

Anlagen

SVEND REUSE
MBA / BC / DIPL.-BETRIEBSW. (FH) / DIPL.-INFORM. (FH)
LUXEMBURGER ALLEE 121 • 45481 MÜLHEIM AN DER RUHR•
TELEFON: 0208/84709949 • MOBIL: 0172/2842093
EMAIL: SVEND.REUSE@GMX.DE

Anhang 3: Begleitschreiben der Universitäten für die Umfrage

ANSCHREIBEN ZUR UMFRAGE "KORRELATIONEN IN EXTREMSITUATIONEN" SEITE 2 / 2

Fachhochschule für Oekonomie & Management
University of Applied Sciences

Deutsches Institut für Portfolio-Strategien an der FOM
University of Applied Sciences

MASARYK UNIVERSITY
FACULTY OF ECONOMICS
AND ADMINISTRATION

■ FOM-STUDIENZENTREN
BERLIN | BOCHUM |
BREMEN | DORTMUND |
DUISBURG | DÜSSELDORF |
ESSEN | FRANKFURT A. M. |
GÜTERSLOH | HAMBURG |
KÖLN | MARL | MÜNCHEN |
NEUSS | NÜRNBERG |
SIEGEN | STUTTGART

■ ANRUFE BUNDESWEIT
ZUM CITY-TARIF
Telefon 0180 1810048
Telefax 0180 1810049

POSTANSCHRIFT
Leimkugelstraße 6
45141 Essen

info@fom.de
www.fom.de

Sehr geehrte Damen, sehr geehrte Herren,

Herr Reuse hat sich mit der Auswahl seines Dissertationstitels auf ein ebenso aktuelles wie schweres Thema fokussiert. Mit seinem Versuch, selbst entwickelte theoretische Modelle mit empirischen Daten einer Umfrage zu verbinden, schafft er neues Wissen und hat gute Chancen, die Wissenschaft im modernen Asset Management ein Stück nach vorne zu bringen.

Aus diesem Grund haben die folgenden Universitäten bzw. Institute

- Masaryk Universität Brünn, Tschechien (www.econ.muni.cz/en/)
- Fachhochschule für Oekonomie und Management (www.fom.de)
- Deutsches Institut für Portfoliostrategien (www.fom-dips.de)

einen Forschungsauftrag in diese Richtung vergeben.

Wir als begleitende Professoren betreuen Herrn Reuse gern und würden uns sehr freuen, wenn Sie ihn bei seinem ehrgeizigen Vorhaben unterstützen und sich an der Umfrage beteiligen.

Bei Rückfragen stehen auch wir gerne zur Verfügung und verbleiben in der Hoffnung auf rege Antwort

mit freundlichen Grüßen

Prof. Dr. Martin Svoboda
Masaryk Universität Brno, Doktorvater

Prof. Dr. Eric Frère
Fachhochschule für Oekonomie und Management

Prof. Dr. Joachim Rojahn
Deutsches Institut für Portfolio-Strategien

FOM FACHHOCHSCHULE FÜR
OEKONOMIE & MANAGEMENT
GEMEINNÜTZIGE
GESELLSCHAFT MBH

HOCHSCHULLEITUNG
Prof. Dr. Burghard Hermeier
Rektor
Dr. Harald Beschorner
Kanzler

BANKVERBINDUNGEN
Dresdner Bank AG Essen
Konto 428 651 000
BLZ 360 800 80

National-Bank AG Essen
Konto 121 487
BLZ 360 200 30

Commerzbank AG Essen
Konto 1 211 713
BLZ 360 400 39

St.-Nr. 112/5738/0906
AMTSGERICHT ESSEN
HRB 10896

GESCHÄFTSFÜHRUNG
Klaus Dieter Braun

SVEND REUSE
MBA / BC / DIPL.-BETRIEBSW. (FH) / DIPL.-INFORM. (FH)
LUXEMBURGER ALLEE 121 • 45481 MÜLHEIM AN DER RUHR•
TELEFON: 0208/84709949 • MOBIL: 0172/2842093
EMAIL: SVEND.REUSE@GMX.DE

Anhang 4: Fragebogen der Umfrage

Fragebogen zur Doktorarbeit „Korrelationen in Extremsituationen" Seite 1
«Name»

Fragebogen

Svend Reuse
Luxemburger Allee 121
45481 Mülheim an der Ruhr

Sie brauchen den Bogen nur zu falten und in einen frankierten Fensterumschlag zu stecken, meine Adresse ist passgenau.

Eine Bitte von mir: Setzen Sie pro Frage bzw. Kategorie nur ein Kreuz – es sei denn, es ist etwas anderes angegeben. Sonst sind die Antworten nur sehr schwer auswertbar.

1. Allgemeine Daten zum Kreditinstitut

Dieser Abschnitt dient ausschließlich dazu, die Repräsentativität der Umfrage festzustellen und einen Zusammenhang z.B. zum Größencluster herzustellen. In **keinem** Fall ist es das Ziel, die Vor- und Nachteile bestimmter Bankengruppen zueinander herauszustellen.

1.1. Wie viele Mitarbeiter hat Ihr Institut?

   Anzahl Mitarbeiter: _____

1.2. Wie groß ist die Jahresdurchschnittsbilanzsumme (JDBS) Ihres Institutes?

   JDBS: _____ Mrd. €

1.3. Ist Ihr Institut Handelsbuchinstitut?
   ☐ ja
   ☐ nein

1.4. Ist Ihr Institut börsennotiert?
   ☐ ja
   ☐ nein

1.5. Wonach bilanziert Ihr Institut?
   ☐ HGB
   ☐ IFRS / IAS
   ☐ US-GAAP

«Nr»

Anhang 4: Fragebogen der Umfrage

Fragebogen zur Doktorarbeit „Korrelationen in Extremsituationen" Seite 2
«Name»

2. Fragen zur Portfoliotheorie / Asset Allocation

Das Thema der Portfoliodiversifikation ist sowohl für Kunden einer Bank als auch für das eigene Portfolio der Bank interessant. Dieses Kapitel behandelt deshalb grundsätzliche Fragen zum Kenntnisstand und Status quo der Portfoliotheorie in der Praxis.

2.1. Welche der folgenden Methoden <u>kennen</u> Sie im Zusammenhang mit dem Thema Portfoliooptimierung? Bitte <u>werten</u> Sie die <u>Funktionsfähigkeit</u> in der letzten Spalte <u>nur</u>, wenn Sie die Methode auch <u>kennen</u>.

Methode	Kurze, nicht abschließende Erläuterung	Bekannt?	Funktioniert 1 (gut) – 4 (schlecht)			
Intuitive Portfoliooptimierung	Streuung im Portfolio erfolgt rein auf Basis von „Bauchgefühl" und Erfahrung.	☐ ja ☐ nein	1 ☐	2 ☐	3 ☐	4 ☐
Varianz/Kovarianz mit Standardabweichung	Die „klassische" Optimierung nach Harry Markowitz auf Basis der Normalverteilung. Nötig sind Risiko, Standardabweichungen und natürlich Korrelationen.	☐ ja ☐ nein	1 ☐	2 ☐	3 ☐	4 ☐
Korrelationsansatz mit Risiko gegen Erwartungswert	Erweiterung der klassischen Markowitz-Formel, die Standardabweichung wird durch den Value at Risk als Abweichung zum Erwartungswert ersetzt. Hierdurch entfällt Normalverteilungsannahme.	☐ ja ☐ nein	1 ☐	2 ☐	3 ☐	4 ☐
Historische Simulation	Simulation von historischen Wertänderungen, Extrapolation in die Zukunft. Korrelationen sind inhärent vorhanden, werden nicht separat gemessen.	☐ ja ☐ nein	1 ☐	2 ☐	3 ☐	4 ☐
Monte Carlo	Erweiterung der historischen Simulation um Zufallszahlen, um eine mangelnde Historie mit Datenreihen zu bereichern.	☐ ja ☐ nein	1 ☐	2 ☐	3 ☐	4 ☐
Copula Funktionen	Stark statistisch geprägte Modellierung der Verteilung der Randfunktionen der Risikoverteilungen mit dem Ziel, diese zu einem Gesamtrisiko zusammenfassen zu können. Sie stellt letztlich eine Erweiterung der Monte Carlo Simulation dar.	☐ ja ☐ nein	1 ☐	2 ☐	3 ☐	4 ☐
Behavioral Finance	Bei der Portfoliooptimierung werden explizit auch Methoden und Erkenntnisse der Psychologie und der Soziologie berücksichtigt, da der Mensch nicht immer rational handelt.	☐ ja ☐ nein	1 ☐	2 ☐	3 ☐	4 ☐

2.2. Betreiben Sie Asset Allocation / Portfoliodiversifikation in Ihrer Bank?

☐ Nein → *weiter mit Kapitel 3*
☐ Ja, im: ☐ Eigengeschäft / Depot A
☐ Kundengeschäft / Depot B

2.3. <u>Welche</u> der folgenden Risikoanalysemethoden in der Portfolioanalyse/-gestaltung <u>nutzen</u> Sie im Zusammenhang mit dem Thema Portfoliooptimierung – und wofür? *(Mehrfachnennungen möglich).*

Methode	Für Depot A	Für Kundendepots
Intuitive Portfoliooptimierung	☐	☐
Varianz/Kovarianz mit Standardabweichung	☐	☐
Varianz/Kovarianz mit Erwartungswert / VaR	☐	☐
Historische Simulation	☐	☐
Monte Carlo	☐	☐
Copula Funktionen	☐	☐
Behavioral Finance	☐	☐

«Nr»

Fragebogen zur Doktorarbeit „Korrelationen in Extremsituationen" Seite 3
«Name»

2.4. Welche Optimierungsmethode hat bei Ihnen in der Depot A Steuerung den größten Stellenwert?

☐ Optimierung der GuV bzw. der Bilanzwerte
☐ Optimierung aus wertorientierter Sicht

2.5. Welche Form der Asset Allocation halten Sie für sinnvoller?

☐ Aktives Management
☐ Passives Management

2.6. Welche der folgenden Parameter kann man Ihrer Meinung nach valide aus der Historie schätzen?

Faktor	<u>Ja</u>, kann man schätzen.	<u>Nein</u>, kann man auf Basis der Historie nicht schätzen.
Renditen	☐	☐
Risiken auf Basis eines ausreichend hohen Konfidenzniveaus	☐	☐
Extremwertrisiken	☐	☐
Korrelationen	☐	☐

3. Fragen zum irrationalen Marktverhalten in Extremsituationen

Mit diesem Abschnitt soll auf das irrationale Verhalten einzelner oder mehrerer Marktteilnehmer abgezielt werden. Oftmals ist hier „Bauchgefühl" gefragt, die Idee, die Ihnen zuerst in den Sinn kommen mag, ist oft die beste.

3.2. Wie schätzen Sie die Verlässlichkeit von Korrelationen ein?

☐ Korrelationen sind immer stabil und fangen auch extreme Marktsituationen adäquat ab.
☐ Korrelationen sind nur langfristig stabil, können in Extremsituationen jedoch versagen.
☐ Korrelationen sind sowohl langfristig stabil als auch in der Lage, kurzfristige extreme Schwankungen zu diversifizieren.

3.3. Wie beurteilen Sie bestehende Risikomodelle (vgl. auch 2.1) im Hinblick auf die Quantifizierbarkeit von Korrelationsrisiken? Bestehende Risikomodelle...

☐ berücksichtigen langfristige und kurzfristige Korrelationsrisiken.
☐ berücksichtigen nur langfristige Korrelationsrisiken.
☐ berücksichtigen nur kurzfristige Korrelationsrisiken.
☐ sind nicht in der Lage, Korrelationsrisiken adäquat zu erfassen.

3.4. Wie schätzen Sie das Verhalten von Marktteilnehmern in bestimmten Situationen ein? Marktteilnehmer...

☐ neigen in extremen Situationen zur Fehleinschätzung von Risiko und Rendite.
☐ reagieren nahezu rational.

Wenn Sie die Frage 3.3. an dieser Stelle angekreuzt haben, können Sie direkt mit Abschnitt 4 fortfahren. Alle nun folgenden Fragen sind nur dann relevant, wenn Sie der Auffassung sind, dass irrationales Verhalten auftritt. Scheuen Sie sich jedoch nicht, den Fragebogen trotzdem einzusenden – natürlich sind auch solche Bögen für die Auswertung sehr interessant!

«Nr»

Fragebogen zur Doktorarbeit „Korrelationen in Extremsituationen"   Seite 4
«Name»

3.5. Was glauben Sie generell – hat das irrationale Marktverhalten in den letzten Jahren eher zu- oder abgenommen?

☐ hat zugenommen
☐ hat abgenommen

3.6. Bitte schauen Sie sich die folgenden Faktoren an und schätzen Sie ein, <u>wie stark</u> diese das <u>irrationale Verhalten</u> beeinflussen bzw. verursachen. Ergänzen Sie diese ruhig um entsprechende Faktoren, falls diese Aufzählung nicht fallabschließend ist:

Faktor	Beeinflussung der Irrationalität *0 (gar nicht)* bis *6 (stark)*						
	0	1	2	3	4	5	6
Positive Nachrichten zu einem Markt	☐	☐	☐	☐	☐	☐	☐
Negative Nachrichten zu einem Markt	☐	☐	☐	☐	☐	☐	☐
Komplexität des Marktes	☐	☐	☐	☐	☐	☐	☐
Extreme positive Marktbewegungen	☐	☐	☐	☐	☐	☐	☐
Extreme negative Marktbewegungen	☐	☐	☐	☐	☐	☐	☐
Historische Kursentwicklungen	☐	☐	☐	☐	☐	☐	☐
Eigene Risikoneigung	☐	☐	☐	☐	☐	☐	☐
Eigene Liquidität	☐	☐	☐	☐	☐	☐	☐
Herdentrieb am Markt	☐	☐	☐	☐	☐	☐	☐
Home Bias (Übergewichtung von Investments im Heimatstandort)	☐	☐	☐	☐	☐	☐	☐
Realwirtschaftliche Daten wie BIP, Inflation	☐	☐	☐	☐	☐	☐	☐
Politische Ereignisse	☐	☐	☐	☐	☐	☐	☐
Vertrauen in Zentralbanken	☐	☐	☐	☐	☐	☐	☐
Vertrauen in Politik	☐	☐	☐	☐	☐	☐	☐
Vertrauen in Wirtschaftssysteme und Banken	☐	☐	☐	☐	☐	☐	☐
Ergebnisse von Researchern und Volkswirten	☐	☐	☐	☐	☐	☐	☐
	☐	☐	☐	☐	☐	☐	☐
	☐	☐	☐	☐	☐	☐	☐

3.7. Bitte gehen Sie auf die folgenden sechs Marktteilnehmer ein und schätzen Sie bitte:
- den <u>Einfluss</u> des Marktteilnehmers auf den Markt
- als auch den <u>Grad der Irrationalität</u> des Verhaltens ein.

Marktteilnehmer	Einfluss auf Markt *0 (gar nicht)* bis 3 (hoch)				Grad der Irrationalität *0 (gar nicht)* bis 3 (stark)			
	0	1	2	3	0	1	2	3
Private Investoren	☐	☐	☐	☐	☐	☐	☐	☐
Institutionelle Investoren	☐	☐	☐	☐	☐	☐	☐	☐
Banken	☐	☐	☐	☐	☐	☐	☐	☐
Staaten	☐	☐	☐	☐	☐	☐	☐	☐
Zentralbanken	☐	☐	☐	☐	☐	☐	☐	☐
Analysten / Researcher / Volkswirte	☐	☐	☐	☐	☐	☐	☐	☐

3.8. Ziel der nächsten beiden Seiten ist es, die Irrationalität der Märkte zu quantifizieren. Bitte schauen Sie sich die folgenden Charts an und schätzen Sie, gerne auch „aus dem Bauch", wie stark die irrationale Übertreibung nach <u>oben/positiv (+2)</u> oder nach <u>unten/negativ (-2)</u>.

«Nr»

Fragebogen zur Doktorarbeit „Korrelationen in Extremsituationen" Seite 5
«Name»

Hierbei gelten folgende Kriterien:

+2	:	starke Übertreibung nach oben/positiv
+1	:	leichte Übertreibung nach oben/positiv
+0	:	nahezu rationaler Markt
-1	:	leichte Übertreibung nach oben/positiv
-2	:	starke Übertreibung nach unten/negativ

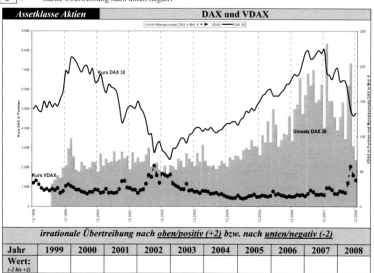

irrationale Übertreibung nach __oben/positiv (+2)__ bzw. nach __unten/negativ (-2)__

Jahr	1999	2000	2001	2002	2003	2004	2005	2006	2007	2008
Wert: (-2 bis +2)										

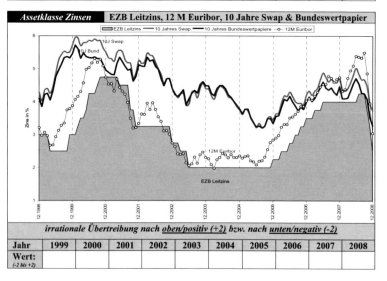

irrationale Übertreibung nach __oben/positiv (+2)__ bzw. nach __unten/negativ (-2)__

Jahr	1999	2000	2001	2002	2003	2004	2005	2006	2007	2008
Wert: (-2 bis +2)										

«Nr»

Anhang 4: Fragebogen der Umfrage 231

Fragebogen zur Doktorarbeit „Korrelationen in Extremsituationen" Seite **6**
«Name»

Hierbei gelten folgende Kriterien:

+2	:	starke Übertreibung nach oben/positiv
+1	:	leichte Übertreibung nach oben/positiv
+0	:	nahezu rationaler Markt
-1	:	leichte Übertreibung nach oben/positiv
-2	:	starke Übertreibung nach unten/negativ

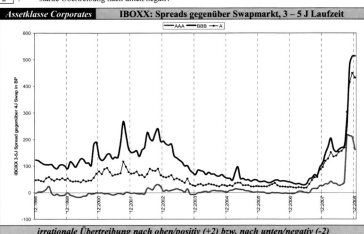

Assetklasse Corporates — **IBOXX: Spreads gegenüber Swapmarkt, 3 – 5 J Laufzeit**

*irrationale Übertreibung nach **oben/positiv** (+2) bzw. nach **unten/negativ** (-2)*

Jahr	1999	2000	2001	2002	2003	2004	2005	2006	2007	2008
Wert: *(-2 bis +2)*										

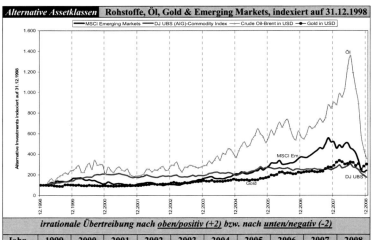

Alternative Assetklassen — **Rohstoffe, Öl, Gold & Emerging Markets, indexiert auf 31.12.1998**

*irrationale Übertreibung nach **oben/positiv** (+2) bzw. nach **unten/negativ** (-2)*

Jahr	1999	2000	2001	2002	2003	2004	2005	2006	2007	2008
Wert: *(-2 bis +2)*										

«Nr»

Fragebogen zur Doktorarbeit „Korrelationen in Extremsituationen" Seite 7
«Name»

4. Fragen zu einem Korrelationszertifikat

Gerade in Extremsituationen kann es sinnvoll sein, Korrelationsrisiken abzusichern. Dieses Kapitel behandelt nun die Möglichkeit, dieses Korrelationsrisiko derivativ zu eliminieren. Möglich wäre eine Option oder ein Zertifikat, welches bei unvorhergesehenen Korrelationen Ausgleichszahlungen produziert.

4.1. Würden Sie ein solches Zertifikat als sinnvoll erachten?

☐ nein
☐ ja, für
    ☐ Eigenhandel
    ☐ Kundengeschäft

Wenn Sie die Frage 4.1. definitiv mit „nein" beantwortet haben, bitte ich Sie, direkt mit Abschnitt 5 fortzufahren!

4.2. Ausgestaltung des Produktes

Die mögliche Ausgestaltung des Derivates/Zertifikates ist vielfältig. Welche der folgende Kriterien würden Sie wie werten?

Kriterium	Wichtigkeit						
	0 (unwichtig) bis *6 (sehr wichtig)*						
	0	1	2	3	4	5	6
Verständlichkeit und Einfachheit	☐	☐	☐	☐	☐	☐	☐
Steuerliche Gestaltung	☐	☐	☐	☐	☐	☐	☐
Optionaler Charakter des Produktes → der Käufer kann, muss aber nicht ausüben.	☐	☐	☐	☐	☐	☐	☐
Deterministischer Charakter des Produktes → beide Parteien sind vertraglich gebunden	☐	☐	☐	☐	☐	☐	☐
Absicherung langfristiger Korrelationsrisiken	☐	☐	☐	☐	☐	☐	☐
Absicherung kurzfristiger Korrelationensrisiken	☐	☐	☐	☐	☐	☐	☐
Kosten	☐	☐	☐	☐	☐	☐	☐
Lange Laufzeit	☐	☐	☐	☐	☐	☐	☐
Nutzung als passives Instrument: Risikobegrenzung des Anlegers / der Bank	☐	☐	☐	☐	☐	☐	☐
Nutzung als aktives Instrument: Eingehen von aktiven Risikopositionen	☐	☐	☐	☐	☐	☐	☐
Implementierung irrationaler Komponenten	☐	☐	☐	☐	☐	☐	☐

4.3. Für welche Assetklassen bzw. Assetklassenkombinationen erachten Sie dieses Zertifikat als sinnvoll?
Hier sind mehrere Antworten möglich!

	Staatsanleihen	Corporates	High Yields	Aktien	Rohstoffe	Private Equity	Geldmarkt	Immobilien
Staatsanleihen								
Corporates	☐							
High Yields	☐	☐						
Aktien	☐	☐	☐					
Rohstoffe	☐	☐	☐	☐				
Private Equity	☐	☐	☐	☐	☐			
Geldmarkt	☐	☐	☐	☐	☐	☐		
Immobilien	☐	☐	☐	☐	☐	☐	☐	

Fragebogen zur Doktorarbeit „Korrelationen in Extremsituationen" Seite 8
«Name»

5.1. Wenn Sie noch Anmerkungen zu diesem Fragebogen haben, so würde ich mich freuen, wenn Sie diese hier zum Ausdruck bringen würden!

_____

_____

_____

_____

5.2. Art und Umfang der Veröffentlichung

Selbstverständlich habe ich Verständnis dafür, dass Sie Ihre Daten absolut vertraulich behandelt wissen wollen. Generell **verpflichte** ich mich, die von Ihnen erhaltenen Informationen nur **anonymisiert** für meine Doktorarbeit zu verwenden, wenn Sie dies wünschen. Allerdings kann eine namentliche Nennung Ihres Institutes partiell sinnvoll sein. Bitte treffen Sie Ihre Wahl:

☐ Sie können den Namen und die Daten meines Institutes in Ihrer Arbeit erwähnen.
☐ Wir möchten nicht, dass der Name unseres Institutes in Ihrer Arbeit auftaucht. Bitte wählen Sie Bezeichnungen wie „Bank «Nr»" o.ä.

5.3. Kontaktdaten

Nach Vollendung meiner Arbeit stelle ich Ihnen bei Bedarf gerne die Ergebnisse zur Verfügung. Bitte geben Sie doch in diesem Falle Ihre Kontaktadresse oder Email an, an welche ich Ihnen Ihr persönliches Exemplar senden kann.

☐ Bitte senden Sie mir nach Vollendung die aggregierten Ergebnisse der Doktorarbeit zu.
☐ Ja, ich möchte gerne an der Verlosung teilnehmen!

Name: _____

Straße: _____

Ort: _____

Tel.: _____

Email: _____

Herzlichen Dank, dass Sie sich die Zeit genommen haben, diesen Fragebogen zu beantworten!

Svend Reuse

Anhang 5: Umfragedatenbank

a) Kurzbeschreibung des Programms

Das Tool veranschaulicht den Weg von der Grundgesamtheit zur Stichprobe. Zudem werden die Ergebnisse der Umfrage aggregiert, veredelt und ausgewertet. Hierbei gilt:
- Grüne Arbeitsblätter dienen der Kalkulation von Zwischenergebnissen.
- Gelbe Arbeitsblätter sind Eingabeblätter.
- Rote Blätter verdeutlichen die Resultate der Umfrage.
- Schwarze Blätter erleichtern die Steuerung in der Datei.
- Graue Blätter sind Exportdaten zur Weiterverarbeitung für den Irrationalitätsindex.

b) Darstellung der Tabellenreiter

Reiter	Erläuterung
STEUERUNG	Das zentrale Steuerungssheet erarbeitet prozessual die Ergebnisse: • von der Grundgesamtheit zur Stichprobe • Verarbeitung der Rückläufer • Auswertung der Daten • Export für MPV • Überblick über die wesentlichen Eckdaten
GRUNDGESAMTHEIT	Zeigt alle 2.088 Banken der Grundgesamtheit auf. Im Schnitt wird jede zweite Bank kontaktiert.
DATENBANK	In dieser Tabelle werden die Antworten der 114 Institute festgehalten und veredelt.
Aggregationen - BUBA	An dieser Stelle wird ein Abgleich der Grundgesamtheit aus der Datenbank mit den Daten der Bundesbank (BUBA) visualisiert.
Auswertung	Stellt die aggregierten Ergebnisse der Umfrage grafisch und in Tabellenform dar. Dieser Reiter ist Basis für die Abbildungen aus Kapitel 3.
Scoring	Hier werden die Eckdaten für die Punktvergabe als auch das Scoring selbst dargestellt.
Datenexport	Exportiert die wesentlichen Ergebnisse der Irrationalitätseinschätzungen.

→ Die Reiter selbst werden an dieser Stelle aufgrund der Lesbarkeit und zur Wahrung der Anonymität der Teilnehmer der Umfrage nicht eingefügt, konnten aber inkl. umfassender Kommentare der Umfragedatenbank entnommen werden.

c) *Modulbeschreibung*

Modul	Makro	Erläuterung
Database	Erzeugen_Datenbank()	Erzeugt die Datenbank für die Stichprobe von 1.000 anzuschreibenden Instituten.
Export	Export_MPV()	Exportiert die Irrationalitätseinschätzungen in die Datei „Umfragedaten.xls".
Scorings	Erzeugen_Scoring()	Erzeugt die Scoreings pro Institut auf Basis der angegebenen Eckdaten.
Indexabbildung	Veredeln_Indexabb()	Automatisiert das Format der Abbildungen.
Indexerzeugung	Zählen_regressionen()	Zählt die für die finale Regression verwendeten Einzelregressionen.
	Erzeugen_Index	Erzeugt den Irrationalitätsindex auf täglicher Basis.
Spruenge	Sprung_Steuerung() Sprung_Datenbank() Sprung_Auswertung() Sprung_Scoring() Sprung_Grundgesamtheit() Sprung_BuBa() Sprung_Export()	Diese Makros dienen der Navigation innerhalb der Datei.
Update_5_1	Update()	Aktualisiert die Antworten zu Frage 5.1.

Anhang 6: Programm „Indexgenerator 1.0"

a) Kurzbeschreibung des Programms

Das Tool analysiert eine große Anzahl Marktdaten und bildet Regressionen mit den Ergebnissen der Umfrage. Ziel ist es, vier Indizes zu ermitteln, die Irrationalitäten auf Basis von Marktdatenentwicklungen darstellen können.

b) Darstellung der Tabellenreiter

Reiter	Erläuterung
STEUERUNG	Das zentrale Steuerungssheet erarbeitet prozessual die Ergebnisse: • Import Umfragedaten. • Einfügen und Veredlung der Marktdaten. • Durchführung der Regressionsanalysen für 119 Zeitreihen aus der Gesamthistorie von 149 Zeitreihen. • Ermittlung der vier Indizes.
Datenhistorie	Sammelt alle 149 Historien.
Auswertung	In diesem Reiter werden alle Regressionen gespeichert und können manuell zur Überführung in die vier Indizes ausgewählt werden. Auch die Detaildarstellungen der Regressionen auf Basis Jahresende, Jahresmitte und Jahres-Ø sind möglich.
Irrationalitätsindex	Visualisiert die Ergebnisse der Indexerzeugung, der kumulierten Indizes und der finalen Regression. Dient gleichzeitig als Datenbasis für den Export an MPV.
Datenimport - Umfrage	Enthält die zentralen Ergebnisse der Umfrage zur Erzeugung der Indizes.
Datenexport - MPV	Stellt die Exportdatei für MPV dar, welche per Makro separat gespeichert wird.

→ Die Reiter selbst werden an dieser Stelle aufgrund der Lesbarkeit nicht eingefügt, können aber im Programm nachvollzogen werden.

→ Das Tool kann entgeltlich vom Autor bezogen werden.

d) Modulbeschreibung

Modul	Makro	Erläuterung
Auswertungen	Auswertung()	Führt die Einzelregressionen auf Basis der Voreinstellungen durch.
Export	Export_Erzeugen()	Ermittelt die für die die Exportdatei wichtigen Indizes auf Monatsbasis, basierend auf den Ergebnissen des Makros Erzeugen_Index()
	Export_MPV()	Exportiert den Index in die Datei „Index.xls".
Import	Import_Umfragedaten()	Importiert die Datei „Umfragedaten.xls".
Indexabbildung	Veredeln_Indexabb()	Automatisiert das Format der Abbildungen.
Indexerzeugung	Zählen_regressionen()	Zählt die für die finale Regression verwendeten Einzelregressionen.
	Erzeugen_Index	Erzeugt den Irrationalitätsindex auf täglicher Basis.
Spruenge	Sprung_Steuerung() Sprung_Datenhistorie() Sprung_Auswertung() Sprung_Import() Sprung_Index() Sprung_Export()	Diese Makros dienen der Navigation innerhalb der Datei.
Veredlung	Datenbereinigung()	Dient der Veredlung der angelieferten Rohmarktdaten.

Anhang 7: Programm „Magic Portfolio View 3.0"

a) Kurzbeschreibung des Programms

Dieses Programm ist in der Lage, Renditen, Risiken, Korrelationen und entsprechende Portfoliooptimierungen auf Basis des modifizierten Markowitz-Ansatzes durchzuführen. Auch ein echtes Backtesting im Zeitablauf ist möglich. Zudem importiert das Tool die Irrationalitätsindizes und verarbeitet diese in Kombination mit den KaR und KaC Werten. Zu guter Letzt sind auch Korrelationsoptionen und deren Backtesting modellierbar.

MPV 3.0 ist das wichtigste Tool in dieser Ausarbeitung. Zweimal wird ein neues Modell mit einem entsprechenden Backtesting evaluiert.

b) Darstellung der Tabellenreiter

Reiter	Erläuterung
Steuerung	In diesem Reiter sind alle wichtigen Ergebnisse erkennbar. Aber auch die Steuerung des Tools geschieht auf Basis der Eingaben in diesem Sheet.
Zeitreihen	Enthält die Zeitreihen seit 1996 aller 10 Assetklassen.
Renditen	Enthält die auf Basis eines Makros ermittelten Renditen der Assetklassen.
DB_Hist_Korrel	Enthält die ermittelten historischen Korrelationen der Assetklassen zueinander.
DB_Gl_Korrel	Enthält die ermittelten gleitenden Korrelationen der Assetklassen zueinander.
DB_Ex_Post	Diese Tabelle enthält die ex post Backtestingergebnisse des eigenen Modell, KaR, KaC und des eigenen Modells auf monatlicher Basis.
DB_PF_Kombi	Enthält für einen definierten Stichtag alle möglichen Portfoliokombinationen in 10%-Schritten.
DB_Option_Ex_Post	Diese Tabelle enthält die Backtestingergebnisse des Korrelationshedgings.
Simulation_RG	Zentrales Optimierungssheet der Portfoliooptimierung, was aufgrund der Iterationssystematik über den SOLVER nicht in ein Makro integriert werden kann.
Option_RG	Enthält Details zur Optionspreisberechnung auf Basis des modifizierten Cox/Ross/Rubinstein-Ansatzes.
Datenimport - Index	Enthält die auf Basis der Umfrage ermittelten Irrationalitätseinschätzungen.

→ Die Reiter selbst werden an dieser Stelle aufgrund der Lesbarkeit nicht eingefügt, können aber im Tool nachvollzogen werden.

→ Das Tool kann entgeltlich vom Autor bezogen werden.

c) Modulbeschreibung

Modul	Makro	Erläuterung
A_Anpassung_PF_Aufteilung	Anpassung_PF_Auft()	Veredelt die Abbildung der Portfoliostruktur in Kapitel 6.3.4. des MPV Tools.
A_Korrel_Matrizen	Correlationsmatrizen()	Erzeugt alle Formen der Korrelationen für einen bestimmten Stichtag.
A_Zwei_Assets	Abbildung_zwei_Assets()	Visualisiert die Verteilung von Korrelationen in Kapitel 5.1.
C_Korrelationen	Correlations()	Errechnet die historischen Korrelationen und schreibt diese in die Datenbank.
C_Korrelationen_gleitend	Correlations_gleitend()	Errechnet die gleitenden Korrelationen und schreibt diese in die Datenbank.
C_Renditeberechnung	Lognormalyield()	Berechnet Renditen und schreibt diese in den Reiter „Renditen".
C_Risk_Return	Risk_Return()	Berechnet Risiko und Rendite über die Totalperiode.
H_Abbildung	H_Abbildung_Option()	Generiert Optionspreise für alle möglichen Eckdaten in 7.2. des Sheets.
H_ex_Post	H_Backtesting	Führt das Backtesting für das Optionsportfolio durch.
Import	Import_Index()	Importiert den Irrationalitätsindex aus dem Indexgenerator.
OPT_ex_Post	OPT_exPost()	Führt das Backtesting der taktischen, irratonalitätsgetriebenen Optimierung durch – greift auf OPT_Solver zurück.
OPT_manuell	OPT_man()	Führt Optimierungen auf Basis der manuellen Eingabe durch.
OPT_Solver	OPT_Solver_Rechenkern()	Startet den Optimierer mit den vorgegebenen Eckdaten. In diesem Zug werden mehrere globale Variablen definiert.
OPT_Stichtag	OPT_Ein_Stichtag()	Simuliert alle Portfoliokombinationen in 10%-Schritten.
Spruenge	S_Ruecksprung() S_Datenaufbereitung() S_Renditen() S_Korrels_gl() S_Korrels_hist() S_Sim_Datenbank() S_Sim_ex_Post() S_Sim_Rechensheet() S_Index() S_Option_Rechensheet() S_Option_Datenbank()	Diese Makros dienen der Navigation innerhalb der Datei.

Anhang 8: Korrelationsentwicklungen vor und nach einer Krise

Klassische Korrelationen		Neue-Markt-Blase				9/11				Subprime-Krise				Finanzmarktkrise			
Asset 1	Asset 2	30.11.1999	28.02.2000	31.05.2000	Entwicklung	31.05.2001	31.08.2001	30.11.2001	Entwicklung	28.02.2007	31.05.2007	31.08.2007	Entwicklung	30.05.2008	29.08.2008	28.11.2008	Entwicklung
DJ Euro Stoxx 50	RexP	0,053	0,072	0,061	↑↑	0,037	0,033	0,035	↑↑	-0,102	-0,104	-0,107	↑↑	-0,109	-0,111	-0,144	↑↑
DAX	RexP	0,088	0,102	0,063	↑↑	0,071	0,066	0,069	↑↑	-0,072	-0,075	-0,077	↑↑	-0,081	-0,083	-0,123	↑↑
Rohöl Brent in €	RexP	-0,049	-0,043	-0,047	↑↑	-0,060	-0,062	-0,050	↑↑	-0,038	-0,038	-0,038	→	-0,040	-0,045	-0,048	↑↑
MSCI Em. Markets	RexP	0,023	0,020	0,019	↑↑	-0,009	-0,014	-0,023	↑↑	-0,105	-0,108	-0,117	↑↑	-0,138	-0,138	-0,198	↑↑
LPX 50 TR	RexP	-0,004	0,017	0,002	↑↑	-0,007	-0,009	-0,004	↑↑	-0,014	-0,014	-0,012	↑↑	-0,012	-0,007	-0,025	↑↑
DJ UBS	RexP	-0,079	-0,072	-0,083	↑↑	-0,117	-0,118	-0,104	↑↑	-0,109	-0,108	-0,107	↑↑	-0,115	-0,114	-0,131	↑↑
MSCI World	RexP	0,019	0,012	0,015	↑↑	-0,024	-0,027	-0,028	↑↑	-0,129	-0,131	-0,133	↑↑	-0,142	-0,135	-0,172	↑↑
ML Corp. exPfand	RexP	0,305	0,328	0,333	↑↑	0,348	0,355	0,364	↑↑	0,435	0,435	0,432	↑↑	0,413	0,404	0,376	↑↑
3M Geldmarkt	RexP	-0,028	-0,028	-0,021	↑↑	-0,036	-0,027	-0,027	↑↑	-0,014	-0,018	-0,015	↑↑	-0,003	-0,002	-0,009	↑↑
DAX	DJ Euro Stoxx 50	0,860	0,862	0,866	↑↑	0,866	0,868	0,875	↑↑	0,897	0,898	0,898	↑↑	0,902	0,903	0,906	↑↑
Rohöl Brent in €	DJ Euro Stoxx 50	0,112	0,118	0,117	↑↑	0,104	0,110	0,096	↑↑	0,073	0,071	0,072	↑↑	0,072	0,065	0,101	↑↑
MSCI Em. Markets	DJ Euro Stoxx 50	0,125	0,121	0,110	↑↑	0,134	0,149	0,185	↑↑	0,302	0,306	0,313	↑↑	0,329	0,334	0,387	↑↑
LPX 50 TR	DJ Euro Stoxx 50	0,471	0,453	0,416	↑↑	0,356	0,350	0,354	↑↑	0,267	0,265	0,261	↑↑	0,238	0,232	0,217	↑↑
DJ UBS	DJ Euro Stoxx 50	0,289	0,280	0,268	↑↑	0,227	0,233	0,226	↑↑	0,222	0,222	0,225	↑↑	0,226	0,212	0,248	↑↑
MSCI World	DJ Euro Stoxx 50	0,222	0,219	0,202	↑↑	0,245	0,267	0,317	↑↑	0,533	0,534	0,539	↑↑	0,550	0,555	0,588	↑↑
ML Corp. exPfand	DJ Euro Stoxx 50	0,038	0,050	0,041	↑↑	0,018	0,009	0,002	↑↑	-0,141	-0,143	-0,150	↑↑	-0,177	-0,178	-0,178	↑↑
3M Geldmarkt	DJ Euro Stoxx 50	0,073	0,055	0,030	↑↑	0,023	0,028	0,028	↑↑	0,004	0,004	0,006	↑↑	-0,007	-0,009	-0,007	↑↑
Rohöl Brent in €	DAX	0,104	0,109	0,108	↑↑	0,085	0,091	0,080	↑↑	0,054	0,052	0,053	↑↑	0,056	0,050	0,081	↑↑
MSCI Em. Markets	DAX	0,155	0,147	0,135	↑↑	0,150	0,162	0,196	↑↑	0,299	0,302	0,308	↑↑	0,323	0,327	0,376	↑↑
LPX 50 TR	DAX	0,444	0,426	0,391	↑↑	0,346	0,343	0,354	↑↑	0,274	0,272	0,268	↑↑	0,246	0,241	0,237	↑↑
DJ UBS	DAX	0,268	0,263	0,251	↑↑	0,203	0,213	0,209	↑↑	0,200	0,200	0,202	↑↑	0,206	0,195	0,226	↑↑
MSCI World	DAX	0,237	0,232	0,213	↑↑	0,254	0,276	0,325	↑↑	0,534	0,536	0,539	↑↑	0,547	0,551	0,584	↑↑
ML Corp. exPfand	DAX	0,053	0,061	0,056	↑↑	0,031	0,022	0,016	↑↑	-0,125	-0,127	-0,132	↑↑	-0,156	-0,157	-0,157	↑↑
3M Geldmarkt	DAX	0,063	0,042	0,024	↑↑	0,020	0,020	0,022	↑↑	0,010	0,010	0,012	↑↑	0,001	0,000	0,004	↑↑
MSCI Em. Markets	Rohöl Brent in €	0,068	0,072	0,078	↑↑	0,104	0,111	0,107	↑↑	0,121	0,121	0,121	↑↑	0,123	0,120	0,142	↑↑
LPX 50 TR	Rohöl Brent in €	0,096	0,102	0,102	↑↑	0,087	0,084	0,078	↑↑	0,050	0,049	0,045	↑↑	0,031	0,024	0,039	↑↑
DJ UBS	Rohöl Brent in €	0,686	0,681	0,689	↑↑	0,671	0,667	0,672	↑↑	0,615	0,611	0,608	↑↑	0,602	0,599	0,601	↑↑
MSCI World	Rohöl Brent in €	0,123	0,123	0,130	↑↑	0,153	0,157	0,145	↑↑	0,128	0,126	0,125	↑↑	0,123	0,114	0,138	↑↑
ML Corp. exPfand	Rohöl Brent in €	0,024	0,016	0,003	↑↑	-0,015	-0,019	-0,020	↑↑	-0,022	-0,021	-0,023	↑↑	-0,025	-0,025	-0,020	↑↑
3M Geldmarkt	Rohöl Brent in €	-0,068	-0,066	-0,078	↑↓	-0,069	-0,071	-0,082	↑↑	-0,070	-0,071	-0,072	↑↑	-0,070	-0,071	-0,070	↑↑
LPX 50 TR	MSCI Em. Markets	0,148	0,134	0,103	↑↑	0,082	0,083	0,092	↑↑	0,095	0,094	0,089	↑↑	0,081	0,076	0,109	↑↑
DJ UBS	MSCI Em. Markets	0,187	0,193	0,200	↑↑	0,233	0,243	0,246	↑↑	0,280	0,280	0,260	↑↑	0,279	0,273	0,290	↑↑
MSCI World	MSCI Em. Markets	0,756	0,759	0,754	↑↑	0,762	0,760	0,760	↑↑	0,709	0,710	0,708	↑↑	0,706	0,705	0,713	↑↑
ML Corp. exPfand	MSCI Em. Markets	0,115	0,105	0,090	↑↑	0,051	0,043	0,031	↑↑	-0,063	-0,065	-0,071	↑↑	-0,084	-0,083	-0,081	↑↑
3M Geldmarkt	MSCI Em. Markets	-0,017	-0,019	-0,022	↑↑	-0,024	-0,026	-0,026	↑↑	-0,033	-0,032	-0,025	↑↑	-0,036	-0,037	-0,035	↑↑
DJ UBS	LPX 50 TR	0,205	0,189	0,166	↑↑	0,112	0,107	0,108	↑↑	0,050	0,049	0,063	↑↑	0,040	0,029	0,045	↑↑
MSCI World	LPX 50 TR	0,244	0,214	0,148	↑↓	0,125	0,132	0,149	↑↑	0,168	0,168	0,170	↑↑	0,166	0,165	0,185	↑↑
ML Corp. exPfand	LPX 50 TR	0,050	0,066	0,064	↑↑	0,053	0,049	0,050	↑↑	0,020	0,020	0,019	↑↑	0,022	0,022	0,020	↑↑
3M Geldmarkt	LPX 50 TR	-0,045	-0,036	-0,044	↑↑	-0,046	-0,054	-0,050	↑↑	-0,055	-0,054	-0,055	↑↑	-0,044	-0,046	-0,041	↑↑
MSCI World	DJ UBS	0,317	0,316	0,324	↑↑	0,345	0,353	0,346	↑↑	0,332	0,332	0,331	↑↑	0,326	0,312	0,332	↑↑
ML Corp. exPfand	DJ UBS	0,030	0,011	-0,011	↑↑	-0,052	-0,057	-0,064	↑↑	-0,097	-0,097	-0,099	↑↑	-0,099	-0,091	-0,094	↑↑
3M Geldmarkt	DJ UBS	-0,028	-0,030	-0,040	↑↑	-0,003	-0,003	-0,014	↑↑	-0,011	-0,014	-0,018	↑↑	-0,020	-0,026	-0,023	↑↑
ML Corp. exPfand	MSCI World	0,247	0,215	0,192	↑↑	0,118	0,104	0,093	↑↑	-0,081	-0,082	-0,088	↑↑	-0,111	-0,113	-0,118	↑↑
3M Geldmarkt	MSCI World	-0,010	-0,023	-0,032	↑↑	-0,021	-0,023	-0,023	↑↑	-0,021	-0,020	-0,017	↑↑	-0,027	-0,030	-0,028	↑↑
3M Geldmarkt	ML Corp. exPfand	0,001	0,014	0,020	↑↑	0,015	0,020	0,023	↑↑	0,041	0,042	0,044	↑↑	0,042	0,041	0,029	↑↑

Toleranz bei Richtungsangaben: +/-0,05

Anhang 8: Korrelationsentwicklungen vor und nach einer Krise

Gleitende Jahreskorrelation		Neue-Markt-Blase				9/11				Subprime-Krise				Finanzmarktkrise			
Asset 1	Asset 2	30.11.1999	28.02.2000	31.05.2000	Entwicklung	31.05.2001	31.08.2001	30.11.2001	Entwicklung	28.02.2007	31.05.2007	31.08.2007	Entwicklung	30.05.2008	29.08.2008	28.11.2008	Entwicklung
DJ Euro Stoxx 50	RexP	0,079	0,168	0,105	↓	-0,120	-0,128	-0,006	↑	-0,175	-0,213	-0,231	↓	-0,156	-0,156	-0,275	↓
DAX	RexP	0,097	0,148	0,098	↓	-0,075	-0,099	0,014	↑	-0,171	-0,232	-0,220	↑	-0,156	-0,157	-0,302	↓
Rohöl Brent in €	RexP	-0,009	-0,014	-0,030	↓	-0,126	-0,081	0,058	↑	0,030	-0,007	-0,061	↓	-0,078	-0,132	-0,121	↓
MSCI Em. Markets	RexP	0,073	0,085	0,045	↓	-0,205	-0,195	-0,021	↑	-0,122	-0,147	-0,334	↓	-0,392	-0,326	-0,472	↓
LPX 50 TR	RexP	0,142	0,183	0,071	↓	-0,056	-0,052	-0,049	↑	-0,033	-0,064	-0,014	↑	0,005	0,016	-0,085	↓
DJ UBS	RexP	-0,119	-0,062	-0,075	↑	-0,292	-0,187	-0,097	↑	-0,036	-0,040	-0,078	↓	-0,180	-0,163	-0,229	↓
MSCI World	RexP	0,058	0,044	0,048	↓	-0,225	-0,197	0,602	↑	-0,164	-0,205	-0,245	↓	-0,247	-0,169	-0,304	↓
ML Corp. exPfand	RexP	0,608	0,617	0,617	↑	0,544	0,620	0,602	↑	0,417	0,423	0,365	↓	0,242	0,242	0,211	↓
3M Geldmarkt	RexP	-0,067	-0,068	0,001	↑	-0,138	-0,084	-0,040	↑	0,030	-0,081	-0,030	↓	0,083	0,059	0,010	↓
DAX	DJ Euro Stoxx 50	0,882	0,894	0,912	↑	0,863	0,882	0,909	↑	0,976	0,977	0,957	↓	0,967	0,973	0,945	↓
Rohöl Brent in €	DJ Euro Stoxx 50	0,157	0,161	0,128	↓	0,051	0,088	0,045	↓	0,039	-0,106	0,036	↓	0,110	-0,050	0,310	↑
MSCI Em. Markets	DJ Euro Stoxx 50	0,137	0,122	0,062	↓	0,275	0,374	0,584	↑	0,580	0,584	0,657	↑	0,591	0,577	0,679	↑
LPX 50 TR	DJ Euro Stoxx 50	0,144	0,251	0,314	↑	0,103	0,084	0,217	↑	0,028	0,068	0,077	↑	-0,037	-0,027	0,093	↑
DJ UBS	DJ Euro Stoxx 50	0,231	0,204	0,182	↓	0,100	0,172	0,212	↑	0,216	0,122	0,228	↑	0,259	0,082	0,352	↑
MSCI World	DJ Euro Stoxx 50	0,272	0,264	0,198	↓	0,429	0,556	0,727	↑	0,749	0,751	0,792	↑	0,732	0,723	0,765	↑
ML Corp. exPfand	DJ Euro Stoxx 50	0,127	0,177	0,088	↓	-0,177	-0,263	-0,164	↓	-0,082	-0,131	-0,366	↓	-0,599	-0,470	-0,308	↑
3M Geldmarkt	DJ Euro Stoxx 50	0,127	-0,005	-0,102	↓	0,076	0,073	0,096	↑	-0,017	-0,006	0,026	↑	-0,078	-0,090	0,006	↑
Rohöl Brent in €	DAX	0,201	0,148	0,112	↓	-0,015	0,033	0,051	↑	0,016	-0,124	0,019	↓	0,141	-0,021	0,294	↑
MSCI Em. Markets	DAX	0,145	0,127	0,073	↓	0,243	0,341	0,566	↑	0,564	0,573	0,634	↑	0,596	0,594	0,689	↑
LPX 50 TR	DAX	0,095	0,223	0,287	↑	0,149	0,126	0,253	↑	0,045	0,047	0,079	↑	-0,048	-0,026	0,148	↑
DJ UBS	DAX	0,209	0,198	0,174	↓	0,045	0,141	0,228	↑	0,189	0,094	0,202	↑	0,275	0,113	0,344	↑
MSCI World	DAX	0,258	0,261	0,184	↓	0,438	0,579	0,758	↑	0,723	0,741	0,767	↑	0,708	0,708	0,780	↑
ML Corp. exPfand	DAX	0,176	0,186	0,118	↓	-0,191	-0,271	-0,162	↓	-0,085	-0,138	-0,348	↓	-0,568	-0,448	-0,286	↑
3M Geldmarkt	DAX	0,068	-0,038	-0,104	↓	0,070	0,046	0,075	↑	0,022	0,019	0,044	↑	-0,067	-0,078	0,033	↑
MSCI Em. Markets	Rohöl Brent in €	0,096	0,126	0,160	↑	0,238	0,269	0,205	↓	0,241	0,141	0,217	↑	0,174	0,092	0,314	↑
LPX 50 TR	Rohöl Brent in €	0,017	0,027	0,099	↑	0,018	0,008	0,059	↑	-0,057	-0,018	-0,059	↓	-0,231	-0,219	0,040	↑
DJ UBS	Rohöl Brent in €	0,743	0,730	0,722	↓	0,639	0,655	0,625	↓	0,446	0,372	0,362	↓	0,509	0,527	0,604	↑
MSCI World	Rohöl Brent in €	0,209	0,208	0,204	↓	0,244	0,250	0,116	↓	0,100	-0,039	0,041	↓	0,091	-0,063	0,253	↑
ML Corp. exPfand	Rohöl Brent in €	0,029	-0,032	-0,096	↓	-0,134	-0,128	-0,088	↑	-0,082	0,017	-0,044	↓	-0,075	-0,036	-0,006	↑
3M Geldmarkt	Rohöl Brent in €	-0,035	-0,025	-0,108	↓	-0,060	-0,038	-0,157	↓	-0,074	-0,091	-0,088	↓	-0,133	-0,118	-0,009	↑
LPX 50 TR	MSCI Em. Markets	0,034	0,017	0,029	↑	-0,019	-0,014	0,124	↑	0,042	0,056	-0,023	↓	-0,056	-0,044	0,179	↑
DJ UBS	MSCI Em. Markets	0,195	0,206	0,285	↑	0,383	0,398	0,459	↑	0,372	0,278	0,303	↑	0,261	0,212	0,341	↑
MSCI World	MSCI Em. Markets	0,697	0,795	0,780	↑	0,820	0,795	0,745	↓	0,708	0,715	0,694	↓	0,668	0,666	0,743	↑
ML Corp. exPfand	MSCI Em. Markets	0,113	0,100	0,031	↓	-0,285	-0,306	-0,292	↓	-0,203	-0,141	-0,294	↓	-0,312	-0,211	-0,141	↑
3M Geldmarkt	MSCI Em. Markets	-0,014	-0,030	-0,034	↓	-0,013	0,021	-0,043	↓	-0,064	-0,042	0,077	↑	-0,071	-0,117	-0,025	↓
DJ UBS	LPX 50 TR	-0,054	-0,061	0,038	↑	-0,042	-0,088	0,019	↑	-0,033	0,040	0,052	↑	-0,214	-0,244	-0,002	↑
MSCI World	LPX 50 TR	0,091	0,053	-0,013	↓	0,035	0,044	0,197	↑	0,131	0,147	0,227	↑	0,124	0,126	0,242	↑
ML Corp. exPfand	LPX 50 TR	0,146	0,198	0,131	↓	-0,023	0,015	0,034	↑	-0,025	-0,101	-0,113	↓	0,032	0,035	-0,011	↓
3M Geldmarkt	LPX 50 TR	-0,029	0,000	-0,045	↓	0,029	-0,005	-0,001	↓	-0,089	-0,049	-0,079	↓	0,108	0,060	0,088	↓
MSCI World	DJ UBS	0,371	0,341	0,371	↑	0,413	0,408	0,378	↓	0,315	0,271	0,268	↓	0,261	0,128	0,347	↑
ML Corp. exPfand	DJ UBS	-0,096	-0,117	-0,177	↓	-0,302	-0,272	-0,270	↑	-0,142	-0,056	-0,201	↓	-0,134	-0,011	-0,069	↑
3M Geldmarkt	DJ UBS	0,059	0,042	-0,050	↓	0,088	0,111	-0,031	↓	-0,056	-0,066	-0,104	↓	-0,099	-0,099	-0,007	↑
ML Corp. exPfand	MSCI World	0,094	0,043	-0,015	↓	-0,362	-0,375	-0,250	↑	-0,123	-0,163	-0,358	↓	-0,483	-0,359	-0,241	↑
3M Geldmarkt	MSCI World	0,001	-0,066	-0,078	↓	0,049	0,087	0,025	↓	-0,015	0,013	0,061	↑	-0,049	-0,093	-0,012	↑
3M Geldmarkt	ML Corp. exPfand	-0,025	0,077	0,091	↑	-0,013	0,029	0,073	↑	0,065	0,057	0,147	↑	0,107	0,090	0,058	↓

Gleitende Monatskorrelation		Neue-Markt-Blase				9/11				Subprime-Krise				Finanzmarktkrise		
Asset 1	Asset 2	30.11.1999	28.02.2000	31.05.2000	Entwicklung	31.05.2001	31.08.2001	30.11.2001	Entwicklung	28.02.2007	31.05.2007	31.08.2007	Entwicklung	30.05.2008	29.08.2008	28.11.2008	Entwicklung
DJ Euro Stoxx 50	RexP	-0,051	0,391	0,039	↑	0,341	-0,261	0,202	↓	-0,166	-0,025	-0,313	↓	-0,120	-0,219	0,198	↑
DAX	RexP	0,118	0,387	0,118	↑	0,222	-0,235	0,177	↓	-0,232	0,010	-0,265	↓	0,098	-0,178	0,159	↑
Rohöl Brent in €	RexP	-0,056	0,108	-0,177	↓	-0,054	0,069	0,209	↑	0,140	0,058	0,188	↑	-0,004	-0,080	0,157	↑
MSCI Em. Markets	RexP	0,069	-0,104	-0,138	↓	0,010	-0,448	-0,177	↓	-0,011	-0,035	-0,549	↓	-0,079	-0,378	-0,213	↓
LPX 50 TR	RexP	0,085	-0,336	-0,068	↓	0,005	-0,042	0,049	↑	-0,193	-0,043	0,149	↑	-0,176	-0,025	-0,227	↓
DJ UBS	RexP	0,110	0,134	-0,340	↓	-0,010	0,148	0,310	↑	0,094	0,319	-0,010	↓	0,200	0,032	0,058	↑
MSCI World	RexP	0,072	-0,120	-0,252	↓	0,103	-0,294	0,045	↓	-0,133	0,282	-0,146	↓	-0,019	0,058	0,111	↑
ML Corp. exPfand	RexP	0,698	0,462	0,480	↓	0,449	0,613	0,685	↑	0,617	0,622	0,364	↓	0,627	0,180	-0,291	↓
3M Geldmarkt	RexP	-0,120	-0,379	0,180	↓	-0,349	0,078	-0,077	↓	0,081	-0,327	-0,163	↓	0,078	0,290	-0,081	↓
DAX	DJ Euro Stoxx 50	0,869	0,883	0,942	↑	0,810	0,961	0,879	↑	0,980	0,947	0,950	↓	0,938	0,991	0,993	↑
Rohöl Brent in €	DJ Euro Stoxx 50	0,134	0,052	0,251	↑	0,011	0,510	0,230	↑	0,147	-0,225	0,280	↑	-0,076	-0,474	0,676	↑
MSCI Em. Markets	DJ Euro Stoxx 50	-0,347	-0,138	-0,002	↑	0,385	0,591	0,622	↑	0,833	0,123	0,696	↑	0,779	0,546	0,595	↓
LPX 50 TR	DJ Euro Stoxx 50	0,235	0,180	0,371	↑	0,107	0,161	0,226	↑	0,033	0,034	0,027	↓	-0,140	-0,067	0,128	↑
DJ UBS	DJ Euro Stoxx 50	0,062	-0,040	0,106	↑	0,234	0,530	0,516	↑	0,232	0,148	0,530	↑	0,062	-0,460	0,565	↑
MSCI World	DJ Euro Stoxx 50	-0,218	0,251	0,043	↑	0,749	0,842	0,793	↑	0,870	0,510	0,843	↑	0,809	0,815	0,715	↑
ML Corp. exPfand	DJ Euro Stoxx 50	-0,169	0,078	-0,114	↑	0,241	-0,740	0,023	↓	-0,087	-0,207	-0,817	↓	-0,437	-0,154	-0,524	↓
3M Geldmarkt	DJ Euro Stoxx 50	-0,292	-0,608	-0,162	↓	0,038	0,563	0,041	↑	0,103	-0,193	0,164	↑	0,152	-0,073	0,258	↑
Rohöl Brent in €	DAX	0,044	0,096	0,214	↑	-0,140	0,563	0,110	↑	0,112	-0,254	0,338	↑	-0,108	-0,461	0,716	↑
MSCI Em. Markets	DAX	-0,025	-0,219	0,045	↑	0,250	0,564	0,625	↑	0,838	0,096	0,669	↑	0,789	0,522	0,639	↑
LPX 50 TR	DAX	0,074	0,015	0,241	↑	0,120	0,206	0,126	↑	0,063	-0,049	0,012	↓	-0,160	-0,039	0,176	↑
DJ UBS	DAX	-0,034	0,015	0,047	↑	0,035	0,539	0,398	↑	0,201	0,030	0,535	↑	0,025	-0,462	0,589	↑
MSCI World	DAX	0,016	0,296	0,060	↑	0,831	0,876	0,704	↓	0,893	0,426	0,832	↑	0,843	0,798	0,734	↑
ML Corp. exPfand	DAX	0,127	0,079	-0,091	↓	0,080	-0,693	0,051	↑	-0,108	-0,252	-0,841	↓	-0,274	-0,117	-0,506	↓
3M Geldmarkt	DAX	-0,462	-0,505	-0,115	↑	-0,044	0,237	0,161	↑	0,026	-0,195	0,188	↑	0,188	-0,078	0,308	↑
MSCI Em. Markets	Rohöl Brent in €	-0,529	0,369	0,654	↑	0,336	0,512	-0,178	↓	0,244	0,055	0,191	↑	0,005	-0,239	0,617	↑
LPX 50 TR	Rohöl Brent in €	-0,035	0,085	-0,046	↓	0,105	0,034	-0,054	↓	0,264	0,096	-0,447	↓	-0,058	0,201	0,243	↑
DJ UBS	Rohöl Brent in €	0,773	0,622	0,795	↑	0,774	0,653	0,701	↑	0,623	0,189	0,656	↑	0,365	0,625	0,707	↑
MSCI World	Rohöl Brent in €	-0,446	0,135	0,651	↑	0,121	0,646	-0,043	↓	0,103	-0,257	0,080	↑	-0,085	-0,383	0,605	↑
ML Corp. exPfand	Rohöl Brent in €	-0,169	-0,145	-0,453	↓	-0,040	-0,263	0,027	↑	-0,068	0,216	-0,175	↓	0,074	-0,195	-0,296	↓
3M Geldmarkt	Rohöl Brent in €	0,088	-0,005	-0,261	↓	-0,237	0,210	-0,205	↓	0,006	-0,236	-0,132	↓	-0,109	-0,335	0,353	↑
LPX 50 TR	MSCI Em. Markets	-0,138	0,079	-0,280	↓	0,115	0,002	0,083	↑	0,222	0,453	-0,169	↓	0,017	-0,226	0,368	↑
DJ UBS	MSCI Em. Markets	-0,499	0,708	0,759	↑	0,541	0,590	0,272	↓	0,439	0,197	0,396	↑	-0,017	-0,035	0,575	↑
MSCI World	MSCI Em. Markets	0,909	0,382	0,963	↑	0,537	0,608	0,886	↑	0,921	0,495	0,592	↑	0,825	0,603	0,689	↑
ML Corp. exPfand	MSCI Em. Markets	0,421	-0,388	-0,604	↓	-0,152	-0,567	-0,275	↑	-0,063	-0,076	-0,596	↓	-0,382	-0,090	-0,291	↓
3M Geldmarkt	MSCI Em. Markets	-0,119	0,282	-0,159	↓	-0,113	0,285	0,374	↑	0,005	0,226	0,316	↑	-0,089	-0,379	0,237	↑
LPX 50 TR	DJ UBS	-0,098	0,042	-0,026	↓	0,197	-0,106	0,067	↑	0,202	0,380	-0,322	↓	-0,025	-0,130	0,174	↑
MSCI World	DJ UBS	-0,155	0,138	-0,187	↓	0,147	0,180	0,161	↓	0,120	0,176	0,229	↑	-0,137	0,009	0,325	↑
ML Corp. exPfand	DJ UBS	-0,068	-0,394	-0,116	↑	0,136	-0,125	-0,039	↑	-0,350	0,051	0,035	↑	-0,012	-0,022	-0,203	↓
3M Geldmarkt	DJ UBS	-0,175	-0,023	0,050	↑	0,349	0,335	0,106	↓	-0,316	0,007	-0,104	↓	-0,039	-0,085	0,151	↑
MSCI World	LPX 50 TR	-0,319	0,325	0,859	↑	0,259	0,588	0,420	↑	0,312	0,371	0,282	↓	-0,235	-0,258	0,677	↑
ML Corp. exPfand	LPX 50 TR	-0,094	-0,403	-0,655	↓	-0,311	-0,253	-0,077	↑	-0,261	0,090	-0,496	↓	0,377	0,130	-0,406	↓
3M Geldmarkt	LPX 50 TR	-0,012	0,016	-0,359	↓	-0,217	0,211	-0,098	↓	-0,208	-0,114	-0,222	↓	-0,198	-0,244	0,212	↑
ML Corp. exPfand	MSCI World	0,432	-0,473	-0,695	↓	-0,052	-0,751	-0,137	↑	-0,095	0,194	-0,773	↓	-0,328	-0,148	-0,559	↓
3M Geldmarkt	MSCI World	-0,117	-0,193	-0,225	↓	0,074	0,259	0,234	↓	0,086	-0,011	0,247	↑	0,002	-0,258	0,096	↑
3M Geldmarkt	ML Corp. exPfand	-0,009	0,132	0,310	↑	0,125	-0,029	0,304	↑	0,211	-0,195	-0,029	↓	0,032	0,247	0,090	↑

Literaturverzeichnis

Aehling, M. (2010): Aufbruch in die nichtlineare Welt, in: portfolio international, 18. Jg. 2010, Ausgabe 3, April 2010, S. 48 – 49.

Aigner, T. (2007): Vom Blumenkohl zur Aktie, in: Capital 26/2007, Hamburg, S. 96 – 102.

Allais, M. (1953): Le Comportement de l'Homme Rationnel devant le Risque, Critique des Postulats et Axiomes de l'Ecole Americaine, in: Econometrica, 21. Jg., 1953, Nr. 4, S. 503 – 546.

Allianz (2010): Die intelligente Indexstrategie – Allianz RCM Risk Adjusted Euro Equity, Stand März 2010, erhältlich auf: http://www.dr-sievi.de/ fileadmin/downloads/100304_Allianz_RCM%20Risk_Adj_Euro_Equ.pdf, Abfrage vom 30.06.2010.

Alpert, M. / Raiffa, H. (1982): A progress Report on the Training of Probability Assessors, in: Kahmeman, D. / Slovic, P. / Tversky, A. (Hrsg.): Judgment under Uncertainty: Heuristics and Biases, Cambridge 1982.

Amihud, Y. / Mendelson, H. (1991): Liquidity and Asset Prices, in: Finanzmarkt und Portfolio Management 5. Jg. 1991, Nr. 3, S. 235 – 240.

Andrulis, J. / Ender, M. / Schmid, M. (2008): Asset Allocation – Bedeutung der Risikosicht und Benchmarkwahl, in: msgGillardon News 01, 10-2008, S. 8 – 12.

Angermüller, N.-O. / Eichhorn, M. / Ramke, T. (2006): Lower Partial Moments: Alternative oder Ergänzung zum Value at Risk?, in: FinanzBetrieb, 8. Jg. 2006, Nr. 3, S. 149 – 153.

Animus (2004): Der Begriff der Repräsentativität bei Stimmungsumfragen, Research Papier vom 29.02.2004, erhältlich auf: http://www.animusx.de/Ergebnisse/Repraesentativitaet.pdf, Abfrage vom 30.06.2010.

Animus (2006): Sentimentanalyse | Behavioral Finance | Technische Analyse, 1. Januar 2006, Ausgabe 01/2006, für KW 01, 4. Jg. 2006, erhältlich auf: http://www.animusx.de/ analysen/Ausgabe_01_2006.pdf, Abfrage vom 30.06.2010.

Animus (2010a): Umfrageskript, erhältlich auf: http://www.animusx.de/html/umfragemuster.html, Abfrage vom 30.06.2010.

Animus (2010b): Werdegang von animusX-Investors Sentiments, erhältlich auf: http://www.animusx.de/html/animusx_vita.html, Abfrage vom 30.06.2010.

Animus (2010c): Über animusX-Investors Sentiments, erhältlich auf: http://www.animusx.de/html/uber_animusx.html, Abfrage vom 30.06.2010.

Atzler, E. (2009.06.25): Eiszeit für Aktien, in: Financial Times Deutschland vom 25.06.2009, S. 21.

Atzler, E. / Röbisch, K. (2010.05.04): Schäuble contra offene Immobilienfonds - Dass der Branche tiefe Einschnitte drohen, muss ihr seit März klar sein. Der Gesetzentwurf aus dem Hause Schäuble dürfte sie dennoch überrascht haben. Denn die Änderungen gehen weit über das hinaus, was bislang geplant war, in: Financial Times Deutschland vom 04.05.2010, erhältlich auf: http://www.ftd.de/finanzen/immobilien/:portfolio-schaeuble-contra-offene-immobilienfonds/50109921.html?mode=print, Abfrage vom 30.06.2010.

Averbeck, D. (2010): Die Rolle der Behavioral Finance bei der Preisbildung an Aktienmärkten: Implikationen für die Entstehung von Spekulationsblasen, Saarbrücken 2010.

BaFin (2010): Allgemeinverfügung der Bundesanstalt für Finanzdienstleistungsaufsicht (BaFin) zum Verbot ungedeckter Leerverkäufe in bestimmten Aktien vom 18. Mai 2010, erhältlich auf: http://www.bafin.de/cln_171/nn_722758/SharedDocs/Aufsichtsrecht/DE/Verfuegungen/vf__100518__leerverkauf__aktien.html, Abfrage vom 30.06.2010.

Banz, R.W. (1981): The Relationship between Return and Market Value of Common Stock, in: Journal of Financial Economics, 9. Jg. 1981, Nr. 1, S. 3 – 18.

Barberis, N. / Shleifer, A. / Vishny, R. (1996): A model of investor sentiment, CRSP Working Paper 443, Graduate School of Business, University of Chicago, December 1996.

Barberis, N. / Thaler, R. (2003): A Survey of Behavioral Finance, in: Constantinides, G.M. / Harris, M. / Stulz, R. (Hrsg.): Handbook of the Economics of Finance, Amsterdam 2003, Chapter 18, S. 1051 – 1121, erhältlich auf: http://badger.som.yale.edu/faculty/ncb25/ch18_6.pdf, Abfrage vom 30.06.2010.

Baror, E. (2005): US Index Option Strategies – How to trade correlation and dispersion, BNP Paribas Equities Strategic Research for Equities & Derivates, 19. Januar 2005, erhältlich auf: http://www.classiccmp.org/transputer/finengineer/%5BBNP%20Paribas%5D%20US%20Index%20Option%20Strategies.pdf, Abfrage vom 30.06.2010.

Basu, S. (1983): The Relationship between Earnings Yield, Market Value, and Return for NYSE Common Stocks, in: Journal of Financial Economics, 12. Jg. 1983, S. 129 – 156.

Bauer, C. (1991): Volatilität und Betafaktoren – geeignete Risikomaße?, in: Die Bank, o.Jg. 1991, Nr. 3, S. 172 – 175.

Bauer, E. (2002): Internationale Marketingforschung, 3. Auflage, München 2002.

Bayerisches Finanz Zentrum (2009): Gering korrelierte Anlageklassen - Diversifikationsmodell der Vergangenheit? Band 2 der Studienreihe des Bayerischen Finanz Zentrum e.V., München, September 2009.

Beaver, W. H. (1983): Zur Effizienz des Kapitalmarktes: Gegenwärtiger Stand der Forschung, in: Betriebswirtschaftliche Forschung und Praxis, 35. Jg. 1983, Nr. 4, S. 344 – 358.

Beaver, W. H. / Kettler, P. / Scholes, M. (1970): The Association between Market-Determined and Accounting-Determines Risk Measures, in: The Accounting Review 1970, Nr. 45, S. 654 – 682.

Beck, A. (2010): Strategische Asset-Allokation als Fundament einer nachhaltigen Risikostrategie, in Bankentimes Spezial Banksteuerung/Controlling, Juni & Juli 2010.

Beck, A. / Lesko, M. (2006): Copula-Funktion zur Ermittlung des Gesamtbankrisikoprofils, in: Betriebswirtschaftliche Blätter, 55. Jg. 2006, Nr. 05/2006, S. 289 – 293.

Beck, A. / Lesko, M. / Schlottmann, F. / Wimmer, K. (2006): Copulas im Risikomanagement, in: Zeitschrift für das gesamte Kreditwesen, 59. Jg. 2006, Nr. 14-2006, S. 29 – 33.

Becker, T. / Ender, M. / Mitschele, A. / Seese, D. (2008.11): Wege zur Integration von Adressrisiken in die strategische Asset Allocation (Teil I) – Konstruktion von abgeleiteten Adressrisiko-Indizes als Benchmark für die Korrelationsschätzung, in: RisikoManager 11.2008, S. 14 – 20, erhältlich auf: http://www.msg-gillardon.de/uploads/ media/Risikomanager-11-2008.pdf, Abfrage vom 30.06.2010.

Becker, T. / Ender, M. / Mitschele, A. / Seese, D. (2008.12): Wege zur Integration von Adressrisiken in die strategische Asset Allocation (Teil II) – Abbildung von Adressrisiken über abgeleitete Indizes, in: RisikoManager 12.2008, S. 7 – 14, erhältlich auf: http://www.msg-gillardon.de/uploads/media/Risikomanager-12-2008.pdf, Abfrage vom 30.06.2010.

Behavioralfinance (2010): Behavioral Finance Indices / Umfragen / Sentiment-Daten / Stimmungsindikatoren, erhältlich auf: http://www.behavioralfinance.de/behavioralfinance-links.htm, Abfrage vom 30.06.2010.

Beißer, J. (2010): Zertifikate, in: WISU – Das Wirtschaftsstudium, 39. Jg. 2010, Nr. 05, S. 673.

Benartzi, S. / Kahneman, D. / Thaler, R. (1999): Optimism and Overconfidence in Asset Allocation Decisions, erhältlich auf: http://www.behaviouralfinance.net/optimism/ Morningstar_com%20Optimism%20and%20Overconfidence%20in%20Asset% 20Allocation%20Decisions.htm,Abfrage vom 30.06.2010.

Benartzi, S. / Thaler, R. (2001): Naive diversification strategies in defined contribution savings plans, in: American Economic Review, 91. Jg. 2001, Nr. 1, S. 79 – 98.

Beneish, M. D. / Whaley, R. E. (1996): An Anatomy of the S&P Game: The Effects of Changing the Rules, in: Journal of Finance, 51. Jg. 1996, Nr. 5, S. 1909 – 1930.

Berekoven, L. / Eckert, W. / Ellenrieder, P. (2004): Marktforschung – Methodische Grundlagen und praktische Anwendung, Wiesbaden 2004.

Bernard, V. L. (1993): Stock Price Reactions to Earnings Announcements, in: Thaler, R. H. (Hrsg.): Advances in Behavioral Finance, New York 1993, S. 157 – 183.

Bernstein, W. J. (2006): Die intelligente Asset Allocation, München 2006.

Berry, M. A. / Burmeister, E. / McElroy, M. B. (1988): Sorting Out Risks Using known APT Factors, in: Financial Analysts Journal, 44. Jg. 1988, März – April 1988, S. 29 – 42.

Bhandari, L. (1988): Debt/Equity Ratio and Expected Common Returns: Empirical Evidence, in: Journal of Finance, 43. Jg. 1988, Nr. 2, S. 507 – 525.

Bitz, M. / Oehler, A. (1993): Überlegungen zu einer verhaltenswissenschaftlich fundierten Kapitalmarktforschung (Teil I), in: Kredit und Kapital 1993, Nr. 2, S. 247 – 273.

Black, F. (1972): Capital Market Equilibrium with Restricted Borrowing, in: Journal of Business, 45. Jg. 1972, Nr. 3, S. 444 – 455.

Black, F. (1976): The pricing of commodity contracts, in: Journal of Financial Economics, 3. Jg. 1976, S. 167 – 179.

Black, F. (1993): Beta and Return, in: Journal of Portfolio Management, 20. Jg. 1993, S. 8 – 18.

Black, F. / Jensen, M. / Scholes, M. S. (1972): The Capital Asset Pricing Model: Some Empirical Tests, in: Jensen, M. (Hrsg.): Studies in the Theory of Capital Markets, o.O. 1972, S. 79 – 124.

Black, F. / Litterman, R. (1992): Global Portfolio Optimization, in: Financial Analysts Journal, 48. Jg. 1992, September/Oktober 1992, Nr. 5, S. 28 – 43.

Black, F. / Scholes M. (1973): The Pricing of Options and Corporate Liabilities, in: The Journal of Political Economy, 81. Jg. 1973, Nr. 3. (Mai – Juni 1973), S. 637 – 654.

Blake, D. / Cairns, A. / Dowd, K. (2000): Extrapolating VaR by the square-root rule, in: Financial Engineering News, 3. Jg. 2000, Nr. 7, August, S. 3, 7.

Blanc, N. (2004): Index variance arbitrage, BNP Paribas Equity Derivatives Technical Study, 1. Juli 2004, erhältlich auf: http://www.classiccmp.org/transputer/finengineer/%5BBNP%20Paribas%5D%20Index%20Variance%20Arbitrage.pdf, Abfrage vom 30.06.2010.

Bleymüller, J. / Gehlert, G. / Gülicher, H. (1996): Statistik für Wirtschaftswissenschaftler, 10. Auflage, München 1996.

Bloomberg (2010): LPX50TR.

Bodie, Z. / Kane, A. / Marcus, A. J. (2005): Investments, 6. Auflage, New York 2005.

Boer-Sorbán, K. (2008): Agent-Based Simulation of Financial Markets - A modular, continuous-time approach, Rotterdam 2008, erhältlich auf: http://publishing.eur.nl/ir/repub/asset/10870/EPS200811 9LIS9058921550Boer-Sorban.pdf, Abfrage vom 30.06.2010.

Bohdalova, M. / Slahor, L. (2008): Simulations of the Correlated Financial Risk Factors, in: Journal of Applied Mathematics, Statistics and Informatics, 4. Jg. 2008, Nr. 1, S. 89 – 99.

Bollerslev, T. (1986): Generalized Autoregressive Conditional Heteroskedasticity, in: Journal of Econoetrics, 31. Jg. 1986, Nr. 3, S. 307 – 327.

Bollerslev, T. / Chou, R. Y. / Kroner, K. F. (1992): ARCH modelling in Finance, in: Journal of Econometrics, 52. Jg. 1992, Nr. 1, Januar - Februar, S. 5 – 59.

Borgel, G. / Kandel, A. / Platt, B. / Rust, A. (2004): Korrelierte Kreditausfälle bei Asset Backed Securities – Bewertungsmodelle auf dem Prüfstand, in: Zeitschrift für das gesamte Kreditwesen, 57. Jg. 2004, Nr. 3-2004, S. 45 – 50.

Borkovec, M. / Klüppelberg, C. (2000) : Extremwerttheorie für Finanzzeitreihen – ein unverzichtbares Werkzeug im Risikomanagement. In: Johanning, L. / Rudolph, B. (Hrsg.): Handbuch Risikomanagement, Bad Soden 2000, S. 219 – 244.

Börse Stuttgart (2009): Börse Stuttgart startet Privatanleger-Index Euwax Sentiment, Euwax Sentiment bildet fortlaufend Privatanlegerverhalten ab / Reale Handelsdaten liefern marktnahes und wissenschaftlich fundiertes Bild, 17.08.2009, erhältlich auf: https://www.boerse-stuttgart.de/media/dokumenten/pressemeldungen/908_brse_stuttgart_startet_privatanleger-index_euwax_sentiment.pdf, Abfrage vom 30.06.2010.

Börse Stuttgart (2010): Berechnungskonzept des Euwax Sentiment, erhältlich auf: https://www.boerse-stuttgart.de/de/marktundkurse/indizes/euwaxsentiment/hintergrundinformation.html, Abfrage vom 30.06.2010.

Bossu, S. (2007): Equity Correlation Swaps: A New Approach For Modelling & Pricing, Columbia University — Financial Engineering Practitioners Seminar, New York, 26. Februar 2007, erhältlich auf: http://www.ieor.columbia.edu/pdf-files/Bossu_S.pdf, Abfrage vom 30.06.2010.

Brabazon, T. (2000): Behavioural Finance: A new sunrise or a false dawn?, in: CoIL Summer School, 28.08.2000 – 03.09.2000, Dublin 2000.

Brandes, W. (2010): Emotionen im Griff, in: fondsmagazin 01/2010, S. 16 – 17.

Braun, J. (2007): Aktienanalyse – Fundamentalanalyse, Technische Analyse und Behavioral Finance, Saarbrücken 2007.

Brealey, R. A. / Myers, S. C. (1996): Principles of Corporate Finance, 5. Auflage, New York 1996.

Brealey, R. A. / Myers, S.C. (2006): Principles of Corporate Finance, 8. Auflage, New York 2006.

Brennan, M. J. (1970): Taxes, Market Valuation and Corporate Financial Policy, in: National Tax Journal, 23. Jg. 1970, Nr. 4, S. 417 – 427.

Brennann, M. J. / Wang, A. W. / Yihong, X. (2001): Intertemporal Capital Asset Pricing and the Fama-French Three-Factor Model, 31.07.2001, erhältlich auf: http://savage.wharton.upenn.edu/FNCE-934/syllabus/papers/BWX_ICAPM_3FF.pdf, Abfrage vom 30.06.2010.

Breuer, W. / Gürtler, M. / Schuhmacher, F. (2006): Portfoliomanagement II – Weiterführende Anlagestrategien, Wiesbaden 2006.

Brightman, H. J. (1999): Data Analysis in Plain English with Microsoft Excel, Toronto 1999.

Brinson, G. P. / Hood, L. R. / Beebower, G. L. (1984): Determinants of Portfolio Performance, in: Financial Analysts Journal, 50. Jg. 1984, Nr. 4, Juli – August, S. 39 – 44.

Brinson, G. P. / Singer, B. D. / Beebower, G. L. (1991): Determinants of Portfolio Performance II: An Update, in: Financial Analysts Journal, 47. Jg. 1991, Nr. 3, S. 40 – 48.

Brown, S. J. / Warner, J. B. (1980): Measuring Security Price Performance, in: Journal of Financial Economics, 8. Jg. 1980, Nr. 1, S. 205 – 258.

Brudermann, T. / Fenzl, T. (2008): Die Stunde der Risikointelligenz, in: Die Bank, o.Jg. 2008, Nr. 11, S. 60 – 63.

Bruns, C. (1994): ‚Bubbles' und ‚Excess Volatility' auf dem deutschen Aktienmarkt, Wiesbaden 1994.

Bruns, C. / Meyer-Bullerdiek, F. (2008): Professionelles Portfoliomanagement – Aufbau, Umsetzung und Erfolgskontrolle strukturierter Anlagestrategien, 4. Auflage, Stuttgart 2008.

Bühler, Wolfgang / Korn, Olaf / Schmidt, Andreas (1998): Ermittlung von Eigenkapitalanforderungen mit „internen Modellen", in: Die Betriebswirtschaft, 58. Jg. 1998, Nr. 1, S. 65 – 85.

Büschgen, H. E. (o.J.): „Risikobegrenzende" Aktienfonds? Zugleich ein Beitrag zum Einsatz von Finanzderivaten bei Investmentfonds, Köln o.J., erhältlich auf: http://www.unikoeln.de/wiso-fak/bankseminar/veroeff/mub/75/bueschg.pdf, Abfrage vom 30.06.2010.

BVI (2004): Die Bewertung der Immobilien Offener Immobilienfonds, S. 64 – 69, erhältlich auf: http://www.bvi.de/de/bibliothek/jahrbuecher/offene_immobilienfonds/offene_immofonds_jb05/jb056469.pdf, Abfrage vom 30.06.2010.

Caps, O. / Tretter, T. (2004): MaH aus Sicht der Marktpreisrisikosteuerung, in: Finanz Colloquium Heidelberg (Hrsg.): Einhaltung der MaH, Heidelberg 2004, S. 125 – 176.

Cech, C. (2006): Copula-based top-down approaches in financial risk aggregation, Working Paper Nr. 32, Working Paper Series by the University of Applied Sciences of bfi Vienna, erhältlich auf: http://ssrn.com/abstract=953888, Abfrage vom 30.06.2010.

Chan, W. S. / Frankel, R. / Kothari, S. P. (2003): Testing Behavioral Finance Theories Using Trends and Sequences in Financial Performance, MIT Sloan School of Management, Working Paper 4375-02, June 2003, erhältlich auf: http://ssrn.com/abstract=316999 Abfrage vom 30.06.2010.

Chen, N.-F. (1983): Some Empirical Tests of the Theory of Arbitrage Pricing, in: Journal of Finance, 38. Jg. 1983, Nr. 5, S. 1393 – 1414.

Chen, N.-F. / Roll, R. / Ross, S. A. (1986): Economic Forces and the Stock Market, in: Journal of Business, 59. Jg. 1986, Nr. 3, S. 383 – 403.

Chordia, T. / Goyal, A. / Sadka, G. / Sadka, R. / Shivakumar, L. (2007): Liquidity and the Post-Earnings-Announcement Drift, AFA 2008 New Orleans Meetings Paper, 08.03.2007, erhältlich auf: http://ssrn.com/abstract=972758, Abfrage vom 30.06.2010.

Chordia, T. / Roll, R. / Subrahmanyam, A. (2007): Liquidity and Market Efficiency, o.O. 26.03.2007, erhältlich auf: http://ssrn.com/abstract=794264, Abfrage vom 30.06.2010.

Clasen, O. / Oetken, M. (2007): Spezialfondsmanagement im Dienst der Gesamtbanksteuerung, in: Zeitschrift für das gesamte Kreditwesen, 60. Jg. 2007, Nr. 16-2007, S. 33 – 34.

Cognitrend (2010): DAX® Bull/Bear-Index, erhältlich auf: http://www.cognitrend.de/de/dax.php?limit=all Abfrage vom 30.06.2010.

Cohen, K. J. / Pogue, J. A. (1967): An Empirical Evaluation of Alternative Portfolio Selection Models, in: Journal of Business, 50. Jg. 1967, Nr. 2, S. 166 – 193.

Copeland, T. E. / Koller, T. / Murrin, J. (2002): Unternehmenswert – Methoden und Strategien für eine wertorientierte Unternehmensführung, 3. Auflage, Frankfurt 2002.

Copeland, T. E. / Weston, J. F. (1988): Financial Theory and Corporate Policy, 3. Auflage, Boston 1988.

Cortés, A. (1997): Die vernetze Masse - Parteienbildung und Erwartungen an der Börse, in: Jünemann, B. / Schellenberger, D. (Hrsg.): Psychologie für Börsenprofis, Stuttgart, S. 57 – 72.

Coval, J. D. / Moskowitz, T. J. (1999): Home Bias at Home: Local Equity Preference in Domestic Portfolios, in: Journal of Finance, 54. Jg. 1999, Nr. 6, S. 2045 – 2073.

Cox, J. C. / Ross, S. A. / Rubinstein, M. (1979): Options pricing: a simplified approach, in: Journal of Financial Economics, 7. Jg. 1979, Nr. 3, S. 229 – 263.

Cumova, D. (2002): Post-Moderne Portfolio Theorie?, in: CWG Dialog, Ausgabe 01/02, April 2002, Magazin der CWG e. V. an der Fakultät für Wirtschaftswissenschaften der TU Chemnitz, S. 1 – 5, erhältlich auf:www.tu-chemnitz.de/chemnitz/vereine/cwg/dialog/2002/Heft102.pdf, Abfrage vom 30.06.2010.

Cumova, D. (2005): Asset Allocation Based on Shortfall Risk, Dissertation, Technische Universität Chemnitz, 2005, erhältlich auf: http://archiv.tu-chemnitz.de/pub/2005/0085/data/diss_monarch.pdf, Abfrage vom 30.06.2010.

Currim, I. S. / Sarin, R. K. (1989): Prospect vs. Utility, in: Management Science, 35. Jg. 1989, Nr. 1, S. 22 – 41.

Czink, M. (2009): Untersuchung des Anlegerverhaltens von Privatanlegern – Messung von Anlegerstimmung und ihre Auswirkungen auf zukünftige Aktienkurse, Hamburg 2009.

Daniel, K. / Hirshleifer, D. / Subrahmanyam, A. (1997): A Theory of Overconfidence, Self-Attribution, and Security Market Over- and Underreaction, NBERSage workshop on Behavioral Economics, Cambridge 1997.

Danielsson, J. / Zigrand, J.-P. (2005): On time-scaling of risk and the square–root–of–time rule, London, 3. November 2005, erhältlich auf: http://ssrn.com/abstract=567123, Abfrage vom 30.06.2010.

Datastream (2009a): Swapkurve 10 Jahre, GERMANY (DEM) IR SWAP 10 YEAR - MIDDLE RATE, ICDEM10(IR).

Datastream (2009b): Spread IBOXX AAA to Swap 4Y, GERMANY (DEM) IR SWAP 4 YEAR – MIDDLE RATE IBOXX EURO CORP. 3-5Y AAA - RED.YIELD / IBC3A35(RY) - ICDEM4Y(IR).

Datastream (2009c): Spread IBOXX A to Swap 4Y, GERMANY (DEM) IR SWAP 4 YEAR – MIDDLE RATE IBOXX EURO CORP. 3-5Y A - RED.YIELD / IBC1A35(RY) - ICDEM4Y(IR).

Datastream (2009d): Spread IBOXX BBB to Swap 4Y, GERMANY (DEM) IR SWAP 4 YEAR – MIDDLE RATE IBOXX EURO CORP. 3-5Y BBB - RED.YIELD / IBC3B35(RY) - ICDEM4Y(IR).

Datastream (2009e): DJ AIG-Commodity Index (Euro) - RETURN IND. (OFCL) DJAIEUT(TR), Total Return.

Datastream (2009f): Crude Oil-Brent Dated FOBU$/BBL, OILBRNP(P), Crude Oil-Brent Dated FOBU$/BBL.

Datastream (2010): Diverse Datenreihen zur Ermittlung der Irrationalitätsindizes: GSCITOT(TR), USEURSN(ER), D980950(RI), ECWGM3M(RI), ICDEM2Y(IR), ICDEM3Y(IR), ICDEM4Y(IR), ICDEM5Y(IR), ICDEM7Y(IR), ICDEM10(IR), REXA01Y(RY), REXA02Y(RY), REXA03Y(RY), REXA04Y(RY), REXA05Y(RY), REXA06Y(RY), REXA07Y(RY), REXA08Y(RY), REXA09Y(RY), REXA10Y(RY), DJES50I(NR), DJSTO50(NR), IBC3A13(RY)-ICDEM2Y(IR), IBC3A35(RY)-ICDEM4Y(IR), IBC3A57(RY)-ICDEM6Y(IR), IBC3A7T(RY)-ICDEM8Y(IR), IBC2A13(RY)-ICDEM2Y(IR), IBC2A35(RY)-ICDEM4Y(IR), IBC2A57(RY)-ICDEM6Y(IR), IBC2A7T(RY)-ICDEM8Y(IR), IBC1A13(RY)-ICDEM2Y(IR), IBC1A35(RY)-ICDEM4Y(IR), IBC1A57(RY)-ICDEM6Y(IR), IBC1A7T(RY)-ICDEM8Y(IR), IBC3B13(RY)-ICDEM2Y(IR), IBC3B35(RY)-ICDEM4Y(IR), IBC3B57(RY)-ICDEM6Y(IR), IBC3B7T(RY)-ICDEM8Y(IR), OILBREN~EM, OILBREN~EM, MSEMKF$(RI)~EM.

Datastream (2010a): REX GENERAL BOND - TOT RETURN IND, REXINDX(RI) REXP, indexiert 01.01.1988.

Datastream (2010b): DJ EURO STOXX 50 - NET RETURN, DJES50I(NR), EuroStoxx 50.

Datastream (2010c): DAX 30 PERFORMANCE - TOT RETURN IND (~EM), DAXINDX (RI)~EM.

Datastream (2010d): Crude Oil-Brent Cur. Month FOB U$/BBL (~EM), OILBREN~EM, E.

Datastream (2010e): MSCI EM U$ - TOTRETURN IND (~EM), MSEMKF$(RI)~EM, E.

Datastream (2010f): DJ UBS-Future Commodity Ind TR - RETURN IND. (OFCL) (~EM), DJUBSTR~EM, E.

Datastream (2010g): MSCI WORLD U$ - TOT RETURN IND (~EM), MSWRLD $(RI)~EM, E.

Datastream (2010h): BOFA ML EMU CORP. EXPFAND. A (E) - TOT RETURN IND (~EM), MLXP1AE(RI)~EM, E.

Datastream (2010i): GERMANY EU-MARK 3M (FT/ICAP) - TOT RETURN IND, ECWGM3M(RI).

De Bondt, W. F. M. (1995): Investor Psychology and the Dynamics of Security Prices, in: Wood, A. S. (Hrsg.): Behavioral Finance and Decision Theory in Investment Management, Charlottesville 1995, S. 7-12.

De Bondt, W. F. M. / Thaler, R. (1985): Does the Stock Market Overreact?, in: Journal of Finance, 40. Jg. 1985, Nr. 3, S. 793 – 805.

De Facto (2009): Aktien – Strategien zur Anhebung der Aktienquote bei knappen Risikobudgets und volatilen Märkten, Oktober 2009, S. 2 – 18.

De Grauwe, P. / Grimaldi, M. (2004): Bubbles and crashes in a behavioural finance model, Sveriges Riksbank Working Paper Series Nr. 164, Mai 2004, erhältlich auf: http://www.riksbank.se/upload/WorkingPapers/WP_164.pdf
Abfrage vom 30.06.2010.

De Long, J. B. / Shleifer, A. / Summers, L. / Waldman, R. (1990): Noise Trader Risk in Financial Markets, in: Journal of Political Economy, 98. Jg. 1990, Nr. 4, S. 703 – 738.

Derman, E. (2010): Modelle sind kein Allheilmittel, in: Institutional Money, Ausgabe 1/2010, S. 34 – 46.

Deutsche Börse Group (2003): Leitfaden zu den iBoxx €-Benchmark-Indizes, Version 2.12, erhältlich auf: http://deutsche-boerse.com/INTERNET/IP/ip_stats.nsf/WebMaskenformeln/5F117AFE947763DFC1256AC6004280AB/$file/iBoxx_EUR_L_2_12_d.pdf, Abfrage vom 30.06.2010.

Deutsche Börse Group (2004):REX und REXP – Kurzinformation, July 2004, erhältlich auf: http://www10.deutsche-boerse.com/INTERNET/EXCHANGE/zpd.nsf/ Web+Publikationen/CPOL-5DVCPL/$FILE/rex_info.pdf?OpenElement, Abfrage vom 30.06.2010.

Literaturverzeichnis 253

Deutsche Bundesbank (2009.12): Monatsbericht Dezember 2009, Frankfurt 2009, erhältlich auf: http://www.bundesbank.de/download/volkswirtschaft/monatsberichte/2009/ 200912mb_bbk.pdf, Abfrage vom 30.06.2010.

Deutsche Bundesbank (2009a): Entwicklung des Bankstellennetzes im Jahr 2008, Frankfurt 2009, erhältlich auf: http://www.bundesbank.de/download/bankenaufsicht/pdf/ bankstellenbericht09.pdf, Abfrage vom 30.06.2010.

Deutsche Bundesbank (2009b): Bankstellenstatistik 2008, Frankfurt 2009, erhältlich auf: http://www.bundesbank.de/download/bankenaufsicht/pdf/bankstellenstatistik09.pdf, Abfrage vom 30.06.2010.

Deutsche Bundesbank (2009c): Verzeichnis der Kreditinstitute und ihrer Verbände sowie der Treuhänder für Kreditinstitute in der Bundesrepublik Deutschland, Bankgeschäftliche Informationen 2 – 2009, Frankfurt 2009, erhältlich auf: http://www. bundesbank.de/download/bankenaufsicht/pdf/verzeichnis_kreditinstitute_2009.pdf, Abfrage vom 08.09.2009.

Deutsche Bundesbank (2010, ST0343): Zeitreihe ST0343: Geldmarktsätze / EURIBOR Zwölfmonatsgeld / Tagessatz, erhältlich auf: http://www.bundesbank.de/statistik/ statistik_zeitreihen.php?open=zinsen&func=row&tr=st0343, Abfrage vom 30.06.2010.

Deutsche Bundesbank (2010, WT5512): Goldpreis in London / Nachmittagsfixing / 1 Unze Feingold = ... USD, erhältlich auf: http://www.bundesbank.de/statistik/statistik_zeitreihen.php?lang=de&open=devisen&func=row&tr=WT5512, Abfrage vom 30.06.2010.

Deutsche Bundesbank (2010.GM): Geldmarktsätze am Frankfurter Bankplatz / 1/3/6/12 Monate / Tagesdurchschnitt, ST0104, ST0107, ST0250, ST0253, erhältlich auf: http://www.bundesbank.de/statistik/statistik_zeitreihen.php?lang=de&open=&func= list&tr=www_s11b_gmt, Abfrage vom 30.06.2010.

Deutsche Bundesbank (2010.LZ): Bundesbank Diskontsatz bis 31.12.1998 und EZB Leitzins ab 01.01.1999, SU0112 und SU0202, erhältlich auf: http://www.bundesbank. de/statistik/statistik_zeitreihen.php?lang=de&open=zinsen&func=row&tr=SU0112 und http://www.bundesbank.de/statistik/statistik_zeitreihen.php?lang=de&open= zinsen&func=row&tr=SU0202, Abfrage vom 30.06.2010.

Deutsche Bundesbank (2010.ÖH): Zinsstrukturkurve (Svensson-Methode) / Börsennotierte Bundeswertpapiere / X,0 Jahr(e) RLZ / Tageswerte, WT3211, WT3213, WT3215, WT3217, WT3219, WT3221, WT3223, WT3225, WT3227, WT3229, erhältlich auf: http://www.bundesbank.de/statistik/statistik_zeitreihen.php?lang=de&open=&func= list&tr=www_s300_it03a, Abfrage vom 30.06.2010.

Deutsche Bundesbank (2010.PF): Zinsstrukturkurve (Svensson-Methode) / Hypothekenpfandbriefe und Öffentliche Pfandbriefe / X,0 Jahr(e) RLZ / Tageswerte, WT3311, WT3313, WT3315, WT3317, WT3319, WT3321, WT3323, WT3325, WT3327, WT3329, erhältlich auf: http://www.bundesbank.de/statistik/statistik_zeitreihen. php?lang=de&open=&func=list&tr=www_s300_it04a, Abfrage vom 30.06.2010.

Dichtl, H. / Petersmeier, K. / Schlenger, C. (2003): Dynamische Asset Allocation im Lichte der Präferenzen institutioneller Anleger, in: Dichtl, H. / Kleeberg, J. / Schlenger, C. (Hrsg.): Handbuch Asset Allocation, Innovative Konzepte zur systematischen Portfolioplanung, Bad Soden 2003, S. 179 – 202.

Diller, H. (1992): Vahlens Großes Marketinglexikon, München 1992.

Dillman, D. A. (1978): Mail and telephone surveys – The total design method, New York 1978.

Dionne, G. / Chakroun, O. / Dugas-Sampara, A. (2006): Empirical Evaluation of Investor Rationality in the Asset Allocation Puzzle, Canada Research Chair in Risk Management Working Paper 06-11, Montréal, 18.10.2006, erhältlich auf: http://ssrn.com/abstract=938522, Abfrage vom 30.06.2010.

DJ UBS (2010): Dow Jones-UBS Commodity Indexes » Overview, erhältlich auf: http://www.djindexes.com/commodity/, Abfrage vom 30.06.2010.

Dorfleitner, G. (2002): Stetige versus diskrete Rendite: Überlegungen zur richtigen Verwendung beider Begriffe in Theorie und Praxis, in: Kredit und Kapital, 35.Jg. 2002, Nr. 2, S. 216 – 241.

Downs, E. (2005): Die besten Chartmuster-simplified: 7 Chartformationen, mit denen sie beständig Geld verdienen, München 2005.

Driesch, F. von den (2009.04.24): Strategen vertrauen auf Aktien, in: Financial Times Deutschland vom 24.04.2009, S. 23.

Drobetz, W. (2003): Einsatz des Black-Litterman-Verfahrens in der Asset Allocation, in: Dichtl, H. / Kleeberg, J. / Schlenger, C. (Hrsg.): Handbuch Asset Allocation, Innovative Konzepte zur systematischen Portfolioplanung, Bad Soden 2003, S. 203 – 239.

Drukarczyk, J. (1996): Unternehmensbewertung, München 1996.

DSGV (2009): Mindestanforderungen an das Risikomanagement – Interpretationsleitfaden, Version 3.0, Berlin 2009, erhältlich auf: http://www.s-wissenschaft.de/dokumente/MaRiskInte_091113161508.PDF, Abfrage vom 30.06.2010.

Dürr, H. / Ender, M. (2009): Risikoaggregation unter Berücksichtigung der Ereignisse aus der Finanzmarktkrise, in: RisikoManager 05.2009, S. 14 – 19, erhältlich auf: http://www.msg-gillardon.de/uploads/media/Risikomanager-05-2009.pdf, Abfrage vom 30.06.2010.

ECB (2010): Key ECB interest rates, tender rates, erhältlich auf: http://www.ecb.int/stats/monetary/rates/html/index.en.html, Abfrage vom 30.06.2010.

Eichenberger, R. (1992): Verhaltensanomalien und Wirtschaftswissenschaft, Wiesbaden 1992.

Eidecker, G. / Oeing, J. / Dippold, F. (2007): Pragmatischer Einstieg in die Gesamtbanksteuerung - Optimierungsmodell für das Management der Eigenanlagen, in: Betriebswirtschaftliche Blätter, 56. Jg. 2007, Nr. 09/2007, S. 523 – 526.

Eisenhofer, A. (2005): Value versus Growth: Erklärungsansätze für die langfristig höhere Rendite von Substanzwerten, o.O. 13. Januar 2005, erhältlich auf: http://www.atacap.com/files/public/ValueGrowth.pdf, Abfrage vom 30.06.2010.

Eisenhofer, A. / Neuhierl, A. / Scheid, S. / Wilhelm, S. (2007): Volatilitätsmanagement in der institutionellen Kapitalanlage, in: AbsolutReport Nr. 37, 04/2007. S. 44 – 51, erhältlich auf: http://www.atacap.com/files/public/AbsolutReport04-2007aass.pdf, Abfrage vom 30.06.2010.

Elsevier (o.J., Hrsg.): Einfache Korrelationsanalyse, S. 385 – 406, München, erhältlich auf: http://shop.elsevier.de/sixcms/media.php/795/Einfache%20Korrelationsanalyse.pdf, Abfrage vom 30.06.2010.

Elton, E. J. / Gruber, M. J. (1974): On the Maximization of the Geometric Mean with lognormal Return Distributions, Management Science, 21. Jg. 1974, Nr. 4, Dezember 1974, S. 483 – 488.

Elton, E. J. / Gruber, M. J. (1987): Modern Portfolio Theory and Investment Analysis, 3. Auflage, New York 1987.

Elton, E. J. / Gruber, M. J. (1991): Modern Portfolio Theory and Investment Analysis, 4. Auflage, New York 1991.

Elton, E. J. / Gruber, M. J. (1992): Optimal investment strategies with investor liabilities, in: Journal of Banking and Finance, 16. Jg. 1992, S. 869 – 890.

Elton, E. J. / Gruber, M. J. (1998): Modern Portfolio Theory, 1950 to Date (February 1998). NYU Working Paper No. FIN-98-026, erhältlich auf: http://ssrn.com/abstract=1297051, Abfrage vom 30.06.2010.

Elton, E. J. / Gruber, M. J. (1999): The Rationality of Asset Allocation Recommendations, 07.05.1999, erhältlich auf: http://pages.stern.nyu.edu/~mgruber/working%20papers/ Asset%20Allocation%20May%2071.pdf, Abfrage vom 30.06.2010.

Elton, E. J. / Gruber, M. J. / Blake, C. R. (1995): The Persistence of Risk-adjusted Mutual Fund Performance, New York Working Paper Series FIN-95-18, 1995, erhältlich auf: http://archive.nyu.edu/fda/bitstream/2451/27118/2/wpa95018.pdf, Abfrage vom 30.06.2010.

Elton, E. J. / Gruber, M. J. / Padberg, M. (1976): Simple Criteria for Optimal Portfolio Selection, in: Journal of Finance, 31. Jg. 1976, Nr. 5, S. 1341 – 1357.

Elton, E. J. / Gruber, M. J. / Spitzer, J. F. (2005): Improved Estimates of Correlation and their Impact on the Optimum Portfolios. NYU Finance Working Paper No. FIN-04-016. erhältlich auf: http://archive.nyu.edu/fda/bitstream/2451/26630/2/S-AM-05-10.pdf, Abfrage vom 30.06.2010.

Elton, E. J., Gruber, M. J. / Urich, T. (1978): Are Betas Best? In: Journal of Finance, 33. Jg. 1978, Nr. 5, S. 1375 – 1384.

Embrechts, P. / Klüppelberg, C. / Mikosch, T. (1997): Modelling Extremal Events, Applications of Mathematics, Stochastic Modelling and Applied Probability, Berlin et al. 1997.

Embrechts, P. / Lindskog, F. / McNeil, A. (2001): Modelling Dependence with Copulas and Applications to Risk Management, 10.09.2001, erhältlich auf: http://www.math. ethz.ch/~baltes/ftp/copchapter.pdf, Abfrage vom 30.06.2010.

Embrechts, P. / McNeil, A. / Straumann, D. (1999): Correlation and Dependance in Risk Management, in: M.A.H. Dempster (Hrsg.): Risk Management: Value at Risk and Beyond, Cambridge 2002, S. 176 – 223, elektronische Vorabversion erhältlich auf: http://www.math.ethz.ch/~baltes/ftp/pitfalls.pdf, Abfrage vom 30.06.2010.

Ender, M. / Schmid, M. (2008): Höhere Ertragschancen durch optimierte Asset Allocation, in: Banken-Times Spezial Banksteuerung/Controlling, Mai & Juni 2008, erhältlich auf: http://www.fc-heidelberg.de/BTSpezial/AssetAllocation.pdf, Abfrage vom 30.06.2010.

Engle, R. F. (1982): Autoregressive Conditional Heteroscedasticity with Estimates of the variance of United Kingdom Inflation, in: Econometrica, 50. Jg. 1982, S. 987 – 1007.

Ernst & Young (1997): Entwicklung des Sharholder-value-Ansatzes – eine Umfrage bei Bankvorständen. Präsentation der Ergebnisse der ehemaligen Gesellschaft für Bankrevision, heute Ernst and Young, Bern 1997.

Etterer, A. / Wambach, M. (2007): ETF Handbuch der Deutschen Börse AG, Frankfurt 2007, auch erhältlich auf: http://www.boerse-frankfurt.de/DE/MediaLibrary/Document/ Sonstiges/etf_handbuch.pdf, Abfrage vom 30.06.2010.

F & C Fund (2009): F&C Fund - Société d'Investissement à Capital Variable - Ungeprüfter Halbjahresbericht zum 31. März 2009, erhältlich auf: http://www.fundnets.net/ fn_filelibrary//file/de_in_fcfund_interim.pdf.pdf, Abfrage vom 30.06.2010.

Fama, E. F. (1965): The Behavior of Stock Market Prices, in: Journal of Business 38. Jg. 1965, Nr. 1, S. 34 – 105.

Fama, E. F. (1968): Risk, Return and Equilibrium: Some clarifying Comments, in: Journal of Finance, 23. Jg. 1968, Nr. 1, S. 29 – 40.

Fama, E. F. (1970): Efficient Capital Markets: A Review of Theory and Empirical Work, in: Journal of Finance, 25. Jg. 1970, Nr. 2, S. 383 – 418.

Fama, E. F. (1976): Foundations of Finance, Portfolio Decision and Security Prices, New York 1976.

Fama, E. F. (1991): Efficient Capital Markets, II, in: Journal of Finance, 46. Jg. 1991, Nr. 5, S. 1575 – 1617.

Fama, E. F. (1997): Market Efficiency, Long-Term Returns, and Behavioral Finance, Working Paper, Graduate School of Business, University of Chicago, 1997.

Fama, E. F. (1998): Market efficiency, long-term returns, and behavioural finance, in: Journal of Financial Economics, 49. Jg. 1998, S. 283 – 306.

Fama, E. F. / French, K. R. (1988): Permanent and Temporary Components of Stock Prices, in: Journal of Political Economy, 96 Jg. 1988, Nr. 2, S. 246 – 272.

Fama, E. F. / French, K. R. (1992): The cross–section of expected stock returns, in: Journal of Finance, 47. Jg. 1992, Nr. 2, S. 427 – 465.

Fama, E. F. / French, K. R. (1993): Common Risk Factors in the Returns on Stocks and Bonds, in: Journal of Financial Economics, 33. Jg. 1993, S. 3 – 56.

Fama, E. F. / French, K. R. (1995): Size and Book-to-Market Factors in Earnings and Returns, in: Journal of Finance, 50. Jg. 1995, Nr. 1, S. 131 – 155.

Fama, E. F. / French, K. R. (1996): Multifactor Explanations of Asset Pricing Anomalies, in: Journal of Finance, 51. Jg. 1996, Nr. 1, S. 55 – 84.

Fama, E. F. / French, K. R. (2003): The CAPM – Theory and Evidence, Amos Tuck School of Business at Dartmouth College Working Paper No. 03-26 / Center for Research in Security Prices (CRSP) University of Chicago Working Paper No. 550, First draft 2003, erhältlich auf: http://www.eco.sdu.edu.cn/jrtzx/uploadfile/pdf/Assetpricing/04.pdf, Abfrage vom 30.06.2010.

Fama, E. F. / MacBeth, J. (1973): Risk, Return and Equilibrium: Empirical Tests, in: Journal of Political Economy, 81. Jg. 1973, Nr. 3, S. 607 – 636.

Farley, A.S. (2008): Der Weg zum Profi Swing Trader, München 2008.

Farrar, D. E. (1962): The Investment Decision under Uncertainty, Englewood Cliffs 1962.

Feix, M. / Stückler, R. (2010): Software-use-case ic.asset-allokation: Hat sich die Asset-Allokation auch in der Finanzmarktkrise bewährt?, in: IC Nova Kundeninformation, Ausgabe 1.2010, Karlsruhe 2010, S. 4 – 6.

Fielding, J. L. / Gilbert, G. N. (2000): Understanding Social Statistics, London 2000.

Fisher, K. L. / Statman, M. (1997): Investment Advice from Mutual Fund Companies, in: Journal of Portfolio Management, 53. Jg. 1997, Herbst, S. 9 – 25.

Flossbach, B. (2010.02.19): Buy and Hold klappt nicht, in: Financial Times Deutschland vom 19.02.2010, S. 23.

Frank, M. / Stengos, T. (1995): Measuring the Strangeness of Gold and Silver Rates of Return, in: Trippi, R.R. (Hrsg.): Chaos & Nonlinear Dynamics in the Financial Markets, Chicago u.a.O. 1995, S. 245 – 266.

French, K. R. (1980): Stock Returns and the Weekend Effect, in: Journal of Financial Economics, 8. Jg. 1980, Nr. 1, S. 55 – 69.

French, K. R. / Poterba, J. M. (1991): Investor Diversification and International Equity Markets, in: American Economic Review, 81. Jg. 1991, Nr. 2, S. 222 – 226.

Fricke, T. / Ohanian, M. (2010.02.08): „Märkte sind oft irrational", Der neue Chefökonom der Deutschen Bank, Thomas Mayer, über Volkswirte in der Krise und gute Prognostiker, in: Financial Times Deutschland vom 08.02.2010, S. 14.

Friedmann, M. / Savage, C.J. (1948): The Utility Analysis if Choices Involving Risk, in: Journal of Political Economy, 56. Jg. 1948, Nr. 4, S. 279 – 304.

Fröhlich, J. / Steinwachs, P. (2008): Abbildung, Messung und Steuerung von Zinsänderungsrisiken, in: Fröhlich, J. / Geiersbach, K. / Prasser, S. / Rassat, T. / Reuse, S. / Steinwachs, P. (Hrsg.): Zinsrisikomanagement, Heidelberg 2008, S. 77 – 170.

FTD (2009.05.26): Deutsche Bank begibt ersten Pfandbrief – Institut startet Werbetour bei professionellen Anlegern, in: Financial Times Deutschland vom 26.05.2009, S. 16.

FTD (2010.02.19): Der Altmeister hatte doch recht. Disziplin gilt an der Börse als erfolgreiche Tugend. In diesem Sinne lebt die Idee des Buy-and-Hold weiter, in: Financial Times Deutschland vom 19.02.2010, S. 23.

Führer, C. (o.J.): Behavioral Finance, Mannheim o.J., erhältlich auf: http://www.hochschule-bochum.de/fileadmin/media/fb_w/Kaiser/praxis/fuehrer2.pdf, Abfrage vom 30.06.2010.

Fuller, R. J. / Fuller, T. G. (2008): THE SUB-PRIME MESS (What We Should Have Known, or Learned, From Behavioral Economics), San Mateo 2008, erhältlich auf: http://www.fullerthaler.com/downloads/TheSubPrimeMess.pdf, Abfrage vom 30.06.2010.

Fuller, R. J. / Wong, G. W. (1988): Traditional versus Theoretical Risk Measures, in: Financial Analysts Journal, 44. Jg. 1988, Nr. 2, S. 52 – 57.

Garman, M., Ohlson, J. (1981): Valuation of risky assets in arbitrage-free economies with transactions costs, in: Journal of Financial Economics, 9. Jg. 1981, Nr. 3, S. 271 – 280.

Gerke, W. (1997): Herrschaft der Androiden - Konsequenzen der Kapitalmarkttheorie für das Anlegerverhalten, in: Jünemann, B./Schellenberger, D. (Hrsg.): Psychologie für Börsenprofis, Stuttgart 1997, S. 19 – 40.

Gilster, J. E. (1983): Capital Markets Equilibrium with Divergent Investment Horizon Length Assumptions, in: Journal of Financial and Quantitative Analysis, 18. Jg. 1983, Nr. 1, S. 257 – 268.

Gleißner, W. (2008): Strategische Asset Allocation – Neue Methoden für Kapitalanlageberatung und Portfoliomanagement, in: finEST planner report 2/2008, Juni 2008, S. 8 – 10, erhältlich auf: http://www.werner-gleissner.de/site/publikationen/Werner Gleissner_Asset-Allocation-Neue-Methoden-fuer-Kapitalanlageberatung-und-Portfoliomanagement.pdf, Abfrage vom 30.06.2010.

Goebel, R. / Sievi, C. / Schumacher, M. (1999): Wertorientiertes Management und Performancesteuerung, Stuttgart 1999.

Goldberg, J. / Nitzsch, R. von (2000): Behavioral Finance, 2. Auflage, München 2000.

Gonedes, N. (1976): Capital Market Equilibrium for a Class of Heterogeneous Expectations in a Two-Parameter Word, in: Journal of Finance, 31. Jg. 1976, Nr. 1, S. 1 – 15.

Gonzalo, J. / Olmo, J. (2008): Testing Downside Risk Efficiency Under Market Distress, Madrid, Working Paper 08-43, September 2008, erhältlich auf: http://e-archivo.uc3m.es:8080/dspace/bitstream/10016/2951/1/we084321.pdf, Abfrage vom 30.06.2010.

Grau, Wolfdietrich (1999): Durchführung von Krisentests, Leitfadenreihe zum Marktrisiko, Band 5, Oesterreichische Nationalbank, Wien, September 1999, erhältlich auf: http://www.oenb.at/de/img/band5dv40_tcm14-11166.pdf, Abfrage vom 30.06.2010.

Grimmer, U. (2003): Gesamtbanksteuerung – Theoretische und empirische Analyse des Status Quo in der Bundesrepublik Deutschland, Österreich und der Schweiz, Dissertation an der Universität Duisburg-Essen, Standort Duisburg, erhältlich auf: http://duepublico.uni-duisburg-essen.de/servlets/DerivateServlet/Derivate-5480/grimmerdiss.pdf, Abfrage vom 30.06.2010.

Grinold, R. C. (1993): Is Beta Dead Again?, in: Financial Analysts Journal, 49. Jg. 1993, Nr. 4, S. 28 – 34.

Gumbel, E. J. (1958): Statistics of Extremes, New York 1958.

Haas, M. / Mittnik, S. / Yener, T. (2009): Korrelationsbasierte Diversifikation – ein zukunftsfähiger Ansatz?, in: Absolutreport Nr. 52, November/Dezember 2009, S. 44 – 43.

Hagemeister, M. / Kempf, A. (2007): CAPM und erwartete Renditen: Eine Untersuchung auf Basis der Erwartung von Marktteilnehmern, Center for Financial Research Working Paper Nr. 07-01, Köln 2007, erhältlich auf: http://www.cfr-cologne.de/download/workingpaper/cfr-07-01.pdf, Abfrage vom 30.06.2010.

Hager, P. (2006.01): In Gefahr und Not bringt der Mittelweg den Tod – Proaktive Steuerung von Marktrisiken mit @risk-Konzepten, in: RisikoManager, Ausgabe 01.2006, S. 9 – 15.

Hager, P. (o.J.): Varianz-Kovarianz-Modell, Risknet paper, erhältlich auf: http://www.risknet.de/fileadmin/template_risknet/images_content/Methoden/VaR-Verfahren_RiskNET.pdf, Abfrage vom 30.06.2010.

Hammam, A. E. D. (2009): Smile Arbitrage: Analysis and Valuing, Master's Thesis, University of St. Gallen, Dietikon 2009, erhältlich auf: http://www.iorcf.unisg.ch/org/iorcf/web.nsf/SysWebRessources/Masterarbeit+Hammam/$FILE/Hammam+(2009,+MA)+-+Smile+Arbitrage;+Analysis+and+Valuing.pdf, Abfrage vom 30.06.2010.

Hansmann, K.W. (1980): Dynamische Aktienanlage-Planung, Wiesbaden 1980.

Haque, M. / Varela, O. (2006): Safety First Portfolio Optimization after September 11, 2001, erhältlich auf: http://www.fma.org/Orlando/Papers/HaqueVarela.pdf, Abfrage vom 30.06.2010.

Harris, L. / Gurel, E. (1986): Price and Volume Effects Associated with Changes in the S&P 500 List: New Evidence for the Existence of Price Pressures, in: Journal of Finance, 41. Jg. 1986, Nr. 4, S. 815 – 829.

Haugen, R. A . / Jorion, P. (1996): The January Effect: Still There after All These Years, in: Financial Analysts Journal, 52. Jg. 1996, Nr .1, S. 27 – 31.

Haugen, R. A. (1995): The New Finance: The Case Against Efficient Markets, Englewood Cliffs 1995.

Haugen, R. A. (2001): Modern Investment Theory, 5. Auflage New Jersey 2001.

Hausmann, W. / Diener, K. / Käsler, J. (2002): Derivate, Arbitrage und Portfolio-Selection, Wiesbaden 2002.

Heidorn, T. / Siragusano, T. (2004): Die Anwendbarkeit der Behavioral Finance im Devisenmarkt, Arbeitspapier der HfB Hochschule für Bankwirtschaft, Frankfurt 2004, erhältlich auf: http://www.frankfurt-school.de/dms/Arbeitsberichte/Arbeits52e.pdf, Abfrage vom 30.06.2010.

Heidrich, C.-D. / Rathmayr, E. (2009): F&C Active Return, Frankfurt 2009, erhältlich auf: http://www.fandc-materialbestellung.de/files/FCActiveReturn.pdf, Abfrage vom 30.06.2010.

Hensel, C. R. / Ziemba, W. T. (1996): Investment Results from Exploiting Turn-of-the- Month Effects, in: Journal of Portfolio Management, 22. Jg. 1996, Nr. 3, S. 17 – 23.

Hergert, V. (2008): Dem Trend auf der Spur – Chancen und Grenzen eines Behavioral-Finance-Ansatzes, in: Neue Züricher Zeitung, Zürich, 25.06.2008, S. 84, erhältlich auf: http://www.lgt.com/export/sites/inta_lgtcom/de/wir_ueber_uns/lgt_portrait/ media_relations/medienberichte/medienberichte_2008/ 080625_NZZ_Behavioral_Finance_de.pdf, Abfrage vom 30.06.2010.

Herrmann, A./ Homburg, C. (1999): Marktforschung: Methoden, Anwendungen, Praxisbeispiele, Wiesbaden 1999.

Herzog, W. / Mehrens, H. (2006): Wege zur Integration der strategischen Asset Allocation in der Gesamtbanksteuerung, in: Zeitschrift für das gesamte Kreditwesen, 59. Jg. 2006, Nr. 13-2006, S. 676 – 680.

Hielscher, U. (1999): Investmentanalyse, 3. Auflage, München 1999.

Hirsch, M. / Kleeberg, J. N. (2006): Robuste Asset Allocation in der Praxis, in: Die Bank, o.Jg. 2006, Nr. 04, S. 20 – 24.

Hofäcker, C. G. (2001): Behavioral Finance – Erklärungsansätze und deren Umsetzbarkeit im Management von Publikumsfonds, Diplomarbeit, Hochschule für Bankwirtschaft, Frankfurt 2001.

HSH Nordbank (2009): HSH Strategy Sentiment LS, Mit Stimmungsindikatoren aus der Börsenpsychologie zum Erfolg am europäischen Aktien- und Rentenmarkt, Mai 2009, erhältlich auf: http://www.hsh-nordbank.de/media/pdf/kundenbereiche/institutionelle/vermoegensmanag/publikumsfonds/strat_sentimentls/flyer_hsh_strategy_sentiment_ls_long_0905.pdf, Abfrage vom 30.06.2010..

Huang, H. / Keienburg, G. / Stock, D. R. (2007): The economic value of predicting correlation for asset allocation, Köln / Oklahoma 2007, erhältlich auf: http://www.campus-for-finance.com/fileadmin/docs/docs_cfp/Paper_2008/Huang_Keienburg_Stock_-_The_economic_value_of_predicting_correlation_for_asset_allocation.pdf, Abfrage vom 30.06.2010.

Hübner, M. (2008): Sentix: Behavioral Indices - A Behaviorally Oriented Development of the TA Toolkit, in: IFTA Journal 2008, S. 26 – 31, erhältlich auf: http://www.sentix.de/publications/sentix_IFTA_Journal_2008.pdf, Abfrage vom 30.06.2010.

IDW (2005): Grundsätze zur Durchführung von Unternehmensbewertungen (IDW S 1), 18.10.2005, in: Die Wirtschaftsprüfung, 58. Jg. 2005, Nr. 23, S. 1303 – 1321.

Innovations Report (2009): Scoach führt Barometer für die Stimmung am Zertifikatemarkt ein, 17.08.2009, erhältlich auf: http://www.innovations-report.de/specials/printa.php?id=137816, Abfrage vom 30.06.2010..

InvG (2010): Investmentgesetz, in der Fassung vom 08.04.2010, erhältlich auf: http://www.gesetze-im-internet.de/bundesrecht/invg/gesamt.pdf, Abfrage vom 30.06.2010.

Jacobs, H. / Müller, S. / Weber, M. (2008): Anlegen mit fundierter Diversifikation – Auf der Suche nach dem bestmöglichen „Weltportfolio", Mannheim 2008, erhältlich auf: http://www.behavioral-finance.de/files/behavioral-finance-group_band17.pdf, Abfrage vom 30.06.2010.

Jacquier, A. / Slaoui, S. (2007): Variance Dispersion and Correlation Swaps, erhältlich auf: http://ssrn.com/abstract=998924, Abfrage vom 30.06.2010.

Janssen, M. (2008): Kapitalanlage unter schwierigen Marktbedingungen, aba-Herbsttagung der Fachvereinigung Pensionsfonds, Köln 30.09.2009, erhältlich auf: http://www.ecofin.ch/aktuelles/presseartikel/60.3_Pensionsfonds_Schwierige_Marktbedingungen.pdf, Abfrage vom 30.06.2010.

Jarque, C. / Bera, A. (1980): Efficient Tests for Normality, Heteroscedasticity, and Serial Independence of Regression Residuals, Economics Letters, 6. Jg. 1980, Nr. 3, S. 255 – 259.

Jegadeesh, N. / Titman, S. (1993): Returns to Buying Winners and Selling Losers: Implications for Stock Market Efficiency, in: Journal of Finance, 48. Jg. 1993, Nr. 1, S. 65 – 91.

Johann, B. (2009): Börsenstimmung – Schlecht ist gut – Stimmungen dominieren derzeit den Aktienmarkt. Die Börsen fangen sie mit neuen Indizes ein, in: Focus-Money Nr. 36 vom 26.08.2009, S. 60 – 61.

Jonas, M. / Löffler, A. / Wiese, J. (2004): Das CAPM mit deutscher Einkommensteuer, in: Die Wirtschaftsprüfung, 57. Jg., Nr. 17, S. 898 – 906.

Jünemann, B./Schellenberger, D. (1997): Investmentpsychologie – Ein modernes Konzept, in: Die Bank, o.Jg. 1997, Nr. 9, S. 562 – 565.

Junkert, C. (2008): Portfoliodiversifikation in Extremsituationen, Diplomarbeit am Institut für schweizerisches Bankwesen der Universität Zürich, 28.11.2008, auszugsweise erhältlich auf: www.isb.uzh.ch/publikationen/pdf/publ_1948.pdf, Abfrage vom 30.06.2010.

Jurczyk, B. (2002): Behavioral Finance, Düsseldorf 2002.

Kaduff, J. V. (1996): Shortfall-Probability-Based Diagrams of Efficient Frontiers, S. 375 – 392, erhältlich auf: http://www.actuaries.org/AFIR/colloquia/Nuernberg/Kaduff.pdf, Abfrage vom 30.06.2010.

Kahneman, D. / Tversky, A. (1979): Prospect Theory: An Analysis of Decision under Risk, in: Journal of Finance, 47. Jg. 1979, Nr. 2, S. 263 – 292.

Kaltofen, D. (2009): Empirische Ergebnisse der Großstudie Liquiditätsrisiko Deutschland, Dezember 2009, ikf institut für kredit- und finanzwirtschaft – Ruhr-Universität Bochum.

Kasperzak, R. (1997): Aktienkursbildung - Eine handlungstheoretisch fundierte 'Erklärung des Prinzips', Berlin 1997.

Kat, H. M. (2002): The Danger of Using Correlations to Measure Dependance, ISMA Centre Discussion Papers, 2002-23, Whiteknights 2002, erhältlich auf: http://www.icmacentre.ac.uk/pdf/discussion/DP2002-23.pdf, Abfrage vom 30.06.2010.

Kataoka, S. (1963): A Stochastic Programming Model, in: Econometrica, 31. Jg. 1963, Nr. 1-2, S. 181 – 196.

Kaymer, K. P. / Kleine, J. (2007): Private Equity – Herausforderungen für den Investor, in: Zeitschrift für das gesamte Kreditwesen, 60. Jg. 2007, Nr. 16-2007, S. 45 – 48.

Kelley, C. T. (1999): Iterative Methods for Optimization, Society for Industrial and Applied Mathematics, Philadelphia 1999, erhältlich auf: https://zeno.siam.org/books/textbooks/fr18_book.pdf, Abfrage vom 30.06.2010.

Kelley, C. T. (2003): Solving Nonlinear Equations with Newton's Methods, Society for Industrial and Applied Mathematics, Philadelphia 2003.

Kendall, M. G. (1948): Rank correlation methods, London 1948.

Kendall, M. G. / Kendall, S. F. H. / Smith, B. (1939): The Distribution of Spearman's Coefficient of Rank Correlation in a Universe in which all Rankings occur an Equal Number of Times, in: Biometrika, 30. Jg. 1939, S.251 – 273.

Keppler, M. (1990): Risiko ist nicht gleich Volatilität, in: Die Bank, o.Jg. 1990, Nr. 11, S. 610 – 614.

Keppler, M. (1991): Portfolio Theorie: Zweifelhafte Annahmen, suboptimale Ergebnisse, in: Die Bank, o.Jg., 1991, Nr. 7, S. 382 – 385.

Kersting, J. (2009): Bewertung ausgewählter Optionen, Hamburg 2009.

Keynes, J. M. (1936): The General Theory of Employment, Interest and Money, New York 1936.

King, B. F. (1966): Market and Industry Factors in Stock Price Behaviour, in: Journal of Business, 39. Jg. 1966, Nr. 1, S. 139 – 190.

Kirchhoff, S. / Kuhnt, S. / Lipp, P. / Schlawin, S. (2008): Der Fragebogen. Datenbasis, Konstruktion und Auswertung. 4. Auflage, Wiesbaden 2008.

Kirchner, C. (2009.06.30): Die Herde bebt – Kurse verschiedener Anlageklassen bewegen sich in die gleiche Richtung – Analysten warnen vor Absturzgefahr, in: Financial Times Deutschland vom 30.06.2009, S. 19.

Kirsten, D. W. (2000): Das bankspezifische Shareholder-Value-Konzept – Anwendbarkeit und Konkretisierung für deutsche Kreditinstitute, Wiesbaden 2000.

Klemkosky, R. C. / Resnick, B. G. (1979): Put-Call Parity and Market Efficiency, in: Journal of Finance, 34. Jg. 1979, Nr. 5, S. 1141 – 1155.

Kommer, G. (2007): Souverän investieren mit Indexfonds, Indexzertifikaten und ETFs, 2.Auflage, Frankfurt/New York 2007.

Kommer, G. (2009): Die Buy and Hold Bibel, Frankfurt/New York 2009.

Konrad, E. (2004): Bewegen sich Aktien- und Rentenmarkt künftig wieder im Gleichschritt?, in: Sparkasse 02/2004, 121. Jg. 2004, Nr. 2, S. 102 – 105.

Kotler, P. / Armstrong, G. (2004): Principles of Marketing, 10 Auflage, 3. Indischer Nachdruck, Delhi 2004.

Krämer, W. (2009): Vom unvermeidbaren Scheitern des Risikomanagements, in: Lazard Standpunkt 2009.

Krügel, S. (2004a): Interdependenzen von Hedge Funds zu Aktien und Rentenmärkten / Korrelations- und Betaanalyse, erhältlich auf: http://www.stephankruegel.de/documents/hedgefunds/HF_Paper.pdf, Abfrage vom 30.06.2010.

Krügel, S. (2004b): Interdependenzen von Hedge Funds zu Aktien und Rentenmärkten / Korrelations- und Betaanalyse / Interdependenzen in Extremsituationen / Diversifikationspotenziale, erhältlich auf: http://www.stephankruegel.de/documents/hedgefunds/HF_Slides.pdf, Abfrage vom 30.06.2010.

Krügel. S. (2007): Moment Swaps: Volatilität, Korrelation und andere Verteilungsmomente als eigene Asset-Klasse, Banking & Finance Aktuell Band 27, Frankurt School of Finance and Management, Frankfurt 2007.

Kruschwitz, L. / Löffler, A. (1997): Ross' APT ist gescheitert – Was nun?, in: Zeitschrift für betriebswirtschaftliche Forschung, 49. Jg. 1997, Nr. 7-8, S. 644 – 651.

Kuhner, C. / Maltry, H. (2006): Unternehmensbewertung, Berlin 2006.

KWG (2009): Kreditwesengesetz, zuletzt geändert durch Artikel 4 Absatz 8 des Gesetzes vom 30. Juli 2009 (BGBl. I S. 2437), erhältlich auf: http://www.gesetze-im-internet.de/bundesrecht/kredwg/gesamt.pdf , Abfrage vom 30.06.2010..

Lakonishok, J. / Shapiro, A. (1986): Systematic Risk, total Risk and Size as Determinants of Stock Market Returns, in: Journal of Banking and Finance, 10. Jg. 1986, S. 115 – 131.

Laloux, L. / Cizeau, P. / Bouchaud, J.-P. / Potters, M. (2008): Noise Dressing of Financial Correlation Matrices, erhältlich auf: http://arxiv.org/PS_cache/cond-mat/pdf/9810/9810255v1.pdf, Abfrage vom 30.06.2010.

Laxton, N. / Leser, H. (2007): Begrenzung von Verlustrisiken in taktischen Asset Allocation-Ansätzen durch Nutzung von multiplen Alpha-Quellen, in: Zeitschrift für das gesamte Kreditwesen, 60. Jg. 2007, Nr. 16-2007, S. 55 – 57.

Lee, C. F. (1976): Investment Horizon and the Functional Form of the Capital Asset Pricing Model, in: Review of Economics and Statistics, 58. Jg. 1976, Nr. 3, S. 356 – 363.

Lee, C. M. C. / Shleifer, A. / Thaler, R. (1991): Investor Sentiment and the Closed-End-Fund-Puzzle, in: Journal of Finance, 46. Jg. 1991, Nr. 1, S. 75 – 109.

LeRoy, S. F. (1989): Efficient Capital Markets and Martingales, in: Journal of Economic Literature, 27. Jg. 1989, Nr. 4, S. 1583 – 1621.

Lesko, M. (2006): Copulas im Risikomanagement, in: Gillardon News 39, Dezember 2006, Bretten, S. 3 – 6, auch erhältlich auf: http://www.msg-gillardon.de/uploads/media/ GILLARDON_News_39_-_niedrige_Aufloesung.pdf, Abfrage vom 30.06.2010.

Lesko, M. (2010): Konfidenzintervalle im Rahmen der Performanceschätzung für die Asset-Allokation, in: IC Nova Kundeninformation, Ausgabe 1.2010, Karlsruhe 2010, S. 7 – 8.

Levy, H. (1978): Equilibrium in an Imperfect Market: A Constraint on the Number of Securities in the Portfolio, in: American Economic Review, 68. Jg. 1978, Nr. 4, S. 643 – 658.

Levy, H. (1990): Small Firm Effect: Are there Abnormal Returns in the Market?, in: Journal of Accounting, Auditing and Finance 5. Jg. 1990, S. 235 – 276.

Lintner, J. (1965): The Valuation of Risk Assets and the Selection of Risky Investments in Stock Portfolios and Capital Budgets, in: The Review of Economics and Statistics, 47. Jg. 1965, Nr. 1, S. 13 – 37.

Lintner, J. (1969): The Aggregation of Investors' Diverse Judgement and Preferences in Purely Competitive Securities Markets, in: Journal of Financial and Quantitative Analysis, 4. Jg. 1969, Nr. 4, S. 347 – 400.

Lissmann, U. (2000): Forschungsmethoden – Ein Überblick, in: Wosnitza, M. / Jäger, R. S. (Hrsg.): Daten erfassen, auswerten und präsentieren – aber wie?, 3. Auflage, Landau 2000, S. 5 – 42.

Litzenberger, R. H. / Ramaswamy, K. (1979): The Effect of Personal Taxes and Dividends on Capital Asset Prices. Theory and Empirical Evidence, in: Journal of Financial Economics, 7. Jg. 1979, Nr. 2, S. 163 – 195.

Liu, T. / Granger, C.W.J. / Heller, W.P. (1995): Using the Correlation Exponent to decide Whether an Economic Series is Chaotic, in: Trippi, R.R. (Hrsg.): Chaos & Nonlinear Dynamics in the Financial Markets, Chicago u.a.O. 1995, S. 361 – 381.

Lobo, M. S. / Boyd, S. (2000): The worst-case risk of a portfolio, Technical Report September 2000, erhältlich auf: http://www.stanford.edu/~boyd/papers/pdf/risk_bnd.pdf, Abfrage vom 30.06.2010.

Lockert, G. (1996): Risikofaktoren und Preisbildung am deutschen Aktienmarkt, Heidelberg 1996.

Loeys, J. / Ribeiro, R. M. (2007): Momentumstrategien als Basis der Asset-Allokation, in: Absolutreport Nr. 36, Ausgabe Februar/März 2007, S. 40 – 45.

Loistl, O. (1990): Zur neueren Entwicklung der Finanzierungstheorie, in: Die Betriebswirtschaft, 50. Jg. 1990, Nr. 1, S. 47 – 84.

Loistl, O. (1994): Kapitalmarkttheorie, 3. Auflage München und Wien 1994.

Longin, F. (2000): From Value at Risk to Stress Testing: The Extreme Value Approach. In: Journal of Banking and Finance, 24. Jg. 2000, Nr. 7, S. 1097 – 1130.

Looman, V. (2010): Die Diskussion um offene Immobilienfonds ist heiße Luft, in: Frankfurter Allgemeine Zeitung vom 08.05.2010, Nr. 106, S. 22.

Lötters, C. (2000): Marktforschung, Köln 2000.

LPX (2009): Newsletter LPX50 TR, 05.05.2009, erhältlich auf: http://lpx.ch/fileadmin/ News/newsletter/May_2009/50D200904_Newsletter_LPX50_April_2009.PDF, Abfrage vom 30.06.2010.

LPX (2010): Guide to the LPX Equity Indices, Version 2.8, erhältlich auf: http://www.lpx-group.com/lpx/fileadmin/images/indices/LPX_Guide_to_the_Equity_Indices.pdf, Abfrage vom 30.06.2010.

Maas, P. / Weibler, J. (1997): Immer unter Spannung – Crash-Konstellationen: Kontrollillusionen und Streß an der Börse, in: Jünemann, B. / Schellenberger, D. (Hrsg.): Psychologie für Börsenprofis, Stuttgart 1997, S. 109 – 122.

Mahoney, J. M. (1995): Correlation Products and Risk Management Issues, in: Economic Policy Review, 1. Jg. 1995, Nr. 3, S. 7 – 20, erhältlich auf: http://ssrn.com/ abstract=1028819, Abfrage vom 30.06.2010.

Mandelbrot, B. / Johanning, L. (2006): Fraktale Geometrie versus Value-at-Risk - Streitgespräch zwischen Professor Mandelbrot und Professor Johanning, Sonderdruck aus „DIE ZEIT" Nr. 22/2006, Edition Risikomanagement 1.2, erhältlich auf: http://www.union-investment.com/at/docme/fonds/themen/uin/risikomanagement/ risikomanagementkonferenz/erste_rm_konferenz/Zeit.pdf, Abfrage vom 30.06.2010.

Manganelli, S. / Engel, R. F. (2001): Value at Risk Models in Finance, European Central Bank Working Paper Series Working Paper No. 75 - August 2001, Frankfurt am Main 2001, erhältlich auf: https://www.ecb.int/pub/pdf/scpwps/ecbwp075.pdf, Abfrage vom 30.06.2010.

Markowitz, H. M. (1952): Portfolio Selection, in: Journal of Finance, 7. Jg. 1952, Nr. 1, S. 77 – 91.

Markowitz, H. M. (1987): Mean-Variance Analysis in Portfolio Choice and Capital Markets, Oxford 1987.

Markowitz, H. M. (1991): Foundations of Portfolio Theory, in: Finanzmarkt und Portfolio Management, 5. Jg. 1991, S. 204 – 211.

Markowitz, H. M. (2008): Portfolio Selection – Die Grundlagen der Portfolio-Auswahl, München 2008.

Markowitz, H. M. / Hebner, M. T. / Brunson, M. E. (2009): Does Portfolio Theory Work During Financial Crises?, erhältlich auf: http://www.ifa.com/pdf/Does%20Portfolio%20Theory%20Work%20HMM%20mbedits%205-19-09.pdf, Abfrage vom 30.06.2010.

Mashal, R. / Zeevi, A. (2002): Beyond Correlation: Extreme Co-movements Between Financial Assets, 14. Oktober 2002, erhältlich auf: http://www.faculty.idc.ac.il/roy/Pub/BeyondCorrelation.pdf, Abfrage vom 30.06.2010.

Mayers, D. (1972): Non-Marketable Assets and the Capital Market Equilibrium under Uncertainty, in: Jensen, M. C. (Hrsg.): Studies in Theory of Capital Markets, New York 1972, S. 223 – 248.

Meißner, T: (2008): Globale Finanzmarktwirren – Einstiegs- oder Ausstiegssignal am Rentenmarkt?, Präsentation im Rahmen des Seminars: Zinsrisikomanagement – Behandlung aktueller Zweifelsfragen, Köln, 14.04.2008.

Menkhoff, L. / Röckmann, C. (1994): Noise Trading auf Aktienmärkten, in: Zeitschrift für Betriebswirtschaft, 64. Jg. 1994, Nr. 3, S. 277 – 295.

Menkhoff, L. / Schmidt (2005): The use of trading strategies by fund managers: some first survey evidence, in: Applied Economics, 37. Jg. 2005, Nr. 15, S. 1719 – 1730.

Merton, R. C. (1973a): Intertemporal Capital Asset Pricing Model, in: Econometrica, 41. Jg. 1973, Nr. 5, S. 867 – 887.

Merton, R. C. (1973b): The Theory of Rational Option Pricing, in: Bell Journal of Economics and Management Science, 4. Jg. 1973, Nr. 1, S. 141 – 183.

Meyer, C. (1999): Value at Risk für Kreditinstitute: Erfassung des aggregierten Marktrisikopotentials, Wiesbaden 1999.

Mikosch, B. (2009.04.17): Entzaubertes Erfolgsrezept – Risikostreuung half Millionären bislang durch jede Krise – bis 2008. Dennoch sehen Vermögensverwalter keine Alternativen, in: Financial Times Deutschland vom 17.04.2009, S. 22.

Möller, H. P. (1985): Die Informationseffizienz des deutschen Aktienmarktes, in: Zeitschrift für betriebswirtschaftliche Forschung, 37. Jg. 1985, S. 500 – 518.

Möller, H. P. (1988): Die Bewertung risikobehafteter Anlagen an deutschen Wertpapierbörsen, in: Zeitschrift für betriebswirtschaftliche Forschung, 40. Jg. 1988, S. 779 – 797.

Mörsch, J. (2009.08.31a): Einen Korb für jedes Ei, in: Financial Times Deutschland vom 31.08.2009, S. 21.

Mörsch, J. (2009.08.31b): Markowitz ist tot – es lebe Markowitz, in: Financial Times Deutschland vom 31.08.2009, S. 21.

Mossin, J. (1966): Equilibrium in a capital asset market, in: Econometrica, 34. Jg. 1966, Nr. 4, S. 768 – 783.

Mougeot, N. (2005): Volatility Investing Handbook, BNP Paribas Equities & Derivates Research, 28. September 2005, erhältlich auf: http://www.classiccmp.org/transputer/finengineer/%5BBNP%20Paribas%5D%20Volatility%20Investing%20Handbook.pdf, Abfrage vom 30.06.2010.

MSCIBarra (2009): MSCI Index Performance Emerging Markets Standard Core, gross Index in USD, erhältlich auf: http://www.mscibarra.com/products/indices/international_equity_indices/gimi/stdindex/performance.html, Abfrage vom 30.06.2010.

MSCIBarra (2010): Index Definitions, erhältlich auf: http://www.mscibarra.com/products/indices/international_equity_indices/definitions.html, Abfrage vom 30.06.2010.

Müller, S. (2003): Die Bewertung junger Unternehmen und Behavioral Finance, Köln 2003.

Mummendey, H. D. / Grau, I. (2008): Die Fragebogenmethode, 5. Auflage, Göttingen 2008.

Murschall, O. (2007): Behavioral Finance als Ansatz zur Erklärung von Aktienrenditen – Eine empirische Analyse des deutschen Aktienmarktes, Hamburg 2007.

Neher, S. / Otterbach, A. (2001): Behavioral Finance: Das Verhalten anderer Anleger vorausahnen, in: Die Bank, o.Jg., 2001, Nr. 11, S. 767 – 769.

Neill, H. B. (1954): The Art of Contrary Thinking: It Pays to Be Contrary, Caldwell 1954.

Nelsen, R. B. (1999): An Introduction to Copulas, Vol 139 of Lecture Note in Statistics, New York 1999.

Neumann, J. von / Morgenstern, O. (1953): Theory of Games and Economic Behavior, 3. Auflage, Princeton University Press 1953.

Nitzsch, R. von / Friedrich, C. (1999): Behavioral Finance: Erkenntnisse einer verhaltenswissenschaftlichen Kapitalmarktforschung, Aachen 1999, erhältlich auf: http://www.commendo.de/rw_e7v/commendo2/usr_documents/Nitzsch_Aufsatz_Behavioral-Finance.pdf, Abfrage vom 30.06.2010.

Nowak, T. (1994): Faktormodelle in der Kapitalmarkttheorie, Reihe Finanzierung/Steuern/Wirtschaftsprüfung, Hrsg.: Steiner, M., Band 25, Köln 1994.

Nowak, T. / Wittrock, C. (1993): Kapitalmarkttheoretische Ansätze zur Performance-Messung, Arbeitspapier des Lehrstuhls für Betriebswirtschaftslehre, Schwerpunkt Finanzierung, Westfälische Wilhelms-Universität Münster, Hrsg.: Steiner, M., Münster 1993.

Oehler, A. (1992): "Anomalien", "Irrationalitäten" oder "Biases" der Erwartungsnutzentheorie und ihre Relevanz für Finanzmärkte, in: Zeitschrift für Bankrecht und Bankwirtschaft, 4. Jg. 1992, Nr. 2, S. 97 – 124.

Oehler, A. (1998): Empirische Untersuchung zum Verhalten institutioneller Investoren, in: Rehkugler, H. / Kleeberg, J. M. (Hrsg.): Handbuch Portfoliomanagement, Bad Soden 1998, S. 111 – 125.

Oehler, A. (2000a): Behavioral Finance: Mode oder mehr? In: Die Bank, o.Jg. 2000, Nr. 10, S. 718 – 724.

Oehler, A. (2000b): Behavioral Finance, in: ÖBA, Bank-Archiv: Zeitschrift für das gesamte Bank- und Börsenwesen, Bd. 48, Nr. 11, 2000, S. 978 – 989.

Oehler, A. (2000c): Behavioral Finance — Theoretische, empirische und experimentelle Befunde unter Marktrelevanz, Bamberg 2000, erhältlich auf: http://www.uni-bamberg.de/fileadmin/uni/fakultaeten/ sowi_lehrstuehle/finanzwirtschaft/Forschung/ bafifo15.pdf, Abfrage vom 30.06.2010.

Oehler, A. (2002): Behavioral Finance, verhaltenswissenschaftliche Finanzmarktforschung und Portfoliomanagement, in: Kleeberg, J. M. von / Rehkugler, H. (Hrsg.): Handbuch Portfoliomanagement, 2. Auflage, Bad Solden 2002, S. 843 – 870.

Osman, Y. (2008.08.18): Banken geben Startschuss für den Pfandbriefhandel – 26 Institute wollen liquide Kursstellung ab September aufnehmen – Skeptiker warnen vor labilem Markt und steigenden Renditeaufschlägen, in: Financial Times Deutschland vom 18.08.2008, S. 19.

Osman, Y. (2008.10.20): Oft kopiert, nie erreicht – plötzlich verschmäht. Seit der Beinahepleite der Hypo Real Estate befindet sich der Markt für Pfandbriefe in einer Schockstarre. Das einstige Erfolgsprodukt steht vor einem beispiellosen Wandel, in: Financial Times Deutschland vom 20.10.2008, S. 21.

Ossadnik, W. (1984): Rationalisierung der Unternehmensbewertung durch Risikoklassen, Frankfurt 1984.

Oyen, D. (2008): Asset Allokation, in: Werkmüller (Hrsg.): Family Office Management als (Bank-)Dienstleistung für vermögende Privatkunden, Heidelberg 2008, S. 137 – 195.

Pearson, K. (1900): Mathematical Contributions to the Theory of Evolution. VII. On the Correlation of Characters not Quantitatively Measurable, in: Philosophical Transactions of the Royal Society of London. Series A, Containing Papers of a Mathematical or Physical Character, 195. Jg. 1900, S. 1 – 47 + 405.

Pepels, W. (1995): Käuferverhalten und Marktforschung, Stuttgart 1995.

Pepels, W. (1998): Auswahlverfahren in der quantitativen Marktforschung, in: Planung und Analyse, o.Jg. 1998, Nr. 1, S. 47 – 51.

Perridon, L. / Steiner, M. (2007): Finanzwirtschaft der Unternehmung, 14 Auflage, München 2007.

Peters, E. E. (1991): Chaos and Order in the Capital Markets, New York.

Pilcher, S. (1993): Aktienmarktanomalien: Systematik empirischer Befunde, in: Österreichisches Bankarchiv, o.Jg. 1993, Nr. 2, S. 117 – 123.

Poddig, T. / Brinkmann, U. / Seiler, K. (2009): Portfolio Management – Konzepte und Strategien – Theorie und praxisorientierte Anwendung mit Excel, 2. Auflage, Bad Soden 2009.

Poddig, T. / Dichtl, H. / Petersmeier, K. (2000): Statistik, Ökonometrie, Optimierung, Bad Soden 2000.

Pohl, M. / Schierenbeck, H. (2008): Renditeoptimierung durch die Verbesserung von Risikomodellen, Union Investment Edition Risikomanagement 1.6, 2008, erhältlich auf: http://unternehmen.union-investment.de/unioninvestment/presse/pressestelle/ 4fef91a35f5b30763b73a325d5587994.0.0/RMS_2008_Studienbooklet.pdf, Abfrage vom 30.06.2010.

Poterba, J. M. / Summers, L. H. (1988): Mean Reversion in Stock Prices: Evidence and Implications, in: Journal of Financial Economics, 22. Jg. 1988, Nr. 1, S. 27 – 59.

Raab-Steiner, E. / Benesch, M. (2008): Der Fragebogen. Von der Forschungsidee zur SPSS-Auswertung, Wien 2008.

Rachev, S. / Mittnik, S. (2000): Stable Paretian Models in Finance, Wiley 2000.

Rapp, H.-W. (1997): Der tägliche Wahnsinn hat Methode – Behavioral Finance: Paradigmenwechsel in der Kapitalmarktforschung, in: Jünemann, B. / Schellenberger, D. (Hrsg.): Psychologie für Börsenprofis, Stuttgart 1997, S. 76 – 108.

Reuse, S. (2004): Markowitz: Grundlagen der Portfoliotheorie und Diversifikation in: Bankfachklasse, o.Jg. 2004, Nr. 11, S. 24 – 26.

Reuse, S. (2006): Marktpreisrisiken auf Gesamtbankebene, in: Pfeiffer, G. / Ullrich, W. / Wimmer, K. (Hrsg.): MaRisk Umsetzungsleitfaden: Neue Planungs-, Steuerungs- und Reportingpflichten gemäß Mindestanforderungen an das Risikomanagement, Heidelberg 2006. S. 377 – 436.

Reuse, S. (2006.07): Berechnung des Value-at-Risk mit der Monte-Carlo-Simulation, in: Bankpraktiker, 2. Jg. 2006, Nr. 07-08, S. 366 – 371.

Reuse, S. (2007): Corporate Evaluation in the German Banking Sector, Wiesbaden 2007.

Reuse, S. (2008.06): Modelling credit risk in banks with the Monte Carlo simulation, Masarykova univerzita, Ekonomicko-správní fakulta Katedra finance Evropské finanční systémy 2008, Sborník příspěvků z Mezinárodní vědecká konference 25.06.2008 – 26.06.2008, Brno, Česká republika, S. 325 – 333.

Reuse, S. (2008a): Definition und Ausprägung des Zinsänderungsrisikos, in: Fröhlich, Joachim / Geiersbach, Karsten / Prasser, Stefan / Rassat, Thomas / Reuse, Svend / Steinwachs, Patrick (Hrsg.): Zinsrisikomanagement, Heidelberg 2008, S. 1 – 16.

Reuse, S. (2008b): MaRisk-konforme Überwachung, Bewertung und Reporting von Zinsänderungsrisiken, in: Fröhlich, Joachim / Geiersbach, Karsten / Prasser, Stefan / Rassat, Thomas / Reuse, Svend / Steinwachs, Patrick (Hrsg.): Zinsrisikomanagement, Heidelberg 2008, S. 171 – 266.

Reuse, S. (2009.01): Bewertung von Wertpapieren im Jahresabschluss 2008 – Auswirkungen der Finanzmarktkrise, in: Bankentimes Spezial Banksteuerung/Controlling, Januar & Februar 2009.

Reuse, S. (2009.05): Sind Währungen effiziente Assetklassen? – Eine kritische Analyse auf Basis der Portfoliotheorie, in: FinanzBetrieb, 11. Jg. 2009, Nr. 5, S. 273 – 281.

Reuse, S. (2010): The Monte Carlo Simulation in Banks – Simplified Example in MS Excel and Practical Approach in German Savings Banks, Scholarly Essay, München 2010.

Reuse, S. (2010.01): Distribution of Share and Bond Prices – an Analysis with the Kolmogorov-Smirnov and Jarque Bera test via MS Excel at the Example of the German RexP and DAX, in: 2nd International PhD Conference – New Economic Challenges, 20.01.2010 – 21.01.2010, Brno 2010, S. 85 – 91.

Reuse, S. / Frère, E. / Schmitt, S. (2009): Asset Liability Management in Pensionskassen – Einfluss aktueller Problemstellungen und Auswahl von geeigneten Assetklassen, in: FinanzBetrieb, 11. Jg. 2009, Nr. 2, S. 62 – 73.

Reuse, S. / Frère, E. / Svoboda, M. (2008): Aktuelle Probleme im Deutschen Bankensektor, FOM Schriftreihe Band 13, Essen 2008.

Reuse, S. / Krajiček, J. / Linnertová, D. (2008.06): Commodities – Current Market Trend, Guaranteed commodity trading on commodity exchanges under the auspices of Commissioner of Region South Moravia Ing. Stanislav Juránek on 25.06.2008 – 26.06. 2008 at Faculty of Economics and Administration MU (FEA), S. 86 – 94.

Reuse, S. / Linnertová, D. (2008.06): Diversification with the help of commodities – a historical analysis, Guaranteed commodity trading on commodity exchanges under the auspices of Commissioner of Region South Moravia Ing. Stanislav Juránek on 25.06. – 26.06. 2008 at Faculty of Economics and Administration MU (FEA), S. 50 – 56.

Reuse, S. / Linnertová, D. (2008.07): Durch Streuung das Risiko mindern, in: Bankfachklasse, o.Jg. 2008, Nr. 7, S. 17 – 19.

Reuse, S. / Linnertová, D. (2008.10): Using Commodities as a Strategy of Diversification – a historical Analysis, Vincent Šoltés (ed.) National and Regional Economics VII, Ekonomická fakulta Technickej univerzity v Košiciach, 03.10.2008, S. 554 – 561.

Reuse, S. / Linnertová, D. (2009.05): Berechnung des Value-at-Risk mit der Monte Carlo Simulation, in: ControllerMagazin, 34. Jg. 2009, Nr. 3, S. 84 – 92.

Reuse, S. / Propach, J. (2003): Data Warehouses in der Gesamtbanksteuerung: Entwicklung eines idealen Banken Data Warehouses und empirische Untersuchung des Status quo, in: Controlling, 15. Jg. 2003, Nr. 6, S. 323 – 330.

Reuse, S. / Svoboda, M. (2009.07): Beimischung von Währungen im Bankportfolio – Eine empirische Analyse, in: Bankentimes Spezial Banksteuerung/Controlling, Juli & August 2009.

Reuse, S. / Svoboda, M. (2010.03): Stresstests – Kritische Analyse der Anforderungen in den neuen MaRisk und Modellierung eines Prototypen, in: Bankpraktiker, 6. Jg. 2010, Nr. 3, S. 65 – 70.

Reuse, S. / Zeranski, S. (2009.10): Neue MaRisk-Anforderungen an Stresstests [Rundschreiben 15/2009 (BA)], in: Bankentimes Spezial Banksteuerung/Controlling, Oktober & November 2009.

Rohweder, H. C. (1995): Minimum Variance Investing - des Kaisers neue Kleider?, in: Finanzmarkt und Portfolio Management, 9. Jg. 1995, Nr. 1, S. 111 – 127.

Rolfes, B. (2008): Gesamtbanksteuerung, 2. Auflage, Stuttgart 2008.

Roll, R. (1988): R2, in: Journal of Finance, 43. Jg. 1988, Nr. 2, S. 541 – 566.

Roll, R. / Ross, S. A. (1980): An Empirical Integration of the APT, in: Journal of Finance, 35. Jg. 1980, Nr. 5, S. 1073 – 1103.

Rosenberg, B. (1974): Extra-Market Components of Covariance in Security Returns, in: Journal of Financial and Quantitative Analysis, 9. Jg. 1974, Nr. 2, S. 263 – 273.

Ross, J. (1997): Chartformation Ross-Haken® Fortgeschrittene Handelsstrategien für Futures-Trader, o.O. 1997.

Ross, S. A. (1976): The Arbitrage Theory of Capital Asset Pricing, in: Journal of Economic Theory, 13. Jg. 1976, Nr. 3, S. 341 – 360.

Ross, S. A. / Westerfield, R. W. / Jaffe, J. F. (2005): Corporate Finance, 7. Auflage, New York 2005.

Roßbach, P. (2001): Behavioral Finance – Eine Alternative zur vorherrschenden Kapitalmarkttheorie?Arbeitspapier Nr. 31 der HfB Hochschule für Bankwirtschaft, Frankfurt 2001, erhältlich auf: www.frankfurt-school.de/dms/Arbeitsberichte/Arbeits31.pdf, Abfrage vom 30.06.2010.

Roy, A.D. (1952): Safety First and the Holding of Assets, in: Econometrica, 20. Jg. 1952, Nr. 3, S. 431 – 449.

Rubinstein, M. (2002): Markowitz's „Portfolio Selection": A Fifty-Year Retrospective, in: Journal of Finance, 57. Jg. 2002, Nr. 3, S. 1041 – 1045.

Rüppel, W. (2005): Die Profis schauen auf den Sentix, in: portfolio international, Ausgabe 2, März 2005, S. 42, erhältlich auf: http://www.sentix.de/pressearchiv/Portfolio Sentix0304.pdf, Abfrage vom 30.06.2010.

SAP (2005): IS-B Bank-Komponenten, SAP ERP Central Component, Release 5.0, Release-Informationen, erhältlich auf: http://help.sap.com/download/releasenotes/erp/erp 2004/de/Kap_33_IS-B.pdf, Abfrage vom 30.06.2010.

SAP (2010): Korrelationsoptionen, erhältlich auf: http://www.urz.uni-heidelberg.de/saphelp/ helpdata/DE/ba/27364065176913e10000000a1550b0/frameset.htm, Abfrage vom 30.06.2010.

Satchell, S. / Timmermann, A. (1995): Investor Preferences and the Correlation Dimension, in: Trippi, R.R. (Hrsg.): Chaos & Nonlinear Dynamics in the Financial Markets, Chicago u.a.O. 1995, S. 39 – 62.

Sauer, A. (1984): Faktormodelle und Bewertung am deutschen Aktienmarkt, Frankfurt 1984.

Savit, R. (1988): When Random is not Random: An Introduction to Chaos in Market Prices, in: Trippi, R.R. (Hrsg.): Chaos & Nonlinear Dynamics in the Financial Markets, Chicago u.a.O. 1995, S. 39 – 62.

Schäfer, S. I. / Vater, H. (2002): Behavioral Finance: Eine Einführung, in: FinanzBetrieb, 4. Jg. 2002, Nr. 12, S. 739 – 748.

Schieche, M. (2007): Grundlagen Optionspreismodelle (Fassung – Oktober 2007), erhältlich auf: http://markus-schieche.gmxhome.de/files/Grundlagen_Optionspreismodelle.pdf, Abfrage vom 30.06.2010.

Schierenbeck, H. (1998): Betriebswirtschaftslehre, 13. Auflage, München 1998.

Schierenbeck, H. (2001b): Ertragsorientiertes Bankmanagement, Band 2: Risiko-Controlling und integrierte Rendite-/Risikosteuerung, 7. Auflage, Wiesbaden 2001.

Schierenbeck, H. / Lister, M. / Kirmße, S. (2008): Ertragsorientiertes Bankmanagement, Band 2: Risiko-Controlling und integrierte Rendite-/Risikosteuerung, 9. Auflage, Wiesbaden 2008.

Schindele, M. (2009): Zertifikate: Produktgruppe mit Zukunft, in: Bankpraktiker, 5. Jg., 2009, Nr. 9, S. 428 – 432.

Schindler, A. (2007): Neue Chancen der Diversifikation, in: Zeitschrift für das gesamte Kreditwesen, 60. Jg 2007, Nr. 16-2007, S. 30 – 32.

Schmidt, R. H. / Terberger, E. (1997): Grundzüge der Investitions- und Finanzierungstheorie, 4. Auflage, Wiesbaden 1997.

Schnell, R. / Hill, P. B. / Esser, E. (1999): Methoden der empirischen Sozialforschung, Wien 1999.

Scholtz, H. D. (2007): Minderung der Risiken bei Anlagen in Hebelprodukte mit einem orthogonalen Zweifaktormodell, Bad Sobernheim, Oktober 2007, erhältlich auf: http://ssrn.com/abstract=1274191, Abfrage vom 30.06.2010.

Schubert, L. (1996): Lower Partial Moments in Mean-Varianz-Portefeuilles, in: Finanzmarkt und Portfolio Management, 10. Jg. 1996, Nr. 4, S. 496 – 509.

Schuhmacher, F. / Auer, B. R. (2009): Portfoliooptimierung, in WISU – Das Wirtschaftsstudium, 38. Jg. 2009, Nr. 5, S. 679 – 687.

Schultz, J. / Zimmermann, H. (1989): Prognose von Betas, in: Finanzmarkt und Portfolio Management, 3. Jg. 1989, Nr. 3, S. 196 – 209.

Schwerdtfeger, H. (2009): Kapriolen offener Immobilienfonds, in: WiWo, 07.07.2009, erhältlich auf: http://www.wiwo.de/finanzen/kapriolen-offener-immobilienfonds-401872/print/, Abfrage vom 30.06.2010.

Scoach (2010): Scoach-Put/Call-Sentiment, erhältlich auf: http://www.scoach.de/DEU/wissen/put_call_sentiment, Abfrage vom 30.06.2010.

Seifert-Granzin, J. (1996): Finanzderivate – Formen, Märkte, Crashs, Kontrollen, Werkstattbericht 15, Heidelberg, Juli 1996, erhältlich auf: http://www.woekweb.de/web/cms/upload/pdf/woek/publikationen/seifert_1996_finanzderivate.pdf, Abfrage vom 30.06.2010.

Sentix (2004): Präsentation Sentix Vorstellung, erhältlich auf: http://www.sentix.de/documentation/sentixVorstellung.pdf, Abfrage vom 30.06.2010.

Sentix (2008): Sentix Data Compendium, Version 1 – 08. June 2008, erhältlich auf: http://www.sentix.de/documentation/sentix_DataCompendium.pdf, Abfrage vom 30.06.2010.

Sentix (2010a): sentix Sentiment Beschreibung, erhältlich auf: http://www.sentix.de/documentation/sentiment.php, Abfrage vom 30.06.2010.

Sentix (2010b): sentix... eine Erfolgsstory, erhältlich auf: http://www.sentix.de/documentation/history.php, Abfrage vom 30.06.2010.

Sentix (2010c): sentix - It's all about sentiment - Indikatoren, erhältlich auf: http://www.sentix.de/documentation/produkte.php, Abfrage vom 30.06.2010.

Sentix (2010d): sentix - behavioral indices Deutschlands größte Sentimentplattform offeriert eine breite Indexfamilie zur Messung von Marktstimmungen, erhältlich auf: http://www.sentix.de/documentation/sentixinfo.pdf, Abfrage vom 30.06.2010.

Sewell, M. (2010): Behavioral Finance – An introduction to behavioural finance, including a review of the major works and a summary of important heuristics, Cambridge 2010, erhältlich auf: http://www.behaviouralfinance.net/behavioural-finance.pdf, Abfrage vom 30.06.2010.

Shaffer, S. (1995): Structural Shifts and the Volatility of Chaotic Markets, in: Trippi, R.R. (Hrsg.): Chaos & Nonlinear Dynamics in the Financial Markets, Chicago u.a.O. 1995, S. 87 – 102.

Sharpe, W. F. (1970): Portfolio Theory and Capital Markets, New York 1970.

Sharpe, W. F. (1977): The CAPM: A Multi-Beta Interpretation, in: Levy, H. / Sarnat, M. (Hrsg.): Financial Decision Making under Uncertainty, New York 1977, S. 127 – 135.

Sharpe, W. F. (1984): Factor models, CAPM's and APT, in: Journal of Portfolio Management, 11. Jg. 1984, Nr. 1, S. 21 – 25.

Sharpe, W. F. (1992): Asset Allocation: Management Style and Performance Measurement, in: Journal of Portfolio Management, 18. Jg. 1992, Nr. 2, S. 7 – 19.

Sharpe, W.F. (1963): A simplified Model for Portfolio Analysis, in: Management Science, 9. Jg. 1963, Nr. 2, S. 277 – 293.

Sharpe, W.F. (1964): Capital asset prices: A theory of market equilibrium under conditions of risk, in: Journal of Finance, 19. Jg. 1964, Nr. 3, S. 425 – 442.

Sharpe, W.F. (2000): Portfolio Theory and Capital Markets, 2. Auflage, New York 2000.

Sharpe, W.F. / Alexander, G. J. / Bailey, J. V. (1999), Investments, 6. Auflage, Upper Saddle River 1999.

Shefrin, H. (2000): Börsenerfolg mit Behavioral Finance – Investmentpsychologie für Börsenprofis, Stuttgart 2000.

Shefrin, H. / Statman, M. (1985): The Disposition to Sell Winners Too Early and Ride Losers Too Long: Theory and Evidence, in: Journal of Finance, 40. Jg. 1985, Nr. 3, S. 777 – 790.

Shefrin, H. / Statman, M. (1997): Behavioral Portfolio Theory, Santa Clara, November 1997, erhältlich auf: http://www.jpkc.whu.edu.cn/jpkc/investment/kcwz/wxxd/art%5CB %5CBehavioral%20Portfolio%20Theory(working%20paper).pdf, Abfrage vom 30.06.2010.

Shiller, R. J. (1981): Do Stock Prices Move Too Much to be Justified by Subsequent Changes in Dividends, in: American Economic Review, 71. Jg. 1981, Nr. 3, S. 421 – 436.

Shiller, R. J. (1997): Human Behavior and the Efficiency of the Financial System, Working Paper, Yale University, erhältlich auf: http://cowles.econ.yale.edu/P/cd/ d11b/d1172.pdf, Abfrage vom 30.06.2010.

Shiller, R. J. (2008): The Subprime Solution; How Today's Global Financial Crisis Happened, and What to Do about, Princeton, Oxford 2008.

Shiller, R. J. (2009): Irrational Exuberance, 2. Auflage, New York 2009.

Shukla, R. / Trzcinka, C. / Winstin, K. (1995): Portfolio Variance: Firm-Specific and Macroeconomic Factors, 1995, erhältlich auf: http://ssrn.com/abstract=6901, Abfrage vom 30.06.2010.

Siebenthal, W. von (1992): Aus der Praxis: Ist Risikomessung Kunst oder Wissenschaft?, in Risiko und Performance: Eine Übersicht, in: Finanzmarkt, 6. Jg. 1992, S. 442 – 447.

Sievi, C. (2010): Allianz Fonds auf Basis einer Idee von Dr. Christian Sievi, erhältlich auf: http://www.dr-sievi.de/nc/uebersicht/allianz-rcm-risk-adjusted-euro-equity/die-idee/print.html, Abfrage vom 30.06.2010.

Sievi, C. / Wegner, O. / Schumacher, M. (2006.12): Integration von Marktpreisrisiken, Teil 3 – Korrelationsmodell als praktikables Konzept, in: Betriebswirtschaftliche Blätter, 55. Jg. 2006, Nr. 12/2006, S. 690 – 698.

Sievi, C. / Wegner, O. / Schumacher, M. (2008.07): Integration von Marktpreisrisiken, Teil 4 – Risikolimitierung und Vermögensoptimierung, in: Betriebswirtschaftliche Blätter, 57. Jg. 2008, Nr. 07/2008, S. 395 – 404.

Simon, H. A. (1957): Models of Man, New York 1957.

Siragusano, T. / Neumann, A. (2009): Systematisches Overlay Management für passive Investments und ETF-Portfolios am Beispiel eines Aktienportfolios, in Absolutreport Nr. 49, Ausgabe Mai/Juni 2009, Hamburg, S. 38 – 47.

Siragusano. T. / Neumann, A. / Heimann, M. (2010): Overlay Management Solutions, Asset Management der Berenberg Bank, Präsentation, Hamburg, Februar 2010.

Sklar, A. (1959): Fonctions de répartition à n dimensions et leurs marges, Publications de l'Institut de Statistique de l'Université de Paris, 8. Jg. 1959, S. 229 – 231.

Sklar, A. (1996): Random variables, distribution functions, and copulas – a personal look backward and forward in: Rüschendorff, L. / Schweizer, B. / Taylor, M. (Hrsg.): Distributions with Fixed Marginals and Related Topics, Institute of Mathematical Statistics, Hayward, CA. S. 1 – 14.

Smith, G. / Gould, D. P. (2005): Measuring and Controlling Shortfall Risk in Retirement, Claremont 2005, erhältlich auf: http://www.claremontmckenna.edu/fei/papers/pdf/2005-05.pdf, Abfrage vom 30.06.2010.

Solnik, B. H. / Noetzlin, B. (1982): Optimal Internaional Asset Allocation, in: Journal of Portfolio Management, 9. Jg. 1982, Nr. 1, S. 11 – 21.

Spearman, C. (1904): The proof of measurement of association between two things, in: American Journal of Psychology, 15. Jg. 1904, Nr. 1, S. 72 – 101.

Spearman, C. (1907): Demonstration of Formulae for true Measurement of Correlation, in: American Journal of Psychology, 18. Jg., Nr. 2, S. 161 – 169.

Spremann, K. (2008): Portfoliomanagement, 4. Auflage, München 2008.

Stambaugh, R. F. (1982): On the Exclusion of Assets from Tests of the Two-Parameter Model, in: Journal of Financial Economics, 10. Jg. 1982, Nr. 3, S. 237 – 268.

Standard & Poor's (2009): Global Structured Finance Default And Transition Study—1978-2008: Credit Quality Of Global Structured Securities Fell Sharply In 2008 Amid Capital Market Turmoil, February 25, 2009, erhältlich auf: http://www.standardandpoors.com/ratings/default-studies/en/us/, Abfrage vom 06.03.2010.

Standard & Poor's (2010): Default, Transition, and Recovery: 2009 Annual Global Corporate Default Study And Rating Transitions, March 17, 2010, erhältlich auf: http://www.standardandpoors.com/ratings/default-studies/en/us/, Abfrage vom 30.06.2010.

Statman, M. (1987): How Many Stocks Make a Diversified Portfolio?, in: Journal of Financial and Quantitative Analysis, 22. Jg. 1987, Nr. 3, S. 353 – 363.

Steinbrenner, H. P. (2002): Professionelle Optionsgeschäfte – Moderne Bewertungsmethoden richtig verstehen, Frankfurt 2002.

Steiner, M. / Bruns, C. (2007): Wertpapiermanagement – Professionelle Wertpapieranalyse und Portfoliostrukturierung, 9. Auflage, Stuttgart 2007.

Steiner, P. / Nowak, T. (2001): Zur Bestimmung von Risikofaktoren am deutschen Aktienmarkt auf Basis der Arbitrage Pricing Theory, in: Die Betriebswirtschaft, 54. Jg. 2001, Nr. 3, S. 347 – 362.

Steiner, P. / Uhlir, H. (2001): Wertpapieranalyse, 4. Auflage, Heidelberg 2001.

Stöttner, R. (1992): Markttechnische „Trading Rules" kontra Buy & Hold-Strategien, in: Jahrbücher für Nationalökonomie und Statistik, Band 2009, 1992, S. 266 – 282.

Stoxx (2010): Factsheet Stoxx Europe 50® Index, erhältlich auf: http://www.stoxx.com/download/indices/factsheets/sx5p_fs.pdf, Abfrage vom 30.06.2010.

Stracca, L. (2002): Behavioural finance and aggregate market behaviour: where do we stand?, Frankfurt 2002, erhältlich auf: http://www.finanzacomportamentale.it/files/livio stracca.pdf, Abfrage vom 30.06.2010.

Sudman, S. (1998): Marketing research: A Problem-Solving Approach, Boston 1998.

Svoboda, M. (2008): Index Investing, Brno 2008.

Svoboda, M. (2008.05): Portfolio valuation and hedging using derivatives and complex structured products, in: Institute for Financial Market (Hrsg.): Derivates and risk management in the new EU regulatory landscape, Chateau Valtice, 22. – 23.05.2008, Brno 2008, S. 6 – 13.

Telser, L. G. (1955): Safety First and Hedging, in Review of Economic Studies, 23. Jg. 1955, Nr. 1, S. 1 – 16.

Thaler, R. (1999): The End of Behavioral Finance, in: Financial Analysts Journal, 55 Jg. 1999, Nr. 6, S, 12 – 17.

Theiler, U.-A. (2001): Risk-/Return-orientierte Optimierung des Gesamtbank-Portfolios unter Verwendung des Conditional Value at Risk, Bruckmühl 2001, erhältlich auf: http://www.uni-duisburg.de/or2001/pdf/Sek%2005%20-%20Theiler.pdf, Abfrage vom 24.09.2007.

Thiele, D. / Cremers, H. / Robé, S. (2000): Beta als Risikomaß - Eine Untersuchung am europäischen Aktienmarkt, Arbeitspapier Nr. 19der HfB Hochschule für Bankwirtschaft, Frankfurt 2000, erhältlich auf: http://www.frankfurt-school.de/dms/Arbeitsberichte/ Arbeits19/Arbeits19.pdf, Abfrage vom 30.06.2010.

Tietz, R. (1988): Experimental Economics: Ways to Model Bounded Rational Bargaining Behavior, in: Tietz, R. / Albers, W. / Selten, R. (Hrsg.): Bounded Rational Behavior in Experimental Games and Markets, Berlin 1988, S. 3 – 10.

Tobin, J. (1958): Liquidity Preference as Behavior Towards Risk, in: Review of Economic Studies, Vol. 25, Nr. 1, S. 65 – 87.

Tversky, A. (1995): The Psychology of Descision Making, in: Wood, A. S. (Hrsg.): Behavioral Finance and Decision Theory in Investment Management, Charlottesville 1995, S. 2 – 5.

Tversky, A. / Kahneman, D. (1986): Rational Choice and the Framing of Decisions, in: Hogarth, R. M. / Reder, M. W. (Hrsg.): Rational Choice – The Contrast between Economics and Psychology, Chicago London 1986, S. 67 – 94.

Unser, M. (1999): Behavioral Finance am Aktienmarkt, Bad Solden 1999.

Vaga, T. (1990): The Coherent Market Hypothesis, in: Financial Analysts Journal, 46. Jg. 1990, November/Dezember, S. 36 – 49.

Vandell, R. F. / Stevens, J. L. (1989): Evidence of superior performance from timing, in: Journal of Portfolio Management, 15. Jg. 1989, Nr. 3, S. 38 – 42.

Von der Lippe, P. / Kladroba, A. (2002): Repräsentativität von Stichproben, in: Beitrag zu Marketing, 24. Jg. 2002, S. 227 – 238, als Online Version erhältlich auf: http://vonder-lippe.org/dokumente/Repraesentativitaet.pdf, Abfrage vom 30.06.2010.

Vovici (2009): Whitepaper: 7 Habits of Successful Surveys, erhältlich auf: http://www.vovici.com/_assets/pdf/whitepapers/surveysuccess.pdf, Abfrage vom 30.06.2010.

VWD (2009): Kurshistorien DAX: 846900_ETR, VDAX: 846740_DTB

Wall, G. (1993). The Way to Save, Henry Holt, New York 1993.

Warfsmann, J. (1993): Das Capital Asset Pricing Model in Deutschland, Wiesbaden 1993.

Weber, M. & Behavioral Finance Group (1999): Behavioral Finance – Idee und Überblick, Mannheim 1999, erhältlich auf: http://www.behavioral-finance.de/files/behavioral-finance-group_band00.pdf, Abfrage vom 30.06.2010.

Wegner, O. / Sievi, C. (2005.08): Integration von Marktpreisrisiken, Teil 1 – Auf dem weiten Weg zur quantitativen Gesamtbanksteuerung, in: Betriebswirtschaftliche Blätter, 54. Jg. 2005, Nr. 08/2005, S. 456 – 462.

Wegner, O. / Sievi, C. /Schumacher, M. (2006.09): Integration von Marktpreisrisiken, Teil 2 – Performance- und Risikomessung ausgewählter Vermögensklassen, in: Betriebswirtschaftliche Blätter, 55. Jg. 2006, Nr. 09/2006, S. 516 – 526.

Wiedemann, A. (2005): Barwertige Steuerung als Philosophie, in: Wiedemann, A. / Lüders, U. (Hrsg.): Integrierte Rendite-/Risikosteuerung, Montabaur 2005, S. 3 – 29.

Wiemann, V. / Mellewigt, T. (1998): Das Risiko-Rendite-Paradoxon. Stand der Forschung und Ergebnisse einer empirischen Untersuchung, in: Zeitschrift für betriebswirtschaftliche Forschung, 50. Jg. 1998, Nr. 6, S. 551 – 572.

Willey, T. (1995): Testing for Nonlinear Dependence in Daily Stock Indices, in: Trippi, R.R. (Hrsg.): Chaos & Nonlinear Dynamics in the Financial Markets, Chicago u.a.O. 1995, S. 105 – 120.

Wittrock, C. (1995): Messung und Analyse der Performance von Wertpapierportfolios, Bad Soden 1995.

Woll, A. (1996): Wirtschaftslexikon, 8. Auflage, München/Wien 1996.

Xia, Y. / Liu, B. / Wang, S. / Lai, K.K. (2000): A model for portfolio selection with order of expected returns, in: Computers & Operations Research Nr. 27, 2000, S. 409 – 422, auch erhältlich auf: http://citeseerx.ist.psu.edu/viewdoc/download?doi=10.1.1.98. 4096&rep=rep1&type=pdf, Abfrage vom 30.06.2010.

Zeisberger, S. (2008): Behavioral Finance – Wie die Psychologie Anlegerentscheidungen an der Börse beeinflusst, Börse Düsseldorf, November 2008, erhältlich auf: http://www.boerse-duesseldorf.de/download/2008_11_13_Seminar_BD_ Behavioral_Finance.pdf, Abfrage vom 30.06.2010.

Zentes, J. / Swoboda, B. (2001): Grundbegriffe des Marketing. Marktorientiertes globales Management-Wissen, 5. Auflage, Stuttgart 2001.

Zeranski, S. (2005): Liquidity at Risk zur Steuerung des liquiditätsmäßig-finanziellen Bereichs von Kreditinstituten, Dissertation, Chemnitz 2005.

Zeranski, S. (2006): Statistische Modellierung extremer Finanzrisiken in Banken – Analyse von Zahlungsstrom- und Marktpreisrisiken mit der POT-Methode, Köln, 06.11.2006, erhältlich auf: http://www.cfr-cologne.de/download/kolloquium/ 2007/zeranski.pdf, Abfrage vom 30.06.2010.

Zeranski, S. (2007): Grundlagen und Entwicklungsstufen im bankbetrieblichen Liquiditätsrisikomanagement, in: Zeranski, S. (Hrsg.): Ertragsorientiertes Liquiditätsrisikomanagement, Heidelberg 2007, S. 57 – 114.

Zeranski, S. (2008): Der einfache Markowitz ist Geschichte, in: Deutsche Pensions- und Investmentnachrichten, Ausgabe März/April 2008, S. 9 – 10.

Zeranski, S. (2009.05): Liquiditätsrisiko und Liquiditätskosten unter Berücksichtigung des aktuellen MaRisk-Entwurfs, in: Bankentimes Spezial Banksteuerung/Controlling, Mai & Juni 2009.

Zeranski, S. (2009.09): Risikoanalyse in Banken im Umbruch? - Grundüberlegungen zur Risikoanalyse, Lehren aus der Finanzkrise, Umgang mit extremen Marktpreis-/ Liquiditätsrisiken - Fachforum Portfolio Institutionell 2009: München 10. September; Köln 29. September.

ZEW (2010.06): ZEW Finanzmarktreport, Juni 2010, 18. Jg., Nr. 6, erhältlich auf: ftp://ftp.zew.de/pub/zew-docs/frep/062010.pdf, Abfrage vom 30.06.2010.

ZEW (2010a): Die Umfrage, erhältlich auf: http://www.zew.de/include/print/print. php?page=/de/publikationen/Konzeption.php3, Abfrage vom 30.06.2010.

ZEW (2010b): G-Mind, erhältlich auf: http://www.zew.de/include/print/print.php?page=/de/ publikationen/Gmind/Gmind.php3 Abfrage vom 30.06.2010.

Zimmermann, H. (1991): Zeithorizont, Risiko und Performance: Eine Übersicht, in: Finanzmarkt und Portfolio Management, 5. Jg. 1991, Nr. 2, S. 146 – 181.

Zimmermann, H. (1994): Editorial: Reward to Risk, in: Finanzmarkt und Portfolio Management, 8. Jg. 1994, Nr. 1, S. 1 – 6.

Zimmermann, H. / Zogg-Wetter, C. (1992): Performance-Messung schweizerischer Aktienfonds - Markt-Timing und Selektivität, in: Swiss Journal of Economics and Statistics, 128. Jg. 1992, Nr. 2, S. 133 – 160.